本书为国家社会科学基金项目"美国国会图书馆馆藏瑶族文献研究"（批准号：08BHZ021）的研究成果

美国国会图书馆馆藏
瑶族文献研究

Research of the Yao Manuscript Collection at the Library of Congress

何红一 著

中国社会科学出版社

图书在版编目（CIP）数据

美国国会图书馆馆藏瑶族文献研究/何红一著.—北京：中国社会科学出版社，
2017.8

ISBN 978-7-5161-9885-8

Ⅰ.①美… Ⅱ.①何… Ⅲ.①瑶族-文献资料-研究-中国 Ⅳ.①K285.1

中国版本图书馆 CIP 数据核字（2017）第 031353 号

出 版 人	赵剑英
责任编辑	王 琪
责任校对	胡新芳
责任印制	王 超

出 版	中国社会科学出版社
社 址	北京鼓楼西大街甲 158 号
邮 编	100720
网 址	http://www.csspw.cn
发 行 部	010-84083685
门 市 部	010-84029450
经 销	新华书店及其他书店

印 刷	北京君升印刷有限公司
装 订	廊坊市广阳区广增装订厂
版 次	2017 年 8 月第 1 版
印 次	2017 年 8 月第 1 次印刷

开 本	710×1000 1/16
印 张	30
字 数	485 千字
定 价	118.00 元

	2
1	3
4	

1．工作状态

2．与现任美国国会图书馆馆长詹姆士·哈德林·比林顿先生

3．与美国国会图书馆亚洲部原中国组负责人 Lily kccskcs 在整理分类

4．美国国会图书馆亚洲部首任主任李华伟博士为笔者授予荣誉证书

（汤伟 摄）

1. 与全美瑶人协会首脑及会员合影

2. 美国瑶人姐妹为我们试穿美丽的瑶族服装

3. 美国瑶人 12 姓在旧金山盘王佛光殿祭祀盘王

（［美］赵贵财、赵承仙 摄）

序

跨国的瑶族文献研究

数年前，中南民族大学何红一教授在美国国会图书馆访学时发现馆藏的中国瑶族手抄文献，其中包括清代乾隆年间的经书和"过山榜"、盘王大歌等瑶族重要文献。当她在库房欣喜地翻看这些破旧杂乱、尚无人问津的文献时，职业的敏感使她感到惊喜。之后，在义务帮助美国国会图书馆整理这批文献的过程中，她获得了大量第一手资料，回国后，马上申报了国家社会科学基金课题并获得批准。

应该说明的是，这是一项艰巨、科学、细致的工作。课题涉及范围广泛，既包括对这批年代久远、经历战乱、破损严重、信息缺失的瑶族文献清点庋藏、梳理信息、文字校勘、分类整理……又包括在此基础上对包罗万象的文献内容的研究，作者还必须在境外环境下完成研究对象的搜集工作，没有科学的态度和"上穷碧落下黄泉"的寻觅探索精神，是很难完成的。何红一教授多次去美国国会图书馆查阅这批文献，并且在美国国会图书馆前后工作了一年之久，回国后继续做研究，终于完成了这部专著，成为国内对美国国会图书馆收藏的瑶族文献整理与研究的首个范例。

作为一部对美国国会图书馆馆藏瑶族文献做整体研究的专著，作者的研究涉及多学科交叉研究范畴，其中涉及文献学、图书馆学、民俗学、俗文字学等多个领域，作者已经突破了原本从事的民俗学的研究范畴，为境外瑶族研究做出了新的拓展和尝试。我们打开这部沉甸甸的著作，可得知她的研究包括：

1. 对于美馆藏瑶族文献的分类学研究。本着"因书立类"的原则，她将 241 件文献划分为六大类别，并拟定编目类目细节，为这批文献的检索与查询以及进一步研究打下了基础。

2. 对于美馆藏瑶族文献的写本学研究。她首次将敦煌写本学研究延伸到瑶族写本领域，从书写形制、书写符号、书写年代、装帧、题跋、套语、印鉴等方面进行归纳探究，以此探寻境外瑶族文献特征识别的途径。

3. 对于美馆藏瑶族文献的俗字辨析与特征的研究。美馆藏瑶族文献由汉字杂以瑶用俗字抄写而成，这些俗字既保留了中国古代手抄文献的基本特征，也呈现出明显的瑶族文化特色，对其的辨识和特征归纳，有利于从文献构成主体——文字上把握馆藏瑶族文献的书写特征，并为境外瑶族文献的俗字识别提供参照。

4. 对美国馆藏的瑶族的重要文献"过山榜"、清代瑶人经书及瑶族启蒙读本的个案研究。由于历史上的种种原因，瑶族频频迁徙。为了保持本民族的根脉，瑶族抄存了大量本民族的古籍文献，借助"过山榜"等文献、读本，记录瑶族的起源、祖先崇拜、姓氏由来、民族迁徙以及民族关系等等，故"过山榜"被国内外瑶族研究者视为揭开古代瑶族文化之谜的一把钥匙。作者对美馆藏"过山榜"版本及形制特征进行甄别、归纳，对比校勘，为国内相同版本提供了重要参照。作者还提出自己的思考与见解，认为科学研究首要一条就是所凭借的研究材料一定要真实可靠，整理本、二手乃至三手材料都不能取代原件。国内所藏"过山榜"数目达百件以上，均分散于各收藏机构与个人手中，多数原件并不对研究者开放，不少学者只能依靠二手材料来研究"过山榜"，有违科学研究常理。她呼吁有关机构尽早为研究者无条件开放"过山榜"原件，合力揭开"过山榜"之谜。

5. 对美国国会图书馆馆藏瑶族文献的抢救性保护研究。

这项研究是在联合国教科文组织提出保护非物质文化遗产的语境中进行的，我国是非物质文化遗产保护的大国，也是向联合国承诺保护非物质文化遗产最早的国家之一，我国各个民族遗存民间的文献是非物质文化遗产的重要组成部分。

作者在海外发现了这批宝贵的瑶族文化遗产，不仅参与整理、研究，还在美国瑶人社区做了大量的瑶族手抄文献的保存现状调研、参与了美国国会图书馆修复部对破损文献"过山榜"的修复工作，在此基础上提出一套境外环境中瑶族文献的抢救性整理方案，提出 7 条合理化建议，这些皆为我国学者保护非物质文化遗产的又一践行，对即将展开的中国境外少数民族文献、遗珍的抢救性工作提供了有价值的借鉴。

总之，专著卓有成效的贡献是对于纷繁复杂的 241 件瑶族文献进行了详细的整理及科学的分类研究。在整理的过程中，作者从馆藏瑶族文献的实际出发，建立了一套区别于境外汉籍文献整理的、专属瑶族民间文献的整理方法与研究体系，形成了一个包括编目分类整理、瑶用俗字辨析、写本学特征辨析、年代考释路径与考证方法、具体文本的考释与解读、价值评估判断等可操作性体系，为境外瑶族文献的整理，蹚开一条新路。

长期生活在我国的瑶族有着悠久的历史和独立于中国民族之林与世界民族之林的历史与文化，而其历史与文化在汉族古代典籍中少有记载，即使记载也不过只言片语，或不够真实、或带有明显的民族歧视和历史偏见。而瑶族在口承文学之外，还使用手抄本方式记载和书写自己的历史，彰显自己的文化。由于瑶族历史上经历了很多次大的迁徙，甚至漂洋过海，迁徙到境外，很多手抄本都散佚在迁徙途中，得以残存的实属珍贵。这些文献有些虽然在我国国内的瑶族民间文献中也出现过，但是它们属于迁徙到境外的瑶族所有，带有明显的境外文化痕迹。民间文献的价值之一在于异文众多，可比性强。何红一在美国国会图书馆的发现，有弥补国内瑶族文献收藏的意义。通过比较、分析、考证和阐释，相信这些新资料对于瑶族文献的版本研究具有重要的学术价值。

瑶族文献所记载的瑶族的历史是出自瑶族群体中的文化人——或者是普通的粗通文字的民众，或者是瑶族的巫师，他们是瑶族颠沛流离生活的亲历者、目睹者、演唱者、传播者，他们与下层瑶民的生活发生着密切的水乳交融的联系，或者说，他们自己就是民众中的一员，因此他们对于瑶族的生态环境和瑶族历史文化的笔笔诉说携带着这个民族独有的思维方式、独有的感情、独有的真切，这种珍贵的历史记忆是历代封建史学家的笔下不可能出现的。而这项成果的出现为研究古老而又现代的瑶族的历史文化提供了重要的信息。这些包括瑶族"过山榜"在内的文献，提供了关于人类的史前史——瑶族始祖崇拜的起源和口承传说，这种"记忆"不仅具有文化储存与文化认同的功能，不只为研究瑶族的史前史，而且为研究人类的史前史提供了不可或缺的一笔。

这项成果为研究古老而又现代的瑶族提供了民间知识的宝库。随着全球经济一体化和现代化的发展，人类开始反思长期不被记载或长期被忽略的"地方性知识"。由于所处的生存环境不同、民众的生计方式不同，每个族群或者社群的知识体系也不同，但是这些群体创造传承的族群生活的知识具有相对的整体性和独立性，是人类历史和文化的重要组成部分。何红一对于美国馆藏瑶族文献的研究阐释了瑶族民间文献的地方性知识。其中包括瑶族关于二十四节气的知识是瑶族认识自然、适应自然、利用自然的智慧的总结；两本关于《麻风秘语》经书中的土药方，是现代医学没有涉及之前人们战胜疾病的经验总结。

专著研究的美国馆藏瑶族文献还具有民俗学价值。民俗学研究的是民众的生活世界，只有在民间文献中才能真实地披露民众在特定的生态环境下是怎样生活的，他们为什么会那样生活？何红一的研究中涉及瑶族人生礼仪的文献描述，例如美馆藏瑶人清代经书《从人·财楼科》。她以其多年的学术积累指出，经书中保留丧葬仪式中纸扎人俑和财楼（灵屋）的资料，是国内的瑶族文献鲜有披露的。何红一是民俗学者，同时也是一位剪纸爱好者和研究者，她对文献《从人·财楼科》中纸扎人俑和财楼的阐释，不仅揭示了民间信仰与民间纸扎的关系，而且挖掘了其中尊宗敬祖、报恩孝亲、悼念祝福等社会民生的文化意义。民俗宗教是民众生活的重要组成部分，区分其中的精华与糟粕，探索其中的人性光辉，摈弃其中的迷信愚昧成分，能使之真正成为文化遗产，更好地为现实服务。

瑶族世世代代在我国多民族的大家庭的怀抱中休养生息，其主要支系过山瑶不断迁徙的生活境遇，给她带来的是开放的生活状态，迁徙文化是瑶族文化的一个重要特征。正是从文化多元化和文化传播和交流的视角出发，作者研究了美国馆藏瑶族文献与汉族文化碰撞和交流的状况。她认为这些瑶族启蒙读本与汉文化、儒家文化有着密切联系，从而证明瑶族不仅是一个重视教育的民族，而且处于与汉文化互相吸收、互相融合的过程中，她既在中国民族之林和世界民族之林中苏世独立，又包容在祖国的文化大家庭中。

这项集多年辛勤研究为一体的成果无疑为世界瑶族文化提供了一个

新的视角，因为作者付出的功力已经超出一般整理文献的范畴，而是通过与国内材料的对比、分析，为今后的研究者提供了思路和借鉴。这部专著可以提高瑶族在国内外的影响和声望，研究结果有力地证明中国瑶族是一个奋发图强的民族，是一个可以抒写自己历史，可以在中国多元的文化史甚至世界文化史上留下自己深刻印记的民族。使海外瑶族同胞从古老的文献依据中正视自身与国内瑶族的血脉关系、增强民族自尊自信、传承民族文化、更有信心地面对未来，这也是这部专著的意义所在。当然，作为学术尝试，这部著作涉及面广泛，可开拓的领域还很多，我们期待作者更精彩的后续研究问世。

我多年从事蒙古族文化研究，本不具有给何教授写序言的资质。但因我也在美国国会图书馆看到了瑶族的资料，特别是在亚洲部理论部原负责人居密女士的帮助下拍下了其馆藏的"过山榜"全图。又加之与韩国学者一起在广西全州做过瑶族的调查并撰写过文章。何教授筚路蓝缕的研究一直在我关注的视野中，在此为她辛勤数年的成果表示诚挚的祝贺。

邢　莉

2016 年 8 月 28 日于三足乌书屋

（作者为中央民族大学教授、中央民族大学民俗学学位博士点创建人，中央民族大学部级重点学科创建人，曾经担任文化部非物质文化遗产专家委员会委员）

目 录

Contents

图目录

第一章

绪 论

瑶族是祖国 56 个民族大家庭中的一员，又是一个国际性的民族。

一部瑶族史，首先是一部民族的迁徙史。世界瑶族的迁徙，可分为境内迁徙与跨国迁徙，以及跨洲迁徙三大阶段。瑶族先民的境内迁徙从中国黄河、长江流域的东南隅一带开始。在漫长的历史岁月中，瑶族先民持续南移，在湖北、湖南、广西、广东、江西、福建、云南、贵州等省区境内都留有足迹，先后在湖南、广西、广东、江西、云南、贵州 6 个省区的 134 个县市集中居住；瑶族的境外迁徙则经历了从中国岭南一带到越南、老挝、缅甸、泰国的跨国迁徙历程，以及从东南亚各国到美国、加拿大、法国等国家的洲际迁徙。迁徙过程从明代开始一直延续到 20 世纪 80 年代，这种在漫长时间内、远距离的大迁徙，是世界上其他民族都少有的特殊经历。[①]

一 瑶族的迁徙及国际性特征的形成

（一）瑶族的历史文化概貌[②]

中国瑶族主要分布于广西、广东、云南、湖南、贵州等地，据 2000 年全国第五次人口普查统计数字，分布于中国境内的瑶族总人口为 263 万余人。另有一部分瑶族迁居世界各地，其中包括越南、老挝、

---

① 参见本课题前期成果之一《美国瑶族文献与世界瑶族迁徙地之关系》，《中南民族大学学报》2011 年第 5 期，第 58—63 页。

② 参见本课题前期成果之一《美国国会图书馆馆藏瑶族手抄文献新发现及其价值》，《中南民族大学学报》2009 年第 3 期，第 71—75 页。

泰国、缅甸、美国、加拿大、法国等国，有人口 64 万人，① 目前全世界瑶族总人口有 328 万人，其中境外瑶族人口约占瑶族总人口的 20%。②

据考，瑶族先民最早生活在中国中部黄河、长江中下游地区，隋唐时逐渐形成"瑶"，迁居到中国南部山区。瑶族多散居在海拔 1000—2000 米之间的高山密林之中，"食尽一山，即移一山"。在人口增加，可开垦利用山林减少的情况下，瑶族只好放弃已有的家园，向他乡转移。居无定所，加上封建统治阶级的追剿、迫害，使这个民族在过去一直过着颠沛流离的漂泊生活。

因生活于崇山峻岭之间，居住分散，又不断游移，所以瑶族支系繁多。据说国内的瑶族有 28 种不同的自称，③ 他称则多达 456 种以上。④ 瑶族服饰也因不同支系、不同地域而异，有近百种之多。这些服饰都有着深刻的含义或一段历史故事，也与瑶族的迁徙生活息息相关。例如广东连南排瑶妇女头上有鸟的羽毛装饰，表现了其祖先居住山林，与鸟兽为伍而形成的图腾崇拜；广西白裤瑶将瑶王印绣在背上，走到哪里带到哪里。"瑶王印"图案记载了白裤瑶被骗走瑶王印，遭受外族欺辱的一段往事；云南红头瑶头顶红色象征着芭蕉花的饰物。相传古代迁徙时，妇女头顶红色的芭蕉花给后面的人指路，以便在丛林中穿行的后来者识别，由此演化为这种特殊的头饰；越南境内的小板瑶妇女有着两种不同颜色的包头巾：居住在靠近中国边境几个省的戴白色的头巾，往南一点的，戴黑头巾。之所以如此，据越南学者介绍是因为小板瑶在向外迁徙的途中，得知明代皇帝被推翻了，深感悲哀，于是戴白头巾以示哀悼。但走在前面的一些小板瑶不知道这一消息，仍然戴着原来的黑头巾。因此，小板瑶的头巾就有了不同的区别。

瑶族最重要的节日"盘王节"，与一个古老的神话传说有关。

相传古时高王来犯，平王出榜招贤：谁能斩下高王首级来献，就把公主嫁给他。这话被一只龙犬知晓，摘下金榜，渡海破敌，立下了汗马之功。因破敌有功，龙犬被平王封为盘护王（俗称盘王），配以宫女

---

① 玉时阶：《瑶族文化变迁》，民族出版社 2005 年版，第 1 页。
② 奉恒高主编：《瑶族通史》下卷，民族出版社 2007 年版，第 939 页。
③ 毛宋武、蒙朝吉、郑宗泽：《瑶族语言简志》，民族出版社 1982 年版，第 5—8 页。
④ 黄钰、黄方平：《国际瑶族概述》，广西民族出版社 1993 年版，第 12 页。

（一说公主）为妻。夫妻双双移居深山老林，生下六男六女，成为瑶族的十二姓。后来，在一次打猎中盘王不幸身亡。瑶族于是每年农历十月丰收之后击长鼓，祭祀盘王，这便是瑶族过"盘王节"的来历。这则神话也被记录在瑶族民间世代流传并珍藏的"过山榜"之中，经过年代的沉淀，成为一个民族的历史记忆。

过去瑶族有语言无文字。与汉族杂居交往中学会使用汉字，至今保存的许多历史文献都是靠汉字记载下来，在瑶语中也留存很多汉语借词。瑶族先辈们还创造了一些"土俗字"，夹杂在汉语中使用，用于书写文献、誊抄经文、记录歌谣和传抄书信等。瑶族语言属汉藏语系，分瑶语支系、苗语支系、侗水语支系和汉语支系四大支系。

因为不断迁徙的缘故，瑶族尤其重视保护自己民族的典籍。这些典籍大多都是用汉字手工誊抄。平时被视为家族或家人的护身符，秘不示人。道光年间的《广南府志》称"瑶人……男女皆知书"。民国时的《马关县志》载瑶族"有书，父子自相传习，看其行列笔划似为汉人所著，但流传既久，转抄讹谬，字体义殊难索解，彼复宝而秘之，不轻示人，愈不可纠正矣"……可见，瑶族尊书、知书，手抄传习祖上留下来的典籍是有悠久传统的。

瑶族的书面文献以手抄手绘为主，内容丰富，主要有"过山榜"、族谱、家先单（"家先"，指家庭与家族之祖先，家先单为瑶族祖先的花名册）、宗教经书、歌书、占书相书、医方灸语、契约账据等。瑶族还留有大量祖图和民间宗教画及碑刻铭文，口传史料和民间艺术也很丰富，有神话、史诗、民间传说故事、民间歌谣、民间舞蹈等。

（二）瑶族的境外迁徙和美国瑶人的来历

关于瑶族向海外的迁徙问题，范宏贵、张有隽教授都有过较为深入的研究。他们认为瑶族向海外的迁徙，大约起于明代中叶。明末清初（公元1600—1800年左右），因人口压力、生活方式的局限以及天灾人祸、战争调遣等因素，加快了迁徙的速度。"明中叶开始，首先是居住在广东的瑶族向广西迁徙。瑶族进入广西后，有的居住下来，或在关系范围内迁徙；有的继续往前走，一部分进入越南，一部分进入云南，然后从云南迁入越南、老挝，再继续往前走的一部分，于清代晚期到达泰国北部。"①

瑶族到达欧美一带，则与越战有关。据美国瑶人艾·乔伊·萨利叙述，在过去的几个世纪里，优勉瑶人一直是流亡者。"起初，中国封建统治政府迫使他们离开城市，搬迁到山上去，然后他们又不断地更换居所。有时候因为土地过于干旱，使得他们无法耕种土地获取粮食；有时候则是因为中国封建统治政府迫使他们搬迁。所以，他们从中国的中部流亡到东南亚（SE Asia）地区。即使是在老挝（Laos），由于战乱，他们也不得不从西部迁移到东部，接着又从东部迁移到南部，辗转流离于这个国家。所以，对于优勉瑶人来说，身为一名流亡者已没什么好大惊小怪的了。因为他们已经历了几个世纪的流亡历史。"②

20 世纪七八十年代（1970—1980 年左右），越南战争升级，影响到整个中南半岛。不少已在越南、老挝定居的瑶人又逃入泰国，居住在国际组织为其建立的难民营里。自 1976 年始，受联合国难民署统一安置，因越战而逃亡至泰国的瑶族难民开始陆续移居欧美等国。美国安置的部分难民，主要居住在美国西部的加利福尼亚州、俄勒冈州和华盛顿州一带，蒙大拿州、阿肯色州、伊利诺伊州、德克萨斯州、阿拉巴马州、宾西法尼亚州、阿拉斯加州和纽约州，也有部分散居瑶人。至今美国瑶人有 4.1 万—4.2 万人③，均系越战后从老挝逃到泰国难民营的战争难民。笔者在美国瑶人社区获得的调研材料也证实了这一点。在美瑶人还成立了美国寮瑶协会，证明从老挝经过泰国难民营到达美国的瑶人占大多数。

美国旧金山奥克兰瑶人李义云讲自己的祖先于 1127 年离开湖南上山，1200—1300 年间到过福建和广西，1393 年到达越南，1730 年到了老挝，1898 年到泰国。越战后来到美国。美国瑶族妇女赵彩莲告诉笔者，她的父母都出生在中国。大约在 1958 年直接从云南边境迁徙到老

---

① 奉恒高：《瑶族通史·下卷·瑶族向海外迁徙及其在海外的发展》，民族出版社 2007 年版，第 941 页。

② ［美］艾·乔伊·萨利、杜格·谢尔曼、迈克·斯威尼：《移动的山岭——美国优勉瑶人的迁徙故事》，李筱文、盘小梅译，民族出版社 2006 年版，第 29 页。

③ 此数据为笔者 2013 年 7 月 6 日在美国旧金山奥克兰美国瑶族文化中心召开的小型调研会上获得。由前全美瑶人协会主席赵贵才提供，在会瑶族会员认可。大家认为以往有些文件提供的美国瑶人数据不够准确。

挝南塔省一个叫破罐山的地方。1965 年因为越战升级，为躲避危险，不得不逃到湄公河北部 Nam Keung 地区，生活了 7—9 年后仍无安全感，于是在 1975 年冒着生命危险渡过湄公河，逃到泰国 Ban Tong（邦国）难民营，成为战争难民。在难民营生活了 2—3 年后获联合国难民署安置，1978 年来到美国旧金山定居。美国沙克拉门多市瑶人盘文安提供的祖先的《宗支祖图》（手抄本）显示，其先祖迁徙路线为中国广西融县—罗城—泗城—云南文山—猛腊—猛竜（老挝）—暹罗（泰国）—加利福尼亚（美国）。

现移居美国的瑶族，都认为中国南京十宝殿、紫荆山（钟山）、会稽山是瑶族的祖源地，而广东韶州府乐昌县则是瑶族迁徙中记忆深刻的迁居地之一。美国瑶族已成立了"全美国瑶人协会"，时常回国寻根祭祖。他们不仅在家中保留着大量瑶族手抄文献，家庭成员和居住社区族群之间还坚持使用优勉瑶话交流沟通，在异国他乡保持瑶族的风俗传统。许多中老年瑶胞还与国内的瑶族同胞用瑶语沟通，共叙乡情。

二　美国国会图书馆馆藏[①]瑶族文献概貌

（一）美国国会图书馆亚洲部

建馆于 1800 年的美国国会图书馆（The Library of Congress）是世界上最大、最重要的图书馆之一，由托马斯·杰弗逊大楼、约翰·亚当斯大楼和詹姆斯·麦迪逊大楼三座宏伟的建筑组成。该馆位于具有独特人文景观和丰厚的文史渊源的美国首都华盛顿特区中心，与美国国会仅隔着一条独立大道（ndependence Ave），两者间且有地下通道连通。

美国国会图书馆馆藏书约 1.34 亿件，[②] 每天新增加 7300 件[③]。分属 450 种文字的资讯载体超过 1 亿 3 千多万件。美国国会图书馆从 1865 年起，开始收集亚洲图书资料，1869 年首次获得中国满清政府同治皇

---

① "美国国会图书馆馆藏"这一词组，在本书中，除了大标题和特殊强调外，均统一简称为"美馆藏"。

② 参见 Annual Report of the Librarian of Congress for the fiscal year ending September 30，2007，Washington，DC：Library of Congress，2004，p. 253。

③ ［美］李华伟：《美国国会图书馆中文馆藏与汉学研究资源》，《新世纪图书馆》2008年第 1 期，第 86—88 页。

帝赠送的 933 册古籍。1904 年圣路易斯万国博览会参展的 177 种中国优秀古籍，也由清政府悉数赠予美国政府，保存于国会图书馆。[①] 以上馆藏是美国国会图书馆亚洲部中文收藏之基础。目前亚洲部共有 280 万本（册）藏书，中国图书收藏超过百万，是除中国本土外，境外中国图书收藏最多的图书馆（见图 1—1）。

图 1—1　美国国会图书馆主楼杰弗逊大楼（亚洲部就设在该楼的二层）　　何红一摄

　　美国国会图书馆亚洲部所收藏的中国少数民族文献有藏文、蒙文、满文与纳西族东巴文典籍，还有瑶族、苗族等汉文少数民族典籍。[②] 美国国会图书馆为域外收藏中国少数民族文献的重镇，是域外具有重要代表性的中国图书和文献收藏机构。

---

　　①　李华伟 2004 年 4 月 25 日在美国国会图书馆所做的学术报告：《美国国会图书馆的汉学资源》未刊稿。

　　②　笔者 2006 年 11 月—2008 年 3 月在美国国会图书馆整理馆藏瑶族文献期间，对相关情况的了解。

（二）漂泊的记忆——美馆藏瑶族文献的由来

美国国会图书馆的瑶族文献来自于英国古董商人罗伯特 L. 斯托珀之手（Robert L. Stolper）。罗伯特 L. 斯托珀原籍美国，后移居英国。起初主要收藏印度文物与艺术品，后开始收藏中国与东南亚古籍文献。他长期在东南亚一带收集古董与古书，当地有许多供货商为他的供货下线。罗伯特定期去收集这些供货，再带回欧美卖给所需客户。德国慕尼黑巴伐利亚州立图书馆、美国国会图书馆等欧美大型图书馆和收藏机构，为采购瑶族文献都曾派员光顾过罗伯特在英国的家。罗伯特收藏的瑶族文献主要有手抄本、卷子和仪式画、神头、法衣等。其中手抄写本为其收藏之大宗，主要收购地在泰国。由于自 2007 年起，罗伯特就患病卧床不起，故其收藏业务由妻子代理。

美国国会图书馆瑶族文献的收藏议案始于 1999 年下半年。当时的经手人美国国会图书馆亚洲部理论部主任居蜜博士收到英国古董商罗伯特 L. 斯托珀的来信，信中谈到卖方欲将从泰国曼谷收购的一批瑶族文献转售给国会图书馆的意向。期间双方经过多次的沟通，居蜜博士亲赴英国查看文献样品，并申报美国国会图书馆文献与服务部门审批，最终于 2005 年双方达成收藏协议。当年年底美国国会图书馆亚洲部正式收到卖方寄来的首批收藏样品，继而又在 2006 年 1 月收到卖方寄来的文献 184 份。[①] 2007 年 11 月至 2008 年 12 月，笔者应邀在美国国会图书馆整理这批瑶族文献期间，美国国会图书馆又分两次收购了罗伯特 L. 斯托珀剩余的瑶族文献 50 余件。至此，美国国会图书馆先后从英国古董商罗伯特 L. 斯托珀手中收购的瑶族文献总数达 241 件。

美国国会图书馆亚洲部经手人只知道罗伯特 L. 斯托珀手中的这批文献的大致来源——从东南亚收购而来，但是对它们如何流散于世却不得而知。又由于收购后闲置于库，无人整理，更没有人进一步追问来由，加上罗伯特 L. 斯托珀后期患病，这批文献的详细来源遂不得而知。笔者在整理过程中通过综合考证与分析，认为这批文献出自向海

---

① 信息来自前美国国会图书馆亚洲部理论部主任居蜜博士对笔者提供的口头与书面资料。

外迁徙的瑶人群体，成书年代不会晚于清代。它们的形成应该有以下原因：

其一是瑶族宗教文化传承的需要。正如道教经典是道教传播的重要途径之一一样，瑶族宗教的传播，很大程度上受到道教影响，从而形成具有瑶族特色的瑶传道教。瑶族宗教的传播靠的是瑶族经书和仪式，一般瑶族男子到了成年时期都要由瑶族师公、道公举行"挂灯"受戒仪式。"挂灯"、受戒时除师父秘授仪式与法术外，抄写师父传予的汉文经书，便是一大功课。师父向受戒徒弟传授替人消灾免祸的秘方，这些秘方的内容和方法都是通过引渡师用习书读经方式传授给弟子的。先由师父逐字逐句逐篇教念教写，经过一段时间，直到徒弟把全部经书念熟抄下方算结业。瑶族人迁徙到异地，凡做仪式时都需要经书做指南，抄誊经书也是拜师学法的必然途径。大量的经书就是这样由一代一代师徒传习并流传下来。

其二是瑶族民俗文化习俗的需要。"无岭不瑶，无瑶不歌"，喜爱唱歌，以歌传承瑶族文化是瑶家传统习俗。瑶歌主要以口头形式存在，但也不乏借助手抄本形式，由民间懂得汉语的师公以及歌娘和歌手用汉语夹杂着瑶族自造俗字的方式传抄保存并流传。《广东新语》记载山子瑶与壮族一样，喜好作歌，歌成后先抄成范本，供奉后珍藏，以至歌本累积数箱之多。歌本，以及用于祭祀的经书唱本，亦是瑶族文化的重要载体。

其三是瑶族迁徙文化的需要。由于不断迁徙，瑶族迫切需要妥善保存和随身携带祖传的文献与信息，以便认祖归宗。像家先单、宗支册、族谱、"过山榜"之类，记录着本民族祖先最重要的信息，而手抄书册与卷子便是当时这些记录的最好载体方式。这批文献中署名的最早的抄存年代是清乾隆十九年（公元1754年），其他明确标明清代的瑶书抄本有50余册之多。瑶族大规模向东南亚一带迁移是在明末清初，瑶族迁徙时间也与这批文献所署上限年代相吻合。

在整理中，笔者发现有七本文献的题跋中均署名抄书人"谢新华"。经过追踪调查，证实该抄书人为国民党士兵。新中国成立前由云南逃至东南亚，靠给瑶族人教汉字为生，并随瑶人一起迁徙到老挝，一直充当瑶人的教书先生。美国旧金山一带很多瑶族师公不仅认识谢新华，还言称自己是谢的学生。谢新华虽然已过世，但其儿子媳妇现在尚定居在美国波特兰市，笔者通过与谢新华儿子儿媳的电话采访，获知谢新华的相关信息。

综上可见，这批馆藏文献属于明末清初向东南亚迁徙的中国瑶人，是他们漂泊迁徙、闯世界的精神支柱。由于越战和东南亚时局动荡，他们不得不在颠沛流离的困境和战争炮火的硝烟中与随身携带的传家宝分离。

（三）美馆藏瑶族文献概貌

美馆藏瑶族文献中，有瑶族重要文献《盘王大歌》和《评皇券牒过山榜》，还有经书、歌书、历书、占书、相病书和启蒙读本等其他瑶族文献。

其中《盘王大歌》为瑶族"还盘王"时必唱的大歌套曲，记录了大量的瑶族历史文化，长期以来，一直在瑶族民间广泛流传，是重要的瑶学研究资料。美国国会图书馆收藏的《盘王大歌》三册，抄写工整，抄本稍有残缺，以致首尾缺失，年代不详。套曲七任（段）仅存六任曲。尽管如此，透过这些原始抄本，还是能窥见美馆藏《盘王大歌》古朴而原始的整体面貌。

《评皇券牒过山榜》又称"过山榜"，涉及瑶族起源、民族崇拜与信仰、姓氏由来、祖先迁徙、瑶汉关系等内容，是瑶学研究的主要文献，历来受到国内外瑶族研究者的高度重视。美国国会图书馆亚洲部收藏的四卷《评皇券牒过山榜防身一十二人》，题称相同，均为卷子装。作为中国写卷的典型形式之一，卷子抄件舒卷自如，收藏方便，为不断迁徙的瑶族所喜爱。

经过整理发现，这批收藏文献中所标明抄成的最早年代为清乾隆十九年（公元1754年），其他明确标明清代的瑶书抄本有50余册。因破损一时无法判定准确年代的抄本约40本。最晚的抄本款为1976年。这表明这批文献一直被主人不断依古更新、"依古誊抄"，处于活态传承状态。

这批瑶族文献能够在漫长的历史迁徙中保存至今实属不易。它是瑶族人奉献给世界的一份珍贵的文化遗产，也是我们借以全面了解瑶族的一把钥匙，1984 年国务院转发了《国家民委关于抢救、整理少数民族古籍的请示》，其中对少数民族古籍范围做了详细的界定：少数民族古籍，包括有文字类和无文字类。其时间范畴与汉文古籍一样以 1911 年为下限，但"因族而异"，部分可延伸到 1949 年。据此，笔者以为这批瑶族文献中的大部分文献都有着民族古籍和民族文化遗产的双重价值。

三　关于本书

（一）选题的由来

2006 年笔者在美国国会图书馆亚洲部访学期间，有幸得知这批瑶族文献的收藏信息，并对文献表示了极大的兴趣。由于这批文献的专业性，亚洲部正苦于没有专人整理。笔者经亚洲部同意调阅文献观览并与负责人沟通，遂获得亚洲部书面邀请，前去对这批文献做义务整理，在整理过程中掌握了文献的概貌和相关细节。

例如这批收购而来的 241 件文献为瑶族民间手抄手绘文献，分卷子和书册两种。"过山榜"、《盘王大歌》、族谱、家先单等瑶族标志性典籍都在其内。

文献中既有清代藏本（见图 1—2），也有民国时期的藏本。藏本抄成年代之间具有数百年的跨度，说明瑶族人即使在战火纷飞年代，处于不利于自身生存的恶劣环境下，仍恪守古训，不断"依古抄存"祖先留下的精神文化遗产，寄予将来能在新的环境下发展本民族文化的愿望。

由于这批文献是瑶族同胞在漫长的迁徙过程中传承并保存下来的珍贵民族史料，对于这批文献的研究，就有着非同寻常的意义。众所周知，文献史料是科学研究的依据。流散在海外的瑶族文献是瑶族长期以来艰难迁徙历史的见证，是瑶族人奉献给世界的一份珍贵的文化遗产，也是我们借以全面了解全球瑶族历史文化的一把钥匙。海外瑶族文献的抢救性研究成果，能为国内瑶学研究补充新的资料、提供新的研究视野与研究课题，促进瑶学研究国际化进程。

这些瑶族文献颜色泛黄、烟熏火燎、虫噬水渍痕迹比比皆是，还有一些藏品破损现象严重，能保存下来实属不易，它背后又有哪些鲜为人知的秘密呢？日本学者竹村卓二20世纪六七十年代在东南亚开展对瑶族历史文化调研后感叹道："对于瑶族来说，只要发现一定时期内能垦殖的土地和保证暂时居住的空间，都在他们主观意识中认为这既不是泰国，也不是老挝，而是普遍的'瑶族世界'……瑶族那种坚韧不拔的'民族生命力'，不能不引起我们的注意。"①

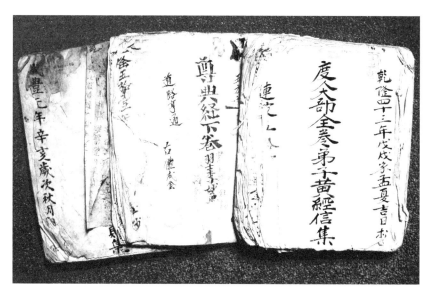

图1—2　美国国会图书馆馆藏清·乾隆年间的瑶族文献　何红一摄

的确，瑶族是靠什么精神或力量支配着，从古到今、从传统到现代，一次又一次地远徙，在寻找生存之地的同时，将自身文化远播到世界各地？瑶族，既是一个传统的山地民族，又是一个不断拓荒的游耕民族。文化的封闭性和包容性同时显现：一方面顽强地坚守着本民族固有的神秘传统；另一方面又能很快学习和吸收他国和他民族的先进文化，融入新的环境，显现出极大的文化包容性。特别是20世纪七八十年代，一部分瑶人在迁徙的国度中突然沦为战争难民，几经磨难又被安置到欧美大陆，从农耕文明一下子进入现代文明的重围之中，这种跨大洲、跨

① ［日］竹村卓二：《瑶族的历史和文化——华南、东南亚山地民族的社会人类学研究》，金少萍、朱桂昌译，民族出版社2003年版，第3页。

时代、跨社会文化形态的嬗变集中在一个民族身上，在世界都是少有的。然而，无论面临何等的艰难险阻，瑶族都用逢山过山、逢海过海的气魄勇敢地跨过，顽强地生存下来，与迁徙地居民和睦相处，说明这个民族所具有的文化适应力与勃勃生机。

无疑，海外瑶族是当代社会科学研究一个十分典型的个案，为当代多元世界中各民族文化的变迁和调适提供了典型范例。瑶族作家兰怀昌曾在《瑶族歌堂诗述论》中这样评价自己的民族：一个世界性的民族、一个背负大山的民族、一个多称谓的民族、一个艰难地寻找自己脚印的民族。① 美国国会图书馆的邂逅和这些残卷故纸背后隐藏的一个民族的秘密，吸引我选择了它。

（二）国内外相关问题的研究

1. 国际瑶学研究状况

尽管瑶族历史悠久，古籍《后汉书》中已有了关于瑶族先民长沙武陵蛮的记载。但我国国内的瑶学研究起步较晚，直到 20 世纪初期，随着西方民族学的兴起并传入中国，我国一些受西方文化影响的学者开始运用新的方法对瑶族进行科学调研，国内瑶学研究才正式起步，并逐渐发展起来。

国际瑶学的研究，早在 20 世纪 50 年代开始，六七十年代就比较活跃。胡起望《近代国外瑶族研究概述》和张有隽《瑶族研究国际化述论》② 的论文对近现代境内外学者之于国际瑶学研究现状，给予了很好的总结：法国语言学家奥德里库尔的《苗—瑶语历史音位学概论》与《苗瑶语》、美籍华人语言学家张琨和李方桂、英国语言学家唐纳等学者在瑶族语言学研究上的成果以及美国康奈尔大学西尔维亚·J. 隆巴德与赫伯特·C. 珀尔的《瑶英词典》（1968 年），都从语言学角度对瑶学研究做出了贡献。苏联列宁格勒大学人类学教研室主任伊茨《民族学和人类学博物馆收藏的越南苗、瑶（蛮）的服装》、《苗瑶民族起源于蛮》等研究，则在早期苗瑶民族历史及服饰文化研究领域做出了贡献。

---

① 兰怀昌：《瑶族歌堂诗述论》，广西人民出版社 1988 年版，第 1—17 页。
② 张有隽：《瑶族研究国际化述论》，《广西民族学院学报》1997 年第 1 期，第 73—78 页。

70 年代以来在老挝、泰国北部从事瑶族研究的境外人类学、民族学成果，有日本学者白鸟芳郎的《东南亚山地民族志——瑶族及其相邻各族》（1978 年）和《瑶人文书》（1975 年）、竹村卓二的《瑶族的历史和文化》（1981 年）、法国雅克·勒穆瓦纳的《瑶族宗教仪式绘画》（1982 年）等，这些成果在国际人类学界造成影响，为瑶族研究的国际化打下了坚实基础。1986 年随着"国际瑶族研究协会"的成立，以及之后一年一度召开国际瑶族研讨会，国际瑶族研究开始热门化，并成为国际上一门专门的学问。

20 世纪 80 年代，国内外瑶族同胞的友好接触与往来，打开了海内外瑶族文化交流和学术交流的大门。国际瑶学研究合作也日益加强，出现了一些专门针对海外瑶族研究的专著和论文。1989 年广西民族学院与泰国朱拉隆功大学合作，派出专家组赴泰国北部考察。此次的收获除进行瑶族问题的专项田野调查，获得大量第一手"活"的资料外，还拍摄和抄录了大量的泰国瑶族的文献资料，之后于 1992 年出版了《泰国瑶族考察》一书。此书对泰国瑶族社会的政治、经济、教育、卫生、婚姻、历史、宗教、丧葬、信仰、文学艺术等方面的概况进行了系统的介绍，是我国第一本介绍泰国瑶族社会历史文化的著作。1993 年问世的黄钰、黄方坪著《国际瑶族概述》，是中国第一部全面、集中论述海外瑶族的专著。著者为一对瑶族父子：父黄钰先生为瑶族研究先驱，终身从事瑶族研究，论著颇丰；子黄方坪原在广西民族学院从教，20 世纪 90 年代迁徙美国。在美国从业的同时，亦不忘瑶族情结，关注并投入国际瑶族研究。《国际瑶族概述》对分布于越南、老挝、泰国、美国瑶族的文化及社会生活概况做了较为系统的调查与研究，首次揭开国际瑶族社会面纱，帮助人们认识和了解国际瑶族全貌，为境外瑶族研究奠定了基础。

一些出访过欧美瑶人的国内学者，也纷纷撰文发表美国瑶人文化状况与思考。玉时阶的《美国瑶族社会组织研究》和《美国瑶族社会文化变迁》，通过亲自前往美国的调查所得，探究美国瑶族由山地民族演变为现代都市民族的原因。李筱文的《美国社会的"勉"瑶》一文，从"族群"的概念出发，从历史来源、社会组织、经济及文化诸方面全面介绍在美国社会崛起的族群———"勉"族群现状。张有隽于 2003

年先后发表《瑶族向海外迁徙的原因、过程、方向和路线——海外瑶族研究论文之一》、《越老泰缅各国瑶族人口分布、来源和称谓——海外瑶族研究论文之二》，系统分析了瑶族向海外迁徙的原因、过程、方向和路线，指出瑶族的迁徙是一种群体行为。并对越、老、泰、缅瑶人人口分布、称谓与支系、来源和迁徙做了深入探究，指出他们都来源于中国的蓝靛瑶和盘瑶等支系。

　　20世纪以来，境外瑶族研究还有［美］艾·乔伊·萨利、杜格·谢尔曼、迈克·斯威尼著《移动的山岭——美国优勉瑶人的迁徙故事》（李筱文、盘小梅译）、［法］杰西·波尔特的《勉和门——中国、越南、老挝和泰国的瑶族》（英文版）和［泰］差博·卡差·阿南达《泰国瑶人的过去现在和未来》（谢兆崇、罗宗志译），他们的研究为境外瑶族研究提供了新鲜的资料和有启发性的思路，其开阔的研究视野也引起瑶学界关注。

　　2. 瑶族文献的整理与研究

　　（1）国内瑶族文献的整理与研究

　　国内瑶族文献的整理与研究，始于我国早期的人类学家、民族学家和社会学家如费孝通、王同惠、颜复礼、商承祖、王兴瑞、杨成志、梁钊韬、江应樑等学者学人20世纪40年代以来对广西、广东的瑶族开展的一系列田野调查。当时，国内出版了一批调查报告与论集形式的调研成果，奠定了瑶学研究在民族学、人类学方法指导下，走向田野、注重田野调查的基础。新中国成立以后，亦有许多学者学人深入瑶区调查，出版了包括"三大集成"在内的一大批民族典籍与资料。迄今为止，瑶族文献的整理与研究，首推奉恒高主编的《瑶族通史》（上、中、下），"上溯远古传说时代，下讫20世纪90年代末，从政治、经济、文化、教育、风俗习惯、宗教信仰，到民族溯源、迁徙、民族关系等方面都作了全面、系统的论述，是一部研究瑶族历史文化较好的学术著作"①。"这是瑶族有史以来第一部较为完整的历史书籍，为中华文化宝库又填补了一个空白。"对"跨度五千年的瑶族社会发展线路第一次全

---

　　① 司马义·买买提，转引自奉恒高主编《瑶族通史》上卷，民族出版社2007年版，"序一"第2页。

面疏通"。① 其中下卷第六编重点论述"瑶族向海外迁徙及其在海外的发展"，为人们全面了解海外瑶族状况提供了很好的借鉴。

中国少数民族古籍总目提要·瑶族卷编委会·广西壮族自治区民族古籍办公室编辑的《中国少数民族古籍总目提要·瑶族卷》，为 60 分卷本的《中国少数民族古籍总目提要》之一。《中国少数民族古籍总目提要》是 1996 年以来在全国范围内开展实施的大型民族古籍文化项目，也是中华民族一项重大的文化工程。"瑶族卷"共收录瑶族古籍条目 2616 条，由中国大百科全书出版社 2013 年出版。

国内瑶族文献整理方面的专著与专辑，还有黄钰的《评皇券牒集编》（1990 年）；盘才万、房先清收集，李默编注《乳源瑶族古籍汇编（上、下）》（1997 年）；李默、房先清编《八排瑶古籍汇编》（1995 年）；张生震主编《还盘王愿》（2002 年）；湖南少数民族古籍办公室主编《盘王大歌》以及郑慧的《瑶族文书档案研究》（2011 年）等。此外，单篇论文较多，不一一列举。

（2）海外瑶族文献的整理

德国瑶族文献的整理，始于德国慕尼黑市巴伐利亚州州立图书馆与慕尼黑大学 1995 年的瑶族经文研究计划。从 20 世纪 80 年代起，巴伐利亚州立图书馆陆续从英国书商手中收购了 2776 件瑶族手卷，之后与慕尼黑大学联合开展了对这批文献的整理研究，先后出版了两本瑶族文献目录索引：

一是托马斯·赫曼、迈克尔·弗里德里希编辑的《神的信息：中国南部、越南、老挝、泰国、缅甸的瑶族宗教手稿》（威斯巴登：赫拉索维兹出版社 1999 年版）。为巴伐利亚州州立图书馆馆藏 2776 件藏品中选取的 55 件代表性收藏简介，有馆藏瑶族手稿本、卷子、神头（纸质面具）、头冠等。每件除了文献的一般信息介绍外，还配有文献图片。

二是欧碧·露西亚编辑的《瑶族手稿第 1 集：慕尼黑巴伐利亚州立图书馆藏品》（斯图加特：弗朗茨·施泰纳出版社 2004 年版）。此为巴

---

① 赵廷光，转引自奉恒高主编《瑶族通史》上卷，民族出版社 2007 年版，"序三"第 1—2 页。

伐利亚州立图书馆 850 件馆藏目录索引，主要列有篇名（包括一些小题目）、所有者、年款、起始句和结尾句、特征、索引号等目类，并注明整理者对书主的瑶族支系类属的判断。

作为境外首次出版的瑶族文献索引，两部目录的先后出版，在世界范围内扩大了瑶族的影响，为世界瑶族文献的比较研究提供了极大的便利。

日本多年来一直致力于世界范围内瑶族文献的收集与研究。尤其是 2008 年成立的神奈川大学瑶族文化研究所[①]，不仅对中国境内瑶族仪式和相关文本进行多年的持续田野调查，还关注欧美国家的瑶族文献收藏，先后派员远赴德国巴伐利亚州州立图书馆和英国牛津大学图书馆，对馆藏瑶族仪式文书手稿进行实地考察，已刊行了 6 期《瑶族文化研究所通讯》和 1 期调查研究报告集，[②] 成果以纸质形式和电子版本形式与各国读者、研究者分享。神奈川大学瑶族文化研究所编辑的《南山大学人类学博物馆馆藏上智大学泰国西北部瑶族历史文化调查团收集文献目录》，整理出当年白鸟芳郎在泰国收集的瑶族文献 160 余件，所列目类与德国版基本相同。但是增加了每册书的相关照片，这一点对研究者查阅来讲，直观而方便。

美国国会图书馆因为收藏瑶族文献时间较晚，之前尚无人涉足研究。对美馆藏瑶族文献的研究，目前除了本课题组的研究外，尚无他人介入。这一研究领域的拓展空间很大，亟待得到国内外学术界的广泛关注。

（三）本书研究内容及意义

本书从民族学与民族文献学交叉角度入手，首先运用民族古籍整理和非物质文化遗产的整理方法对美馆藏瑶族文献进行梳理，通过有重点的考释、校勘与归类，确立研究重点，在此基础上对文献涉及的相关地区进行田野调查，又回到文本进行比较研究。运用写本学、民族文献学理论观照研究对象，研究其特征与价值，总结出辨识境外瑶族文献性质

---

① 从 2015 年 4 月 10 日开始，该研究所更名为"一般社团法人瑶族文化研究所"，英文名为 Institute for the Study of Yao Culture。更名后的研究所也还是秉承 2008 年建立时期的主旨，并未有任何改变。只是形式上发生了改变，不再是大学的研究机构，而是变成了法人机构。

② 参见日本神奈川大学瑶族文化研究所网站（http://www.yaoken.org/aboutus.html）。

和特征的方法，提出一套抢救境外瑶族文献的体系与指导性建议，为境外瑶族文献整理与研究探索道路。

本书分十个章节从以下七个方面对美国国会图书馆馆藏瑶族文献进行了系统的研究。

1. 文献的整理与分类研究

整理与分类是文献研究之基础。这批文献虽为美国国会图书馆所收藏，却无法统括在西方盛行的美国国会图书馆图书分类法之下。作者在分析研究美国国会图书馆分类方法与分类思想的基础上，尊重我国少数民族文献分类的传统，结合美馆藏瑶族文献的资源特点、内容性质，对美馆藏瑶族文献做出科学的分类。并遵照国际标准书目著录和中国文献著录国家标准系列的原则，总结德藏瑶族文献类目编排得失，依据中国瑶族文献的实际，"因书设类"，拟定编目类目，将美馆藏瑶族文献划分为六大类别。

通过对这批馆藏瑶族文献进行著录、分类等形式，揭示和反映所藏对象的主要信息，让其中有价值的文化资源，在世界上规模最大的图书馆——美国国会图书馆中得到充分的利用。方便读者和研究者快捷、准确地检索，分享知识财富，推进社会文明。同时，研究成果不仅能为美馆藏瑶族文献建立目录服务，还能更好地参与世界瑶族研究对话，为创建更完善的全球瑶族古籍与文献分类体系，最终建立统一的《瑶族手抄文献联合目录》奠定基础，使瑶族文献真正成为全世界的精神财富。

2. 文献中的俗字整理与研究

美馆藏瑶族文献由汉字杂以瑶用俗字抄写而成，俗字蕴藏量巨大。这些俗字既保留了中国古代手抄文献俗字用法的基本传统，也呈现出明显的瑶文化特色。汉字是华夏民族的杰出贡献，是中华民族的共同财富。它不仅对我国境内各民族文化生活产生巨大影响，也对境外民族文化生活以及世界文化产生巨大影响。本书通过对美馆藏瑶族文献俗字的考辨，观察远离母语，不断迁徙、漂泊的族群，如何保留本民族语言文化记忆的经验，分析跨文化民族迁徙中所发生的文字学现象。这种考察和研究既总结了汉字在汉字语言环境中运用的例证与共同规律，也印证了汉字在少数民族方言中运用的特殊规律，更能通过汉字在境外异文化包围中顽强生存的个案，发现我少数民族在使用汉字过程中的独创性和创造精神，拓展汉语俗字研究的国际视野，为汉字俗字在跨文化、远距离迁徙族群中的传承和运用提供借鉴。

3. 文献的写本学特征研究

美馆藏瑶族文献属于写本范畴。在书写形制、书写符号、书写年代、装帧、题跋、特殊语用、印鉴等细节上，都留有瑶族一代代手工传抄的痕迹。这些痕迹与悠久的汉文化传统息息相通，又体现了瑶族写本鲜明的个性与标志性特色。瑶族在漫长的迁徙过程中，与多个民族和国家民众交往，友好相处，形成良好的互动关系，也将与他民族文化交流的印记吸收进来，体现在写本之中，为写本学研究提供新的案例。这些存在于美馆藏瑶族写本中的特征与国内写本形成很好的互补关系，有利于境外瑶族版本识别与鉴定。

写本学是产生于敦煌写本研究基础上的一门学科。虽然是舶来物，但已经在敦煌研究中发挥了重要作用。瑶族写本本身非常丰富，分散在全球各大图书馆、博物馆，其数量虽不及敦煌写本那么巨大，但是在中国南方民族中，其存量也是相当惊人的。本书从写本学角度对其进行了详尽的归纳与考辨，界定其特征，将敦煌写本学研究延伸到瑶族写本领域，为境外瑶族写本文献的整理与研究提供科学依据。

4. 文献的断代研究

本书运用文献学与民族古籍整理方法考释美馆藏瑶族写本年代，通过不同纪年法的互证、古代文化知识印证、同名书主不同写本的年代印证、写本内容名物印证以及俗字辨析等方法，对馆藏瑶族写本年代进行考释、补正、纠错、补缺，解决了部分写本断代之谜，缩小了美馆藏大量写本年代信息缺失之憾。瑶族写本的断代，不仅为这批文献的编目提供了必要条件，也为瑶族文化发展史、瑶族迁徙年代提供了可靠证据。当然，美馆藏瑶族文献尚有部分写本年代缺失现象，需要比对其他瑶族写本样本，包括德国、英国和荷兰同时期收购的同类藏本，再结合纸张、书写风格和书写工具鉴定、内容考证等综合因素，方能有更多收获。期待着境外瑶族写本能像流失的敦煌写本一样，集境内外收藏之力，信息整合、资源共享，那时，瑶族研究工作将会有跨越性进展。

5. 重要文献的个案研究

本书还就重要馆藏文献——瑶族"过山榜"、清代瑶人经书选本和瑶族启蒙读本开展了个案研究。

"过山榜"是瑶族民间广泛流传的过山文书之总称，也是信奉盘王的瑶族人民世代流传和珍藏的关于本民族历史记忆的重要文献。其内容涉及瑶族的起源、图腾崇拜、姓氏由来、祖先迁徙、瑶汉关系以及有关民族权益等，被国内外瑶族研究者视为揭开古代瑶族文化之谜的一把钥匙，历来受到学界的高度重视，对其之研究，也成为多年来瑶族研究的热门话题。随着国内大批"过山榜"藏本整理出版，国内的研究也取得可喜成果。但境外版本却很少出现在人们的研究视野。美国国会图书馆收藏的四卷"过山榜"，属于较为珍贵的原始抄本。它们的存在丰富了世界范围内瑶族"过山榜"的总藏量，也为"过山榜"的研究提供了新的参照。本书首次对其进行甄别、校勘、文字梳理和特征归纳，并提出有意义的探索思路。

研究指出美馆藏四件"过山榜"卷子与泰国及国内版本之间的联系，为追踪美馆藏"过山榜"的递藏关系提供了有效证据。研究还考释了"过山榜"境外流传的痕迹，列出四份"过山榜"抄件在大量使用瑶用词汇及俗字甚至错讹字上的表现与特征，便于研究者查检与比对。本书呼吁学术界重视"过山榜"原始版本的研究问题，认为原始版本与印刷本之间相去甚远：抄写者的笔触、笔意，文化修养、书写个性，以及文字以外的生动插图、印鉴的风貌都在刊印符号中被一一隐去。学者如果仅仅凭借刊印后的"过山榜"为研究对象，犯了科学研究之大忌，容易造成研究误差。本书呼吁国内外收藏机构尽早开放"过山榜"原始版本，以方便学术研究。假如国内外收藏者手中的数十件、上百件原件"过山榜"公开问世，直接进入研究者的视野，最终解读"过山榜"之谜指日可待。

瑶族世居山区，崇拜巫鬼。生病、生老病死或发生不祥、不测之事都要请道公或师公举行宗教仪式：打斋、请神算卦、超度、还愿，一一化解和应对。所有的宗教仪式活动都有相应的经书配合，所以经书为瑶族文献之大宗，也为美馆藏瑶族文献收藏之大类。

《从人·财楼科》是丧葬礼仪中用于纸扎从人、财楼仪式的科仪文书，对了解瑶族丧葬礼仪和民间信仰有着重要意义。本书选取美馆藏清代瑶族写本《从人·财楼科》为重点研究对象，运用民族文献学、民俗美学理论，对其中相关歌谣与礼仪进行考疏与解读，探讨其在文化传承、民间信仰、民间审美情趣以及文献学方面的文化价值，弥补了该领域交叉研究之空缺。该研究从一个新的角度为瑶族研究提供了研究视角，对于了解瑶族丧葬文化的多元性、正确认识瑶族丧葬礼仪文化与汉文化的关系、认识纸扎礼仪与瑶族信仰的关系、揭示其中所包含的宗教艺术与人生的谜团，使其中尊宗敬祖、报恩孝亲、悼念祝福等与社会民生有用的成分得以弘扬，有着现实意义。

瑶族启蒙读本是瑶族在漫长的跨国、跨州迁徙过程中，在远离母语，身处异文化重围之中，随身携带的进行中华民族美德教育和汉字识字教育的工具，是延续瑶族文化的法宝。

本书运用民族教育学理论对美馆藏 11 本瑶族启蒙读本进行了分类整理与研究。瑶族虽然一直处于颠沛流离，被迫迁徙状态，但却从来就是一个不甘于文化落后的民族。无论在何等艰难困苦的环境下，都没有忽视过对瑶族子弟的启蒙教育。瑶族主要是通过家庭教育、宗教教育的形式，借助自编或改编的启蒙读本进行本民族的启蒙教育。11 本启蒙读本的存在，足以从一个侧面说明迁徙中的瑶族，无论在何等困难的条件下，都一如既往地重视民族教育的优良传统，恪守诗书传家美德。

本书通过对这一批启蒙读本的校勘、校释和比对研究，总结出美馆藏瑶族启蒙读本的基本特征和价值。认为这些瑶族启蒙读本与汉文化、儒家文化有着密切联系，证明瑶汉文化从来就是你中有我，我中有你。读本的内容丰富、形式多样、抄写独特，具有突出的地域文化特色和特殊的海外流传背景，是不可多得的研究瑶族教育的一手资料。这批启蒙读本还有利于海外瑶族对瑶族子弟进行认知教育和德行教育，使中华文化能够在异地他乡广泛传承。

6. 文献的功能与价值研究

美馆藏瑶族文献所体现的功能与价值是多方面的，有史学价值、文献学价值、中医学价值、宗教学价值、文字学价值等。对其功能与价值的探讨，一直贯穿本课题始终。几乎每一分论，都涉及文献的价值问题。本书还运用一章的篇幅，集中讨论文献的文化储存、文化认同功能。正如瑶族研究先驱费孝通先生所言"全世界各地的瑶族的祖先，都是从中国迁出去的"。美馆藏瑶族文献是以文本形式保存的瑶族"集体记忆",再现了瑶族族源传说以及境外迁徙之史实。这种"记忆"具有文化储存与文化认同的功能,其中的一些核心符号,已构成瑶族记忆链中的重要环节,是美国瑶人在新的文化境域进行文化重构的基础。在因天灾人祸和长期与祖源国隔绝而导致的文化"失忆"的情况下,这些记忆符号起着文化"修复"作用。

流散在美国的瑶族文献是瑶族数百年来漂泊迁徙历史的见证,是瑶族在多元文化背景冲突下自我保护的一个重要手段,也是瑶族人奉献给世界的一份珍贵的民间文化遗产。民族记忆是一个民族的珍贵历史记录,既是传统文化精神经验的储存器、民族文化来源,又是一个民族走向未来的起点和基础。梳理与总结美馆藏瑶族文献与民族记忆的关系,有利于在继承瑶族文化遗产的基础上,塑造瑶族文化形象,使之在世界范围内发扬光大。同时也有利于美国瑶族的身份认同与民族认同,促进中美瑶族同胞的联谊与互动,共建世界瑶族和谐家园。

图1—3 眺望山外世界的瑶乡孩子 何红一摄

7. 文献的抢救与保护问题研究

国务院在1984年转发《国家民委关于抢救、整理少数民族古籍的请示》的通知中强调："少数民族古籍是祖国宝贵文化遗产的一部分，抢救、整理少数民族古籍，是一项十分重要的工作。"本书以运用非物质文化遗产保护理论参与美国境内中国瑶族文献的调研及抢救实践为例，报告美国境内瑶族文献的分布、收藏现状等调研成果；同时也以当事人身份报告了参与修复美馆藏破损藏品"过山榜"的提案，以及对其修复的过程，首次为境外瑶族文献的抢救性修复提供了可资借鉴的个案。本书还根据调研中所获得的美国瑶族文献保存现状，有针对性地提出了七条境外瑶族文献抢救与保护的建议，意在为美国境内瑶族古籍文献的抢救以及境外其他少数民族古籍的抢救工作提供切实可行的参考意见。

（四） 本书研究特点

瑶族文献是瑶族文化的一个重要组成部分。尤其是欧美瑶族，从古到今不断迁徙、游移，居住国度在三种以上。他们的手抄文献和口承文献是瑶族艰难迁徙历史的见证，其中保存了民族迁徙过程中极其重要的文化信息：既有祖源国文化深刻的烙印，又不断地加入迁徙民族与迁徙地文化交流互动的印记，为文化的传承、调适、交流与互动提供了多方面的参考依据，是了解世界瑶族历史与现状的一把钥匙，亟待得到各国学术界关注。对境外瑶族文献进行抢救性发掘与比较研究，便于从更广阔的文化视野中探讨世界瑶族文化的特质，找出其间的文化认同与差异，促进世界瑶族文化的发展与繁荣。

本书力求在境外少数民族文献抢救性保护这一当今重要领域做出有价值的开拓和探讨，总结出规律性认识，提出有针对性的保护方法与路径，为抢救实践提供了宝贵经验。其特点在于：

1. 材料新

本书所使用的都是该领域发现的第一手材料，之前从未有人涉及过，使本书课题研究的起步就充满挑战性。但作者并不满足于现有材料，又先后到国内外瑶族地区收集和挖掘到更多有用资料，来与境外所获得书面材料进行印证。在文献考证上，注重多重论证原则。材料尽可能翔实可靠，避免孤证。例如美国国会图书馆并没能提供这批文献的收藏地与所有者信息。作者通过文献上抄书人姓名线索，去美国瑶人社区调查，找到抄书人的后人及学生，印证了部分抄本信息，将死材料变成活材料，并因此把握了这批文献的重要线索和收藏轨迹。

再有，美国国会图书馆收藏有四件"过山榜"。笔者通过调研，又在美国瑶人社区和美国境内、东南亚境内先后发现了3件大同小异的藏品，为馆藏品研究提供了更多的可比因素。美馆藏《盘王大歌》由于年代久远，保存不善而残缺不全。笔者又在美国旧金山瑶人处寻找到其他三个版本。在国内寻找到四件《盘王大歌》手抄本与之比对。"麻风病"药方经作者在美馆藏瑶族经书《麻风秘语》中发现后，又在德国的瑶族文献收藏和英国牛津大学图书馆的瑶族文献收藏中发现同类药方，这些新的发现和第一手资料，都为本书瑶族文献的比勘与考订奠定了良好的基础。

2. 应用性

跨文化交流与传播是当今人类学者与民俗学者都共同关注的话题之一。在当下世界文化大融合背景下，在文化全球化和文化多元化的语境中，显得更加重要。本书论证美馆藏瑶族文献在瑶学研究、文献学研究、文字学研究、民俗学研究等领域以及民族文化遗产和"非遗"保护和抢救中的独特价值与个性：它来自瑶族中迁移路线最远的人群，流传的时间和空间跨度非常大，从中国到东南亚，再到美国；从清乾隆十九年（公元1754年）到越战后的20世纪70年代，文化含量丰富，是研究境外瑶族文化的优秀样本之一。这些文献表现出瑶族在传承中华文明时非凡的创造性，对研究瑶族与汉文化的关系、瑶族与迁徙地国家的文化交往史，考察瑶族文化的传承与变迁，都有着重要意义。本书透过对这些文献的解读，了解和走进这个民族，倾听她的历史记忆和时代心声。并试图通过价值论证，提醒学术界重视瑶族这类文化样本的典型性。

本书不仅对美国国会图书馆馆藏瑶族文献做了整理性梳理与研究，还在整理中建立了一套区别于境外汉籍文献整理的，专属瑶族民间文献的整理方法与研究体系，形成了一个包括编目分类整理、瑶用俗字的辨析、写本学特征辨析、年代考证、具体文本的考释与解读、价值判断等一系列可操作性环节。希望本书研究成果能成为中国民族文献整理理论应用于境外瑶族文献抢救性整理与保护的尝试，并在境外其他少数民族文献的抢救中发挥有效的参考作用。

图1—4　作者在美国国会图书馆作馆藏瑶族文献研究工作报告　汤伟摄

由于欧美各大馆藏的瑶族文献同出一源，都是从一个英国书商手中间接购入，本书成果不仅对美国国会图书馆的馆藏，而且对其他国家收藏瑶族文献整理也具有参考意义。本书成果还可以延伸到境外中国其他民族的古籍整理与抢救之中，具有普遍参考意义。我们期待研究成果不仅能为美馆藏瑶文建立目录服务，还能更好地参与世界瑶族研究对话，为创建更完善的全球瑶族古籍分类体系探寻道路，并为最终建立统一的《瑶族手抄文献联合目录》奠定基础，使分布于世界各地的瑶族文献真正成为全世界的精神财富。

3. 注重理论与实际、文本材料与田野材料的结合

本书虽然立足于馆藏纸质文献研究，但"纸上得来终觉浅"。课题负责人先后多次去美国与中国瑶族居住地进行田野调查。于2009年5月29日—6月8日、2013年7月6日—7月9日两次到美国旧金山全美瑶人协会所在地的北加州旧金山湾区做调查，重点调研了奥克兰市、沙克拉门多市、苏辛和费尔菲尔德市，召开了4次由美国瑶人协会领袖、瑶人学者、瑶族师公在内的座谈会，走访了11户美国瑶人家庭，收集到20余册瑶族手抄文献资料。

在国内，研究者深入广西南宁、金秀、来宾、南丹、富川、贺州八步、桂林；广东广州、韶关、乳源、连州、连南；湖南长沙、江华、江

永、道县、郴州、宁远、蓝山共19处瑶族分布地，进行资料收集与调研，获得并印证了大量有用信息，为课题的顺利开展铺平道路。

本书作者还参加了美国国会图书馆馆藏瑶族"过山榜"的修复论证，见证了整个修复过程。本书课题研究提出的关于境外瑶族文献的抢救与保护建议，就是基于大量实地调查和抢救实践获得的，是具有针对性的有的放矢的建议。

4. 本书在方法上的探索

课题研究对象藏于世界最大的图书馆，便于笔者最大限度地搜寻和查阅资料。了解该课题最新成就与动向，在数据的摄取和共享上都具备了一定优势。例如德国出版的两本德藏瑶族文献目录，一般研究者在国内看不到，而本书作者就是在美国国会图书馆找到的。

本书在借鉴传统文献整理方法的基础上，引入人类学、民族学以及西方口头诗学理论，在文献特征的归纳与考证方面也显示出一些突破性进展，使境外瑶族文献的特征更加明晰化，便于识别。

课题研究中还发现了收藏方——美国国会图书馆原来难以找寻的文献来源线索：发现美国国会图书馆、德国巴伐利亚州州立图书馆、英国大英图书馆三处文献在来源上的同一性，为欧美以及全球瑶族文献研究的协作和联动提供了科学依据。期望在不久的将来，瑶族文献研究也能像敦煌文献研究一样，形成国际大联合趋势，催生更科学、更实用的研究方法，使用更科学的研究手段来推进国际瑶学研究。

总之，流散在美国的瑶族文献是瑶族数百年来漂泊迁徙历史的见证，是瑶族在多元文化背景冲突下自我保护的一个重要手段，也是瑶族人奉献给世界的一份珍贵的民间文化遗产。海外瑶族文献是瑶族民族记忆的一个有机组成部分，它既是传统文化精神经验的储存器、民族文化来源，又是一个民族走向未来的起点和基础。梳理与总结美国国会图书馆馆藏瑶族文献与民族记忆的关系，有利于在继承瑶族文化遗产的基础上，塑造瑶族的国际文化形象，使瑶族文化在世界范围内发扬光大。同时也有利于美国瑶族的身份认同与民族认同，促进中美瑶族同胞的联谊与互动，共建世界瑶族和谐家园。课题研究符合当前民族工作的大方向，有利于中华民族精神的发扬光大。提升国家文化软实力，增强中华文化国际竞争力的精神。

图1—5　作者在美国北加州旧金山调研期间，与美国瑶族研究者黄方坪先生、

泰国瑶族语言研究者 Chiem Seng Yaangh 博士、美国社会学家 Marsha Smith

博士、美国瑶族教育工作者卡尔·盘文凯（Pienh Kaota）博士夫妇

（从左至右）交流并合影　　［美］赵贵财摄

第二章

美国国会图书馆馆藏瑶族文献的
整理与分类研究①

　　文献的整理与分类是研究之基础。本书的研究从整理与分类开始，首先对这批文献进行浏览、甄别、标志、考辨、编号、类分，再在此基础上进行科学的编目与分类处理。本章主要报告美国国会图书馆馆藏瑶族文献的编目整理程序、整理方法、类目设置依据、类目考释、分类参照体系、分类处理以及分类整理的意义。

一　美馆藏瑶族文献的整理

　　本节报告运用民族文献整理及目录学方法，为美国国会图书馆馆藏瑶族文献编目整理的程序及方法：具体介绍清点庋藏、类分文献及价值评估、类目设置、重要信息考索与梳理、文字校勘辨析等整理方法，最终实现对文献的汇录处理过程。

（一）美馆藏瑶族文献的整理程序

1. 清点庋藏，梳理信息

清点库藏以目验为据，在逐件检阅的基础上登记原有标号。

美国国会图书馆亚洲部馆藏瑶族文献分两批入库：

首批入库时间为 2006 年 1 月 23 日。关于文献的数量，亚洲部负责该批文献收藏的经手人告知，虽然运货单写的是 200 份，但出乎意料之

　　①　本章内容部分作为前期成果，以《美国国会图书馆馆藏瑶族文献的整理与分类研究》为题，发表于《广西民族研究》2013 年第 4 期，第 119—125 页。

外的是，居然有一些文书在运送过程中不翼而飞。① 到货的文献用几个旧塑料袋套着，堆放在美国国会图书馆亚当斯大楼地下室亚洲部的一个书库里。笔者清理时，这批文献已从原来的地下书库移至麦迪逊大楼二层亚洲部善本书库，总计 184 件。

第二批入库时间为 2008 年下半年，有 57 件。两批总数为 241 件。

图 2—1　美国国会图书馆亚洲部阅览室与善本书库相连，以丰富的特藏
吸引世界各地学者前来查阅和检索资料　何红一摄

第一批入藏文献由几个塑料袋分装。塑料袋上有简单的编号，里面的文献多数已有编号，从 Bag 到 Bag1—Bag7，为卖主的编号。第二批文献由三个塑料袋加一个长卷子分装，此批文献没有像第一批那样附带原编号，由整理者自行编号。

经整理发现原有的编号设置随意，字母大小写不统一，既有大写的

①　信息来源于美国国会图书馆亚洲部原理论部主任居蜜博士为笔者所提供的报告文献复印件。

Bag6，也有小写的 bag6；既有不带"#"的 Bag2，也有带"#"的 Bag#2，重复易混，同一类书册和同类多卷书都分别归属不同的塑料袋。显然，它只是卖方按个人收藏目的或商业目的进行的编号，对编目工作来说没有特别的意义。于是笔者决定登记后保留原编号记录，重新设置类别序号。

由于这批文献是由长期迁徙状态的瑶族民间代代递藏，多数又经历过越战的炮火硝烟，故品相较差，残损严重，为整理平添了不少难度。整理工作首先从清理文献的散页、错页、缺页等大量费时又琐碎的工作开始。

2. 梳理信息，制作信息卡片

逐件翻检文献，浏览文献中的主要信息并做文字记录。在此基础上制作登记卡片和电子表格，把握整理对象概貌。

本书制作了 5 万字的文字记录和 500 多张卡片，拍摄了近万张照片，这些工作主要为信息处理和文献归类服务。由于所整理文献属于古籍文献，不允许复印，登记方式主要采用笔录和图片拍照采集。

3. 类分文献并评估

通过分析文献信息，搜寻考索其中的重要线索，在对其做出初步评估的基础上，类分文献，以便按类处理。将整理对象粗分为三大类：重要文献、重点整理文献、一般文献。

重要文献：为学界和瑶族民间公认的瑶族文献的经典，例如"过山榜"与《盘王大歌》、年代久远的经书文本、瑶族"家先单"、"宗支簿"等家谱、族谱文献。依照这一原则，四册"过山榜"，全称《评皇券牒过山榜防身一十二人》、三册不太完整的《盘王大歌》、一册《宗支簿》（具立宗支纸马册用，记载赵发念家族谱支脉状况）、一册《冯家先丹（单）》（冯乡四郎家庭长辈的名单和相关信息）、乾隆年间的经书抄本《醮墓式在头，丧家式在尾》（公元 1754 年）、乾隆四十三年（公元 1778 年）经书《度人大部全卷》等，被列为重要文献。

重点整理文献：版本完整、题跋、插图较多、负载有重要信息的写本文献。

例如一本光绪四年（公元 1878 年）的丧仪经书《从人/财楼科共本》，载有国内文本少有的纸扎人俑和灵屋的信息；两册载"巫医同源"信息和治疗麻风病药方的《麻风秘语》和《天仙麻疯秘语》；一册嘉庆十八年（公元1813年）抄成的无名法书，上有瑶女插图、长鼓、"越南瑶"等信息；一本《先伦开启护堂之法》，上有瑶女、法器、怪兽、七星图、铜柱图、金榜图、九宫图等图符；七册用于蒙学教材的读本《破理》、《九经书》、《盘古记》等被列为重点整理文献。

一般文献：以上两类以外的写本、破损严重、信息缺失的写本。

其中重要文献优先整理，重点整理文献或优先查找线索，或与重要文献并案考释。一般文献只登记相关信息，留后处理。

提交初评报告：

文献的一般状况：形制、版本、数量、种类、年代、内容、保存现状。

文献的文化价值：历史价值、人类学价值、民俗学价值。[1]

4. 类目设置及其设置依据

（1）类目参照

最初确立类目时，可参照的编目体系较少。当时，国家重点文化工程《中国少数民族古籍总目提要》编辑工作启动不久，我国大部分民族的卷目尚在紧锣密鼓的组织编辑之中，"瑶族卷"也尚未问世。[2] 国外可供参照的编目体系也不多。美国国会图书馆亚洲部收藏的中国少数民族古籍文献大多数处于未整理状态，只有一份由国内学者朱宝田先生所做的美国国会图书馆馆藏纳西族文献的目录（中文）。东巴文为现存的活着的象形文字，它与瑶族以汉字为主的写本还是有很大的差异，两者之间的可比度不高。

境外瑶族的分类目录，有德国学者整理的德国巴伐利亚州州立图书馆馆藏瑶族手本目录（德文版）两本：

A）Botschaften an die Götter：religiöse Handschriften der Yao：Südchina，Vietnam，Laos，Thailand，Myanmar /herausgegeben von Thomas

---

① 详见 Hongyi，Lily kecskes Religion，Rituals And Rhymes，"A Preliminary Study Of The Newly Acquired 241 Yao Documents"，In The Collection Of The Asian Division Of The Library Of Congress，*Journal Of East Asian Libraries*，No. 145，June 2008。

② 《中国少数民族古籍总目提要·瑶族卷》编委会编辑的《中国少数民族古籍总目提要·瑶族卷》已于2013年11月由中国大百科全书出版社出版。

O. Höllmann und Michael Friedrich；mit Beiträgen von Lucia Obi, Shing Müller, Xaver Götzfried. Wiesbaden：Harrassowitz，1999.（Library of Congress call number：DS523. 4. Y36B68 1999.）

B）Handschriften der Yao / herausgegeben von Thomas Höllmann；mit Beiträgen von Lucia Obi, Shing Müller, Xaver Götzfried. Teil 1. Bestände der Bayerischen Staatsbibliothek München：Cod. Sin. 147 bis Cod. Sin. 1045. Stuttgart：F. Steiner, 2004.（Library of Congress call number：Z6605. C5H36 2004.）

这是两本德藏的德文版瑶族目录简介和索引，1995 年慕尼黑大学与德国巴伐利亚州立图书馆共同启动慕尼黑瑶族经文研究计划的研究成果之一。

前者为展览图录。巴伐利亚州州立图书馆于 1999 年 11 月 4 日—12 月 22 日举办了一次馆藏瑶族宗教手本①小型展览，此图录为展出而作。中文翻译为《神的信息——中国南部、越南、老挝、泰国、缅甸的瑶族宗教手稿》，主编托马斯·赫曼，迈克尔·弗里德里希，威斯巴登：赫拉索维兹出版社 1999 年版。该图录从馆藏 2776 件瑶族文献中择选出《评王券牒》、《盘王大路歌》、《贡筵红楼秘语》、《李家宗支图》、《看病书》、《九经书》等手本，加上神头（纸质面具）、神厄（纸质头冠）等实物 55 件进行著录，每条类目做相应索引，55 件文献看不出编排上的排序规律。类目有标题、主要内容、年款、收藏者、尺寸、页码、编号、文本中的小题目或主要特征等，并配有彩色图片，计 96 页。

后者为同一收藏机构的 850 件目录索引，中文翻译为《瑶族手稿——第 1 集：慕尼黑巴伐利亚州立图书馆藏品》，斯图加特：弗朗茨·施泰纳出版社 2004 年版。该目录著录类包括标题、年款、地点、收藏者、页码、编号、装订方式、纸张、品相、文本中的小题目或主要特征描述、行款、起始句与结尾句等，按拼音排序。所提供的信息量较前者有所增多，条目也多出图录本 10 余倍，计 723 页。

作为首次出现的境外瑶族文献目录，德国巴伐利亚州州立图书馆馆藏的图录本与目录本都具有开创性意义。它们的出版不仅扩大了德馆藏瑶族文献的影响、方便了外界对德藏瑶族文献现状的了解，还为境外瑶

---

① 德国将手抄本称之为"手本"，相当于我们所说的"抄本"与"写本"。

族古籍目录的建立，起着奠基作用。由于中德两国文化背景和文化习惯不同，瑶族文献多使用汉字夹杂着难以辨识的瑶用俗字来抄写书名，瑶族文献亦有一书多名的特点，这些都增加了境外人士对瑶族古籍篇名著录的难度，两册目录编目上的得失也是显而易见的。

以书名为例，瑶族经典《盘王大歌》版本众多，别称各异，抄写时随意性强。仅《盘王大歌》就有《盘王大路歌》、《大路歌》、《流乐书》等多种异名。整理者不知就里，将这些本属同一类型的歌书拆散著录。《九经书》，又名《初开》、《初开抄本》，来源于抄本首句"初开置天地，置立九经书"句，《九经书》和《初开》、《初开抄本》也皆被编目者误为不同类型歌书，将其分散排序。另外，瑶族文献多使用瑶用俗字。瑶用俗字不同于规范汉字。一字多写、同音替代、笔画增减甚至错字、讹字现象频繁，例如经书《判座科》又被写作《伴座科》、《半座科》，这也增加了同类书册的异名现象。手本的编目忽略了俗字辨识，又采取拼音字母列表索引书名来取代分类，将明显属于同一类的不同异名手本分别著录，以致同一文献分属数处，带来归属上的不合理，也不利于读者检索。

（2）美馆藏瑶族文献类目的确立

遵照国际标准书目著录（ISBD）和中国文献著录国家标准 GB3792 系列的原则，笔者在总结德藏瑶族文献类目编排得失的基础上，依据中国瑶族文献的实际情况拟定编目类目。

类目的确立是整理者对编目对象悉心考证的研究过程，是其在整理实践中边考释边思考、悉心比对、不断补充新信息、不断调整，逐步完善的结果。① 美馆藏瑶族文献的类目具体立有文献名（包括别名、异名）、内容、来源、规格、尺寸、页码、文献抄成年代、文献生成地点、文献入库时间、编号（包括原有编号和整理编号）、所有者、传抄者、特征、注释、备注等类目。

由于瑶族文献属于民间传承文献，具有"集体性"特征，表现为

---

① 编目期间，笔者的挚友，原深圳大学图书馆馆长伍宪教授给笔者以非常专业的建议，在此深表谢忱！

"集体创作、集体流传、反映集体的意愿、集中集体才智、为集体服务"①。它的创作（包括流传中的再创作）通常是在集体中进行的，它的流传也是集体参与的一个过程。有时每一个传播者都自觉不自觉地在原有的基础上对其进行加工、完善，从这个角度说，千千万万个民间文献的传播者也是文献的加工者。而且这种"加工"有时会是一个漫长的过程。例如瑶族的"过山榜"与《盘王大歌》就具有典型的"集体性"特征，是数百年甚至上千年来无数瑶族同胞集体创作的结晶。这类文献是找不到著者和原作者的，只有所有者、书主、传承者和抄书人。这一现象学界称之为"匿名性"，明显不同于文人著作。所以类目中没有通常文献所具有的"著者、作者、撰者"项，而设立"书主"与"抄书者"项。

登记文献年代为文献断代之初步。由于民间文献是世代相传的文献，一般没能留下具体生成年代，只有抄成年代。表述为"依古抄藤（謄）"、"依古传抄"，说明抄时尚有古本所依。笔者在著录时，所依凭的纪年题款，都是文献的抄成年代款，故只需列出"抄成年代"即可。

"特征"类，主要著录文献中有辨识特征的信息。如印鉴、题跋、插图、书写和保存状态等。

"注释"与"备注"类目的设立。"注释"是为了说明行话和特殊语用导致的书名的不确定性。"备注"是为了用来解释各项类目未尽事宜。

对于封面缺损的书册，仅从破损处著录。由于文献保存不善，破损和缺页较多，有针对性地记录书册首尾句也是很有必要的。考虑到人力所限等因素，除少数重要典籍外，本次编目暂未做提要项。

（3）著录用标识符号

著录所用的符号与序号，采用美国国会图书馆统一使用的英文字母加阿拉伯数字作为标识符号，用字母表示基本大类和二级类目，以显示其馆藏的一致性。

---

① 参见刘守华、陈建宪主编《民间文学教程》，笔者执笔的第二章"民间文学的基本特征"，华中师范大学出版社 2007 年版，第 26 页。

编目著录所用的汉字是简体汉字。尽管美馆藏瑶族文献主要使用繁体字抄成，但是考虑到时代的进程和现代读者使用的方便，编者采用了简体字著录的原则。

（二）美馆藏瑶族文献整理的方法①

采用由简到繁，逐步深入；整理与研究、实地调查相结合的方法。这里集中介绍本书使用的几项重要编目信息的考释方法。

1. 书名考释

书名是文献辨类的主要标志。

美馆藏瑶族写本中因缺损而无书名者达 60 件以上，加上俗字怪字篇名，更增加了识别与归类的难度。笔者通过逐页翻检、重点细读、文字校勘、篇章比对和文献考证等途径，破解部分书册名称。

瑶族写本往往一书多名，写法不一。例如《盘古记》，又名"自从"，它取自该写本的第一句"自从盘古开天地"，美国瑶人也都习惯称之为"自从"；《九经书》，又名"初开"，同样取自该写本的首句"初开置天地"；笔者通过篇名考证，解决一册多名、篇名难辨和部分无名文献问题。

又如编号 AE020 的写本原本首页缺失，但是与编号 AE019《喃灵科一本》比对，发现两者内容大抵相似，都有"亡灵祭礼"词、家人亲友人等"奠酒"词、"目连忏"等，AE020 本结尾处还写有"喃灵终毕"字样。故可将编号 AE020 篇名应定为《喃灵科》。原书无名，由整理者根据考释后添补的书名，补添书名右上角添加 ＊ 标示出来。

"共本"现象。

"共本"指多项内容的合抄本，也是美馆藏瑶族文献书名中常见的标志之一。瑶族抄本出于节省的考虑，或实用的目的，常常会将本应分属于不同书册的内容合抄于一。"共本"内容一般会在书名中显示。例如一本用于斋亡的经书《醮墓式在头，丧家式在尾》（AE004），表明该书内容包括"醮墓"和丧俗仪式；一册《谢境、安龙伸斗秘语、共

---

①　该部分内容以《美国国会图书馆馆藏瑶族手抄文献新发现及其价值》、《美国瑶族文献与世界瑶族迁徙地之关系》为题，发表在《中南民族大学学报》2009 年第 3 期，第 71—75 页；《中南民族大学学报》2011 年第 5 期，第 58—63 页。

百秘在尾》（AF005），表明该书分别为"谢境"、"安龙伸斗"仪式和其他通用百解密语；"共本"书在书名处会有"……在头，……在尾"、"……共……在尾"和"……、……同用"等提示字样，便于分类使用，也比较容易区分。

由于"共本"书的内容多拥有几种使用功能，故在编目分类时，"共本"书应作类目兼属考虑。

2. 人名考释

人名考释在编目中主要是为了解决书主人和抄书人名称与身份问题。

瑶族文献属于民间传承文献，具有"集体性"特征。由于民间文献的创作（包括流传中的再创作）通常是在集体中进行的，它的流传往往在传播者自觉不自觉地对其不断加工、完善的基础上进行，从这个角度上说，千千万万个民间文献的传播者也是文献的加工者，而且这种"加工"往往会是一个漫长的时间过程。例如瑶族的"过山榜"与《盘王大歌》，就具有典型的"集体性"特征，它们是数百年甚至上千年来无数瑶族同胞集体创作的结晶。这类文献是没有著者的，只有所有者、书主和抄书人。故编目中可省去"著者、作者、撰者"类，设立"书主"与"抄书者"类项。

书主，为写本的所有者与收藏者。在瑶族手抄文献中，书主亦称东主、置主，有时也写作通主、"制主"、"直主"、集主。书主可能为写本所有者本人，也可能不是，或由与书主有亲缘或师徒关系的祖辈或师傅一代代传承下来、或由后继者花钱买得。这些递藏关系往往会在写本中呈现。

书主名后面惯常写有"记号"二字，如"书主李玄和记号"、"置主黄经珠记号"、"黄老大记号"。所谓"记号"，指为帮助人们识别和记忆而人为留下的标记，这里指代书主的标记、签名，也是瑶族写本强调书主所有权的惯用方式。

抄书者有时就是书主本人，有时则不是，由书主请人代抄，这些在写本题跋等处也会有记载。整理时均完整记录书主、东主、通主、置主、制主、直主、集主、抄书人等不同提法和写法的信息，以便分辨书主和抄书人姓名。另外，瑶族写本与汉族写本一样，人物称呼中也有字号之别、谦称与贱称之别，著录时需加以注意。

瑶族经书中还存在有宗教职业者法名区别、名与号不同的问题。

瑶传道教多分师派与道派，分别称师公与道公，其职能以不同的称呼加以区别，这些区分往往通过署名体现出来。其中道派所取"戒名"一般选用道、经、妙、玄、云等字样；师派法名则多为胜、显、应、法、院等字样。美馆藏经书中写有"羽流道士置主李道传留传后代万世存用"、"禄士×××"、"龙（陇）西郡羽臣……李老五首字抄出来"、"传度师付盘妙顺与玄门弟子邓经夅应用"，"羽流道士"、"羽臣"、"禄士"、"玄门弟子"均为道士之别称。"传度师李玄万给付弟子李玄骈"、"投度师父盘玄权给付、师父邓经□给付投度弟子盘玄珠使用"、"投师付黄妙经上付弟子邓道莲子孙应用兴旺"、"引教师付李妙亮给付弟子邓道僚"，为道派传度师徒的"戒名"，均显示抄书者的道士身份；而"抄书者董朝三郎"，则为师派法名的标志。

3. 年代考释

文献的抄写年代也是古籍整理之重点，登记文献的大致年代属于文献断代之初步。

笔者在初步整理时，所依凭的主要是写本中的纪年题款，这些题款都是文献的抄成年代款。目前发现最早年代落款的为乾隆十九年（公元1754年）的经书，最晚抄成的经书落款年代为公元1987年，文书抄成年代上下达230年左右。值得一提的是，最晚的抄的《设鬼书》，封面标有"皇上民国管下七十六岁丁卯年三月初五日"字样，这种现象在这批文献中不在少数。这至少提供两条信息：其一，社会历史的变更。文献在被传抄时祖源国已经经历多次时代变更。而传抄人因远离故土，无法使用新的纪年方式，只好沿用和套用以往的纪年方式记录抄书时间；其二，文献抄成时间并不等于该文献形成时间。因为文献的拥有者总是依照前朝固有的习惯来传抄祖先传下的古书。虽然几经转手或隔代重修，但仍然基本保持原始状态，这在文献保存中也是十分可贵的。

美国藏瑶族文献年代考释的方法，主要凭借文本年代题跋中的相关信息，从不同纪年法的互证、古代文化知识印证、同名书主不同写本的年代印证、写本内容名物印证和俗字辨析入手，进行考证，由于本书第五章有专章论述，此处从略。

4. 地名考释

地名考释主要解决文献的流传地域、流传背景和生成地点问题。

美馆藏瑶族文献中多次提到的中国古地名，以明清时名称居多。例如"十三省"、"大清国云南道开化府"、"湖广道"、"南京十宝殿"等。"十三省"至迟是明代初期的行政区划。"大清国云南道开化府"，"开化府"为今云南省文山县。文献中出现"开化府"地名，告诉我们这一支瑶族是明末清初从云南文山县迁移出去的。"开化府"是瑶族迁移路线中一个重要地点，至今有瑶族 8 万余人，是云南境内瑶族分布最多的一个县。文献中还多次提到湖南、广东、广西等地地名，这些地方也是瑶族人至今仍居住的地方。特别是"南京十宝殿"、"广东道乐昌县"，为众多海外瑶人认同的重要祖居地，这些地名多次出现在这些瑶族文献中，为探寻瑶族历史和迁徙路线提供线索。

瑶族有修立祖先名册、宗支册的习俗，这类特殊的家族档案又叫"家先单"。"家先单"不仅记载先祖的排行辈分，还记有祖先坟墓葬地。一本标明"皇上光绪三十一"（公元 1905 年）的《具立宗枝（支）纸马册用》中记载，赵发念家先墓葬地所显示的迁徙路线有："赵法换安在广东道—邓妹赵家先—安南大越国厘京归化府猛镇州猛莲洞—猛腊—喇挝（老挝）"字样，安南为越南的古称、喇挝为瑶俗字中对老挝的别写。按其提供的祖先坟葬地线索，可看出这一家族从中国广东迁出，经过越南又向老挝迁徙的历程。

一本嘉庆十八年（公元 1813 年）抄成法书，上绘有瑶女图，并标注"越南瑶"字样（见图 2—2）。另一本甲寅岁七月二十六日（公元 1974 年）抄完《增广》书（即《增广贤文》），多处插图标明"越南瑶"。我国广西、云南与越南毗邻相处，有两千多公里的边界线。不少地域古时就边界模糊，边民来去自如。瑶族从中国南疆向境外迁徙，首选越南。迄今为止越南瑶族人口达 527524 人。[①]

---

① 赵才林：《瑶族的社会关系和居民分布情况》，载《瑶族文化和社会的发展：现在与将来》，河内：国家社会人文科学中心，1998 年。

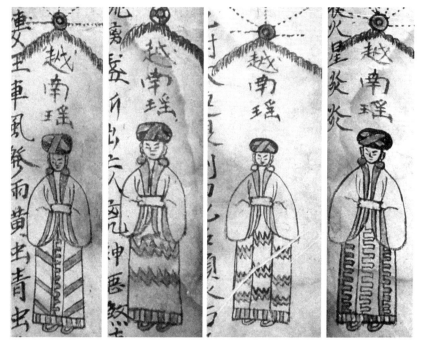

图2—2 一本嘉庆十八年（公元1813年）抄成法书，上绘有瑶女图，
并书有"越南瑶"字样 何红一摄

一本标明"天子中华民国任戌（壬戌）年六月二十九日（公元1922年）抄完"的《朝天科》法书上出现"南掌国"字样。南掌系指老挝北部的琅勃拉邦，雍正五年（公元1727年）开始向清代纳贡。老挝与越南一样，也是瑶族境外迁徙的首选国之一。

美国瑶人祖上大都世居老挝。瑶人"大约在18世纪时进入老挝的北部地区，后来他们在19世纪时向西越边界，进入泰国中部"[①]，目前老挝有瑶族30000人。[②] 在美国旧金山瑶族社区赵福院家收藏的祖图中，也记载着其祖先安葬地有"南掌国猛竜府"字样；此外"寮国永珍道"、"玩珍道"都是清朝时对朝贡国地域的称呼，处于现老挝境内，也

---

① Kbamphaeng KETAONG 内部报告《是瑶族还是老》。转引自奉恒高主编《瑶族通史》下卷，民族出版社2007年版，第1028—1029页。
② 转引自奉恒高主编《瑶族通史》下卷，民族出版社2007年版，第1022页。

是我们考证瑶族文献抄存地的依据。（图2—3）

图2—3　泰国瑶族同胞携带祖传"过山榜"长卷回中国
参加第11届盘王节　何红一摄

　　一些经书插图中的服饰，与现居住在东南亚和从东南亚转迁美国的瑶族妇女的服饰十分相近，也可作为考证瑶族支系源流及迁徙地的形象数据。

　　一册清代瑶族法书上绘有穿瑶服的妇女，抱着孩子、背筐等插图，旁边注明"南登瑶"、"南贡瑶"字样。作者对"南登瑶"、"南贡瑶"名称的辨识颇费周折。开始以为是指国内广西南丹县的白裤瑶，也曾因此到广西南丹县白裤瑶村寨里湖乡调研，去后才发现所谓的"南登瑶"、"南贡瑶"与"白裤瑶"无涉，两者不仅在服饰上有很大的差异，在其他文化习俗上也有很大不同。例如白裤瑶使用铜鼓，而蓝靛瑶使用木制鼓；白裤瑶手抄经书很少，也不祭祀盘王。故经书上的"南登瑶"、"南贡瑶"字样，应考为蓝靛瑶的别写。南方方言南、蓝不分，根据音近替代的原则，蓝靛瑶被写为"南登瑶"和"南贡瑶"是很正常的。

而且，蓝靛瑶也为迁徙至东南亚的盘瑶一支。

图2—4 美馆藏瑶族经书中的符箓文字符号 何红一摄

5. 俗字、怪字辨识

文字难辨，成为编目著录的一大障碍。美馆藏瑶族文献的为民间抄本，抄者水平不一。抄件文字障碍主要在于其大量使用异体字、俗字、方言字和瑶用俗字，文字抄写错讹现象也非常严重，有些书名、人名竟全以俗字、怪字构成，为校理工作带来困难。

例如经书（一本）《伸（神）斗科》，将"本"字写为"杰"、将"神斗"写为"伸斗"；前者为书名装饰和书写美观缘故，将"本"字底下添加三个"口"字，此属增繁俗字；后者"伸"与"神"为近音、近形替代而形成的俗字。

又如编号AH013书册，封面标题为一串怪字，初看很难识别，仔细琢磨方能破解：原来其中每个字的外部结构都由同一汉字偏旁、部件构成，有雨字头、绞丝和反文。里面则隐藏着一个个不同的汉字。例如"靐"，外部结构中雨字头在其上，左右分别为"绞丝"和"反文"，"壹"字深藏其中。12字依次如法炮制，构成难以辨认的符箓字符号，颇具神秘感。忽略外部结构，单看其内核为"壹本三宫科，东主盘妙御记号"。破译后方知该书书名为一本《三宫科》，书主（东主）为盘妙御（见图2—4）。

再如编号AG004的写本封面标题为"教㾗料一本"，其中的怪字令人费解。原来抄书者将"救"写为"教"，近音替代；"患"字，增添意符"广"，写作"㾗"；"科"字写作"料"，同音替换+部件组合并移位，即两个同音字"颗"与"科"，分别抽出"果"与"斗"嫁接而成。故考此书书名为《救患科》，我国云南蓝靛瑶度戒仪式中师家用经书有《救患科》，德国巴伐利亚州州立图书馆馆藏瑶族写本中也都有同类经书。

二　美馆藏瑶族文献的分类

　　美国国会图书馆收藏的这批瑶族文献整体而言属于民族古籍文献，又兼属世界瑶族非物质文化遗产范畴。这批文献虽为美国国会图书馆所收藏，却无法统括在西方图书分类学流行的美国国会图书馆分类法之下。笔者在参照国际通行的多种分类法的基础上，尊重中国少数民族文献分类的传统经验，依据这批瑶族文献的内容与功能做出了新的类型划分。

（一）美国国会图书馆有关中国古籍的分类方法

　　美国国会图书馆主要依据美国国会图书馆图书分类法对其入藏的图书进行分类，该分类法实用性强、类目详尽，在图书馆界被广泛使用。尽管如此，该馆并没有利用此分类法来类分所有入藏文献，一些特种文献则采用其他分类方法进行整理。如馆藏中国古籍文献的分类方法就各有不同：中文古籍善本采用经、史、子、集四部分类法；[①] 中国地方志则依照"清一统志"的分编体例结合民国时期行省划分的方法以进行类分。[②]

　　美国国会图书馆也收藏有大量中国少数民族古籍珍品，但由于缺乏相关人才的整理，除瑶族文献外，目前仅有纳西手稿（3342 件）和部分满文文书得到考订和整理。例如有 185 件纳西手稿和一件纳西族葬礼卷轴画已被数字化，放置亚洲部网页上，供大家分享。[③] 美国国会图书馆的纳西族文献先后采用过两种分类方法：早期采用李霖灿的"三分法"来组织卡片式分类目录，[④] 2001 年后采用朱宝田的"十五分法"

---

　　①　范邦瑾：《美国国会图书馆藏中文善本书续录》，上海古籍出版社 2011 年版，凡例。

　　②　朱士嘉：《美国国会图书馆藏中国方志目录》，中华书局 1989 年版，凡例。

　　③　Naxi Manuscript Collection Home（2004 - 06 - 01），2013 - 6 - 19（http：//international. loc. gov/intldl/naxihtml/）.

　　④　李霖灿结合文字和地域特征将纳西经书分为三大类：普通象形文字经书、标音文字经书、"若喀"字经书。其中，普通象形文字经书再以纳西巫教法仪的性质细分为龙王、祭风、超度、替身、延寿、口舌、占卜七类。

来组织数字化信息。① 这两种分类法虽有不同，但都沿袭了纳西族东巴经传统的分类思想，即结合东巴教仪式编制分类纲目，叮谓都是"仪式分类法"。

美国国会图书馆的满文文书由日本学者松村润与加藤直人采用版本与学科相结合的综合分类法整理归类。他们先将馆藏文献分为三大类：刊本、写本、文书。而后又在刊本下分设六大类：一般与古典、哲学与思想、历书、历史、政治、言语。②

可见，美国国会图书馆在组织中国特种文献时，并没有采用统一的分类标准，而是依托这类文献的属性、传统的分类习惯以及整理者的认识来选用某一种分类法。美国国会图书馆的这批瑶族写本，从年代和传抄特点考证，大部分属中国少数民族古籍范畴，因此，并不适宜采用美国国会图书馆图书分类法，而是应该在尊重中国少数民族古籍文献分类传统的基础上，探寻新的途径、寻找更合适的方法来为之分类。

（二） 美国国会图书馆瑶族文献分类的参照体系

美国国会图书馆瑶族文献分类的参照体系，有如下几种：

1. 《中国少数民族古籍总目提要·瑶族卷》 （以下简称"瑶族卷"） 的分类

《中国少数民族古籍总目提要》是 1996 年以来在全国范围内开展实施的大型民族古籍文化项目，也是中华民族一项重大的文化工程。其主要任务是编纂中国 55 个少数民族及古代民族语言文字所记载的现存全部文献。所收古籍按民族分卷，全书分 60 卷 （近 100 册） 陆续出版。"瑶族卷"是其中的一个分卷，共收录瑶族古籍条目 2616 条。依据《中国少数民族古籍总目提要》编撰要求，"瑶族卷"以古籍载体分为四编，各编下再按文献内容进行归类，各类下则以时间先后排序。目前

---

① 朱宝田的十五大类分别是：祭天、祭什罗、祭龙王、祭风、祭死者、关死经、求寿、祭贤、祭胜利神、祭祖、除秽、替生、占卜、各种祭仪、纳西象形文字艺术。参见美国国会图书馆部分纳西文献藏品：纳西象形文字文献目录注释 （Selections from the Naxi Manuscript Collection: Annotated Catalog of Naxi Pictographic Manuscripts） （http：//international. loc. gov/intldl/nax-ihtml/catalog. html）。

② 中国人民大学清史研究所：《美国国会图书馆满文资料收集概况》，2012 年 12 月 1 日，2013 年 4 月 5 日 （http：//www. iqh. net. cn/info. asp？column_ id＝7386）。

"瑶族卷"的甲、乙、丙、丁四大类目细分如下：

甲篇书籍类：过山榜、族源迁徙、歌书、地方志、宗教经书、族谱、医药验方书、契约集等。

乙篇铭刻类：石牌、功德碑、乡规民约碑、告示碑、墓碑等。

丙篇文书类：评王券牒、石碑纸本、契据、公文、奏折等。

丁篇讲唱类：神话、传说、故事、歌谣、族谱、石牌话、道师经词、口传医药验方等。①

此分类法的诞生，是文献学、史学、考古学、民俗学、人类学等多学科专家集体智慧的结晶，较为客观地反映了中国境内瑶族古籍的概貌，便于从整体上科学地梳理瑶族古籍文献，具有一定的权威性。其中部分分类编目信息成为本书整理和类分美馆藏瑶族文献的参考依据。

2. 德国巴伐利亚图书馆馆藏瑶族文献的分类

德国巴伐利亚图书馆于 20 世纪 80—90 年代陆续从英国古董商罗伯特 L. 斯托珀（Robert L. Stolper）手中购得瑶族文献 2776 件，成为欧美瑶族文献的收藏大家（这批文献的剩余部分后来被美国国会图书馆收购，两馆的瑶族文献同出一处，不过入藏时间先后不同而已）。对瑶族手抄文献，德方研究者称之为"手稿"、"手本"，类似我们的"写本"。研究者欧碧·露西亚（Lucia Obi）女士在《瑶族之宗教——概述巴伐利亚州立图书馆之馆藏瑶族手本》一文中详尽叙述了巴伐利亚州州立图书馆瑶族手本的收藏状况及其分类整理研究。据其描述，德藏瑶族文献的分类如下：

（1）宗教性质文本

细分为经文、仪礼文本、表奏、秘语和小法。其中仪礼文本又细分为醮、斋、度戒等。

（2）非宗教性质文本

细分为道德教化类图书、语言教科书及辞典、神话史诗类文本及歌

---

① 参见中国少数民族古籍总目提要·瑶族卷编委会、广西壮族自治区民族古籍办公室《中国少数民族古籍总目提要·瑶族卷》，中国大百科全书出版社 2013 年版。

本、占卜文本、记录文件、医疗性文本等。①

　　此划分方法是依据文献性质将德藏瑶族文献粗分为两大类，再依文献的社会功能进行细分。由于德藏瑶族文献与美藏瑶族文献同出一处，两者有诸多的相似点和可比性，是我们整理和类分美馆藏瑶族文献时的重要参照体系。不过，德藏瑶族文献大类划分过于粗略，如果完全依照它对美馆藏瑶族文献进行分类整理，过粗的立类必然影响管理与使用。至少，在非宗教性质文本部分，还应该有进一步区分立类的必要。

　　3. 中国学界对瑶族文献的分类

　　原广西瑶族研究会会长张有隽教授在《中国瑶人文书及其研究》一文中，按瑶族文书的内容、性质和作用，将瑶族文书大致分为六大类：过山文书、族谱与碑文石刻、宗教经、歌书、医书、其他瑶人文书。大类下又各有细分，如第三类宗教经，就又细分为道公经书与师公经书。②

　　徐祖祥在其著作《瑶族文化史》第三章"瑶文古籍"一节中，将瑶文古籍分为经书和歌书两大类，其中歌书又分为歌谣、家谱、历史传说故事、信歌等③，与德藏瑶族文献的分类较为相近。这两位学者的分类方法虽不同，但他们却都将文献的社会作用作为其划分文献的依据。

（三）美国国会图书馆馆藏瑶族文献的分类与编目处理

　　综上所述，瑶族文献本来就非常丰富，目前国内外针对瑶族文献的分类方法多种多样，并无完全统一划分标准，但中外学者的分类法也有共同之处，即不按学科性质设类，而是以文献的社会功能作为重要的分类依据。由于不同收藏单位的藏品内容与种类不同，文献的功能也不尽相同。本书在分析研究上述分类方法与分类思想的基础上，采用"因书设类"原则，结合美馆藏瑶族文献的资源特点、内容性质进行类分。

---

　　① Lucia Obi M. A.：《瑶族之宗教——概述巴伐利亚州立图书馆之馆藏瑶族手本》，詹春媚译，《民俗曲艺》2005 年第 12 期，第 227—279 页。

　　② 张有隽：《中国瑶人文书及其研究》，《广西民族学院学报》（哲学社会科学版）1990 年第 3 期，第 25—28 页。

　　③ 徐祖祥：《瑶族文化史》，云南民族出版社 2001 年版，第 70 页。

分类号：采用《美国国会图书馆图书分类法》的英文字母和阿拉伯数字相混合的构成方法。用字母表示基本大类和二级类目，细分子目采用阿拉伯数字展开。类号不显示类目间的等级关系。

分类标准：以文献的内容和社会功能作为类分美馆藏瑶文的主要依据。

分类方法：美馆藏瑶族文献形式较为单一，只有手抄书册与卷轴两类，铭刻、碑文、讲唱类空缺，故不宜采用《中国少数民族古籍总目提要·瑶族卷》"甲、乙、丙、丁"四分法。美馆藏瑶族文献中经书较多，自成一体；美馆藏瑶族文献的歌书、杂占类书和蒙学读本也各占一定比重，也能自成一体；医书类、地契类文献空缺；因此，从文献的实际收藏状况出发，本书将美馆藏瑶族文献划分为六大类，具体如下：

1. 类目划分

（1）经书类，以英文字母"A"为基本大类号

瑶族世居山区，崇拜巫鬼。生病、生老病死或发生不祥、不测之事都要请道公或师公举行宗教仪式：打斋、请神算卦、超度、还愿，一一化解和应对。所有这些种类繁多的民间宗教仪式活动都有相应的经书经文配合，所以经书为瑶族民间文献之大宗。

张有隽先生曾在广西大瑶山蛹屏乡山子瑶地区发现有 50 多本包括 40 个科目约 30 余万字的瑶族经典。20 世纪 80 年代赵廷光先生根据云南省文山等地区蓝靛瑶的调查，收集的"度戒"仪式用的瑶经也有 20 多种。20 世纪广东出版的《八排瑶古籍汇编》和《乳源瑶族古籍汇编》（上下）中宗教经书都占古籍文献的绝对优势。德国巴伐利亚州州立图书馆曾对 801 份收藏的瑶族手本做过统计，有约 550 份属于经书，70 份为非宗教性，[①] 经书类文献占总数的 68.9%。

美国国会图书馆也不例外，馆藏瑶族文献中经书类文献达 190 件，约占收藏总数的 80%。这批瑶族文献中经书涉及科目繁多，种类达 60 余种，因此依其内容又细分为若干小类，二级类目号以英文字母"A—

---

① Lucia Obi M. A.：《瑶族之宗教——概述巴伐利亚州立图书馆之馆藏瑶族手本》，詹春媚译，《民俗曲艺》2005 年第 12 期，第 246 页。

I"表示。如"AA"表示道教经典文献，包括《诸品经》（AA001）、《度人经》（AA002）等；"AE"表示丧葬仪式事用书，包括大小《喃灵科》（AE017—AE018）、《三夜送终科》（AE007）、《丧坛秘语》（AE001）等替丧家择墓、打斋、超度亡灵等丧仪所用的经书。

（2）文书类，以字母"B"为基本大类号

文书类将瑶族所有榜文、书信、借据、契约、家谱、族谱等文书性质的文献列为一类。美馆藏瑶族文书以四卷《评皇券牒过山榜防身一十二人》和《家先单》（B001）、《具立宗枝（支）纸马册用》（B002）为代表。《评皇券牒过山榜防身一十二人》即"过山榜"，相传是历代封建王朝赐给瑶族的安抚文书。"过山榜"涉及瑶族的起源、姓氏由来、祖先迁徙、瑶汉关系，以及有关过山耕种等瑶族权益的内容，为研究古代瑶族文化提供了许多重要线索，历来受到国内外瑶族研究者的高度重视。

《家先单》和《宗支簿》为瑶族家谱族谱类文书。主要记载家庭祖先成员的法名及生卒年代、埋葬地点等信息，为瑶族世代珍藏并不断传抄，是研究瑶族来源及迁徙历史、迁徙路线的重要文献。美国国会图书馆藏有《冯家先丹（单）》一册，记载的是以冯乡四郎为首的冯姓家庭长辈的法名和相关信息；《具立宗枝（支）纸马册用》一册，记载赵发念家祖先的相关信息。

（3）歌书类，以字母"C"为基本大类号

瑶族自古喜歌善唱，生活中往往以歌相伴，有生活歌、劳动歌、宗教仪式歌、情歌、哭嫁歌、丧歌、信歌、"盘王大歌"等口耳相传，并有手抄歌书流传于世。美馆藏瑶文中的歌书主要为祭祀类叙事歌与叙事歌、婚嫁歌。祭祀类叙事歌以《盘王大歌》（C001—C003）为代表。《盘王大歌》由瑶族民间歌谣连缀而成，为瑶族"还盘王愿"时必唱的大歌套曲。歌词少则千余行，多则近万行，由"七任曲"曲牌和数十段歌词构成，内容包括瑶族社会历史、生产生活习俗、神话传说故事和文化发明等方面。美国国会图书馆收藏的《盘王大歌》三册，稍有残缺，以致年代不详，七任曲仅存六任曲，共计两千余行。尽管如此，我们还是能通过这些原始写本，窥见美馆藏《盘王大歌》的整体面貌。叙事歌有《渔网歌》（C005），用500行诗句的篇幅，讲述陈爷落难遇害，之后复仇申冤的故事。

美馆藏《盘王大歌》虽然划入"歌书类"，但由于它属于祭祀类歌书，过去通常是在"还盘王愿"祭祀活动中，伴随着祭祀仪式演唱的，所以它又有兼属的特性。可以考虑与经书类交叉，设立交替目类，增加检索途径以提高查阅的命中率。

（4）蒙书类，以字母"D"为基本大类号

蒙书，为文化教化、道德教化的启蒙之书。国会图书馆收藏的瑶族蒙学类读本有《杂字》（D001）、《增广贤文》（D003—D005）、《破理书》（D006—D008）、《九经书》（D011）、《盘古记》（D009—D010）、《天下两京书》（D002）等十余册。其中《杂字》主要是以识字为目的的启蒙读本，将日常口语和常用词汇分类纳入，起到帮助读者识文断字、扩大知识面的目的。其他读本则是集知识启蒙和道德教化于一体的通俗读本。蒙书生动地反映瑶族尊重知识，崇尚文化之传统，也显示出瑶族文化与汉文化的密切关系。

（5）杂占类，以字母"E"为基本大类号

指民间占卜祈福、求吉问卦、预测吉凶一类的写本。美国国会图书馆此类写本包括《杂良通书》（E001）、《无题》（"论六十甲子大明吉日"，E003）、《相病书》（E005）等。其中《杂良通书》为民间历书，兼算命、看相、合生辰八字、占诸事吉凶等多种功用的百科全书，是瑶族民间信仰知识的总汇。《无题》（"论六十甲子大明吉日"，E003），因残破而缺失封面，首句为"论六十甲子大明吉日"，故名，也属占卜、术数类用书。《相病书》是运用巫术替人查病看病，指点病因、预测吉凶的书。

（6）其他，以字母"F"为基本大类号

因残缺而一时难以辨别类别的写本，暂且置于此类，有待于与海内外同类写本比对研究中再做进一步考辨、归类。

2. 美馆藏瑶族文献的编目处理

本书在进行编目处理时，国内尚无瑶族文献编目先例。海外的瑶族文献编目，有德国巴伐利亚州州立图书馆馆藏瑶族文献的两册编目。项目组在总结其得失的基础上，加以改造，形成自己的编目格局。

图 2—5　美馆藏瑶族文献的分类整理场所——
亚洲部阅览室一角　何红一摄

（1）采用编辑简明目录方式

著录书名、卷数、页码、抄写年代、抄书人、所有者（书主、置主）及其他方面有辨识特征的信息，如印鉴、题跋、插图等。

（2）编目著录用标志符号

编目所用的符号与序号，采用美国国会图书馆统一使用的英文字母加阿拉伯数字作为标志符号，以显示其馆藏的一致性。详见上文"分类号"。

编目著录所用的汉字为简体汉字。尽管美馆藏瑶族文献主要使用繁体字抄成，但是考虑到时代的进程和现代读者使用的方便，编者采用了简体字编目的原则。

三　美馆藏瑶族文献整理与分类的意义

美国国会图书馆被公认为世界上规模最大的图书馆之一，免费为全世界任何个人与文化团体开放。对美馆藏瑶族文献整理的意义在于，通过对这批馆藏文献进行著录、分类、编制各种类型的目录和提要的形式，揭示和反映其中的主要信息，让馆藏有价值的资料得到充分的利用，使读者和研究者快捷、准确地检索，以得到所需资料，分享知识财富，促进社会文明。

（一）　为文献的有序保护和修复提供依据

美馆藏瑶族文献是瑶族祖辈由中国向东南亚迁徙时携带出国的，它们的经历与瑶族的海外迁徙历史一样，历经曲折与磨难，保存状态较差，缺页、残页、字迹漫漶不清现象严重，亟待抢救性修复。而修复的前提是对其现状和类型进行甄别与文献状态评估，做好初步分类，这样才可能有步骤地制订分批修复计划。

例如美国国会图书馆购回首批瑶族文献后，由于没有合适的人员清理，丢置在库房一个角落里无人问津。其中一件长达471厘米的卷轴《评皇券牒过山榜防身一十二人》，不知何时严重受损。笔者在对这批文献进行分类整理和价值甄别时将其列为重要文献，该卷轴因此得到重视而被优先修复，同类的三份"过山榜"也被及时施以防酸处理，置于专用纸盒中得到有效的保护。

据了解，境外其他图书馆、博物馆馆藏瑶族文献也有类似情况，亟须尽快进行抢救性整理。否则，即使进入世界顶尖级收藏机构，也如同置于"冷宫"，无法最终进入知识流通领域。"因为美国国会图书馆从来没有将大量的人力、物力和资源投放在中国文献的整理上，而且在美国能够整理古籍的人才也非常难找。"①

（二）　便于信息流通，资源共享

文献经过分类后，方能编目上架，进入检索与流通领域，方便读者查阅。

目前，作为国家重大文化工程之一的《中国少数民族古籍总目提

---

① 丁立《侨报周末》，走进美国国会图书馆亚洲部——访美国国会图书馆亚洲部主任李华伟博士，http：//www. sinovision. net 2006-08-16.

要·瑶族卷》已由广西编撰出版，这是瑶族文献整理的一件大事。但是因为种种原因，海外瑶族文献的整理编目未能纳入其中，这又不能不说留有遗憾。瑶族文献遍布世界各地，海外收藏大家有德国巴伐利亚图书馆、英国牛津大学图书馆、美国国会图书馆和美国俄亥俄大学图书馆、泰国清迈山民研究院博物院、日本南山大学图书馆等。对这些文献的分类研究和编目整理，有些机构已领先一步。例如自 1995 年起，德国慕尼黑大学与巴伐利亚州州立图书馆联合开展的巴伐利亚州州立图书馆馆藏瑶族手本研究计划，已获重要阶段性成果。出版有《神的信使：中国南部、越南、老挝、泰国、缅甸的瑶族宗教手稿》和《慕尼黑巴伐利亚州立图书馆瑶族手稿第 1 部分目录提要》。[1] 前者从巴伐利亚州州立图书馆善本部收藏的瑶族宗教手本中精选 55 份，做了图文并茂的题解，后者则是涵盖了该馆 850 件瑶族手本的书录提要。

日本多年来一直致力于世界范围内瑶族文献的收集与研究。尤其是 2008 年成立的神奈川大学瑶族文化研究所，不仅对中国境内瑶族仪式和相关文本进行了多年的持续田野调查，还关注欧美国家的瑶族文献收藏，先后派员远赴德国巴伐利亚州州立图书馆和英国牛津大学图书馆，对馆藏瑶族仪式文书手稿进行实地考察，已刊行了 6 期《瑶族文化研究所通讯》和 1 期调查研究报告集，[2] 成果以纸质形式和电子版本形式与各国读者、研究者分享。

美国国会图书馆馆藏瑶族的整理与分类研究，也一直为国内外瑶学研究同行所期待。其研究成果不仅能为美馆藏瑶文建立目录服务，还能更好地参与世界瑶族研究对话，为创建更完善的全球瑶族古籍分类体系探寻道路，并为最终建立统一的《瑶族手抄文献联合目录》奠定基础，使瑶族文献真正成为全世界共享的精神财富。

---

① 　Lucia Obi, Shing Müller, Xaver Götzfried, *Botschaften an die Götter*：*Religiöse Handschriften der Yao. Südchina*，*Vietnam*，*Lao*，*Thailand*，*Myanmar.*，Herausgegeben von Thomas O. Höllmann uad Michael Friedrich，Otto Harrassowitz，Wiesbaden，1999；*Handschriften der Yao / herausgegeben von Thomas Höllmann*；*mit Beiträgen von Lucia Obi*，*Shing Müller*，*Xaver Götzfried. Teil 1. Bestände der Bayerischen Staatsbibliothek München*：Cod. Sin. 147 bis Cod. Sin. 1045. Stuttgart：F. Steiner，2004.

② 　参见日本神奈川大学瑶族文化研究所网站（http：//www. yaoken. org/aboutus. html）。

(三) 正本清源, 科学界定瑶族及瑶族文化信息

瑶族是中国的民族, 也是世界的民族。瑶学的发展需要国内外学者携手, 在资源共享的基础上通力合作, 共同推进。目前, 美国及国际社会对海外瑶人的理解尚不明确, 误区很多, 辨不清其历史来源, 也不把海外瑶人视为跨文化迁徙的独立族群。这种认识也体现在美国国会图书馆主题分类中。

例如在用于检索的标题词表中, 为了区别主题词 Yao 与非洲一个也叫 Yao 的民族, 国会图书馆用了 "Yao (Southeast Asian people)" 即 "瑶 (东南亚人)" 一词, 将 "瑶" 与东南亚人联系在一起, 实际上这种类分标志很不科学。划分者虽然知道美国瑶族来自东南亚, 但 "知其一不知其二", 并不知道东南亚的瑶族最早都是由中国迁徙过去的。不仅中国境内有瑶族人, 东南亚有瑶族人, 欧美等国也都有一定数量的瑶族人。瑶族是源于中国遍布于世界的民族。迄今世界瑶族 328 万人口中有 264 万分布在中国, 另有 59 万分布于东南亚, 欧美等地有近 5 万瑶人, 皆为 20 世纪七八十年代受联合国难民署委托安置的越战后的山地难民。因为越战期间, 定居在老挝金三角一带的山地民族曾帮助美国秘密参战, 之前双方有过秘密协议, 若美方战败得为这些山地民族寻找新的居住地。优勉瑶人就是这些曾经帮助过美国, 后来又沦为难民的山地民族之一 (详见本书第一章)。美国瑶人的来源, 由于东南亚山地民族帮助美国参战的事并没有对世界公开, 很多美国人并不知情。只知道美国境内的苗人 (赫蒙) 和瑶人 (优勉) 是来自东南亚的难民, 美国政府拯救了他们, 给他们带来福音。因信息封锁而导致了美国公众对国际瑶族历史来源的认知局限。

对美馆藏瑶族文献进行科学的分类, 有利于正本清源, 避免因信息不畅而导致的文化误差, 推进世界范围内瑶族文献的科学管理与建设。

四　美馆藏瑶族文献整理与分类卡片选录

美馆藏部分瑶族文献如下 (见表 2—1、2—2、2—3、2—4、2—5、2—6):

表 2—1　　　美国国会图书馆亚洲部馆藏中国瑶族文献　第 64 号

编号	A-AE004	来源	英国 Robert L. Stolper	规格	线装书式
	#9879-58	尺寸	24.7cm×25.5cm	页数	63
文献抄成时间	乾隆十九年（公元 1754 年）	文献生成地点	中国云南	文献入库时间	2006 年 1 月
所有者	盘经贤、李经琇	特征	文中多处提到大清云南道开化府，并具体提到"永平里"。并有"奉道正一"字样。蝇头小楷、书写工整。		
传抄者	李海韶		结尾有跋：乾隆十三年中元甲子管戊辰，次岁仲春念五日（念，即廿，数字二十的俗字。"念五日"即二十五日）录完醮墓式丧家杂式共成一册，的（？）笔人东主僧李海韶子丑艺留与的男李道玉……十方显达，道主阴阳开泰，名高旷野，兴隆通吉……但存子孙存宗，可失是矣。		
题名	醮墓式在头，丧家式在尾				
内容	丧葬用经书。瑶族世居山区，崇拜巫鬼，人死了要请道公择墓、打斋、超度亡灵。此为道公替丧家择墓、打斋、超度亡灵所用的文牒类文书。 有奏九帝状、申缴天师状、申三官状、申土地状、普请状、请亡人牒、文字关、醮墓大疏式、谢墓土府榜、散花醮墓用、十二愿醮墓用、章关用、土府疏醮墓用、土表用、青词式、地理券正面付理、地券付山神用、地券付亡人用、墓主功处牒式、五龙牒谢墓用、墓主疏、谢疏安龙意者、谢墓遍请牒、祝灵文式、女人催灵疏式、男人催灵疏式、女人行程牒式、凶在外途死城隍牒式、族人开丧疏式、族人催灵疏式、沐浴化衣疏式、贤愚行程牒式、功德牲生牒式、道家开丧牒式、道家催灵疏式、道家行程牒、道家祝灵、老寿禄人行程牒式、师公行程牒、男人仙化行程牒式、十恩灯状式、财楼契式、从人契式、马契式、冥衣状式、化衣疏式、十供式以及各类丧场对联。				
注释	民间抄本出于节省纸张与实用的考虑，常常会将大体相近内容的文书合抄于一。书首注明《醮墓式在头，丧家式在尾》，表明该书包括"醮墓"和丧葬仪式内容，这种合订本称"共本"现象。"共本"内容一般都会在书名中显示。				
备注					

表2—2　　美国国会图书馆亚洲部馆藏中国瑶族文献　第 164 号

编号	A-AI006	来源	英国 Robert L. Stolper	装帧	线装书式
	100013	规格	17.3cm×22.5cm	页码	52
文献抄成年代	民国三十九年庚寅岁十月十五日辰时（公元 1950 年）	文献生成地点	不详	文献入库时间	2006 年 1 月
所有者	盘妙玉	特征	封面页书有授度师付邓金利、李经照、邓玄态给付；投正宗师盘云通、弟子盘妙玉、祖师盘玄明使用十方上达等字样。封二有四字篆文方印二，印文不辨。		
题名	《麻风秘语》　　（另名《一本麻风秘语》）				
内容	以巫术驱赶和灭杀麻风病毒、治疗麻风病为目的咒语、秘法。书中大部分内容都是巫术仪式记录与为麻风病逝者做丧葬仪式的用语。有主初请到我师之法、论差发装身之法、论送本境之法、亡故过油堂之法、安相之法、论安镇之法、存众村牲口之法、论起洞中咒之法、放蛟龙之法、装身破狱之法画符命之法、立丰都之法等，在稍后的段落中，出现治疗麻风病的中药名。并被注明"具立药名记不乱传也"字样。药名断句后，加标点 300 余字。				
注释	所谓"秘语"，为神秘的忏语，类似道教的咒语、秘法。属民间宗教体系中伴随着仪式言辞的文本部分，"秘语"具有私密性，并隐含玄机。				
备注	同类"秘语"，英国牛津大学图书馆与德国巴伐利亚州立图书馆也有收藏，可供比对研究。				

表2—3　　美国国会图书馆亚洲部馆藏中国瑶族文献　第 172 号

编号	10023	来源	英国 Robert L. Stolper	装帧	卷子
	B-B007	规格	33.9cm×517.7cm	数量	一件
文献抄成年代	不详	文献生成地点	东南亚	文献入库时间	2006 年 1 月
所有者	不详	特征	前后有丰富的彩色插图，文中有大小朱红印鉴 6 处，小插图 3 处。		
传抄者	江印刷		文本错字、别字、俗字特别多，"江印刷"三字有两个字都写错。		

续表

编号	10023	来源	英国 Robert L. Stolper	装帧	卷子
	B-B007	规格	33.9cm×517.7cm	数量	一件
题名	《评皇券牒过山榜防身一十二人》（别称"过山榜"）				
内容	以皇帝名义颁发的官样文书，记叙瑶族始祖"盘护"的功绩以及瑶族生活习俗的由来，同时还记叙了参与修订批准"券牒"的官员、瑶族十二姓受封的官爵食邑及子孙后代的特权。				
注释	《评皇券牒过山榜》又称"过山榜"，它是以中原皇帝颁发"券牒"文书的形式，记叙发放该榜文的由来，即瑶族始祖"盘护"帮助"评王"除灭"高王"，为朝廷立功，被招为驸马，封为"盘王"，成为朝廷功臣。为了表彰盘王功绩，朝廷于是颁发文书，敕准其子孙后代在迁徙居处、耕种山林、齝（蹋）免赋役、族内通婚、祭祖祀神及瑶汉通商等方面的合法权益。这一类文书被瑶族视作传家宝而世代珍藏。目前国内外发现的"过山榜"已达百余份。 这种带有神话色彩、内容虚实参半的古代文献，比较详细地记叙了瑶族的起源、发展和迁徙情况，对研究瑶族的社会和历史，具有重要的参考价值。 瑶族是一个不断迁移的民族，没有独立的文字，民间流传的"过山榜"均以汉文抄写流传。由于抄写者水平不一，且流传年代久远，所以民间保存的"过山榜"在内容和形式上出入很大。其中内容有简繁之分，学者将它们分为正本型（古本型）、简本型和编修型；形式有卷轴式、折叠式、书本式及木版印、石印、手抄之分。其中书本式较为多见，卷轴式数量极少。这份"过山榜"为正本型卷轴式，是同类文献中较为珍贵的版本。				
备注	关于"过山榜"的产生年代和始作者，学术界有不同的说法。 一般认为"过山榜"的产生年代有五种情况： （1）是隋代朝廷发给瑶民的文书； （2）是唐代贞观年间朝廷发给瑶民的榜文； （3）是南宋王朝发给瑶民的特许状； （4）是明代初期封建王朝发给瑶民的《过山文书》； （5）是明代瑶酋发给瑶民的券牒。 《评皇券牒》产生于何时，是何产物，起何作用，与盘王有什么关系问题，曾经有过各种各样的猜想。《瑶族通史》认为《评皇券牒》产生于南宋时期。				

续表

编	10023	来源	英国 Robert L. Stolper	装帧	卷子
号	B-B007	规格	33.9cm×517.7cm	数量	一件

（1）《评皇券牒》是南宋王朝"租佃契约"的一种变异形式。

（2）南宋王朝给瑶民发放《评皇券牒》的目的是招抚瑶民，是"以瑶治瑶"羁縻政策的组成部分。

（3）《评皇券牒》中许多专用名词是南宋时代的产物。

（4）在《评皇券牒》中，南宋王朝给瑶民许多"准令施行"特权，这是封建统治阶级统治溪洞之民的一种手段，也是瑶族生存发展应取得的权利，是斗争得来的。①

关于始作者，学界有几种意见：一是封建朝廷，二是瑶酋，或二者兼而有之。农学冠在《拓宽〈评皇券牒〉研究的领域》一文中的观点："券牒实质上是一份古老的社会契约。契约的性质是通过几个神话内容来体现的。"他接着指出，立约者是谁？几乎经过一个世纪的探讨，众说纷纭，而"券牒'是瑶族自己制定的'"的观点却少为史学家们注意。实际上，从社会文化角度来审视倒是值得关注的。他用民族心理学方法解读券牒这由原始思维和理性思维互渗、心迹和史影交融的奇幻世界，认为券牒是由瑶人自己制定的。

表 2—4　　美国国会图书馆亚洲部馆藏中国瑶族文献　第 173 号

编	C001	来源	英国 Robert L. Stolper	装帧	线装书式
号	9878-48	规格	21cm×27cm	页码	30
文献抄成年代	缺失	文献生成地点	不详	文献入库时间	2006 年 1 月
所有者	不详	特征	歌体形式、书写工整，似赵孟頫体。		
传抄者	不详				
题名	《盘王大歌》*				
内容	美馆藏《盘王大歌》分三册抄存。此为其一，内容有石崇富贵、歌一段、第四荷叶盃曲子、刘三歌一段、盘州歌、梁三（山）伯、盘州歌、第五南花子曲、桃源歌一段、闾山歌一段、造寺、四字歌、邓古歌、何物歌一段、第六飞江南曲子、郎老歌一段、彭祖歌一段。				

---

① 奉恒高《瑶族通史》（上卷）绪论，民族出版社 2007 年版，第 21—23 页。

续表

编号	C001	来源	英国 Robert L. Stolper	装帧	线装书式
	9878-48	规格	21cm×27cm	页码	30
注释	《盘王大歌》是由瑶族民间歌谣连缀而成，为瑶族"还盘王愿"时必唱的大歌套曲。歌词少则千余行，多则近万行，由"七任曲"曲牌和数十段歌词构成，内容包括瑶族社会历史、生产生活习俗、神话传说故事和文化发明等方面。与瑶族"过山榜"一样，瑶族《盘王大歌》的异名众多，主要有《盘王歌》、《盘王大路歌》、《盘王小路歌》、《琉罗歌》、《大路歌》、《流乐书》等。				
备注	由于文本残缺，无题跋，以致年代及抄者、收藏者信息不详。 原书没有标题，笔者考证后给予命名，并以＊表示。				

表 2—5　　美国国会图书馆亚洲部馆藏中国瑶族文献　第 185 号

编号	D002	来源	英国 Robert L. Stolper	装帧	线装书式
	9897-42	规格	14.5cm×21cm	页码	50
文献抄成年代	缺失	文献生成地点	不详	文献入库时间	2006 年 1 月
所有者	不详	特征	繁体汉字杂以瑶用俗字抄写成。		
传抄者	不详				
题名	《杂字》＊				
内容	瑶族民间识字类启蒙读本。内容可分为神鬼部、官位部、亲属称谓部、百工技艺部、狱讼部、体貌部、起居穿戴部、衣物部、女红部、宫室部、器具部、食味部、水果酥点部、菜蔬菜肴部、谷物部、竹部、花草香料部、农事部、商贾部、珠宝首饰部、药物部、文房四宝部、走兽部、兵器工具部、鳞介部、走兽部、虫蛇部、飞禽部、水部、山野植物部、乐器部、丧仪部、病症部、育儿部、俗语部等30 余类。				
注释	据书中出现的大量带有时代痕迹的词语和字眼考释与判断，该写本产生时间大约在明清时代，产生与流传地域在岭南一带。				
备注	原书没有标题，笔者考证后给予命名，并以＊表示。 由于封面与首页缺失，以致此书抄写年代及抄者、收藏者等信息不详。又由于多数页角有残损，以致页角处所书写的字迹随之缺失。				

表2—6　　　美国国会图书馆亚洲部馆藏中国瑶族文献　第186号

编号	D002	来源	英国 Robert L. Stolper	装帧	线装书式
	Bag3 No#	规格	13.8cm×19.2cm	页码	20
文献抄成年代	民国三十三年（公元1944年）	文献生成地点	岭南一带	文献入库时间	2006年1月
所有者	李承蒙	特征	繁体汉字杂以瑶用俗字抄写成。全书共242句，968字		
传抄者	盘财富				
题名	《天下两京书》，又名《两京书》				
内容	瑶族民间识字类启蒙读本。 内容可分为神鬼部、官位部、亲属称谓部、百工技艺部、狱讼部、体貌部、起居穿戴部、衣物部、女红部、宫室部、器具部、食味部、水果酥点部、菜蔬菜肴部、谷物部、竹部、花草香料部、农事部、商贾部、珠宝首饰部、药物部、文房四宝部、走兽部、兵器工具部、鳞介部、走兽部、虫蛇部、飞禽部、水部、山野植物部、乐器部、丧仪部、病症部、育儿部、俗语部等30余类。				
注释	书中出现的大量带有时代痕迹的词语和字眼，预示该写本产生时间大约在明清时代，产生与流传地域在岭南一带。 读本中出现"闩閅坚固"句，其中俗字"闩閅"的用法与湖南梅山一带俗字相似。梅山人认为用"梢"表示竖插的门栓既不形象，又笔画多，于是创造了俗字"闩閅"，叫"横闩竖閅"。这个字在梅山一些手抄"本经"上时有发现，民间在书信等交往活动中也会用到。由此也表明该读本与瑶族宋代以来就居住的湖南梅山地区的文化的联系。				
备注	本书题跋提示"孔门弟子盘财富出笔誊录"字样，抄书人以"孔门弟子"自诩，可见其内容与儒学及汉文化的关系。				

五　小结

本章为美国国会图书馆馆藏瑶族文献编目分类理据、操作路径与实践之总结。笔者通过对美国国会图书馆馆藏瑶族文献一年多的清理和考辨，期间又三番五次地追寻瑶族迁徙的脚步，回到瑶族迁徙路径区域寻找互证资料，并通过各种途径，搜寻美国国会图书馆以外其他地方的德藏、日藏、东南亚藏瑶族文献加以比对，最终交出了这份答卷。

当我们看到美国瑶族来到美国国会图书馆亚洲部，查看自己祖先留下的珍贵的传家宝"过山榜"时所流露出自豪与欣喜的神情时、看到日本神奈川大学《瑶族文化研究所》的专家学者们不远万里，专程飞抵美国国会图书馆亚洲部核对瑶族《盘王大歌》资料时、看到美国人类学学者相继来到亚洲部查阅瑶族资讯时，感到由衷欣慰。瑶族的历史文献不仅属于中国，也属于世界。

图 2—6   美国国会图书馆亚洲部——让世界分享中华民族的精神财富   何红一摄

美馆藏瑶族文献的整理，目的就是让有价值的资料得到科学的辨识，以供世界瑶学爱好者和研究者检索，分享其中的精神财富和有用资源。美馆藏瑶族文献的整理也为进一步编辑出版美国国会图书馆馆藏瑶族文献目录提要，最终出版一部融文献性、学术性为一体的，全面反映世界瑶族文献概貌的联合目录铺石开路。不当之处，就教于各位专家同行。

第三章

美国国会图书馆馆藏瑶族文献的
俗字研究[①]

美馆藏瑶族文献以汉字为主、瑶用俗字为辅抄写而成，亦称写本。这些写本既保留了中国古代手抄文献的基本特征，也呈现出明显的瑶文化特色。本章以美国国会图书馆馆藏瑶族写本俗字为研究对象，运用民族文献学及民俗语言学理论，探讨美馆藏瑶族文献的俗字与汉字文化之关系、归纳其中的瑶用俗字的类型及特征；通过典型字例的释例与剖析，分析其来源及造字规律；并从瑶学研究及语言学研究角度，论证其作用及研究意义。

一 瑶族手抄文献与瑶用俗字

俗字又称"土字"或"土俗字"，为汉字系文字中普遍存在的语言文字现象，俗字通常指各个时代相对通用的规范正字以外的通俗字。俗字历代皆有，只要有书写现象存在，俗字就会不断产生。俗字多存在于民间手写、刊印、镂刻的文献之中，并以手写本（亦称"写本"和"抄本"）为最。

（一）瑶族与汉字文化
汉字之所以能在瑶族社会中流传，主要有以下几种原因：

---

① 本章部分内容作为本书前期成果，分别以《美国国会图书馆藏瑶族写本俗字及举例》、《美国国会图书馆藏瑶族写本俗字的研究价值》为题，发表于《民族研究》2013 年第 1 期，第 94—106 页；《广西民族大学学报》2012 年第 6 期，第 181—186 页。

1. 瑶族社会交际的需要

文字是人类社会交际的重要手段。在古代瑶族社会，本民族书面文字缺失的情况下，人们就会寻找替代方式，用汉字作为瑶族传统社会主要的交际手段之一。一般认为瑶语与汉语同属汉藏语系，在语言类型上同为词根语形态，且同源词多、语音相似、语法形态相近。据方炳翰对金平盘瑶语言（勉语方言）所记录的 1312 个单音节词的统计，其中属于汉语同源词和借词的多达 593 个，占总词量的 45%。同时两者的声母、韵母相比较，金平盘瑶的声母和韵母与汉语的中古音类似或相似、句法结构大同小异。① 这种语言上的亲属关系与接触关系，自然使瑶族对汉语有较强的认同感，很容易直接拿来加以改造并使用。

2. 瑶族宗教习俗传播的需要

道教是影响瑶族社会最主要的宗教之一，至迟在宋代就传入瑶族地区。道教的传播载体主要是经书。宣传道教教义、科仪和占卜方法的经书，就成为瑶族习读汉文的教科书。瑶族宗教职业者师公、道公是传播和推广汉字的最早实施者和先驱者。

瑶族有本民族的语言，过去没有文字，均使用汉字。大瑶山瑶族最早识汉字的办法是"信教识字"法。瑶民的授教传徒仪式叫"度戒"。一般人在十五六岁"度戒"。"度戒"之前，得先集中一个月时间，让受度者唱经识字。瑶经是用汉字写的，字音却很特殊。即用瑶音读或用瑶壮混杂音和瑶粤混杂音读出。在没有私塾学堂以及近代学校以前，信教者要世袭其徒，要传颂经书，最先必由汉教徒（或先生）教会汉字，而后则再由懂得汉字形和字意的瑶族佛教或道教教师，以"读瑶音识汉字"的方法，将信教识汉字之方式，世代传衍下来。②

关于瑶族"度戒"，说法不一。勉瑶叫"挂灯"、"度师"、"度筛"，是瑶族最重要的宗教仪式之一。瑶族认为，一名男子只有通过这一仪式后才能正式成为盘王子孙，取法名，入族籍，列入家谱名册。所以，"度戒"或"挂灯"也是瑶族男子成年的标志。一般男子到了成年

---

① 参见宋恩常《汉字在瑶族社会中的传播及其演变》，《云南民族学院学报》1991 年第 3 期，第 26 页。

② 刘玉莲、苏德富：《试谈大瑶山瑶族与山外其他民族之关系》，载广西瑶学会编《瑶学研究》第 3 辑，广西民族出版社 1993 年版，第 16 页。

期都要由瑶族师公、道公举行"度戒"或"挂灯"仪式。届时传度师
向受戒弟子传授如何做人和替人消灾免祸的方法，这些方法的习得除了
借助必要的宗教仪式外，主要通过汉字和土俗字抄写的经书传授。"正
是由于这种习经的事很兴盛。一些人未进过学校也能识许多字，有些还
能写一手漂亮的汉字。"①

笔者采访过的瑶族师公李院朝、道公刘道禄（中国广西金秀）、盘
喜古、盘保古（中国湖南蓝山），师公李如德（美国加州旧金山市）、
李进安、盘有寿、赵福贵、赵富院、邓富院（美国加州奥克兰市）等，
都是通过拜师读经学会识读汉文的。

熟练地背诵和誊写汉文经书，是深受人们尊重的师公、道公从事宗
教仪式活动的起码条件，也是他们重要的从业资本。用汉字杂以瑶俗字
抄成的经书被称作"瑶经"，是记录道教经典和瑶族宗教仪式、从事民
间信仰和祭祀活动的主要依据。汉字通过瑶族宗教信仰在民间得到推广
和普及。

3. 瑶族歌唱习俗的需要

喜好歌唱的瑶族人自古有对歌和坐歌堂习俗，瑶族手抄歌书流传甚
广，唐代就有记载。例如瑶族全民祭祀盘王时所唱《盘王大歌》，全歌
一万余行，通常要唱七天七夜。瑶族唱本类别很多，皆用方块汉字加瑶
用俗字传抄，伴随瑶族迁徙足迹广泛流传。美馆藏瑶族写本《盘王大
歌》"四字歌一段"②，就用拆字解义的方式和浅显的生活道理将
"天"、"地"、"水"、"火"、"瓦"、"石"、"败"等常用汉字的形、义
编进歌里传唱，起到汉字启蒙和寓教于乐的目的。

清人屈大均《广东新语》卷八《刘三妹》条称："凡作歌者，毋论
齐民与瑶、壮、山子等类，歌成，必先供一本祝讫藏之，求歌者就而录
焉，不得携出，渐积遂至数箧"。屈文所指"瑶"系瑶人无疑。"山子"
为瑶族重要支系，亦称"山子瑶"或"蓝靛瑶"，与盘瑶关系密切，分
布于广西大瑶山区、十万大山以及广东连山等地。这里记载"山子"
与壮族一样，喜好作歌，歌成后先抄成范本，经供奉后珍藏，以至歌本

---

① 张有隽：《瑶族传统文化变迁论》，广西民族出版社1992年版，第57页。
② 转引自笔者收集的美国国会图书馆藏瑶族文献《盘王大歌》抄本影印资料。

累积数箱之多。瑶壮等民族的歌本，都以汉字杂以自编俗字抄成，是俗字流传的重要载体。

除歌本外，瑶族婚丧习俗中用以吟诵的歌词和说辞，合婚、算日子、卜吉凶必查阅的《杂良通书》、《良缘法》、《合婚书》、《景娄传》等，也都用汉字传抄。由于杂以瑶用俗字，便有了草根特色，便于在民间普及。瑶人中一般上了年纪的老者都会认读。

4. 瑶族迁徙生活的需要

瑶族是迁徙频繁的民族，有"东方的吉普赛人"之称。瑶族的迁徙可分为原住国境内迁徙、跨国迁徙和跨洲迁徙三大阶段。早在瑶族的形成与发展期，瑶族原始先民就经历了从中国黄河、长江流域中下游一带开始的境内大范围迁徙，最终在中国南部的湖南、广西、广东、云南等省区相对稳定地居住下来。瑶族的境外迁徙则在以过山瑶、山子瑶为主体的瑶族支系中进行。这些瑶人经历了从中国广西、云南等地到越南、老挝、缅甸、泰国的跨国迁徙，又经历了从东南亚一带再到美国、加拿大、法国等国家的洲际迁徙，可谓瑶族中走得最远的人群。这种长时间、远距离的大迁徙，构成瑶族与其他民族不同的特殊经历。

瑶族保留民族文化的方法除了口传心授外，多以笔墨纸张抄习经书、歌本和祖图、族谱等重要文献，使本民族历史不至于在颠沛流离的迁徙中流失、中断。这也是当时条件下，一个迁徙民族所能选择的最简便的信息传承手段。有瑶族传家宝之称的《评皇券牒过山榜》，简称"过山榜"，就是瑶族迁徙时随身携带的防身保平安文书。

瑶族还发明了一种书信歌体——信歌来传递信息。信歌亦称"寄歌"，取寄来寄去传递信息和情感之意。信歌主要用于亲人间互通消息，通报平安、倾诉情思。也常用于寻找迁徙中失散的同根族人和亲属或指引后来者迁徙路线的作用。迄今为止，国内发现的最早的一首瑶族信歌流传于广西贺州大平瑶族乡威竹村平安寨。歌中唱道："大朝年间巳卯岁，交趾日月寄歌归。十六元朝桂财造，传报大朝人悠知"。文中"大朝"指中国，"交趾"指越南。据考"巳卯岁"、"十六元朝"即元代至元十六年（公元1279年）。当时一位叫桂财的瑶人，从广西贺州经过长途跋涉到交趾（现越南河内西北红河川一带）谋生。由于不慎被当地的统治者抓进监狱，当事人遂寄歌回乡向国内众亲友求援。这首古老的信歌一直在贺州大平瑶族乡、水口乡和仁义、步头、公会镇等瑶族地区流传，老人几乎都会唱，很多人家中还保留有手抄本。[①]

美国加州瑶人赵富院收藏的一本信歌《走交趾》（复印件），为光绪十八年壬辰岁二月十八日（公元 1892 年）抄成，歌中告知乡亲们从广西经云南到越南的迁徙路线，提及大小地名一百余处，指明迁徙途中必经的详细山川地名，起着"路引"作用。时至今日，美国瑶族仍然利用这种信歌与老挝、越南及中国亲友交流，夹杂着大量俗字的方块汉字是瑶族远距离交流、传递书信的实用工具。

5. 统治阶级实行文化统治的需要

汉族统治者出于文化统治需要，从汉代起，就开始向瑶族强制性推行汉化教育。先后有官员在瑶区开办州学、县学、儒学、学宫和私塾等多种形式学堂，对瑶民施行"开化教育"，"择授土官"，"以化服其心"。这种"以儒为教"、"以瑶治瑶"的羁縻政策一直延续到明清时期。

6. 瑶族自我教育的需要

瑶族为了传播本民族传统文化，对后代进行历史文化教育，通过宗教拜师途径和乡学、自学方式接受汉字扫盲。

据调查，在广西龙胜、贺县、恭城、富川、金秀大瑶山等地区，清代至民国年间，瑶乡都办过私塾。在湖南郴州地区，先是瑶人子弟到附近的汉族私塾求学，而后瑶族聚居的村子也办起了瑶人自己的私塾，延请山下的汉族书生上山任教，私塾之风在莽山、汝城、郴县等地区普遍兴起。此外，广东八排瑶地区和云南一些瑶区此时都陆续出现了一些私塾。[②]

在云南省广南县底圩乡一带，"解放前就有不少私塾，教习汉语、汉字，先生是瑶族人出钱请来的，没有钱请先生开办私塾的村寨，则适龄男童必须到其他村寨或壮族村寨的私塾走读"，"而后者则以'火塘教育'的方式传授方块瑶文，讲授本民族的历史、故事、家谱等，故瑶族社会出现'上学人少，识字人多'的特殊社会现象"。[③]

瑶族迁徙到海外，仍通过各种途径习读汉文。例如在泰国的瑶族就

---

① 贺州市地方志编纂委员会：《贺州市志》，广西人民出版社 2001 年版，第 843 页。

② 张有隽：《瑶族传统文化变迁论》，广西民族出版社 1992 年版，第 57 页。

③ 盘金祥：《试论瑶族使用和发展方块汉字的可行性》，载广西瑶学会主编《瑶族研究》第 3 辑，广西民族出版社 1993 年版，第 231 页。

曾办有学校，自编启蒙课本，传授本民族历史知识和文化知识。后来由于泰国政府一度禁止，才不得不到国民党部队逃入泰国的基地学校学习，或到台湾传教团体在泰北设立的学校学习汉文。① 现居住美国奥克兰的师公赵福贵告知，在老挝时，他们是靠师从新中国成立前逃亡至东南亚的国民党军人学习汉文的。在旧金山居住的李如德师公拿出一本破旧的华文字典告知，瑶族甚至住在泰国难民营里还坚持补习汉字，担心将来被送往陌生地而忘掉汉语。笔者在美国加州接触到 40 多位四五十岁以上的瑶族各社团领袖和师公代表，都能讲较为流畅的汉语。

　　美馆藏瑶族文献中，汉字蒙学读本和传统教育读本占有不小的比重，这些读本有《杂字》、《增广贤文》、《盘古记》、《天下两京书》、《九经书》、《破理书》等。书中唱道："书是人间宝，天下定安邦。九经书一本，教训小儿郎"；"知得书中行孝义，世事莫慢也莫丢；将钱买本教子读，代代儿孙个个尖"②，反映了瑶族喜好读书，尊重知识，教育为本的生活价值观。

　　笔者在美国旧金山一带瑶人家庭中见过不少此类蒙学读本的不同抄本，均被书主视作传家宝珍藏。可见，瑶族尊书、知书，运用汉字抄写本民族历史和为人处世道理教育后代的传统，无论海内海外，都是贯穿如一的。

（二）关于瑶用俗字

　　俗字现象自古形成，历代都有出现。只要有书写现象存在，俗字就有不断产生的可能。俗字多出现在正式文书及刻本以外的载体中，以手写载体构成的文献最为多见。汉字系文字中的手写本一般称为"写本"和"抄本"，是俗字产生与使用最为频繁的版本。

　　瑶族历史上与汉族关系密切，又有抄书传统，汉字俗字自然会被抄书者直接吸纳。瑶族民间抄本所用文字即汉字和在汉字基础上再造的俗字。后者主要出现在瑶族手抄本中，与汉字正字一道共同记录瑶族的历史文化。这些文字通常被学者们称之为"方块瑶文"、"瑶化汉字"、

---

① 参见奉恒高《瑶族通史》下卷，民族出版社 2007 年版，第 1051 页。
② 尖，方言，聪明之义。

"瑶喃字"（越南瑶族）和"土俗字"、"土字"、"俗字"等，它们的属性学界也有过争议。一些专家学者认为这种文字就是"古瑶文"。例如方炳翰、宋恩常、张有隽、徐祖祥、黄贵全等，均持有大体相同的观点。[1]

笔者将其定义为瑶用俗字，有以下几方面考虑：

首先，它们有别于不同时代的汉字正字，是俗字无疑。它们出现于瑶族文献之中，使用者使用它是为了本民族文化教育及文化传承，是瑶族民间使用的汉字俗字。

其次，这些俗字由来已久。其中既有大量对古代汉字俗字的沿用，也有少部分在汉字俗字基础上的活用与再造，还有对相邻民族、族群文字使用的借鉴。尽管来源多元，但仍然以汉字俗字为主，没有超出汉字文化体系，属于汉字俗字大家庭之一员。

再次，它们尚未形成独立的文字体系，不能单独使用，只能与汉字夹杂在一起使用，在整个瑶族文献的书写中所占比例不大。在专家学者对其属性长期争议，悬而未决的情况下，笔者以为，将其定义为"瑶用俗字"应该是比较合适的。

（三）瑶用俗字出现的历史依据

瑶用俗字出现的时代依据，首先应以瑶族古籍的记录为准。

瑶族两大标志性文献《盘王大歌》与《过山榜》抄本众多，流传甚广，皆以汉字杂以俗字方式抄存于世。其中《盘王大歌》"产生于晋代之前，成形于唐代，成熟于宋代"[2]。1957 年广西金秀长峒乡发现明代宣德年间（公元 1426—1435 年）《盘王大歌》抄件，即是以汉字为主，俗字为辅的方式抄成。又据刘保元、杨仁里在《瑶族〈盘王歌〉的最早抄本》一文中指出：1987 年湖南江永发现的落款"龙飞乙丑年"的《盘王大歌》应为南宋咸淳年间即公元 1265 年抄本，是目前发现的《盘王大歌》的最早抄本[3]。此亦为一家之说。当然，在南宋和明代，

---

① 很多专家学者认为这种文字就是"古瑶文"。参见张有隽《瑶族传统文化变迁论》，广西民族出版社 1992 年版，第 167—168 页；徐祖祥《瑶族文化史》，云南民族出版社 2001 年版，第 66—69 页。方炳翰、宋恩常、黄贵全也持有相同观点。

② 奉恒高：《瑶族通史》上卷，民族出版社 2007 年版，第 290 页。

③ 刘保元、杨仁里：《瑶族〈盘王歌〉的最早抄本》，《中央民族学院学报》（哲学与社会科学版）1989 年第 6 期，第 48 页。

这些抄本已经相当成熟完善，自成体系了。按歌谣形成的规律推算，如此篇幅庞大的祭祀歌原始本的形成，还可再向前追溯。

目前海内外发现的用汉字夹杂以俗字抄写的《过山榜》抄本 150 余件①，署名和涉及年号繁多，自东汉到民国各时代都有，以南宋理宗景定元年（公元 1260 年）出现的最多。尽管学界对"过山榜"产生年代尚有分歧意见，但是瑶族使用汉字与俗字的历史至迟自唐宋时期就开始，已为不争的事实。

瑶用俗字的出现，还可参考历代文献史料。南宋祝穆《方舆胜览》卷四十一：融州瑶人"刻木为契约，字画如梵书，不可晓"。清人李宗昉《黔记》卷三："猺人，……所祀之神名曰'盘发'，所藏之书名曰'旁瓠'，圆印篆文，义不可解，且珍秘之"；道光《广南府志》称"猺人男女皆知书"、民国《马关县志》载：瑶族"有书，父子自相传习，看其行列笔划似为汉人所著，但流传既久，转抄讹谬，字体义殊难索解，彼复宝而秘之，不轻示人，愈不可纠正矣"。民国间《连山县志》（卷五）载"（瑶民）儿之聪颖者不与读儒书，惟从瑶道士学，亦有科仪，其文不知晓"。

以上文献所载"字画如梵书，不可晓"、"圆印篆文，义不可解，且珍秘之"、"笔划似为汉人所著，但流传既久，转抄讹谬，字体义殊难索解，……愈不可纠正矣"、"其文不知晓"，其中当有文人眼中似汉字而非汉字，"字体义殊难索解"的瑶用俗字。

瑶用俗字的出现，还可以综合南方古代少数民族古文字、俗字共生现象来考察。南宋范成大在《桂海虞衡志》中提到壮族、白族古文字，并列举字例十余个。庄绰《鸡肋篇》、周去非《岭外代答》中也有类似记述。仿汉字而形成的创字现象，在南方多个少数民族历史上都曾有过。文献记叙年代多为唐宋时期，与瑶用俗字出现的时代大抵相近。各民族在造字文化上的互动与影响，应有着发生学上的共同规律。

---

① 黄钰先生：《评皇券牒集编》（广西人民出版社 1990 年版）中汇集了国内"过山榜"111 份、容观夐先生在《瑶族历史三题》中曾对海内外 149 份"过山榜"进行过比较研究（《容观夐人类学民族学文集》，民族出版社 2003 年版，第 215—234 页）；笔者近些年在海外新见"过山榜"原件 8 份以上，故言海内外《过山榜》超过 150 份。

综上所述，瑶族俗字出现的历史，应与瑶族手抄本时代同步，为满足民间记录家谱、族谱、瑶经、瑶俗和瑶歌传唱需要而生。它的出现不应晚于瑶族重要文献的抄本《盘王大歌》和"过山榜"盛传时代，当在唐、宋时期。它的盛行，当在明末清初，即学术界公认的中国"过山瑶"大举向东南亚南迁时期。因为要让本民族历史不至于在颠沛流离的迁徙中流失、中断，妥善保留祖先传下来的文化历史尤为重要。传抄祖图、族谱、经书、歌本是当时条件下一个迁徙民族所能选择的最简便的信息传承手段。

（四）美馆藏瑶族文献中的瑶用俗字现象

据笔者粗略统计，美馆藏瑶族文献中所用瑶用俗字有千余例之多。几乎囊括所有汉字俗字构成类型。① 美馆藏瑶族文献的誊抄，不仅大量使用传统汉字俗字，有些还在原有俗字构成基础上有新的创造与发展，大大地丰富了汉字俗字字例。

本章在收集美馆藏瑶族文献字例的基础上，参照学界关于汉字俗字的类型划分，将美馆藏瑶族文献俗字分为增繁、简省、符号替代、类化、合文、书写变异、异形借用、音近替代、汉字瑶音、新创10类，并举例分析这些俗字的造字理据、形成规律以及主要特征。

二　美馆藏瑶族文献俗字的类型与特点

美馆藏瑶族文献俗字的类型与特点，分别归纳如下。

（一）美馆藏瑶用俗字的类型

关于汉字俗字的类型，语言学界裘锡圭、刘又辛、杜爱英等先生都提出自己独到的见解。之后又有张涌泉、黄征、欧阳俊、李海霞、曾良等学者对俗字的分类，皆有独到之处，其中张涌泉的分类比较有代表性。张将俗字分为13类33种，几乎囊括了俗字的各种类型，他的分类

---

① 汉字俗字类型，参见张涌泉《汉字俗字研究》第三章"俗字的类型"，商务印书馆2010年版，第44—121页。

也成为后来者对俗字分类的重要参考。

美馆藏瑶族文献中的瑶用俗字丰富而多样，许多俗字存在兼属的情况。对其类属划分也很难穷尽。在借鉴张涌泉的俗字类型分类法的基础上，考虑到瑶用俗字自身特点及最常见的类型，本章将美馆藏瑶族文献中的瑶用俗字大略分为以下 10 类：

1. 增繁

增减意符被认为是俗字产生最常见的途径，"古人用字尚音，或加偏旁，或省偏旁，皆常事也"（清·王筠《菉友蛾术编》卷上）。增繁顾名思义是对原有正字做加法。汉字总的发展趋势在简省，但也不乏为了美观、明了和区别等因素出现繁化趋向。

美馆藏瑶族写本中常见的增繁类俗字有："土"字或土字偏旁加点为"圡"；代字加撇为"伐"，前者为了区别，后者则为了字型整体协调的缘故。再有"广"字旁变为"疒"字旁，"廣"写为"癀"。

美馆藏瑶族写本经书中，"安龙科"之"安"写作"桉"和"荌"，"救患科"之"患"字写作"瘣"，在"安"上添加了"木"旁和"艹"头；在"患"字加上"广"字符。"峒"写为"嵓"，再为已有意符的"嵓"添加"氵"旁，写为"澗"，此为意符增繁之例。

笔画与构件增繁的现象也很多见：煙字加点为煙；变加点为变；其他还有爱、几、边、庵、厅；但凡与口有关的字通常会被加上"口"旁，例如"声"写作"哢"、"祭"写作"嚓"；"笑"加"口"旁写作"嘆"。还有噉、咲、唅、嗤等。

偏旁两点水变为三点水，字例有涼、况等；"殷勤"二字加"心"，成"慇懃"。

增添构件：将本写为杰，本字结构较少，在其下增添三个口，是为了达到装饰效果和美观而化简为繁的缘故。

2. 简省

有增繁必有简省，这是由事物的两面性所决定的。简省是对原有正字做减法。以简代繁，或省略笔画、或省略偏旁、或省略部件、或以简略的符号替代繁复的字形结构，使字体的书写更为简便易行。

美馆藏瑶族文献中的俗字简省，有简省笔画、简省偏旁、简省结构和符号替代等类型。

（1）草化带来的简省效果

"留"的上部写为"亚"；拜的左边变为ϑ，均为书写时草化简省的结果。

（2）省略笔画

如"卑"、"鬼"等字头上少一短撇，写为畀、兒。以此类推，凡有"卑"字结构的字"婢"、"碑"，均少写一撇，写为婐、砷。

"鬼"字亦有写为兊、兕、兌，省略笔画不同，但也属笔画省略的结果。

再有将三点水变为两点，沉→冘、油→汕；或干脆略去原有字的偏旁，如"番手你打阳手鼓，覆手又打古（鼓）潺潺"（C010①），"古潺潺"经常被写作"鼓溏溏"或"古夯夯"。字体结构中的"氵"、"尸"被省去。宝盖头"宀"常被省为秃宝盖"冖"，例如寵→冪、富→冨。辍手之"辍"中的部件"叕"，省为"叒"，"辍"写为"輚"。以上为笔画与部件简省的结果。

3. 符号替代

符号替代实际上也是对汉字的简化方式。所不同的是，符号替代通常采用简单符号（包括简单汉字）替代文字结构中的复杂笔画，形成约定俗成的简化模式。常见的俗字简省符号有旧、文、米、又、卜、刂、々、二、厶等多种。② 符号替代的出现符合文字简化发展的总趋势，也成为构成众多俗字形成原因。

美馆藏瑶族文献中，除了汉文古籍中常见的用"文"字符替代"學"、"覺"、"舉"字中烦琐的字头，形成俗字㐭、𧠢、㪯外，还可以发现更丰富的符号替代例证：

【旧】

美馆藏瑶族文献中汉字"臼"通常被"旧"替代，书写也更方便。详见美馆藏瑶用俗字表3—1：

---

① 括号中的英文字母加序号为美国国会图书馆藏瑶族文献整理时所用的编目号，由笔者整理编目，下同。

② 其中后三种々、二、厶属于重文符号，是重文符号在俗字简化中的运用。

表 3—1 "臼"为符号"旧"替代

正字	舊	舅	鼠	寫	舂	稻	毀	縉	陷	兒	閻
俗字	舊	舅	鼡	寫	舂	稻	毁	縉	陷	兒	閻

从表 3—1 中，我们可以清楚地看到正字中含"臼"的部分，在俗字中都由"旧"替代，非常有规律性。

受"臼"变"旧"的影响，一些含有"曰"和"囚"的汉字结构，也被"旧"所取代。详见美馆藏瑶用俗字表 3—2：

表 3—2 "曰"、"囚"为符号"旧"替代

正字	晨	量	曼	慢	捏	踏	壇	顯	影	瘟
俗字	晨	量	曼	慢	捏	踏	壇	顯	影	瘟

因"曰"、"囚"与"臼"形似相混，故被误作"臼"，再根据"臼"、"旧"替代规则，这些俗字中的"曰"、"囚"也被写作"旧"。其中正字列中前九例中的"曰"都被俗为"旧"、后一例正字"瘟"中的"囚"也被俗为"旧"。

【刂】

通常取代臣与自以及其他笔画较多的部件，大大简化了原字笔画。详见美馆藏瑶用俗字表 3—3：

表 3—3 汉字结构臣、自等为符号刂替代

正字	臨	賢	堅	臥	師	歸	雞	艱	銅	錢
俗字	临	賢	堅	刂	師	帰	鳲	艰	刂同	戋

以下简省符号在美馆藏瑶族文献中也频频出现。

【卜】

"娘"字通常俗为"妑"，从而使"娘"字的笔画数从原来的 10 画减为 5 画。此外，娘还常常被写作妖与奼，为"妑"之变体，"妖"与"奼"字的创建，也反映了瑶用俗字的地域性。

再有"慈"俗写为䔃，为汉字文字通例，亦为瑶用俗字常例。将"慈"字之间的双"幺"作简省处理，右边一个写为"卜"，遂构成"䔃"。但是进一步将"䔃"俗写为慈者，则为瑶用俗字的发挥了。其中经过了慈—䔃—慈的演变过程，详见本章第三节"美馆藏瑶族文献俗字选释"中"2.䔃与慈"分析。

【二】

"屵"与"屵"都是"出"的简省俗字，所不同的是简省符号"二"所使用的位置不同。一个用于"山"之上，一个用于"山"之下，因而产生了"屵"与"屵"两个俗字。"二"同时也是美馆藏瑶族文献中一个常用的重文符号。

【厶】

"厶"也是简省符号在俗字中的运用，道理同上。

例如"社皇屵榜村头捄"（"无题"C011），该句"掛"字中间部分"圭"被分拆为两个重叠的"土"字。保留其上，省略其下，并用简省符号厶代替之，"圭"即变身为"去"，形成新的俗字。

【又】

"又"作为简省符号，通常替代"我"字。

例如"棺椁藏骸九族唅喼行孝俤，空提名字六亲宾客叹哀情"（《醮墓式在头，丧家式在尾》AE004）。其中"俤"为"儀"的俗字，"義"的下半"我"用简省号"又"代替。

【乁】

符号"乁"来替代"罒"、"糸"，以致"羅"写作"罜"、"置"写成"罜"。

例如《盘王大歌》中一段："着苎盘王先着苎，着罜盘王先着罜。盘王着蕉是也好，唐王着罜更流罗。"歌中三次出现的"罜"字字形令人费解？从整段歌谣语境来看，该句采用了对举咏唱的修辞手法，"罜"与"苎"对举，从语境看，分别指两种不同的手工织物，应为丝织物"罗"与麻织物"苎"。"罜"具有繁体"羅"的部分结构，应从中简省而来。具体构成为：保留"羅"字右下部构件"佳"，其余"罒"、"糸"部分用一个简省符号"乁"替代，遂成"罜"字。

无独有偶，瑶族经书封面常常署名"置主×××"字样。"置主"也被写为"宜主"，同样用简省符号"乀"替代"罒"，可见简省号"乀"的使用并非孤例。

4. 类化

类化也是俗字中常见的类型。"人们书写的时候，因受上下文或其他因素的影响，给本没有偏旁的字加上偏旁，或者将偏旁变成与上下文或其他字一致，这就是文字学上所谓的类化。"①

美馆藏瑶族写本中"苎麻"写作"苧蔴"、"禾苗"写作"禾秵"、"狮子"写作"狮犴"、"供养"写作"供傸"、"盘古"写作"盘盂"，因前文而类化的结果；"石榴"写作"柘榴"、"胡椒"写作"楜椒"、"黄蜂"写作"蟥蜂"、"器械"写作"櫑械"、"鳌山"写作"螯山"，为因后文而类化的结果；此类例子举不胜举。

"石榴"中的"石"字、"血湖"中的"血"、"器械"中的"器"字本都不应有偏旁，因受后文影响而分别从"木"、从"氵"、从"木"，平添出偏旁来；"器械"中的"櫑"还是在俗字"罍"的基础上，添加"木"旁的结果。"苎麻"中的"麻"字、"盘古"中的"盂"也都不应有偏旁，因受前字影响而分别从"艹"、从"皿"，增附出偏旁来。

再如"妖精"写作"妖婧"，其中"婧"字也是因前文"妖"为女字旁而改"米"从"女"的例子；"精细"写作"绩细"，其中"绩"字则是因后文"细"为绞丝旁而改"米"从"纟"的例子。

又如"颠"写成"顛"，右边的"真"为左边之"真"旁的重复、水字写作"淼"，三个水的叠加。汉字有"淼"miǎo，浩淼，形容水势辽远。但这里的"淼"仍然是指水。例句："蚯蚓如龙引落淼"（《无题》C008），从文意来看，显然是水字的另一写法而已。此外还有皇字写作"壵"，三个王的叠加、龙写作"龘"，三个龙的叠加、虫（虫）写作"蟲"，这些书写现象的产生，都是受字体自身内部结构影响而类化的结果。

---

①　张涌泉：《汉字俗字研究》，商务印书馆 2010 年版，第 63 页。

5. 合文

合文是将两个以上的字浓缩在一起，形成一个新的书写符号，它代表的却是几个字，或一个词组的含义。

例如汉字俗字中常有的廿、卅，分别代表二十和三十。这些字本来是应该读两个音的，但是"大约在唐代就已有人把'廿'、'卅'等读作一字一音"①。美馆藏瑶族写本中，除了沿用"廿"、"卅"的常用合文写法外，另有些汉族典籍中并不常见的数字合体字，这些字在多个瑶族写本中出现，显示出瑶用俗字中数字合文的特点。例如十一的合体字"圤"、十二的合体字"圧"，将十和一、十和二缩写在一个字的位置上，大约也是为了句子整齐的原因。

6. 书写变异

书写变异在汉字俗字中非常多见。《抱朴子》说"书三写，鱼成鲁、虚成虎"，文人抄书，因连写产生的误读或因错写而产生的以讹传讹现象都在所难免，民间写手抄书的流动性就更甚。瑶用俗字因书写变异而形成俗字的例子较多。因为民间抄录，汉文水平有限，对字形来源和结构缺乏深入了解，产生肢解、移位、增减笔画的现象。"流传既久，转抄讹谬，……愈不可纠正矣。"（《马关县志》）抄书者的文化程度、文化背景、阅历、修养、个性、年龄、书法水平等对抄书行为都会产生影响。"书手之任意性无限大！"或龙飞凤舞，锦上添花；或照葫芦画瓢，不得要领；或画蛇添足，任意增减。得心应手时会有一些创造性的发挥。心绪不佳时，差错和笔误的概率也会倍增。

由于汉字的书写由每一个个体来完成，个人的书写习惯、不同的书写风格、不同的书写目的、不同的书写环境、不同的书写习惯、不同的书写水平和文化程度都可能导致汉字笔画和结构上的变化，带来汉字书写上似曾相识的差异性，导致俗字的发生。这类由书写变异带来的俗字有易位、草化、错讹等因素。

易位：易位俗字在美馆藏瑶族文献中非常多见，反映出书写者书写时诸多的灵活因素。从易位结构分，有偏旁易位、构件易位、笔画易位；从易位的方位分，有上下结构易位、左右结构易位、上下左右结构

---

① 张涌泉：《汉字俗字研究》，商务印书馆 2010 年版，第 120 页。

拆分后重组易位和内外结构易位。

仅以结构易位为例：

桃—尜、極—尳、略—畧、峒—峝、魂魄—寬寬；此为左右结构易位为上下结构。

樹—壽，此为左中右结构易位为上下结构。

聖—聖，此为上下结构易位为左右结构。

護—蔗、埠—埠、稽—昝、醮—醮、唱—昌，此为左右结构拆分后重组为上下结构。

落—落、婆—㛫、節—卽，此为上下结构拆分后重组为左右结构。

冠—冠，在冠字结构中，元和寸应该置于冖之下，而瑶用俗字则将"寸"易位到冖之外。国是"國"的俗字，而瑶用俗字将王字移出口字框外，形成"旺"。更有甚者，将半包围结构内的构件移出，置于结构之外，如風写为厔、鳳写为鳨，为一般写本所罕见。

结构易位还包括笔画切断现象。

笔画切断是指在不该断开处将笔画断开书写。瑶书在又、枝、变、更等字的抄写时，往往将其中笔意相连，不该断开的地方切断，产生变异，字体有㕛、朹、变、更等。

其他笔画易位、草化易位字也不少：

犬—大、伏—伏、狀—狀、献—献、涙—涙、盤—盤、求—求、救—救、裘—裘，均为笔画易位带来的变异。

"留"字的上半部变为"亚"、拜的左边变为歺，则为书写时草化简省的结果。

再如"井"、"丌"、"开"类结构的字，右边一竖书写时多半拐个弯，被处理为一个横折转笔，形成书写特色。例如"算"俗为筭，"算"的俗字筭，也被写作筭；"發"的俗字発，写作発；"橄"写作橄；"開"写作閗、"耕"写作耕，"畊"写作畊，形成"井"、"丌"、"开"类结构的字的俗写特征。这是毛笔草书在处理笔势所时带来的字形变异结果。

笔画越多、结构越复杂的字，书写变异就越容易发生，俗字就越多。鼠写作鼡、鼡；飛写作飞、飞；龜写作亀、龟，这些字的书写异形多至十余种，不一一列举。

7. 异形借用

部首、结构部件替换也属俗字通例。

部首、结构部件替换是指以相近部首和结构替代原字的一种书写方法。人们书写时，常用文字相通、相混规律进行部首和结构替代。或改换文字的偏旁或部件符号、或将相近的偏旁或部件符号互相替代使用，打乱了原有的规律，而形成约定俗成的规律。汉字俗字中经常出现的几→コ、口→ム、ク→丷、辶→辶、扌→木→方、艹→竹、礻→衤、比→此、水→火、曾→鲁、氵→冫互换等，在瑶用俗字中也大量存在着。

例如充→克、到→刲、员→负、股→股；段→叚、通→逋、背→肯、棍→棍、寻→寻，俗字与正字间结构发生替换的现象俯拾皆是。

8. 同音、近音替代

借用读音相同或相近字替代原字，这种现象在民间抄本中最为多见，也是瑶族写本常见的俗字大类。

例如"畨舡"代替"流传"；"乔"、"硚"代替"桥"；"闘"、"鬦"、"逗"、"刞"代替"斗"，"琶"、"樋"替代"耙"；"良"、"娘"、"粮"互代，"伏"、"佛"、"夫"、"福"通用，皆属此类。

9. 汉字瑶音（似是汉字、汉音而瑶义）

少数民族在使用汉字过程中的独创性和创造精神，也会在俗字构成中得到体现。汉字注本民族读音，是以往汉字俗字学界所归纳的俗字构成类型中所没能包括的，却在瑶族等民族中生动地存在着。

例如汉字"苗"，瑶音［miu］，瑶义为"我"；"邓"瑶音为［daŋ］，瑶义为"和"；"杵"，瑶音［tsəu］，瑶义为"树"；比能，瑶音［pei-naŋ］，瑶义为好比；"阳鸟"瑶音［jaŋ-piou］，仙鹤、凤凰之意。[1] 这些字借用汉字的形记瑶音，表达的是瑶义，看似汉字汉音，意义与汉字却不相干（见表3—4）。用汉字的形、音表达瑶语的意义，丰

---

① 该部分参见张有隽《瑶族历史与文化》，广西人民出版社 2001 年版，第 167 页，广西民族学院赴泰国考察组《泰国瑶族考察》，广西人民出版社 1992 年版，第 100—101 页；亦有部分由湖南郴州民宗局赵砚球（瑶族）指点。

富了汉字俗字类型，是很值得总结的汉字假借现象。

表3—4　　　　　　　　　　汉字与瑶音、瑶义字对照

汉字	瑶义	瑶音
邓	和、鼓	［daŋ］
杵	树	［tsəu^{22}］
比能	好比	［pei^{52}-naŋ^{52}］
阳鸟	白鹤、凤凰	［jaŋ^{31}-piou^{54}］

10. 新创字

借用汉字的表意表音偏旁构件重新组合，是汉字系中其他借源文字的常用造字手段。[①] 借用现成结构或部件建构新字：如分别用"父"字下面加"上"和"下"字，构成新字𡥃和爷（爷娘，父母义）；分别用"阝"旁加"水"与"火"，构成一对新字"阸"与"阦"，对应汉字的阴与阳。用"初"与"生"叠加，构成新字"𤯙"，表"嫩"义，这些都显示出造字者丰富的创造能力。

亦有综合两种以上俗字类型而形成的俗字例子：

節—卪—即，既有书写变异，又有偏旁替换；婆—㜎—娑—婆，既有书写变异，又有偏旁和结构简省与偏旁替换。

"嘆"、"咲"、"吙"皆为"歎"的俗字。先有"嘆"，再将"嘆"右半部分简化，产生了"咲"和"吙"。

（二）美馆藏瑶用俗字的特征

目前语言学界对汉字俗字的特点都有精到的论述。张涌泉认为汉字俗字的特点在于它的通俗性、任意性、时代性、区别性和方域性。[②] 瑶用俗字受汉族俗字影响很大，发展中沿用汉字俗字的地方很多，其主要特征同于汉字俗字，不赘述。这里所探讨的重点，放在瑶用俗字的特殊性上。

---

① 赵丽明：《汉字变异的人类学背景》，《广西民族学院学报》2001年第5期，第4页。
② 张涌泉：《汉字俗字研究》，商务印书馆2010年版，第122—139页。

1. 来源的丰富性

美馆藏瑶族文献中的俗字，既有对古来就有的汉字俗字的继承，也有对迁徙地他民族、他族裔用字的吸纳。既有本土俗字，也有外来俗字。既有佛教俗字因素，也有道教俗字成分。包罗万象，遂成气候。历史上像瑶族这样在漫长的时间内一直处于不断迁徙的民族与族群并不多见，由此也带来瑶族俗字来源的丰富性特征。

瑶用俗字中 80%来源于对古代俗字的继承，其中敦煌俗字、宋元以来俗字占大多数，也包括大量的道教俗字和佛教俗字。

大量俗字来源于汉字借源字，证明瑶族历史上与汉族文化密切而复杂的关系。一本《南（喃）灵科》（光绪三十年，公元 1904 年，AE016），封面书有"平杨老劣李金奛"字样。"奛"字是一少见的生僻字，《康熙字典》【丑集下】【大字部】收有此字，据说为宋朝皇帝赵匡胤所创。因赵母怀孕时梦见一男子手拿日月，双脚张开成大字向她扑去，其母顿感腹痛产下儿子赵匡胤。赵当皇帝后，其母告知其由便创立此字。胯下提日月、手握日月乾坤视为王者。"奛"音 huǎng，开朗意。美馆藏瑶族写本封面出现此字，提示我们该书抄立的时代特征。

瑶用古俗字中，道教俗字尤为多见。瑶族在历史上受道教文化影响颇深，这一影响直接反映到瑶族写本的书写形式俗字中。

例如《丧家字式·丧场十二愿》（AE006）封面书写"书主邓演赢集"、"羽士邓演赢抄集"字样。"羽士"为道士自称；"赢"，是一个特殊的道家用字——"天"。邓姓也是瑶族十二姓之一，取名"赢"字，反映书主与道教之关系。再有"炁"，为"气"的俗字，为道教文献常用之字，《未韵》：炁与"气"同，云："出道书"。"炁"，也为美馆藏瑶族经书写本的常见字。其他勅、霊、發、炭、帰、皷、瞽、醮、橋、肉、聖、散、壇、獻、煙、斋等，也都是非常典型的道书俗字，在敦煌道书中多能找到书写例证，它们频现于美馆藏瑶族经书写本中，可见两者之密切关系。

比较神秘的是一些出现在经书首尾处的道教符篆字，将汉字隐藏于字头和偏旁部首之中，构成不可辨认的神秘符号（见图 3—1）。

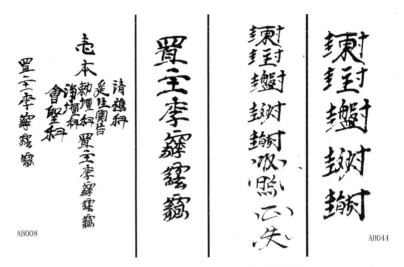

图 3—1　出现在美馆藏瑶族经书首尾处的道教符箓字　何红一辑

　　一本《三宫科》（AH013）的封面，将"一本三宫科，东主盘妙御记号"字样包藏于雨字头、绞丝旁和反文旁中间。即每个字都由雨字头、绞丝旁和反文组成外部结构，里面隐藏一个汉字。仔细辨别其中的汉字，即为"壹本三宫科，东主盘妙御记号"字样（参见图 2—4）。

　　一本《清醮科》（AB008）也将书主"李玄恩"三字纳入雨字头（两字头的俗体）下，左边加了豸旁，构成怪字。

　　一本《迓王科》（AH044），将"东主盘妙能"五个字插于"封"字结构之中，形成一个左中右结构的怪字。

　　符箓与汉字历来关系微妙。符的主体是变形的汉字，以汉字的叠合、变形或神秘组合，同时配以神秘图案，是符箓的主要形式特点。"中国的文字，是象形文字，其造字的原理，班固曾概括为象形、指事、会意、形声、转注、假借，是为'六书'。道士造符，也有自己的'六书'，其中的'象形'，所象为宗教幻想中的形象，'指事'所指为想象世界中的种种相互作用和关系。"[①]

　　瑶用俗字的出现，不是孤立的文字现象，应与南方各民族俗字的发生有着共生互动关系。瑶族在迁徙的过程中，有机会与不同的民族、族

---

　　①　刘仲宇：《道符溯源》，《世界宗教研究》1994 年第 1 期，第 6 页。

群毗邻相处，社交往来，在用字上也受其影响。"不少少数民族文字创制时或借鉴汉字的造字方法，或借用汉字的笔画、形体，甚至直接用现成的汉字记录少数民族语言。汉字对少数民族文字的影响至深至远，汉字与少数民族文字的关系水乳交融。"① 以至瑶用俗字中很多俗字与居住地和迁徙地周边民族有交叉现象。与贵州东南部清水江流域苗族、侗族的汉字俗字、与云南白族俗字都有交叉与互动，其中与古壮字的交叉与互动最为密切。

在广东、广西、云南的一些地方，"半瑶半僮齐共村"。瑶族与壮族毗邻居住，文化上相互影响与吸收。据说瑶族师公唱诵经文时所用语言就是近似粤语的汉语方言。一些师公所用的经书也是请会写汉字的壮族师公代为抄写的。正如瑶族学者所说，"瑶族对其他民族的语言通晓及使用能力较强。无论哪个支系的瑶民除使用本民族语言外，还能熟练地操用壮语和汉语。有的瑶胞能使用汉语中的方言，如桂林话、白话（即粤语）"②。

这些交流途径为壮地俗字进入瑶族经书提供了直接的条件。

美馆藏瑶族写本中的俗字与方块壮字交叉的例子比较多。首先，两者在造字思维上有相通之处。

例如古壮字分别用歪、乔表示"天空"和"下界"；瑶族则用坴、夅，会意"爹、娘"二字，造字理据完全一致。

壮瑶都有俗字畱（留，流传之意），在此基础上又分别添加偏旁构成新字。壮族有㽞，表示"留传"之"留"，瑶族有榴，指代"石榴"之"榴"，造字思维与规律同出一辙。

再有："辶"加"外"为"迯"（逃）、"辶"加"办"为边（边）；"亻"加"云"为"伝"（我、我们）、"亻"加"夭"为"伕"（佛）；"氵"加"念"为淰（水边意）、"龍"简为"竜"、"漻"简为"夃"、"凶"为"囟"、"飛"字简写为"冞"、"辶"加遊字部分结构构成"遊"的俗字"迬"，还有齐、猂、榵、嚓、唭、（员）、畬、灰、

————————

①　史金波：《为丰富多彩的少数民族文字提供展示空间》，《郑州大学学报》2005 年第 5 期，第 13 页。

②　刘玉莲、苏德富：《试谈大瑶山瑶族与山外其他民族之关系》，载《瑶学研究》第 2 辑，广西民族出版社 1992 年版，第 16—17 页。

晉、冚，这些俗字的使用瑶、壮均相通。

瑶壮俗字字形相同相近，但不等于没有区别。

例如𡝣［tu⁶］，栖，鸟栖于树之意。在壮字田阳方言里亦为生长义；瑶用俗字则为"毒"之俗写；冚，壮字为"做"的意思，瑶用俗字为"无、没有"义，从無→㕭→冚，简化而来。

屵，壮字为"拦"，阻隔的意思。瑶用俗字则为"出"的俗字。

𢭃，壮字有两种意思：其一为动词后的附加成分，噼啪响的意思；其二为"潺"［pj a∶ŋ²］的俗字。瑶用俗字则只有后一种意思。

土字加一点为圡，壮字也有两种含义：一为汉字土的本义；二为草皮、草皮灰的意思。而瑶用俗字只有前一种语义，为"土"字的增繁，两者间的区别还是比较大的。

瑶用俗字中还包含有梅山地区方言文化因素。

例如一本编号为D002的启蒙读本《天下两京书》中，有"闯来撞去，闩閂坚固"句。其中"閂"字指为插在门扇后使之固定的小木棍，是一个地域性的俗字。

关于"閂"字，有学者考证：閂从门从丨，诗昂切，读"shāo"。会意字。指竖插在门窗后使门窗推不开的棍子。先人创造了横插在门窗后使门窗推不开的棍子为"闩"（音 shuān 拴）。而门后的栓既有横插的也有竖插的（如过去的铺面有许多铺门板，固定最后那块铺门板就是一根竖插的大木棒；有如现在活页窗的插销都是竖插的金属条），于是梅山人认为用"梢"表示竖插的门闩既不形象，又笔画多，就创造了"閂"字，叫"横闩竖閂"。这个字在梅山一些手抄"本经"上时有发现，民间在写信等活动中也会用到，但一般字典都未收录，只有《字海》收录了。①

瑶族典籍记载祖先来自梅山，是古梅山蛮的主体民族。唐宋时，被称为"梅山峒蛮"，瑶传道教的主体之一也是梅山教。这一教派的瑶人祭祖时，要唱"梅山十峒歌"，老人去世后要上"梅山"，将灵魂送回梅山十峒，与祖先团聚……瑶族与梅山文化的关系，已为中外学者所公

---

① 谢五八：《梅山文化中的俗字》，2009 年 11 月 29 日，梅山网（http：//www. mei-shan. com/web3wz/index. asp）。

认。美馆藏瑶族文献中出现梅山俗字，不足为奇。

瑶用俗字中也体现出中外俗字的交流。其中有些俗字与东南亚俗字，甚至与港澳台、新加坡、日本等海外流传的汉字系俗字都有相同、相近之处。

例如"凡间"之"凣"、"從"之"従"、"姊妹"之"姉"、"银两"之"両（刃）"、"喜乐"之"楽"、"离"之"凗"、"飛"之"飞"、"逃"之"迯"、"钱"之"扌"、"纸"之"帋"、"埠"之"埠"、"廳"之"庁"、煙之"烟"、"壹"之"壱"等。这些俗字不仅在欧美、东南亚瑶族中通用，而且与台湾、新加坡、日本等地域的某些汉字俗字也有相似之处。说明瑶族在向外迁徙时，与这些地域的汉字文化有过直接或间接接触，因而产生文化上的交流与碰撞。

2. 字例的多样性

字例的多样性特征与瑶用俗字来源异常丰富密切相关。

瑶族是一个非常善于学习，在文化上广泛借鉴、包容吸纳的民族。在漫长的民族迁徙中，瑶族经过很多地区，与不同的民族、族群相处，带来文化上的互相吸取与互动。方言字、道教字、佛经用字都在瑶族用字中留下痕迹，其中的造字理据影响和启发了新的俗字的产生，构成瑶用俗字字例多样性的特征。

一些文字史上的常用俗字用法，会在瑶族写本中频频出现；一些文字史上并不多见的俗字用法，也会时不时从瑶族写本的字里行间跳将出来，使我们感受到瑶族在活用汉字过程中的智慧。

作为巫道文化的载体，美馆藏写本不仅在内容上记载大量的符图、咒语，还出现了一些类似道教符箓的文字。这些文字初看神秘莫测，概不相识，细看则可识破个中奥秘，实际上是由汉字偏旁和笔画的重复、叠加、变形，或将汉字嵌入某些偏旁组合而成。比较神秘的是一些出现在经书写本首尾处道教符箓字，将汉字隐藏于字头和偏旁部首之中，构成不可辨认的神秘文字。如前文所举的一系列字符合一的怪字，皆赋以字以灵符般的震慑，是瑶用俗字功能上的一大特色。

3. 独特的创造性

一种文化对他民族文化的借用，总要通过个性化、民族化过程吸收和完善，瑶族在吸收汉字时也如此。瑶族对汉字的借用和改造，不是短期内形成的，早在瑶族向东南亚迁徙前就已形成。瑶族向海外迁徙时，将这种传统带至海外继续弘扬，故海内外瑶俗字的创造理据大抵相同，有历史的累积和叠加印记。

瑶用俗字虽借鉴汉字，但不囿于汉字，一些新创造的俗字样式，丰富了汉字系俗字类型。例如前文所述"汉字瑶义"、"新创字"两类，"邓"瑶义为"和、同"；"杵"，瑶义为"树"；"爹爷"（爷娘、父母）、"阩阭"（阴阳）等字，就是瑶族对汉字文化的独特贡献（参见表3—4）。即使是相同类型的俗字借鉴和运用，瑶用俗字也提供了更多的新鲜的用字实例，显出自身的独特之处。

例如"佛"字，在汉字俗字中常写为"仏"，而美馆藏瑶族文献中通常写作"伏"；"法"字，汉字俗字中通常俗为"泫"；将右边的"去"写作厷。而瑶用俗字，不仅将"法"俗为"泫"，还以此类推，将"去"字直接俗为"厷"。

娘，汉字通常俗为奵，而在瑶用俗字中，则俗为妖，更有㜲、姽、仒等多种表现形式（参见表3—5），体现出瑶族在使用汉字时的创造性特征。如范成大所说，（俗字）"虽甚鄙野，而偏旁亦有依附"，道出了南方汉字系民族文字中汉字仿造字的造字理据特征。这些汉字俗字的新贡献，理应引起汉字俗字研究界的关注与认可。

瑶用俗字中"因错成俗"现象较为突出，试列举如下：

（1）正反错讹

正反错讹即反写字，或为抄书过程中抄书者照葫芦画瓢的结果。海外瑶族写本源自经历了漫长的、远距离迁徙生活的瑶族群体。在远离祖源国的文化背景下，要做到正确、规范地抄习汉字自然困难得多。走样、以讹传讹的机遇要比定居人群高得多。这也就造成瑶俗字构成中，书写变易、错讹成俗的字例要比他民族多得多，甚至比国内的瑶用俗字要多，由此形成境外瑶用俗字的一大特色。

瑶族支系众多，内部方言土语差别较大，其中过山瑶一直处于游耕和迁徙状态，居住深山，交通不便，抄本在流传、使用过程中因人而异、因地而异的现象明显。再则，瑶用俗字多作为民间交流使用，一般只作为汉字的补充，在发展上缺乏统一的社会需求，因而很难像古壮字那样发育成熟，最终形成独立的民族文字。

（2）书写错讹

书写错讹改变字体结构。瑶用俗字偏旁结构灵活、笔画随意，在汉字基础上的增减、移植、改编现象非常普遍，从而形成书写错讹。过山瑶从境内向境外迁徙后，远离母语国语言环境，汉字书写能力减退，更是如此。书写错讹成俗，渐为境外瑶人族群认可，亦形成约定俗成的俗字。

有必要提及瑶用俗字中的"错讹成俗"字和错字的区别。

美馆藏瑶族写本错字频率高，这是由于海外瑶族远迁途中远离母语环境所致。错字与俗字相杂糅，增加了识别瑶族写本的难度。同错字相比，俗字已进入了当时的社会（社区、族群）信息书写流通领域，成为群体现象。而错字是发生在个体身上的，经常性或偶然性的汉字书写错误。笔者在辑录瑶用俗字过程中，区分俗字和错字的办法是：如果一个正字以外的字体语例分别见于同一本书的多处，亦见于其他版本，证明它在一定人群语境中出现频率较高，已约定成俗，可以判定为俗字；如果仅仅只是偶然一现，或只在个别抄书者的抄本中出现，则视为个人的笔误或习惯，归为错字，不能算作俗字。

美馆藏"过山榜"中的不少错字都属于传抄错字。其中增笔少画、字形相混、结构分家现象比比皆是，不经校阅，不能卒读。特别是榜文中出现诸多"拆分"汉字现象：

如将"需"字错误拆分为"两"（瑶用俗字中，"雨"字头俗为"两"）与"而"二字、将"負"字误拆为"刀"、"貝"二字；将"呈"字，误拆为"口"、"王"二字；将"逢"字误拆为"夊"（"文"俗为"夊"）与"廷"字；"魯"被拆为"魚"与"日"二字……这些字本应处于同一结构中，不应被拆分，但皆被抄书人在竖行抄写转行时，身首易位，拆分为两处。誊抄者不通汉文，"照葫芦画瓢"而导致的抄写错误现象十分明显。这些错字现象，本书均未纳入瑶用俗字范畴。

三　美馆藏瑶族文献俗字选释

（一）㸵与㸷

㸵为"爷"，㸷为"娘"，是一对会意造字。传统中国社会是以男权为中心的封建制度。这种制度背景下的家庭关系，双亲为天地，故用父字为"父母"（即"爷娘"）的形符。又根据中国文化男女的对应关系，乾为天、坤为地。在上为天，在下为地，由此形成新字㸵和㸷。无独有偶，古壮字"天空"和"地下"也是分别用"天"字下面加"上"和"天"字下面加"下"表示，写为㚥与㚲。瑶用俗字㸵、㸷与古壮字㚥、㚲在造字思维上非常接近。

用"父"字下面加"上"和"父"字下面加"下"字，合成的会意字㸵、㸷，多指"爷娘"，即"爹娘"，父母双亲。古人称父母为"爷娘"，南北朝《木兰辞》中有诗句"爷娘闻女来，出郭相扶将"、杜甫《兵车行》中也有"爷娘妻子走相送，尘埃不见咸阳桥"句。瑶族写本保留了古汉语的这种用法，称父母为"爷娘"。此外，瑶族和南方其他民族一样，还常"娘""姐"通用，故又有"爷姐"、"姐娘"之习称。

例句："有㸵有姐正惟好，无㸵无姐空愁愁"、"孝㸵孝姐孝三岁，孝哥孝嫂孝三朝"（《孤独仔》C004）、"一身回阳问㸵姐，可有英雄步步难"、"辞别家中红㸵姐，谁命游湖四海行"、"重有㸵娘黄金扇，身贴金叉同路行"（《渔网歌一本》C005）。显然，在以上例句中，"㸵""姐"、"㸵""娘"对举，皆为"爷娘"即"爹娘"的意思。

一本咸丰元年（公元1851年）的丧葬用书《喃灵科》（AE019），书中用于"目连忏"仪式所唱的《十月怀胎歌》写道："一月怀精抚胎重，精中血结难㸷身"、"二月胎形怀兆任（妊），个遭大怪上㸷身"、"或是爷㸷归去日，七七修斋作道场"。《十月怀胎歌》是丧葬仪式中针对母亲或年长女性亡者的祭祀歌曲。显见，歌中的"㸷"为"㸵"的对应字，即"娘"的俗字，"爷㸷"即为"爷娘"。

"爷娘"一词在"美馆藏写本"中的异体字还可以举出不少。

其中"爺"字有爸与爺，分别为"父"字下面加"車"字、"父"字下面加"耶"构成。

例句："思着无爸姐，眼泪落衫胸。……思着无爺姐，眼泪落衫遮"、"一双黄鸟劝愁愁，思着爺娘在远州"（美馆藏瑶族写本《盘王大歌》C003）。

前一例句用了两个不同的"爸姐"、"爺姐"，文意重复，反复咏叹，是歌者表达思念"爺娘"情感的特定修辞手法。爸，古壮字中有此字。爸［ji］在古壮字中是"公公、爸爸"的意思，与古汉字"爺"同义①。故前一个"爸姐"，用法与古壮字义同；后一个"爺姐"，"爺"，从父，耶声。古"耶"字有俗写为"耶"者，即"耶"上加一横。显然，"爺"的俗字"爺"由"耶"而来，为"爺"的衍生字。后一例句中"思着爺娘在远州"之"爺"，与前例"思着无爺姐"中的"爺"写法一样，仍是个"爺"的衍生字，"爸姐"、"爺姐"、"爺娘"三者的语境相同，可做异文比勘，均为"爺娘"的意思。也正好说明歌者在歌咏时，有意变化词语和字形，以求生动、灵活的修辞意味。

在美馆藏瑶族写本中，"娘"字除俗为"爷"外，还常常被写作：爺、爺和奻、妖。

先看爺与爺。

一本《婚俗歌》（C008）用"女别爸 爺乃（耐）不何"句，唱出出嫁女儿与爹娘的依恋之情。歌中将"爺娘"写作"爸 爺"。其中"爸"为"爺"的俗字，前文已论及。"父"字头下面加"娘"为爺，表示母亲，为爸、爺的对应字。本已有偏旁的"娘"字，又增添一个"父"字头，疑为因与"爸"字作为同一词组使用时，受上文"爸"字影响而类化增旁的结果。

同例还有"如知父母是天尊，惟愿爸 爺真是□"（AE019）、"第三架桥高万丈，第四三祖与爸 爺"（C011）。这里"爸 爺"同样指"父母"、"爺娘"，与爷、爷相似，也是一对对应字。

再如"丁兰知得恩重义，回家刻木作爺形"、"王祥拜竹冬生笋，

---

① 广西壮族自治区少数民族古籍整理出版规划领导小组：《古壮字字典》，广西民族出版社1989年版，第505页。

救爹大病就离床"（AE019）。这两句唱词讲述古代二十四孝中丁兰"刻木事亲"和王祥"哭竹生笋"故事（"孟宗哭竹"错为"王祥拜竹"），其中"娘"写作"爹"，在"下"字右边加上表意的女旁，为爹的衍生字。

再看奵与妖。

"奵"在美馆藏瑶族写本中频繁出现，使用率很高，是瑶族对年轻女子的尊称。例如"千山万水流相甲，合着小奵同路行"；又"七十老婆成嫩奵"（《盘王大歌》C003）。句中"奵"，与"小"、"嫩"搭配，相当于汉语中"娘子"、"姑娘"、"姐娘"、"情妹"的意思。同样美馆藏瑶族写本《盘王大歌》（C001）中也有"三个小娘对面坐，不知哪个是真双①"句，"小奵"、"小娘"可互勘。

妖与古壮字"妚"字义相近，写法略异。②

古壮字是"女"字加"大"字，范成大《桂海虞衡志》中已有记载："边远俗陋，牒诉券约，专用土俗书，桂林诸邑皆然。今姑记临桂数字。虽甚鄙野，而偏旁亦有依附。矲（音矮），不长也。闉（音稳），坐于门中，稳也。奎（亦音稳），大坐亦稳也。仦（音嫋），小儿也。奀（音动），人瘦弱也。歪（音终），人亡绝也。乔（音腊），不能举足也。妚（音大），女大及姐也……余阅讼牒二年，习见之。"③庄绰《鸡肋篇》、周去非《岭外代答》中亦有类似记载。

壮族的"女大及姐"在瑶族变为"女"、"大"外加一点。例句：一妖取水娘洗面，二妖手中荡水丝。三妖与娘搽光粉，四妖与娘绽（蘸）胭脂（AH026《帝母判座科》道光十五年，公元1835年）。句中"姐"字皆用"妖"，显出瑶用俗字的个性。

顺便指出，汉语"娘"，在闽南和江南一带，俗写为"奵"。明刊闽南戏曲《新刻增补戏队锦曲大全·满天春招商点》和《乾隆抄本百

---

① 双：情人，恋人。

② 壮族另有"奵"，妻子的意思。参见广西壮族自治区少数民族古籍整理出版规划领导小组《古壮字字典》，广西民族出版社1989年版，第499—500页。

③ 宋·范成大：《桂海虞衡志辑佚校注》，胡起望、覃光广校注，四川人民出版社1986年版，第171页。

廿回红楼梦稿》中"奴子"、"姑奴"、"姨奴"语例颇多。① 奴、奴、妖
写法相近，语义相通，其间的互动关系值得深入探讨。

自此，我们知道"爺娘"一词在美馆藏瑶族写本中有以下几种称谓
组合方式："圣姐"、"峯姐"、"峯姐"、"峯娘"、"圣娘"、"爺爷"、"峯
峯"，都表达"爺娘"、父母双亲的意思。　"峯"，目前尚未发现与
"圣"、"峯"、"爺"、"峯"连用的例子，但仍从"爺娘"之"娘"，母
亲之意。由此可总结出一个规律，凡是以父字头为形符，或与"圣"、
"峯"、"爺"、"峯"连词并用的"娘"、"姐"及"娘"、"姐"的异体
字峯、峯，都为"爺娘"之"娘"，表达汉语中"母亲"的意义。

"娘"的另一类俗字奴与妖，为"姐娘"之娘，虽然也有"娘"的
意向，但常用于年轻女子的尊称，表达的是汉语中"姑娘"、"娘子"
的意思，与"爹娘"、"爺娘"之"娘"是不相同的（见表3—5）。美
馆藏瑶族写本《盘王大歌》"石崇富贵"段："女是楼上大婆女，装嫁
黄凉②有七千。三千随娘出嫁去，四千在家守峯娘。"（C001）歌中描述
出嫁女陪嫁的排场：前一句中的"娘"，为"姑娘"、"娘子"之
"娘"；后一句的"娘"与"峯"连用，则是"母亲"的意向。不细加
分辨，是很容易混淆的。（见表3—5）

表3—5　　　　　　　　　　"爷娘"二字的习惯用法

汉字	字义	瑶用俗字
爺娘	父母	圣娘、峯娘、峯峯、圣姐、峯姐、峯姐
爺	父及男性长辈	圣、爺、峯
娘	母及女性长辈	峯、圣、峯、奴
娘	娘子、姑娘、情姐（妹）	奴、妖

（二）慈与慈

慈与慈皆为慈的俗字，其造字规则为符号替代。符号替代是汉字简
省笔画的常见方式，在俗字中应用极广，它的出现符合文字简化发展的

---

① 参见曾良《俗字及古籍文字通例研究》，百花洲文艺出版社2006年版，第191页。
② "装嫁"，嫁妆；"黄凉"，黄绫。

总趋势。符号替代通常采用简单符号替代文字结构中的复杂笔画，常用的简省符号有文、米、又、卜、厶、々、ニ、リ等多种，卜字符就是其中之一。

“慈”俗写为⿱⿱䒑⿰云卜心或⿱䒑⿰幺卜，为汉字文字通例，常见于古文献。清钮琇《觚賸》卷七《粤觚》中记粤地“语字之异”，就举有“以兹作⿱䒑⿰幺卜”例。“以兹作⿱䒑⿰幺卜”是以“卜”做省略号，替代“兹”字结构下方的重复结构“幺”，构成俗字。类似例子也多见于美馆藏瑶族写本。

《太上洞玄宝济度血湖真经》（AA007）中“慈悲之词”一句，“慈”时而用“⿱䒑⿰幺卜”、时而用⿱⿱䒑⿰云卜心，书者对“慈”、“兹”中的双“幺”结构都用了符号简省方式。不同的是，前者以“⿱䒑⿰幺卜”代“慈”，除了符号简省外，还有音近替代关系。

前文分析过的“⿰女卜”字，也是一个“卜”符替代的字例。此类语例甚多，暂不赘述。现在要讨论的是“慈”的另一组俗字⿱⿱䒑⿰云云心和⿱⿱䒑⿰云卜心。

美馆藏瑶族文献中最早的一本的丧葬醮墓法书（AE004），为清乾隆十九年（公元1754年）抄成。其中既有将慈写作⿱⿱䒑⿰云云心的，也有将慈写作⿱⿱䒑⿰云卜心的。如“三官五帝四府帝⿱⿱䒑⿰云云心名臣新奏”、“圣⿱⿱䒑⿰云卜心俯垂洞鉴”，句中将“慈”分别写作⿱⿱䒑⿰云云心与⿱⿱䒑⿰云卜心。这一写法粗看有些离谱，实际造字者仍然巧妙地运用了符号简省法则。因为“慈”字中部的双“幺”，拆开看可以解构为上下叠加的两个“厶”。在汉字书写中，如果相同偏旁或构件上下重叠，重叠部分往往可以用两点或两短横表示，如汉字“棗”简化为“枣”，就是将两两相叠的“朿”下面的一个简化为两点。⿱⿱䒑⿰云卜心字的构词原理为先将“幺”解构为两个“厶”，然后将上面一个简省为两短横，形成云字。这么一来“双幺”就变成了“双云”了，这就是“⿱⿱䒑⿰云云心”字的来历。“双云”又是一个横向叠字，可进一步将其一简省为“卜”，“⿱⿱䒑⿰云卜心”由此而来。从慈到⿱⿱䒑⿰云云心，再由⿱⿱䒑⿰云云心到⿱⿱䒑⿰云卜心，其中的演变规律仍是可以梳理清楚的。

（三）⿱二山与⿱山彐

“⿱二山”与“⿱山彐”都是“出”的简省俗字。与上例⿱⿱䒑⿰云云心与⿱⿱䒑⿰云卜心字例一样，“⿱二山”与“⿱山彐”的造字规则同样为符号替代。“⿱二山”，至迟清代就出现了。美馆藏瑶族写本中一本清嘉庆十八年（公元 1813 年）抄成的法书"藏身法"写道："敕变吾师身上口中云火，鼻中云烟"（AD024），即为例证。

但美馆藏瑶族写本亦有用"屵"的例子。该字的字例，可见清乾隆十九年间抄成的"丧葬醮墓"法书（AE004）。其中"男人催灵疏式"和"女人催灵疏式"文中都出现过"出山安葬"句。前者"出"用云，后者则用屵。一字异写，云屵互现，显出抄者书写时灵活多变，将简省符号与结构相互置换的特性。

"云"与"屵"的区别，实际上是简省符号上下置放的位置不同而已，造字理据还是来源于符号减省。前文已指出，相同偏旁或构件上下重叠时，其中一个往往会被简省，用两点或特定的简省符号来表示。慈变成慈，便出自这一法则。

"出"无论写作云，还是写作屵，都是先将本字拆分为两个上下叠加的"山"，然后将上部或下部的一个简化为两短横，形成云与屵。尤其是"屵"，在《洪恩秘语》（AD014）、一本《喃灵科》（AE016）和一本《麻风秘语》（AI006）、《神目科》（AH001）以及一本"架花桥"（求子）法书（C011）中多次出现，在"架花桥"（C011）中出现频率达 20 余次之多。例句有"嫁女屵门为外客，回归带打取釜钱"、"东屵金乌如明镜，西沉玉兔似娥眉"，其中"出门"、"东出"中的"出"字，均为"屵"所取代。"屵"，确为美馆藏瑶族写本中运用广泛的瑶用俗字的典型字例。顺便指出，古壮字中也有"屵"，为"拦"，阻拦的意思，与瑶用俗字"屵"形同义异。①

经济性是书写符号表现的基本原则。相同结构的简省，可以尽可能地简省汉字书写中的重复结构，使汉字书写更便捷，这是汉字发展的一大趋势。这一经济性原则也为成为瑶用俗字造字理据之一。

（四）壴与杵

"壴"与"杵"为"樹"的俗字。前者为"樹"的简省加易位，后

① 广西壮族自治区少数民族古籍整理出版规划领导小组：《古壮字字典》，广西民族出版社 1989 年版，第 278 页。

者为瑶用俗字特有的用法，音借用字。

易位是指在构件或笔画位置上发生变化的俗字现象。汉字正字在结构上具有一定的稳定性，俗字就比较灵活。张涌泉在《汉字俗字研究》中指出，"俗写文字对字形结构不太讲究，偏旁易位的情况时有可见"。张著并引清·严可均《说文校议》："六书大例，偏旁移动，只是一字；左右上下，随意配合。"[1]"左右上下，随意配合"构成新字的现象在美馆藏瑶族写本中非常多见。"樹"字的易位便是一个典型的例子。

例："贤由种语千秋壴，雷鸣雨落万年龙"（一本《贡筵红楼授戒意》，公元 1918 年，AF011），又"饥饿饥饭收月府内菩提壴"（AD021）。前句是一副对联，"千秋壴"对"万年龙"，"樹"写为"壴"；后句"菩提壴"中的"壴"也为"樹"。书者写为"壴"，其构词理据为简省加易位。将本该有左中右结构的"樹"字省去中间结构"壴"的构件"十"和右边结构"寸"，再将剩余的"木"和"豆"变为上下结构，由此形成"壴"。

樹还有尌、尌、樹等异形，从这些异形中可发现"樹"由繁到简的发展轨迹。

先谈尌与尌。尌与尌分别为"樹"的直接简省和直接易位。美馆藏瑶族写本《洪恩秘语》（AD014）中的"菩提樹"写为"扶提尌"，樹被减掉木旁为"尌"，此为直接简省之例；湖南江华瑶族歌妈赵庚妹收藏的《盘王大歌》（清宣统三年，公元 1911 年）写本"梁三（山）伯"段："风过樹头梁三（山）伯，船行水面祝英台……风过尌头梁三（山）伯，船行水面祝英台……风过杵头梁三（山）伯，船行水面祝英台。"[2] 歌中"樹头"之"樹"，分别采用了三种不同的写法，反复歌咏。其中第二种"尌"，就是正字"樹"的直接易位，为由"樹"到"壴"的过渡字。樹→尌→壴，清晰地显示出俗字壴由繁到简的演变过程。

"樹"之俗字构形，除简省、易位外，还有因类化为俗字的。如

---

① 转引自张涌泉《汉语俗字研究》，商务印书馆 2010 年版，第 101 页。

② 见笔者 2011 年 11 月于湖南江华盘王大歌传承人赵庚妹家所拍资料。

"水鲜花发壬癸地，圣母招归樹上楼"（《帝母判座科》道光十五年，公元1835年，AH026）。句中的"樹"，右边"寸"写为"木"，形成新字。本来"寸"、"木"形近易混，书写中将"寸"错为"木"是很正常的。但笔者以为"樹"的生成，主要为字体类化的结果。所谓类化，指受上下文或字体内部结构影响，给原本没有偏旁的字加偏旁，或将偏旁和字体构件置换成与上下文或字体内部结构相一致的偏旁或构件，从而形成的俗字现象。"寸"涉右形旁而类化为"木"，为字体内部类化字。同一写本中"拍提樹"（疑为菩提树之误）中的"樹"也用了相同写法，可见不是孤证。

再看"樹"的音借用字"杵"："寅卯二年天大旱，格木樹头出火烟……寅卯二年天大旱，格木杵头出火烟"、"等到三年郎嫂大，踏上榕杵枝；踏上榕樹半天高，照见四行六路亲"（C003）。显见，句中"杵"即"樹"，"樹头"与"杵头"、"榕杵"与"榕樹"是同一语词概念的换用，彼此可互勘。此外，"将钱去买沉香杵"、"仙人有贤倒榕杵，转面番（返）归杵又生"、"厅前种兜枫木杵，随根生上尾退垂"（C003），句中的"沉香树"、"榕树"和"枫木樹"皆写为"杵"，类似例子在美馆藏瑶族写本中比比皆是，举不胜举。东南亚瑶族写本①和"德藏本"中②都有发现，是海内外通用的典型瑶用俗字。

"杵"不读 chǔ，也不表木棒之意，而是个瑶音字［tsou］。③借用读音相同或相近字替代原字，这种现象在古代民间抄本中颇为多见，俗字类型中叫"音近替代"，也是瑶用俗字常用类型。张有隽先生在谈到瑶文创作三种类型时，就介绍有借汉字的形音记录瑶文读音和字义一种。"如邦、野、能、枯这些字读音与汉字基本一样（小有差别），但只不过是记录瑶音，其实际意义分别是：'桄榔树、日经、比、山、与

---

①　广西民族学院赴泰国考察组编著：《泰国瑶族考察·土俗字》，广西人民出版社1992年版，第99—102页。

②　参见［日］广田律子《〈盘王大歌〉中的"盘王"传承资料介绍》一文中所引"德藏本"《盘王大歌》"盘王歌一段"，载日本神奈川大学瑶族文化研究所编《瑶族文化通讯第三号》，日本株式会社2011年版，第73页。

③　此处国际音标［tsou²²］为广西民族大学民语系盘美花（瑶族）老师指点，在此致谢！

汉意完全不一样。'"① "杵"作"樹"也是同样道理，不能用汉字原意去解读。(参见表3—6)

表3—6　汉字"樹"在"美馆藏"瑶族写本中的不同写法及造字例举

尌	尌	壽	查	樹	樹	杵
采用古字	采用古字	易位	简省易位	简省	意符换用	瑶音字

易位俗字在美馆藏瑶族写本并不少见。除了古籍中常见一般例子外，比较有特点的还有如下字例：梼（桃）、壸（極）、稽（稽）、蘷（護）、畧（略）、峒（峒）、溇（嫂）、聖（聖）、落（落）、唱（唱），以上为偏旁构件易位；大（犬）、伏（伏）、狀（狀）、献（献）、淚（淚）、盤（盤）和求（求）、救（救）、裘（裘），以上为笔画易位。还有将半包围结构中的构件移出，置于结构之外的字例，如鳯（鳳）、冠（冠），为一般写本所罕见，应为因书写变异而形成的易位俗字。

（五）苗与旧

"苗"应为"舊"的省简俗字。例如"出门得见有人苗，归家烧起佛前灯"、"报妳归去莫连苗，后年应有贵双随"（美馆藏瑶族写本《盘王大歌》C002）。歌中"苗"，应为"舊"，"舊相识"，引申为相好的意思。写作"苗"，为"舊"的简省俗字。先省去"舊"中间的"隹"字，再将"臼"写作"旧"，与草字头一起组合成一个新俗字"苗"。② "舊"写作"苗"，尚未在典籍中找到先例，但"舊"写作"旧"，已为宋元以来的俗字通例，频见于宋元以来俗字谱。汉字俗字专家张涌泉指出：

"舊"作"旧"是近音假借。"旧"本是"臼"的俗字。大约是为了书写的方便或避免与"日"、"曰"等字相混，俗因或书"臼"作

---

① 张有隽：《瑶族传统文化变迁论》，广西民族出版社1992年版，第167页。

② "苗"或"旧"[tɕieu3]也常被用作"久"、"家"，音近借用。例如"姊妹相邀做佛屋，旧后人传郎有名"（C002，汉意：姊妹商量起佛殿，后人传你好名声）。

"旧"（《干禄字书》："旧臼：上俗下正"），又变作"旧"。《龙龛手镜·日部》："旧臼，其九反。"即"臼"的俗字。……所以"舊"写作"旧"，也可以说是省形借声。①

将"臼"或字中含"臼"结构写作"旧"，是宋元以来的俗字书写常见现象，这一现象在美馆藏瑶族写本俗字中也有大量例证。如舅—**舅**、兒—児、鼠—鼡、寫—冩、春—**春**、稻—稻、縚—縎、陷—陥、閻—閻，随手可拣出一大串，都是将"臼"写作"旧"，非常有规律性。亦有将"曰"写为"旧"的，则为形近借用。因"曰"、"臼"形似相混，故将文字结构中的"曰"也误作"旧"了。这类例子同样多见于美馆藏瑶族写本，前文已作归纳（表 3—1、3—2），此不赘述。

再看**盅**。**盅**为盘的俗体字，并有**盅**、盅、盅等多种变体。**盅**及其变体多用于人名，集中在美馆藏瑶族写本封面、封底及写本中间署名处。瑶经写本习惯在写本封面书名旁署上书主姓名。如：书主某某某，或置主、东主（即抄本所有者的姓名）某某某。有时题在封二、封三、封底上，或题写在抄本中间。

盘姓是过山瑶的大姓，源于瑶族始祖传说。在瑶族传统十二大姓中，盘姓排名首位，并被瑶族重要支系"盘瑶"视为嫡系姓氏。美馆藏瑶族《评皇券牒过山榜防身一十二人》讲述了瑶族姓氏来源：评王因盘护征战有功，将其招为驸马，封为盘王，"所生六男六女为瑶王子孙也。就安一十二姓，长男随父姓盘，其余沈、黄、邓、李、周、赵、胡、郑、冯、雷、蒋……"（B004—B007）。美馆藏瑶族写本书主姓名中，盘姓出现率较高，涉及的书主（或称置主、东主）有盘经贤、盘玄照、盘玄璋、盘道灵等 13 人次。归纳如下：

《贡王说醮科》"书主**盅**经贤全用"（AB002 封面）；

《无上盟真玉经斋醮》（道光十三年，公元 1833 年）"投牒师傅**盅**玄璋、天机给付弟子**盅**道灵用应十方上达"（AC005 封面）；

《小百解》（光绪十八年，公元 1892 年）"投牒师**盧**玄章、**盅**伦等，百解秘语给予弟子**盅**道灵用应十方上达"（AD006 封二）；

---

① 张涌泉：《汉语俗字研究》，商务印书馆 2010 年版，第 95—96 页。

《醮墓式在头，丧家式在尾》（乾隆十九年，公元 1754 年）"⿱旧皿经贤□用世代用"（AE004）封面；

《三夜送终科》"通（东）主⿱旧皿经贤"（AE007 封面）；

《安龙科》（1915 年）"置主⿱旧皿经贤"（AF001 封面）等。

"盘"的俗字在汉文典籍中一般为䁃、盤、盤，"⿱旧皿"的写法目前尚未找到例证。此例在美馆藏瑶族写本中频现，且多用于人名，属于比较特殊的用法，为"旧"字省略符号在"盘"字结构中的"嫁接"替换。其造字理据应为先用简省符"旧"，取代"般"，再将"旧"、"皿"搭配，构成新字。这种"嫁接"替换不失为一种俗字类型的活用，从一定程度上丰富了俗字构成类型，体现了瑶族造字智慧。但是手写体⿱旧皿或⿱旧皿，又极易与"温"字相混。"温"字三点水草写下来就似一竖、"瘟"的俗写"瘟"，去掉病字头也即为⿱旧皿。故识别"⿱旧皿"之来历，剖析其构字上的俗变规则，对瑶族写本的辨识和考证尤为重要。

由于瑶族古籍遍及海外，在瑶族写本的校理上，研究者会遇到大量瑶用俗字的辨识问题。德国巴伐利亚州州立图书馆在对所收藏的瑶族写本《贡筵红楼秘语》的整理时，将书主"⿱旧皿道灵"校为"Wen Dao Ling 温道灵"，便是一例。[1] 笔者以为，"温道灵"为"盘道灵"之误。理由有三：

其一，依据本书对美馆藏瑶族写本盘姓书主"盘"字俗写字例的归纳，手写体"⿱旧皿"与"温"、"瘟"字容易相混的特点，"⿱旧皿"应校为"盘"字。

其二，德国巴伐利亚州州立图书馆馆藏瑶族写本（下称"德藏本"）与美馆藏瑶族写本同出一源，先后收购于同一位英国古董商人罗伯特。两馆的藏本很多地方可以互为佐证，互勘互训。美馆藏瑶族写本《无上盟真玉经斋醮》（AC005）和《小百解》（AD006）封面、封二相继出现书主"⿱旧皿道灵"姓名，与"德藏本"《贡筵红楼秘语》书主"温道灵"应为一人。故"温道灵"应为"⿱旧皿道灵"。

---

① Lucia Obi，Shing Müller，Xaver Götzfried，*Botschaften an die Götter：Religiöse Handschriften der Yao. Südchina，Vietnam，Lao，Thailand，Myanmar.*，Herausgegeben von Thomas O. Höllmann uad Michael Friedrich，Otto Harrassowitz，Wiesbaden 1999，p. 38.

其三，盤姓为瑶族大姓，书主为盤姓是很自然的。相反，温姓在瑶族则鲜有出现。"德藏本"中的书主"温道灵"应为"盤道灵"之误。

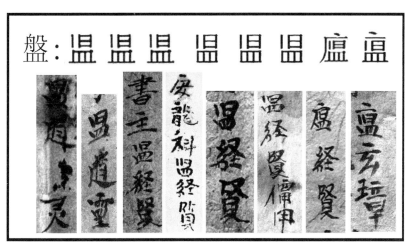

图 3—2　美馆藏瑶族文献中"盤"字的书写特征　何红一制作

（六）来与丧

来与丧分别是"來"与"喪"的俗字。

先看来字例句："鬼谷先生来占卦，此楼载得万千人"、"来到坛前寻不见，肚里如同冷水淋"（《帝母判座科》道光十五年，公元 1835年，AH026）。来，查《敦煌俗字典》无此写法，但将一竖插入左右"双人"的结构，改为"左口右人"的例子还是容易找到。因为部首、结构替换也属俗字通例。"人"、"口"互换，在颜元孙《干禄字书》就有记载："坐、坐、坐：上俗，中通，下正。"敦煌写本"坐"与"座"就分别写为"坐"与"座"。

"坐"与"座"的字例，在美馆藏瑶族写本中也屡屡出现，俯拾皆是。一本《太上洞玄宝济度血湖真经》中，同时出现"座"与"坐"的交替用法。"尔时元始天尊悬座浮空五色狮子之坐，玉女万亿天真罗列侍卫"；光绪三十一年（公元 1905 年）抄成的赵姓《具立宗支纸马册》，记载赵姓祖宗葬在处时，也多次出现"座"与"坐"交替使用的情况。"赵法换安在广东道管入大龙冲……，坐南朝北"、"赵氏一娘家先……葬在会发冲伴嶺坪座东向西"，均为"人"、"口"互换的例子。① 可见，瑶族写本的抄书人，对"人"、"口"互换规则谙熟于心，将其活用与发挥是很自然的。

丧字的用法又是一例。

丧的古正字为"喪"，俗为丧。《喃煞隔牒天机秘》（AD021）"论丧门煞法"中皆将"喪"写作"丧"："丧车口神都远送，牙简排排送出门"（《具立宗枝纸马册》B002），为"人"、"口"互换的另一新证。由于抄书者潜意识中知道"人"、"口"互换规则，所以想当然还原，将"喪"字的双"口"之一，做了还原处理，故而产生出新的俗字丧。另有"彭祖死，停丧重在孝男床"（C001），则是将"双口"都做了"双人"还原处理的结果。

來→来的构成理据也应源于此。"人"、"口"互换，使字体在规整对称中显出变化，获得了活泼的意趣，也使俗字来应运而生。

四 美馆藏瑶族文献俗字研究的意义

文字是语言的载体，它承载着人类文化的继承、发展和传播重任，同时又是文化的凝聚体和重要组成部分，瑶用俗字也不例外。在长期的使用与传承过程中，瑶用俗字与汉字一道，成为瑶族传统文化的重要载体与标志。

（一）美馆藏瑶族文献俗字研究的文字学意义
美馆藏瑶族文献俗字研究的文字学意义在于：

1. 为汉字俗字研究提供新课题和新视野

在俗字研究中，南方少数民族汉字系俗字研究一向薄弱。除了壮族古壮字与水族水书近些年成果增多，形成了一定的研究实力外，其他少数民族汉源俗字研究稀缺，多属于空白状态。几部有影响的汉语俗字论著中，少数民族汉字系俗字研究内容目前也属暂缺状态，这种现象不符合汉字文化圈的实际情况，亟须投入研究力量加以弥补。

---

① "座"与"坐"在使用上还有音近替代关系。

汉字是华夏民族的杰出贡献，是中华民族的共同财富。汉字不仅对我国境内各民族文化生活产生了巨大影响，对境外民族文化生活以及世界文化也产生了巨大影响。我们知道中国境外虽保存了很多珍贵的汉籍写本，但是由于条件所限，这些写本样本大部分不能得到充分的利用。以境外瑶族文献收藏为例，除美国国会图书馆的收藏以外，美国俄亥俄大学图书馆、德国巴伐利亚州州立图书馆、泰国清迈山民研究院都有大批瑶族手抄手绘文献与实物收藏，其中俗字蕴藏量也是相当大的。对境外瑶族写本俗字展开研究，可以给俗字研究提供真实可信的参照样本：观察远离母语不断迁徙、漂泊的族群，如何保留本民族语言文化记忆的经验，从而考察在跨文化民族迁徙中所发生的文字学现象。这种考察和研究既可总结汉字在汉语言环境中运用的例证与共同规律，也可总结汉字在少数民族方言中运用的特殊规律，更可以窥见汉字在异文化包围中顽强生存的典型个案，拓展汉语俗字研究的国际视野，为汉字俗字在跨文化、远距离迁徙族群中的传承和运用提供借鉴。

2. 辨识一批珍贵的俗字字样，为俗字研究增添鲜活例证

海外丰富的瑶族文献，可以为俗字研究提供大批珍贵字样。

几乎所有汉字俗字构成类型，在美馆藏瑶族写本俗字中都同样存在着，有些还在原有基础上加以创造性发挥。例如符号替代是汉字俗字类型之重类，汉字俗字的替代符号本来就不少，而在瑶用俗字中，又发现一些以前不曾见过的新的简省符号和新的替代用法。例如美馆藏《盘王大歌》将繁体的"羅"写为"伹"、将"置"写为"亘"，符号"乁"就是一个新出现的简省符号。

再有一些简省符号活用的字例："二"被灵活用在"云"与"当"字上。"云"的用法也许非常多见，而"当"就属俗字中的"稀有物种"了。还有"盤"简化为嵒；"水"、"皇"、"龙"繁化为淼、皕、龘，都属汉字简繁变化中的新鲜例证。

3. 丰富汉字俗字体系，为汉字与少数民族语言文字的交流史提供范例

瑶用俗字是瑶族在汉字基础上，模仿汉字六书的构字方法，并加以创新而成。要创制瑶用俗字必须同时熟悉汉字和瑶语，在灵活使用汉字的基础上创制所需新字。即按照瑶族方言的读音和意义，或把汉字拆分

重组、或将几个汉字合二为一、或增删繁简其结构、或化用活用各类简省符号，这些都需要两种文化的功力。研究瑶族文献中的俗字构成，可以了解汉字对汉字文化圈文字的影响，不仅能使我们更全面地认识汉字构成系统，还可以使我们对汉字形成的方式与途径、对汉字的传播与演变规律有新的认识。

同时，少数民族在使用汉字过程中的独创性和创造精神，也会在俗字构成中得到充分体现。例如前文所举瑶用俗字中汉字瑶义的例证，是以往汉字俗字学界所归纳的俗字构成类型中所没能包括的，却在瑶族等民族中生动地存在着。这些字借用汉字的形、音记录瑶语的意义，看似汉字，意义与汉字相去甚远。

用汉字标注本民族读音，丰富了汉字俗字类型，是很值得总结的汉字活用现象。

4. 有利于瑶用俗字的研究，为俗字字典的编撰服务

对这批瑶用俗字进行辑录、分类，有利于分析瑶用俗字构成规律，总结其特征，在此基础上建立瑶用俗字资料库，为编撰出版一部瑶用俗字字典准备条件。

我国字书字典的编撰都是在历朝历代学人不断地扩充与增补的基础上发展完善的。前人前仆后继、持之以恒的努力，才使我国字书字典收字率不断增加。近年来，我国字书字典在汉族典籍俗字的收录上有长足进步，相比而言，少数民族汉字系俗字的收录则较为逊色。美馆藏瑶族写本俗字研究，能为汉字俗字在域外少数民族汉字系写本的研究提供丰富的例证与珍贵资料。不仅扩大汉语俗字研究的国际视野，还可以给国内外类似写本的俗字辨识带来众多的参照字例。

每一使用汉字系俗字民族的俗字整理与研究，都能为中华民族汉字俗字体系大厦的构建提供砖瓦构件，为最终建立完整的汉字文字学体系，完成真正意义上的中华民族文字工具书的编纂做出一份贡献。

（二）美馆藏瑶族文献俗字研究的瑶学意义

瑶用俗字是瑶族民间文化的重要载体之一，也是瑶学研究的重要课题。其研究意义在于：

1. 解读、辨析字义、词义，为瑶族古籍文献整理疏通道路

瑶族古籍写本中杂入大量俗字，为阅读与考释增添了难度，解读这些写本最首要的就是要过文字关。不识俗字，必然影响对古籍文意的理解，容易造成误读或理解上的分歧，使整理与研究工作走弯路。

瑶族写本通常在书名、人名中出现一些难以识别的怪字，为校理工作带来困难。例如前文所指出的"救患科"之"救"写作"求"（简省意符）或"教"（近音替代）、"安龙科"之"安"写作"桉"和"荌"（增添意符）；科仪之"科"写作"颗"、"稞"（同音替代）、"稞"和"斛"（同音替代+讹变），如不了解个中奥秘，将直接影响瑶族文献的编目与分类。

再如《盘王大歌》"盘王起计"一段（C003）：

起计盘王先起计，盘王起计重（种）苧麻。

种得麻儿孙续（绩之形误，下同），儿孙世代续罗花。……

着苧盘王先着苧，着㒜蕉盘王先着㒜蕉。①

盘王着蕉是也好，唐王着㒜蕉更流罗/消撩。

歌中所唱"苧麻"为"苎麻"，"苧"，从"苎"的异体字苧而来。"苎"，音 zhù，多年生草本植物，国际上称"中国草"，中国特有的以纺织为主要用途的农作物，也是瑶族家庭纺织业的重要原料。"苎"即指这种纺织原料，也指以这种原料制成的衣着。在《盘王大歌》中，"苎"皆被写作"苧"（苧），与"芋"相似，不仔细分辨，很容易误读为"芋"。"芋"为食物，"苧"为衣衫原料，两者为不同的植物。

歌中第二段出现的三个"㒜"字费解，很难猜出为何字？从整段歌谣语境来看，歌谣采用对举咏唱的修辞方式，将"㒜"与"苎"对举，很明显，这是分别指两种不同的手工织物，丝织物"罗"与麻织物"苎"。"㒜"是从繁体"羅"简省而来的。保留"羅"字右下部构件"隹"，其余结构"罒"、"糹"用一个简省符号"亻"替代，"㒜"字遂成。该字在汉籍文献中鲜有见，但在美馆藏瑶族写本中却屡有现

---

① 瑶歌在竖行誊抄时，往往会出现一竖行中部或结尾处出现并列的两小行字句的情况。这是提示歌者分头咏唱的地方。例如上述四句可以这么唱：着苧盘王先着苧，着㒜盘王先着㒜。盘王着蕉是也好，唐王着㒜更流罗；着苎盘王先着苎，着蕉盘王先着蕉。盘王着蕉是也好，唐王着蕉更消撩。

身。稍不留意，就会错校。有文本将此字校为"风"，是对"甩"字的误读。

一本乾隆十九年（公元 1754 年）的《醮墓式在头，丧家式在尾》经书（AE004），封面著名"置主李经琇"字样。"置主"写为"甿主"，也用了简省符号"乁"来替代"罒"，可见"甩"的出现不是孤例。此外，美国瑶族师公邓富旺手中保存的《盘王大路书》（《盘王大歌》之别称）手抄本中也有相同的歌句。其中相同歌句写为"着苧盘王先着苧，着羅盘王先着羅。盘王着蕉是也好，唐王着羅更流罗"，可与美馆藏《盘王大歌》相同歌句互训。

顺便提及，歌词中的"蕉"指"蕉麻"，是与"苧麻"相类似的草本植物，为瑶族家庭纺织业的原料。

再举前例"畾"字，乍一看很像"温"，多用于人名，集中出现在美馆藏写本封面、封底及写本中间署名处，并有畾、畾、廬多种变体。笔者考证，"畾"实际为"盘"的俗字，美馆藏瑶族写本中涉及盘姓的书主有盘经贤、盘玄照、盘玄璋、盘道灵等 13 人，其中这些人名中的"盘"多写为"畾"。盘姓为瑶族大姓，书主为盘姓是很自然的。相反，温姓在瑶族中很少见。故"畾"应校为"盘"字。德国巴伐利亚州州立图书馆在对所收藏的瑶族写本整理时，将书主"畾道灵"校为"Wen Dao Ling 温道灵"，① 实为俗字所误。

总之，正确理解这些俗字的字义、文意，从中遴选出俗字字样，制定出正俗字样对照表，对于瑶族文献的解读，意义重大。可以纠正因时过境迁而导致的对文献解读上的讹误，为瑶族古籍文献的整理疏通道路。

2. 考证、解释文字背后的瑶族历史文化之谜

文字所负载的信息是多方面的，借助于文字考证，能达到学术探究的目的。

瑶族在历史上受道教文化影响颇深，这一影响直接反映到瑶族写本

---

① Lucia Obi, Shing Müller, Xaver Götzfried, *Botschaften an die Götter: Religiöse Handschriften der Yao. Südchina*, *Vietnam*, *Lao*, *Thailand*, *Myanmar*, Herausgegeben von Thomas O. Höllmann uad Michael Friedrich, Otto Harrassowitz, Wiesbaden, 1999, p. 38.

的书写形式俗字中。例如《丧家字式·丧场十二愿》（AE006）封面书写"书主邓演蘋集"、"羽士邓演蘋抄集"字样。"羽士"为道士自称；"蘋"，是一个特殊的道家字——"天"。邓姓也是瑶族十二姓之一，取名"蘋"字，反映抄书者与道教之关系。再有"炁"，"气"的俗字，为道教文献常用之字，也为美馆藏写本的常见字。在敦煌道书中多能找到书写原型，它们也频现于美馆藏写本中，可见两者之密切关系。

再如美馆藏瑶族写本中的《天下丙京书》（D002），其中"丙"字究竟是"西"还是"两"？似乎两者都可以解释得通。早在东汉时，就有人在广东"过山瑶"之乡乳源开筑一条通往京都的道路，叫"西京路"。此道经历代重修，到明代称"西京古道"，是连接岭南与中原的交通要道。如是观"丙"训作"西"是可行的。但是另一方面，明成祖朱棣将明朝的首都从南京迁往北京，改北京为京都、南京为陪都，"两京"即为两个京城的意思。明代将中国的行政划分为一十三省，通称"两京十三省"。《天下丙京书》首句即为"天下丙京，一十三省"，这么看"丙"训为"两"，同样有道理。

"丙"究竟该训为何字？若具备俗字常识，则很容易判断。在《盘王大歌》中可以发现"两"写为"丙"的例子："番番复复成丙遍，手拿牙简再来求"（C002）；"寅卯二年天大旱，苎麻根底出青烟。苎麻出来钱文大，一丙称来进二钱"（C003）。两处文献中的"两"均写作"丙"，是"两"字草体俗化的结果。笔者手中保存着一份美国瑶人所赠手抄信歌（讲述瑶人迁徙的书信歌），其中还可见到"两"字的写法，"猛龙皇爷掌朝国，丙王管国不太平。两王管朝不清草（楚），反得已（一）年□乱民"。句中"丙王"、"两王"一字两写，"丙"字所指，一目了然。

类似"天下丙京，一十三省"的句子在其他瑶族文献中也多次出现，在多份"过山榜"中，都出现"评皇券牒，发天下一十三省，南北两京"[①] 这样的句子。此处"丙"为"两"无疑。再根据历史上中国古代行政划分制度分析，也可进一步判断《天下丙京书》写本的母本形

---

① 黄钰：《评皇券牒集编》，广西人民出版社1990年版，第29页。同书内第330、346、352、422、437页《过山榜》文中也有大同小异的句子。

成当在明代。

3. 有助于整体了解瑶用俗字发展状态，从语言文化入手推进国际瑶学研究

美馆藏瑶族写本中大量俗字是在繁体基础上的再造，证明其产生年代是在汉字简化之前，为考证瑶族写本文本形成时代提供断代依据。

再有，大量俗字来源于汉字借源字，证明瑶族历史上与汉族文化密切而复杂的关系；又有不少俗字与古壮字有交叉现象，说明瑶壮双方在地缘交往和文化交往的密切关系。还有一些俗字与东南亚俗字，甚至与港澳台、新加坡、日本等海外流行的汉字系俗字都有相同、相近之处。这些俗字不仅在欧美、东南亚瑶族中通用，而且与中国台湾地区、新加坡、日本等地域的某些汉字俗字也有相似之处。说明海外瑶族与这些地域的汉字文化有过接触、交流与碰撞。依据上述俗字的地域特征，绘制瑶用俗字分布图，可为瑶族向海外迁徙线路提供参考依据。

以美馆藏瑶族写本俗字研究为起点，与境外其他国家瑶族文献收藏中的俗字进行比对校理，找出其中相同因素，有利于了解汉字俗字与他文化交流的动态、总结跨民族交流的规律、破译文字背后的文化现象，从语言文化角度推进国际瑶学研究。

文字是人类思维活动的中介与载体，它承载着人类文化传承、发展和传播重任，同时又是文化的凝聚体和重要组成部分。"一个民族的精神和文化素质固定由某一种文字形式来体现，在长期的历史承袭过程中形成一种习惯势力，使这种文字成为该民族文化特点之一，成为该民族传统文化中重要的组成部分。文字的文化特质既体现在文字形式本身之中，也体现在用该种文字所记录的文献之内。"[1] 瑶用俗字也不例外，在长期的使用与传承过程中，它已经成为瑶族传统文化的一个重要载体与标志，在俗字研究和瑶学研究领域，给我们诸多启示。

五　小结

瑶用俗字的存在是瑶族同胞文化智慧与文化创造精神的体现，是瑶

---

[1]　张公瑾：《汉字的文化属性》，《民族语文》1989 年第 5 期。

族同胞在被剥夺正当的文化教育权利、在生存条件极其艰难困苦的情况下，不懈努力，运用汉字进行文化交流和文化创造的结果。瑶用俗字中所表现出来的字例及其特征，说明瑶汉关系、瑶族与其他少数民族关系之密切；同时也充分表现出瑶族在使用汉字过程中的独创性和创造精神，瑶用俗字是中华民族文化多元一体精神的体现。在中华文字的创造史上，瑶用俗字应有自己的一席之地。

瑶用俗字的研究，可以为国际瑶族文献的抢救性整理研究扫清文字障碍。对其的辨识和特征归纳，有利于从文献构成立体——文字上把握瑶族文献的书写特征，为国际上众多瑶族文献版本的比较研究提供可靠的科学依据。催生世界范围内瑶族文献联合目录的出版和瑶族俗字字典的问世，推进瑶族文字学研究进程。

美国国会图书馆馆藏瑶族文献作为国际瑶族文献的一个收藏重镇，虽有其特点，但在世界瑶族文献总藏量中，也不过沧海一粟。由于瑶用俗字中许多俗字存在兼属的情况，笔者对其类属划分也难以穷尽。其特征的归纳，还望尽可能多地得到东南亚、东亚、欧美其他地区所藏瑶族文献中的俗字字例的比对，收集到更多的文献载体和用字字例，综合起来研究，方能有更大的突破。

第四章

美国国会图书馆馆藏瑶族文献的写本特征

"写本"指以手工书写的书卷。在未有印本书籍之前，古人诵习用书，多由人工抄录而成，称誊写、誊录、摹写、手稿等。手工抄成之书，称写本、抄本、手本。研究写本方式、风格的学问，称之为"写本学"。"写本学"（codicologie），汉译又作"手稿学"，其宗旨是对手稿在其特定的时空条件下，内在与外在特征的描述。瑶族手抄书盛行，由于迁徙和传承本民族文化的需要，用手工抄本辅助口传文本来保存族群记忆、传承本民族的历史与文化。久而久之，形成固定传统。

本章运用写本学理论，对美国国会图书馆馆藏瑶族文献的书写形制、书写符号、书写年代、装帧、特殊语用、套语以及题跋与印鉴进行探究，归纳其表征，为境外瑶族写本文献的整理与研究提供参考依据。

一　美馆藏瑶族写本的形制

瑶族写本的形制指这些写本在载体类型、载体与工具、书写形式、书写符号以及装帧上所体现出来的外在特点。

（一）载体类型与装帧

美馆藏瑶族写本的类型可分为写卷与书册两类，其类型特征与装帧方式如下。

1. 写卷

写卷舒卷自如，收藏方便，是中国抄本中最典型的形式，敦煌写本多采用此类形式。美馆藏瑶族写卷有"过山榜"四卷，全称《评皇券牒过山榜防身一十二人》。写卷宽 32—33.9cm、长 474—518.7cm，每卷有榜文 4 千—5 千字左右。卷中多处绘有人物、日月、金鸡、龙犬等图形，卷头及卷尾处更是绘画集中部位，有文官武将、师人法器、地形地貌等。绘图施以淡彩，以红、黄、蓝三色为主。图文并茂，古色古香。

　　写卷用整幅纸帛制成，自上而下，自右向左书写。窄条，横批，有似于敦煌手卷，为古代公文"榜"、"牒"、"照"横批格式，也与"圣旨"和"皇榜"形制相似，只是首尾没有安装轴杆。展读顺序为从右到左，这一点与西方卷轴从左到右顺序正好相反。卷中文字间还加盖有圆形印模，即世人所称"马蹄印"，美国瑶人称"盘王印"。按黄钰先生关于"过山榜"四种类型①的分类及评估，此四件《评皇券牒过山榜防身一十二人》应为"过山榜"类文献中的正本（古本）型版本（见图 4—1）。

图 4—1　美馆藏《评皇券牒过山榜防身一十二人》　何红一摄

　　2. 书册

　　书册为美馆藏瑶族写本收藏之大类，包括家先单、族谱、经书、歌书、启蒙类读本等，全部纸质线装成册，极少数为布面装订。楷体墨书。写本页面尺寸在 25.9 厘米×15 厘米之间，也有尺寸大小不等的特殊格式。由于是民间抄本，一般没有书口鱼尾，也无明显的边栏界隔。藏印不多，少数写本书名处加盖有方印。其中如"崇德堂记"、"造记"可辨识外，其余印章印文似道教篆字，"秘不可辨"。

――――――――――

① 参见黄钰辑注《评皇券牒集编》引言，广西人民出版社 1990 年版，第 6 页。

3. 装帧与装订方式

　　写卷是将内容书写在裱好的狭长双层纸上，两头不装轴、不穿线；书册则为线装，即在册页右侧穿孔，以绳穿订书叶而连成册。订联材料有纸捻、麻绳、棉线，间或有铁丝与竹片等代用品。我国书册的线装方式起于唐五代，流行于明代，敦煌写本时期就有线装书出现。美馆藏瑶族写本的订联方式为在书之右侧边凿一溜针孔，然后用两股线绳左右贯穿书背，在两孔中间的书脊上打结系扣，穿孔绕线，反复数次，使书叶固定成册。我国线装书的订联形式有多种：如四目骑线式、太和式、竖角四目式、龟甲式、唐本式、麻叶式等。瑶族写本线装一般于书脊部位穿凿四五孔，然后穿线环绕书脊，打结固定。接近宋本式的"四眼装"或"五目装"。也有沿书之右侧穿凿两孔或四孔，直接以线绳上下串联，不环绕书脊的简易装订。还有部分写本由于原装线绳磨损，而被改为简易装订，留下后装痕迹。美馆藏瑶族写本的常见装订图式主要有四目装、五目装和三目装，亦有四孔和两孔简装（见图4—2）。

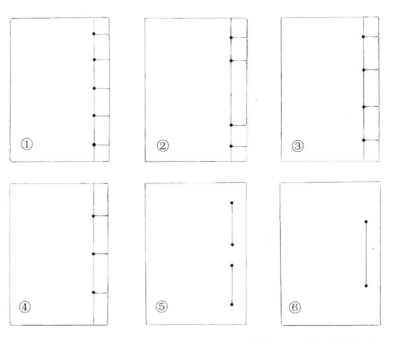

图4—2　美馆藏瑶族线装书的订联方式，图中①为五目装，②③皆为四目装，④为三目装，⑤⑥分别为四孔和两孔简装　何红一绘制

（二）书写载体与工具

美馆藏瑶族写本的书写载体与工具为纸张、笔墨与颜料。

1. 纸张

纸张为绵纸、竹纸不等，区别在于造纸的用料。绵纸属于皮纸类，用料为楮树皮。这类纸张色白、柔软、韧性强；竹纸用料为竹子。这类纸张颜色泛黄，吸水性能不太好，也比较容易脆化、糟朽。在美馆藏写本中，一般年代久远一些的书册抄写多用绵纸，年代稍近的书册则用竹纸。瑶族民间用纸需求量大，主要用于抄写经书和做宗教仪式时书写疏状和制作祭祀纸钱等，这些用纸过去全靠村寨的大大小小的土纸作坊生产。海内外瑶族宗教歌里都有关于造纸的描述：

> 钱是深山老木树，细叶分分生上天。
> 造纸匠人来看见，将刀斩倒剥树根。
> 担去槽头去斩烂，当时造起得成张。[1]
> ……
> 此钱便问钱出世，出在西山七宝山。
> 七宝山头有条竹，连根斩断火来寻。
> 冲（舂）烂便把槽中过，又把纸牛背上干。
> 也好写字去请客，也好写状众官看。[2] ……

前者讲述了造纸匠人在山中伐木、剥取树根树干，然后在舂槽中捣烂的造纸过程；后者则讲述了伐竹、煮竹、舂竹、晾竹的造纸工序及造纸用于书写请帖、纸状的功用。前者讲述的是皮纸的造作，后者讲述的则是竹纸的营造。至今古法造纸遗迹遍布瑶族居住区，在湖南、广西、云南、贵州一些地区都保留着人工造纸传统。广西大瑶山还发现明代瑶族制造的抄纸工具——竹帘。[3] 早年迁徙到东南亚的瑶人，也将这种造

---

① 李默、房先清：《八排瑶古籍汇编》，广东人民出版社 1995 年版，第 26 页。
② 美国瑶人依古传抄的《盘古大王瑶孙歌书牒》自印本，第 222 页。笔者 2012 年 7 月 5 日拍摄于美国旧金山奥克兰市美国瑶人文化活动中心。
③ 潘吉星：《中国造纸技术史稿》，文物出版社 1979 年版，第 143 页。

纸工艺带到迁徙地，使古老的造纸技术在迁徙地传承延续。

美国加州瑶人赵采莲（Chaylium Saechao）告知笔者，她家老人在老挝生活的时候，一直沿用中国的造纸法造竹纸。"优勉人世代都是自己造纸的。在寒冷的月份竹子开始生长，我们会全家出动去找些老竹子，除去嫩枝叶，带回家切成小段，然后把它们放在水里煮沸，再浸泡一晚上。第二天，把竹子捞出来放在砧板上，反复捶打变软之后，再次浸泡。这次浸泡要在水里掺入一种能让竹浆变光滑的植物黏液（即传统造纸所说'纸药'，造纸必用的粘连剂，笔者注）。浸泡完毕之后，把竹浆捞出来平放在类似床单的平布上晾晒。待其晾干后，我们会把它们裁成小块的纸，用来练习写字，或者做成仪式用的纸钱。"① 老挝瑶族以竹造纸工艺与明代《天工开物》中的造纸记载大抵相同，可见两者间的继承关系。

2. 笔墨

美馆藏瑶族写本的书写工具，据肉眼判断，大部分是用毛笔书写，楷体墨书。也有少数从外观上看似乎是用硬笔，或介乎硬软笔之间的工具写就。这与敦煌写本有些经文"是用类似的硬毛制成的同类毛笔写成的"② 情况相似。中国毛笔在异国他乡不是常用品，稀缺时书写者会寻找替代物。美国瑶人告之笔者，他们在迁徙到老挝、泰国地方时，一时找不到毛笔，就用硬笔当毛笔来誊抄文献。湖南郴州民委瑶族赵砚球告诉笔者，她2011年去泰国清莱瑶寨调研，看见瑶族师公在写"疏"、"表"、"引"时，用的是一种类似塑料海绵做成的毛笔式样的小楷笔，蘸墨汁书写。可见，海外瑶族使用毛笔代用品代替毛笔书写的情况是存在的。由于时过境迁，无法接触到这批写本的当事人，书写工具的细节无法深究，这里只能推测有硬笔使用的可能性。

墨，通常用生活中易得的炭黑或松烟制成。例如《盘王大歌》《又唱厨司庙》一段："大箱里头有柄笔，小箱里头有本书，买墨不来使火

① 信息来源于笔者与赵采莲 Chaylium Saechao 的交谈，以及赵彩莲送给笔者的自传体印刷册 From Broken Jar Mountain Laos to San Francisco—A Iu Mien Woman's Journey，印刷册由彭星翻译。

② 参见［日］藤枝晃《敦煌写本概述》，徐庆全、李树清译，《敦煌研究》1996年第2期，第106页。

炭，写成书字莫嫌乌。"（C002）"火炭"为烧火的木炭，过山瑶生活必备，可用作书写墨的代用品。瑶歌中常唱道"天下火炭做成墨，弯弯河水磨到干"①，可见瑶族同胞书写用墨经常"以炭为墨"；另一种代用品就是"松烟"。迁徙到越南的瑶胞，写给广西老家情人的《寄歌》中这样写道，"松烟点墨从根诉，酬思不得怎交开"②。"松烟点墨"即用松树燃烟做墨，松烟其实也是中国墨的主要制作原料。瑶歌中的描述使我们了解到瑶族同胞烧炭做墨或燃烟为墨作为书写用墨的状况。美国瑶人回忆在老挝时，"写汉字要用从中国买的墨水，但是平时练习写字就用自己做的墨汁"，可见当时海外瑶人抄书用墨的不易。

3. 用色

美馆藏瑶族写本用色不多，主要用在"过山榜"卷子的插图上，有红、蓝、白、黑几种颜色，这些颜料经美国国会图书馆修复部鉴定为植物颜料。个别线装书的插图人物也有少量用色，不过以红色点染人物衣物而已。

（三）书写形式

美馆藏瑶族写本在书写形式上的特征主要表现在书名、合抄本、行款、文序、章法句式以及书写符号上。

1. 书名

书名的书写位置：美馆藏瑶族写本的书名一般书写在封面、封二页上，两者的名称大同小异，可以互证，也有的封面书名在结尾题跋处会再次提及。这种情况在敦煌经卷写本中称之为"首题"与"尾题"。两处题名的好处是为整理带来了方便，当封面页或封底页一方缺损时，于另一方仍可找到该书书名。

书名装饰：美馆藏瑶族写本书名一般字体较大，且有明显的繁化倾向，以达到强调和美化字体、装饰封面的效果。

---

① 广西壮族自治区编辑组：《广西瑶族社会历史调查》（七），广西民族出版社 1986 年版，第 160 页。

② 中国科学院民族研究所、广西少数民族社会历史调查组编：《瑶族过山牒文汇编》九，《交趾曲》（三），1964 年内部资料，第 57 页。

2．"共本"现象

"共本"即指合抄本，一册书包括两种或两种以上的内容称"共本"。民间抄本出于节省书本纸张的考虑，或保存使用的方便，常常会将大体相近的经书合抄于一。有时也会依据经书的功能决定是否合抄成集，这样就产生"共本"现象。"共本"内容一般会在书名中显示。例如一本乾隆十九年斋亡经书，书首注明《醮墓式在头，丧家式在尾》（AE004），表明该书内容包括"醮墓"和"丧场礼仪"；一册光绪四年的斋亡经书《从人·财楼科共本》（AE011），表明该书为从人科仪和财楼科仪（丧礼中纸扎人和纸扎财楼的相关文书）合本；一本《迋王科，修斋洞中咒在尾》（AH044），表明该书首尾分别为迋王科仪和修斋洞中咒词文书。一本《大斋秘共醮壹本》，表明该书为打斋设醮合用本（AD016）。"共本"书在书名处会有"……在头，……在尾"、"……共……在尾"和"……、……同用"等字样，比较容易区分。

此外许多经书结尾空页部分都被书主用来记账，记录某某亲友某年某月某日前来借用银两、谷子等物的数量，一书两用，从而也构成瑶族经书写本辨识的参考标志之一。

3．行款、文序与章法句式

美馆藏瑶族写本行款与文序为中国古文献常见格式。

封面行款自右向左依次为书名、所有者名、书写年代等。写本页面行款自上而下、竖行书写、文序自右向左。小楷每页书写 12 行左右、中楷则 7—8 行，繁体楷书，毛笔墨书。目前，美国瑶族中老年人仍然使用这一书写习惯抄书习字，尽管有些人已经改用墨水钢笔或油性笔书写汉字，但是行款方式及文序照旧。近些年美国瑶人中不少人掌握了电脑打汉字，用现代打印手段来代替手工誊抄古书。但是他们打出来的汉字文本，仍然使用繁体字、仍然采用竖行排版文序，足见传统的影响根深蒂固。

美馆藏瑶族歌体文本的句式很有特色，值得一书。

其中《增广》（D005）中收入的《三光宝》相当于瑶族"三字经"，为三言歌体句式：

三光宝，正林林；

好子孙，学文章；

> 读书者，敬书堂；
> 敬父母，好儿郎
> ……

童谣般的句式，朗朗上口，方便汉字识读与民间文化启蒙。

《天下两京书》和《四言杂字》篇以四言为主，也是浅显易读的启蒙教育和道德教育读本。同类读本《九经书》（又名"初开"）、《盘古记》（又名"自从"）和《破理》（又名《破理书》），分别为五言歌体和七言歌体，集道德教育与人生哲理为一体，老少咸宜，有如汉族版的《增广贤文》；《渔网歌》（长篇叙事诗）、《婚恩歌》（婚礼歌），均为大体七言的长篇歌本，汉字与瑶音字交替使用，押瑶音韵，在宗教仪式和人生礼仪中咏唱。

瑶族经书中也会穿插一些歌体形式，使看似枯燥刻板的宗教仪式显得活泼有趣，易于师道公喃唱，并方便记忆，这些经文喃唱也形成固定套路，具有瑶族歌体语言特征（详见下节）。

即使是大体整齐的七言歌体格式，也会有三言、五言、七言错杂的现象出现。其中最典型的莫过于《盘王大歌》了，它融歌诗曲为一体，歌段众多，歌样丰富，章法句式灵活，是瑶族歌体语言集大成者。全歌以七言体为主，但是其中不乏出现歌体与曲牌体混搭的情形，加之衬词衬句，参差错落，活泼生趣。

例如：

> 引哥出，
> 引出歌词满地连，
> 家主声声还良愿，
> 主人贵地出珍珠。
> ……
> 琵琶头，
> 琵琶弹背莫弹头，
> 弹头得闻心暗忆，
> 弹背得闻心里愁。

　　　　琵琶林，

　　　　鲁班雕骨造龙身，

　　　　出世凡人弹不得，

　　　　玉女弹琶愁入心（C002）。

　　这组四句一体的歌段，开头为三字句，接下来的三句为七言句，章法句式灵活多变。

　　在《天大旱》中的"天暗乌"、"北边暗"歌段；《葫芦晓歌》中的"洪水尽"歌段和《彭祖歌》中，这类歌段比比皆是，构成这类歌段的主要程式。尤其是《葫芦晓歌》中的"洪水尽"，用"洪水尽"三字句头起句，引起下文三组四言七句，构成一个小段落。歌中一口气使用了15个"洪水尽"，讲述"瑶歌版"的"兄妹成婚"故事，故事情节在"洪水尽"歌段中向前推进，起伏跌宕。《彭祖歌》歌段，全歌107行，就有16句用了"三字头"，分别用"彭祖生"、"彭祖病"、"彭祖死"起句，讲述彭祖生老病死的生命全过程。"三字头"句式在歌中起到起兴起韵、划分歌行段落、推进情节、抒发情感等作用。

　　五言、七言句式的互相穿插，也是瑶歌常见的句式格局。

　　例如《盘王大歌》（C003）中的曲牌体《南花子曲》，前两句为五言，后两句七言：

　　　　前唱南花子，

　　　　后唱木兰花。

　　　　木兰花发白蓬蓬，

　　　　禄字分明在酒尊（樽）。

　　　　……

　　　　前唱南花子，

　　　　后唱木兰花。

　　　　木兰花发白行行，

　　　　人家养得歌二郎。

　　　　前插金鹅带，

后插龙凤钗。
手拿歌卷绣金鸡，
六字分明在酒埕。
……
前唱南楼饮，
南楼饮酒醉十分。
银瓶载酒锡瓶伦，
斟劝四行六路亲。
……
前唱南楼饮，
南楼饮酒醉微微。
马劝三朝人不知。

前插金鹅带，
后插龙凤衣。
……

以"前……"，"后……"五言歌句套路开头，反复咏唱，引出后面的七言句，整饰中又包含着错落。形成一唱三叹，一波三折，句式变换，换气自如的艺术效果。

又《盘王大歌》（C003）中的一段歌唱：

妹妹齐齐唱，
齐齐唱出样歌堂。
廿八后生会思良（量），
撑船下广买藤箱。

买得藤箱了，
留来装载旧罗衫。
等到今年人还愿，
开箱牒出旧罗衫。

　　　　姊妹齐齐着，
　　　　齐齐着出样歌堂。
　　　　廿八后生会寻思，
　　　　撑船过海绣罗衣。

　　　　绣得罗衣了，
　　　　抛入笼里收。
　　　　……

　　以上歌例开头皆出现"五字头"句子，引出下文的七言套路。
　　"妹妹齐齐唱，齐齐唱出样歌堂"，前后顶针，有回环往复、反复
咏叹之美。歌头"妹妹齐齐唱"、"姊妹齐齐着"，歌句大体一致，又稍
有变化，有如《诗经》重章叠句中的核心句子，起着强调和引领全篇
的作用。
　　清代李调元辑录的《粤风》，是古人辑录的第一本岭南汉、壮、瑶
等多民族民歌合集，在中国文学史上占有重要地位。《粤风》卷二收有
瑶歌 21 首，有专家评价，其中"瑶歌以七言四句为主，变体较多，有
三字头和五字头之分，个别为五七五七，有几首为七言六句。行文汉文
为主，夹有较多瑶语词"①。岭南各民族共同崇拜的歌仙"刘三姐"的
歌，也经常出现这类句式，可见该句式是南方少数民族共有的歌体格
式。瑶族长期生活在广西、广东、湖南交界处，受地域文化浸润，深得
此类歌体格式之妙。
　　多言错杂又大体固定的格局，显示了瑶族民歌句式参差有致的语体
风格，这与瑶族民歌的口头歌咏形式不无关系，其中的"套句"有似
歌引和副歌，适合在此基础上即兴发挥，循环往复地咏唱。
　　再有，瑶族歌体在誊抄时，皆采用上下句排列的行款方式，即从左
到右竖行排列行款。有时单行歌句列中，会穿插一溜双排歌列，以小字
写就，形成单行中的小双行行款方式，显得非常独特。

────────────

　　① 梁庭望：《岭表之风——粤风》，《广西民族研究》2003 年第 2 期，第 71 页。

例如《盘王大歌》中《何物歌》一段（见图4—3）：

图4—3　美馆藏瑶族《盘王大歌》中的《何物歌》，单行歌句列中，常常会
穿插一溜双排歌列，形成独特的行款句式　何红一摄

何物/蕉子烈烈随坭（泥）出

何物/蕉叶层层盖过天/头

何物/蕉叶出来撩人爱

何物/蕉系（丝）落地无人连（怜）/愁

何物/蕉旗出来是柄扇

何物/蕉旗出来能卷经/书

何物/蕉叶出来撩人爱

何物/蕉系（丝）落地无人声/图　（C003）

这段歌体在写本竖排文序中，"/"线符号两边的文字即为并行竖排
小字。这种排序意在提示歌者此处可分头押韵，重复咏唱。例如上述歌
句"/"线符号前后部分小字分别为盘歌的问与答，即"/"线左边的
"何物"表示提问，"/"线右面的"蕉子"、"蕉叶"等词语表示回答。

具体咏唱为：

（问）何物烈烈随坭（泥）出？
何物层层盖过天？
何物出来撩人爱？
何物落地无人连（怜）？
何物出来是柄扇？
何物出来能卷经？
何物出来撩人爱？
何物落地无人声？

（答）蕉子烈烈随坭（泥）出，
蕉叶层层盖过天。
蕉叶出来撩人爱，
蕉丝落地无人连（怜）。
蕉旗出来是柄扇，
蕉旗出来能卷经。
蕉叶出来撩人爱，
蕉丝落地无人图。

歌句后面"/"线符号前后部分，可以根据情况压前字或后字韵，例如"蕉叶层层盖过天/头"，既可唱作"蕉叶层层盖过天"，也可唱作"蕉叶层层盖过头"。这种行款句式，提示歌者演唱时随机应变地处理歌词，同时抄写时也不必将相同字句一一抄出，经济省力，构成瑶歌写本行款上的一大特色。局外人不明就里，或以为此处是添加的内容，照直录入。这样一来，就容易造成句读上的歧义，影响对瑶歌文本内容理解，也破坏了瑶歌的形式美。

美馆藏瑶族写本书写水平参差不一。一般清代写本以楷体抄写，书写工整，具有书法美。例如三本《盘王大歌》，字体端庄工稳，颇得赵体（赵孟頫）之味。民国以后的写本则次之。越是书写潦草、错字连篇的文本，越是晚出。皆因书写环境不佳、书写人身处异邦，远离中华大文化环境，书法水准下降的缘故。

（四）书写符号

这里的书写符号指写本在抄写汉字时所使用的非文字符号。李正宇指出："标点符号的使用，提升了书面语言的明晰性和准确性，被称为非字而字，无声而语，是书面语言发展进程和语文学史上重要的里程碑之一。"[①] 中国古书虽不用标点，采用句读法，但是用于指代关系的书写符号不仅产生得早，而且相当丰富。具体讲有界隔符号、重文符号、省代符号、乙正符号和句读符号、添加与删除符号等多种。这些书写符号皆生动地存在于美馆藏瑶族写本之中。美馆藏瑶族写本虽然不同于敦煌写本，但是使用书写符号的传统，与其他汉籍写本和敦煌文书都是一脉相承的，都遵循着民间写本约定俗成使用书写符号的原则。不过美馆藏瑶族写本在使用这些符号时，也有自己的选择习惯，形成了自己的使用风格罢了。

1. 界隔符号

美馆藏瑶族写本的界隔符号多置于写本篇名或行文中的小篇名之首，由﹁、ꙩ、ꙫ构成，以示篇名、间隔与强调作用。在多目经书中，这类界隔符号出现得较为频繁，既方便经书内容的查找与使用，又反映出抄书人的书写风格。有时，界隔符号上还被加以红笔勾勒，起着强调和装饰的作用。

2. 重文符号

重文符号指写本在字、词、句重叠部分的以符号替代重叠文字的处理方式。

重文符号虽只是一种非文字性的书写符号，但有指示、替代文字的作用。一个字重出时，不用重写出全字，而是用省略符号替代，这种文法学界称之为"重文"，用以表示代替文字的符号称为"重文号"，或称"重文符"。重文用法肇端于上古，早在西周钟鼎铭文及石鼓文中就已出现了。之后经过秦汉，又历中古，在出土文献尤其是敦煌及简帛文献中大量存在，通常有"乚"、"－"、"＝"、"々"、"〱"等。美馆藏瑶

---

① 李正宇：《敦煌古代的标点符号》，《寻根》2010 年第 6 期，第 82 页。

族写本中的重文号主要有"乚"、"𠄌"和"＝"，具体用法有二：

其一，承前重文。"承前重文"指重文符号紧随于所重复文字之后，构成指代关系。

如一本用于丧场悼亡的经书《喃灵科》（AE019）唱道：

> 伤乚惨乚别家堂，渺乚茫乚不见颜；
> 哭乚悲乚分隔别，哀乚怨乚泪无干；
> 家乚记①乚从今别，万乚千乚不再还；
> 苦乚愁乚三奠酒，飘乚浩乚送归山。

句中所用七言歌句一段，八句十六个叠字重复使用，用以抒情表意，渲染气氛。每一叠字的后一字都用重文符号"乚"指代，重文号"乚"出现了十六次。原文复原即为：

> 伤伤惨惨别家堂，渺渺茫茫不见颜；
> 哭哭悲悲分隔别，哀哀怨怨泪无干；
> 家家祀祀从今别，万万千千不再还；
> 苦苦愁愁三奠酒，飘飘浩浩送归山。

另一本《喃灵科》（AE020）中出现相似句子，叠字符号则用"𠄌"指代。这两种重文符号的使用，代表了美馆藏瑶族写本中重文符号的典型用法。

其二，承上重文。即重文号指代的文字不是紧随符号前的文字，而是上文中出现过的文字，这种重文通常被称之为"承上重文"。

美馆藏瑶族写本《盘王大歌》（C003）中有此类句子："今年又逢人还愿，东厅唱曲乚连乚。""乚连乚"中第一个"乚"为承前重文，指代紧随符号的前一字。而后一个"乚"，则指代与前文相间隔的前一"曲"字，此种情况即为承上重文。原文复原后为"今年又逢人还愿，东厅唱曲曲连曲"。

---

① 记：疑为"祀"的书写之误，否则不通。

重文符号的使用简化了抄写笔画，加快了抄写速度，是抄写者誊抄技巧与智慧的体现。

3. 省代符号

省代符号又称省书符号，起着省代文本中主词或句子的作用。"省书符号与重文号略同，多作彡、々形，但往往与上一字的末笔连书，故写法略有变异。其习见省书之词句，包括习词、套语、重句、引语等。"① 的确，省代号有时与重文号外形相似，但是两者在功能上的区别还是比较明显的。省代号所省略的不只是简单的字、词、句的重叠部分，而是人们熟知的习词或套语、套句。抄者只需写出句子开头的一个字或数个字，余下的用竖排的 _____ ，或 "了" 字、"彡" 的延长符号替代。

例如一本清光绪四年（公元 1878 年）戊寅写本《从人·财楼科》（AE011）中的 "绕财楼" 唱词：

> 极乐宝楼台，
> 来了去去了来，
> 自在上楼台。
> 东方青灵童子次第排，
> 玉宝天尊来接引，
> 起灵亡者上东街，
> 自在广无边。
> ……

以下歌段唱词变化不太，不过改换第四行、第五行中相关名称，依次轮换咏唱东、南、西、北、中五方童子和五方天尊称呼，后两句也有时间与地点的变化。故写本在唱词的重复处使用了省代号：

> 极乐宝楼台，
> 来 _____ ，

① 张涌泉：《敦煌文献习见词句省书例释》，《浙江师范大学学报》2011 年第 1 期，第 65 页。

自在 ＿＿＿，

北方黑灵 ＿＿＿，

玉环天尊来接引，

接引亡者到北街，

玉女生下来。

此段唱词中用了三处省代号"＿＿＿"，省代歌句中整段句子或重复性词语。第一个省代号省代"来了去去了来"、第二个省代号省代"上楼台"、第三个省代号省代"童子次第排"。

一本乾隆十九年瑶族斋亡经书《醮墓式在头，丧家在尾》（AE004）中抄录丧仪用各式牒文。牒文生成地在云南道开化府，今属云南省文山县。故牒文抬头均使用"大清国云南道开化府厶里厶王下奉"句。在牒文重复出现时，抄写者往往就只书写开头"大清国云南道"几个字，以下皆用"ㄋ"字或"了"的延长符号替代，同样节省了大量笔墨和时间。

与重文符号一样，省代符号体现了使用群体的誊抄技巧与智慧，简化了抄写过程中的重复率，大大加快了抄写速度。但是，也为文献校勘提出了技术上的要求，必须重视对各类省代符号的辨识，搞不好就会造成字句的脱漏、衍误、混淆，影响对文意的理解。

4. 乙正符号

乙正符号亦称换位符号。"乙"，天干的第二位，用作顺序第二的代称；"正"，为正中，不偏斜。"乙正"一词表示"用以勾正词句的倒误"之意。写本不如印本，抄写者在誊抄时难免出错，发生前后词语错位现象，这时候换位符号就起着纠错作用。

美馆藏瑶族写本的乙正符号主要有以下六组：

ㄱ与」、一与一、卜与ㄴ、"下与上"、"ㄣ"与"√"以及"、"与"′"。皆两两相对，搭配使用，标注于竖行行款文字的右侧，表示符号范围内文字的相互乙正。

例如"天光落日歌散堂，竹短筒出是龙鳞"（《盘王大歌》C002）。其中"歌散堂"为"歌堂散"之误，"竹短筒"为"竹筒短"之误。在"散堂"、"筒短"的右侧自上而下相对处有"ㄱ"与"」"标注，表示乙正。调整后的句子为"天光落日歌堂散，竹筒短出是龙鳞"；

又"自女古身面向外，私言不敢忘爷娘"句中，"女古"二字自上而下右侧亦有"⌐"与"⌐"标注，以示乙正。全句调整后为"自古女身面向外，私言不敢忘爷娘"；

又"月府日宫金共星玉皇雷王"（AE003）句中，"共星"二字右侧有"下、上"二小字，表示二者上下位置的置换关系，置换后为"月府日宫金星共玉皇雷王"；

又"父师真灵正魂"、"即刻殓灵开道迷指付嘱"（AE004）两句中，"父师"、"迷指"前后二字错位，故在"父师"、"迷指"二组文字右侧分别标注"卜"与"ト"以示乙正，调整后为"师父真灵正魂"、"即刻殓灵开道指迷付嘱"；

又《小百解》（AD006）文本最末句"香火管过吉大利示也"，"吉大"二字右旁注有"ヘ"与"√"，以示乙正为"香火管过大吉利示也"。

以上例句经过乙正调整，文序与语句方顺畅通达。

再如《道受戒，师受戒》（AF008）篇尾年代题款"太岁乙亥年十月二二十三日完毕"，粗看令人费解？细看原来"月二"字右侧上下各加一小点符"、"与"'"，提示乙正。如没有这两个乙正号，"十月二二十三日"中出现的重复"二"字，很可能被误读为赘字而被删除，抄书时间也会误会为"十月二十三日"。经过乙正后，该书的正确抄写时间应为"太岁乙亥年十二月二十三日"。

美馆藏瑶族写本所涉书写符号还有句读符号、添加与删除符号。句读符号用红笔加"圈"、"点"表示；添加符号用小字写于竖行需加字之右侧，或在添写的小字下加一小撇，以示添加；删除符号以"卜"注删、勾框删除号、删除字的右旁加"×"号，或直接祛墨涂抹，以示删除。与一般汉族典籍抄写类似，不再一一列举。

5. 其他符号

在一些用废纸作封皮的经书中，还出现贝叶经文与泰老文字，甚至还发现有民间商用数字符号。中国表示数字的方法有一、二、三、四、五、六、七、八、九、十和壹、贰、叁、肆、伍、陆、柒、捌、玖、拾。但是民间流行的商用数字符号介乎于传统与通俗书写之间，流行于民间和商界的交易。港澳台、新加坡和世界各地有华人的地方，也都发现过这种数字的遗迹。中国社会科学院文学所马昌仪研究员告诉笔者，她小时候在广东就见过这种数字符号。据说这种数字的叫法很多，分别为商用码子、苏州码子、川码、草码、筹码数字、肉码字、药码字、账码字、财码字、柴码字、菜码字、衣码字、库码字、水牌数字等。主要符号有以下十位：〡、〢、〣、〤、〥、〦、〧、〨、〩、十。多用于中药方剂、裁缝店、五金店铺、屠宰场等交易场合的记账，是我国旧时民间交易时曾通行的一套表示数目的符号。美馆藏瑶族写本中出现这类符号，是瑶族在迁徙过程中留下的文化交流与碰撞的印记，对探寻境外瑶族迁徙路线和迁徙时间，有重要参考意义。

二　美馆藏瑶族写本的特色语词与套语

字词以及由字词构成的语句是写本文献的重要基础，值得单列一书。美馆藏瑶族文献所涉俗字、特色语词与套语套句异常丰富，它是千百年来瑶族民间语言表达习惯和审美趣味的结晶。它们被抄存于瑶族写本之中，构成瑶族文献一大识别标志。由于美国藏瑶族文献中的俗字现象本课题有专章论述，这里仅对美馆藏瑶族文献中的特色语词与套语的表征作一归纳。

（一）特色语词

特色语词指写本文献中比较有特色的语词的习惯用法，包括习称、数量词、古语词、子缀词和叠词结构等习惯词语的运用。

1. 习称

习称包括方位词、代词、人名、物名、地名、称谓词等词语的习称、简称及特殊用法，是瑶语特定用法在文本中的体现。

例如以“大”、“贵”、“京”、“金”、“龙”等字眼遣词造句的词语，均含尊敬之意。

“大、贵、京、金、龙”与地域词搭配，不指代具体的地点，是瑶族对他地域的习称和敬称，“大州粟米刀头大，贵州李子二人扛”；“娘上大州郎也上，娘下贵州郎也随"，前者的"大州"与"贵州"不特指某地，而是泛指歌者心目中盛产粮食和水果的好地方；后者则泛指歌者可能要去的任何地方，表达歌者追随女方的心意。

同样的地域词和名物词还有龙乡、龙村、龙州、龙桥；贵乡、贵村、贵州、京州、金言、金句、金花、金井、金装、金水、金桥、金线、龙贵等，均包含赞美之情。如"三百两丝做船缆，圣人摇起过龙乡／桥"；这里的"龙乡"、"龙桥"实为普通乡村与小桥，由于圣人经过的缘故而变得尊贵；"喽啰①贵客唱金言②，习得金言千万年"、"郎今不是喽啰子，会说龙言金句开"，这里的"金言"和"龙言金句"皆为对贵客歌唱才能的溢美之词；"主人抽凳下阶迎，迎得客人入贵厅。空身坐落龙贵凳，空口饮娘龙贵酱"。"贵厅"和"龙贵凳"、"龙贵酱"指待客场所及招待客人所用的板凳和酒浆，这些家常物件加上"龙贵"二字，饱含感情色彩，是客人对主人说的客气话。

娘——母亲或年轻女子的尊称，具体含义视语境而定。

一般与"爷娘"合用时指母亲；而"仙娘"、"小娘"、"嫩娘"则为少女、姑娘的尊称。如"三个小娘对面坐"、"七十老婆成嫩娘"、"娘是十七郎十八"（《盘王大歌》C002）。

"仙"、"凤"、"央"、"娥"这些字眼构词，均含有男性对女性赞美之意，是对年轻女性的美称，用法有"仙娘"、"娇娥"等；如："仙娘桥尾饮仙桃"、"相送娇娥出路行"；而"苗"、"龙"则为女性对男性的美称。

其他习惯性称呼还有：

爷姐——爷娘，指父母。

翁爷——祖公、爷爷。

家先——祖先、家堂先祖。例如"人若有酒食，未食供家先"（《九经书》D001）。

瑶族抄本《家先单》则指记载家庭祖先成员法名及生卒年代、埋葬地点等信息的家谱类文书。

---

① 喽啰：某些瑶歌中的衬词，这里指代歌唱。

② 金言：指好歌。

姊妹——兄弟姊妹的简称。不仅仅指女性，很多时候也包括男性。

先生、阴阳——皆为对民间会占卜算卦、合阴阳八字者的尊称。

师人、尚家——"师人"指师公，瑶族宗教职业者；而"尚家"则为"和尚"的代称。

刘三——刘三姐，或称刘三妹。是民间传说人物歌仙刘三姐的简称，壮族和岭南各民族民众心目中的歌神；南方各民族民间一般简称刘三姐为"三姐"。"刘三"的称呼实属罕见，应为瑶歌之独创。

梁三（山）——梁山伯，中国四大传说之一《梁山伯与祝英台》中的男主角。与"刘三姐"一样，通常民间流行的对"梁祝"传说中的男主角梁山伯的简称，多取后两字，称之为"山伯"。简称为"梁三（山）"者，也极少见。

释迦——佛教创始人释迦牟尼的简称，"师人又邓老君熟，老君又共释迦亲"（《盘王大歌》C002）。释迦牟尼一般简称释、释家、释子，泛指佛教，鲜有称"释迦"者。

瑶族以人名前二字为简称的用法，显得特殊。这类简称多出现在歌体文本中，或许是为了句子整齐之故。

2. 数量词的习用

瑶族写本中习用的数词有七、十二、无万、万由（有）等。

请看以下《盘王大歌》《桃源洞》（C001）歌段中数词的用法：

> 桃源洞头七条路，
> 三条修刻四条荒。
> 三条修刻桃源路，
> 四条荒路上吕（闾）乡。
> 桃源洞头七条水，
> 三条龌龊四条红。
> 三条龌龊桃源水，
> 四条流下广南东。
> 桃源高机四月织，
> 四月初八作风图。
> 四月初八风飘去，

飘起旗帜万丈高。
桃源木桥四月架，
架起木桥万丈高。
几人空身过不得，
秀才骑马过三朝。
桃源铁桥四月架，
架起铁桥无万高。
桃源洞头七个寺，
七个寺门七面会。
不知桃源做好事，
不知和尚散道场。
桃源洞头七个寺，
七个寺门七面悲。
……

大州置凡七千户，
横仓载米万由人。
州上公名无万个，
个个出来敬奉人。
大州置凡七千户，
横仓载米万由人。
州上公人无万个，
县里草思无万人。
大州置凡七千户，
横仓载米万由人。
大州出得好青（粳）米，
贵州出得好青（婧）人。
……

歌中"七"字屡屡出现，应与瑶传道教信仰有关。由于"三"、"四"之和也为"七"，故也是一个与"七"相关的数字。

"无万"、"无万千"、"无千无万"，"万有"、"万由（有）"则指

"许多、无数"之意，为约数。例"手把鱼钗钗上岸，易得无千无万"。"无千无万"，表示数量很多，数不清。具体表述也很丰富：无万个——无数个；无万条——无数条；无万阔——极其宽广；无万丈——极言其长、无万高——极言其高；无万多——极言其多；无万书——无数册书；无万经——无数本经文。同样用法还有"无万湾"、"无万源"、"无万双"，举不胜举。

同样，"万由（有）"也是一个表示数量之多的常用词："洪水尽，淹死天下万由郎"，万有郎、万由（有）人——都是形容人的数量极多的用法。

量词的运用：

任——段、层之意。其中一任，为一段，一层。例如"南庵寺里十二任，六任在高六任底"。

再有《盘王大歌》的曲调包括七段曲牌，七段曲牌也被称为"七任曲"，一"任"即指一"段"。

条——道、枝，"桃源洞头七条水，三条齷齪四条红"。"原像石榴花一条"，"条"用作流水和花枝的量词也与汉语常见用法迥异。

此外，柄——管、支，"一柄笛"，指一管笛、"一柄笔"为一支笔，皆非同寻常。

3. 古词语

【斫】用于斩、砍、削等语境：《墨子》"斧以金为斫"，瑶歌有"造书归报斫板匠（做棺材的工匠），斫成板匠来安材"句。

【着】用于"穿戴"等语境："开箱牒出旧罗衫。姊妹齐齐着，齐齐着出样歌堂"、"着白秀才爱着白，道士着青身带乌"。例中的"齐齐着"，指姊妹一起穿起旧罗衫；"着青"与"着白"指秀才和道士分别喜爱的着装颜色。唐·岑参《白雪歌送武判官归京》诗中有"都护铁衣冷难着"句。

【使】用于"使用"、"花费"等语境：如《韩诗外传》"造父巧于使马"、元马致远《青衫泪》第二折："如今浮梁刘官人，有三千引茶，又标致，又肯使钱"，与此用法同。瑶族写本亦有"龙鳞衣甲使金装"、"三家耕田吃白饭，四家富贵使钱多"等。使，作为"用"或"花"的义项，后世多直接用"用"或"花"字，瑶族写本的用法，显得古意绵绵，也说明瑶族文献历史悠久。

4．"子"缀词

带"子"的词又叫"子"尾词、"子"缀词，属于语言学中词缀式的汉语方言后缀现象。通常汉语中不带"子"的词，在瑶歌写本中都被带上了"子"缀。

例如：佛子——僧人、官子——官吏、孤寒子——孤儿、风流子——风流少年、流落子——漂泊的说书人、药子——药、罗带子——腰带、手龙子——手镯、耳圈子——耳环、金环子——颈环、笠子——斗笠、针子——缝衣针、信子——书信、筈子——竹筈、蕉子——芭蕉、马子——马、犬子——犬、羊子——羊、蛇子——蛇、蝴蝶子——蝴蝶、何物子——什么物件。

"子"缀词在我国大江南北很多地方方言中普遍存在，词一旦带上后缀，便附加上了色彩因素、情感色彩和文学色彩，表达昵称、尊称和贬称等语言倾向，或包含亲切、喜爱、厌恶、不满等修辞寓意。众多"子"缀词在瑶族文献中出现，应为在历史迁徙过程中，瑶族与不同的族群交往融合，导致方言融合的结果。

5．叠词①

叠词又叫重言。汉语在使用中常常以重叠的方式构词，形成固定词语模式，以增添语言的修饰功能。叠词指叠词以及以叠词组成的语词结构，超出了一般字词的范围，形成了修辞表意的特殊意义。叠词古已有之，在民间口述文学中尤为多见。瑶族写本中的叠词运用非常频繁，多见于《盘王大歌》等歌书类写本和经书"神唱"中。其重叠方式多样，有 AAB 式、ABB 式、AABB 式、AACD 式和 CDAA 式。它们的出现，丰富了汉语的语汇，增添了语言表达的生动性和韵律感，使口语中绘声绘色的功能得到充分发挥，由此也构成瑶歌修辞一大特色。

美馆藏瑶族写本中的叠词模式举例：

【AAB 式】

齐齐唱、齐齐砍、宽宽坐、深深拜、迷迷醉、纷纷转、愁愁哭、啾啾哭、平平晒、般般有、般般使、般般叫、步步难。

---

① 这里的叠词较为宽泛，也包括部分叠词结构。

以上为前字单词重叠，与后一字（多为动词）组合成一个词组。强调动作的状态和程度。

【ABB 式】

滥番番、雀愁愁、劝愁愁、醉微微、眼微微、转兴兴、叶生生、叶垂垂、起庄庄、起修修、起双双、乱丝丝、哭愁愁、哭吟吟、哭回回、哭啾啾、泪连连、曲连连、闹深深、戏深深、白蓬蓬、白行行、白灵灵、白齐齐、白修修、白净净、布斑斑、饭香香、细弯弯、细演演、浪消消、冷梅梅（霉霉）、鼓潺潺、鼓连连。

以上为后字单词相叠，与前字组合成一个词组，起到形容词和语气助词的作用。

【AABB 式】

生生死死、死死生生、渺渺茫茫、挠挠远远、单单薄薄、当当牒牒、滂滂发发、伤伤惨惨、哭哭悲悲、哀哀怨怨、苦苦愁愁、渺渺茫茫、万万千千、飘飘浩浩。

叠词前后部分单词两两相叠，四字一组。重叠后，起到描述生动、加深或强化某一动作的动态性和状态性等作用。

【AACD 式】

宽宽座位、朝朝扫屋、朝朝摘上、心心爱入、细细破篾、深深走入。

前字单词相叠修饰后面的中心词，构成偏正结构语句，词性为动词与名词。

【CDAA 式】

大船协协、大州淡淡、松柏平平、高机平平、蕉子烈烈、蕉叶层层、上路蒙蒙、日头朝朝、月亮光光、天上浪浪、地下浪浪、水底光光、水面光光、头白蓬蓬、帽带消消、面貌宽宽。

以上为四字组合。此一式与上一式正好相反，前二字为中心词，词性多为名词，尾字单词相叠。

值得注意的是这些叠词中还出现一些词语活用的例子。

例如"修"，汉语为动词实词，而在瑶族韵文体文献中常作为形容词，置于形容词后面作补语。例如"石灰批过白修修"、"起得高楼了，木子起修修"。前句指石灰粉过的墙很白。后句则为语气词，押韵用。

汉语史料中也有"修修"这一叠词的用法，如《诗经·鸱鸮》中有"予羽谯谯，予尾修修"；唐·杜甫《晦日寻崔戢李封》诗："李生园欲荒，旧竹颇修修。"宋·徐铉《题梁王旧园》诗："树倚荒台风淅淅，草埋鼓石雨修修。"

"演"，汉语为动词，瑶族写本则用在形容词"细"之尾，并加以叠用，"铜刀牒断细演演"，作补语，强调"细"的程度。

"兴"，同样为汉语动词，而在瑶族写本中常作为形容词，充当补语。例如"先生踏地未为定，罗更定地转兴兴"。"转兴兴"在这里是"转纷纷"的意思，语气用词。

叠词的用法有似《诗经》与汉代乐府中歌诗的咏唱方式，"蒹葭苍苍，风雨凄凄"、"坎坎鼓我，蹲蹲舞我"；"青青河畔草，郁郁园中柳。盈盈楼上女，皎皎当窗牖。娥娥红粉妆，纤纤出素手"，读来朗朗上口，颇有亲切感、别致而富有情味，悠悠古韵油然而生。

"叠词是一种富于审美表现力的语法形式"[1]。叠词在瑶族写本中的运用，增强了语言的节奏感、韵律感，使瑶歌用语独特音韵美和形式美得以充分发挥，其中释放出的词语的和谐之美、整饬之美，也能使人获得身临其境的审美享受。同时，这一运用也拓展了原有词语的意境，增强了作品的感染力，是值得加以深入总结的语言现象。

瑶族写本中特殊语词的例子还有很多：

例如：步（埠）头——码头，停船之处，或靠水的地方。"埠"，在瑶书中非常多见。构词有"布（埠）头"、"水埠"、"江補（埠）"、"江布（埠）"、"江补（埠）"，均与水码头有关。例如"经过龙门水埠里"、"二四官州大州大，三六埠河东海深"、"火烧桃源烂巷岭，烂去烂回江補（埠）中"。"埠"字在使用时，会以"埠"的同音字或近音字"布"、"補"、"补"替代，但是不难看出该词的本意。"埠头"，在明代文献中就已出现。明·唐寅《松陵晚泊》诗中有"晚泊松陵繫短篷，埠头燈火集船丛"句，"埠头"在粤语与客家话中使用较为普遍。瑶族写本中"步（埠）头"一词频频出现，表明了瑶族曾经沿着水路迁徙的生活轨迹，同时也有粤语与客家方言影响的因素。

---

① 计永佑：《语言学趣谈》，书目文献出版社 1983 年版，第 229、209 页。

此外，人话——人说；枉大——不如；反乱——反叛、战乱；鸦鹩——乌鸦；阎浮——阎罗；格木——木心（坚实的木质）；退垂——垂尾；愁心——心忧；四行——周遭、四邻；样——怎么；能——恁，怎样；不有——无有……，均呈现出语言上的族群文化与地域文化特色。

（二）套语

"套语"理论来源于西方口头文学《荷马史诗》的研究，其创始者是美国20世纪初著名古典学学者米尔曼·帕里和他的学生阿伯特·B.洛德。帕里在对古希腊《荷马史诗》以及口头史诗田野作业的研究中，提出了"口头套语理论"，具体探讨了作为口述诗歌的《荷马史诗》的创作特点。认为早期的诗歌基本性质是"口述"的，而口述诗歌总体的语言特点则是"套语化与传统性"。帕里认为："那些不借助书写的诗人只能用一种原有的方法将原有的诗行与诗行中原有的一部分联在一起，他们就用这种方式创作"。"套语"即是在"相同步格（韵律）条件下被经常用来表达某一给定的基本意念的词组"。这一组文字，可以在一首诗中反复出现，也可以是在多首诗歌中重复出现。由此帕里又提出了"套语系统"，认为"套语系统"是构成一个替换模式的一组套语，就是"一组具有相同韵律作用的短语，其意义和文字非常相似，诗人不仅知道他们是单一的套语，而且把他们当做某一类型的套语来运用。"①

"口头套语理论"给国外民俗学、民间文学的研究带来了巨大的影响，成为百余种语言口头文学理论研究的依据。美国学者王靖献将这一理论用来研究中国《诗经》，有了新的建树与突破。西北民歌"花儿"的研究者刘凯，运用这一理论研究当代活生态的口述民歌"花儿"，亦赋予"花儿"研究以新的视角。学者们的尝试说明"这一理论是中外古今一切口述诗歌共同的创作规律，不管它是史诗、叙事诗或短小的抒情诗，只要它是口头即兴创作而进行歌唱的，都是要使用套语的。是歌手即兴随口而歌，所使用的必不可少的手段。……口述诗歌套语理论的提出，使它的艺术、创作特色及其与文人书写诗歌的分野，更加鲜明了

---

① ［美］王靖献：《钟鼓集——〈诗经〉的套语及创作形式》，四川人民出版社1990年版，第16—30页。

起来。不仅是创作方法和技巧，不同于文人诗歌，其创作思维的套路与模式，也与前者有别。"①

运用西方"口头套语理论"审视瑶族文本，很容易发现其中"套语"现象存在的丰富性。我们将其归纳为"引领式"、"互动式"、"特色式"和"衬词式"几种表征：

1. 引领式

主要用于文本或小段落的开头句的"全句式"套语。

前文所举《盘王大歌》中《葫芦晓歌》的"洪水尽"一段，用了三字头起兴句来引领全歌，发挥起韵和渲染气氛的作用。《葫芦晓歌》中一口气用了 15 句"洪水尽"，每一引领句"洪水尽"皆相同。形成反复酝酿、一唱三叹的歌唱格局。这种处理方式，在岭南各民族民歌中非常多见，也与古代歌谣中的"重章叠句"遥相呼应。用当今帕里的"口头诗学"理论来解读，即所谓"引语式句法套语"。

《盘王大歌·石崇富贵》歌段，也大量使用了这种"全句式"套语。用"当初富贵真富贵"句作为每一小歌段的引领句，引出对巨富石崇家境的层层渲染。歌中一连使用了六个"当初富贵真富贵"句，将石崇挥霍金银打造居家陈设的铺张与挥金如土的奢华展露无遗。

> 当初富贵真富贵，富贵打银起屋梁/柱
>
> ……
>
> 当初富贵真富贵，富贵打银做饭锅/匙
>
> ……
>
> 当初富贵真富贵，富贵打银焊榄头/边
>
> ……
>
> 当初富贵真富贵，富贵打银汗枕头/边
>
> ……
>
> 当初富贵真富贵，富贵打银做板门/城
>
> ……

---

① 刘凯：《西方"套语"理论与西部"花儿"的口头创作方式》，《民族文学研究》1998年第 2 期，第 66—72 页。

六个相同的句子出现在句首，引领歌句，形成句群排比，揭示石崇过于极端的炫富心理及极尽奢华的家居排场。其中还包括有句中重叠、上下句之间的重叠，让"富贵"二字反复出现，构成强调、呼应的语言效果、形成顶针的修辞格局，为后面的"石崇富贵不为富"作了很好的铺垫。

有时用于开头的引领句式中的词语，也会同中有变，借以调整韵律、避免单调，推进情节。

例如《彭祖歌》歌段，用16个引领句引领全篇，展开叙事。引领句由"彭祖生"、"彭祖病"、"彭祖死"构成。"彭祖生"、"彭祖病"、"彭祖死"句子，既是讲述彭祖故事的标志，又是推进情节进展的手段，彭祖生老病死的全过程，在歌中有序展开。

引领式开头句式，具有显著的标志性特征。把握这一规律，还有助于我们划分歌章段落，在长篇大歌的文本整理中发挥实际作用。

2. 互动式

瑶歌及文本，主要是在仪式上讲唱的，其应用功能极强。唱诵者和讲述人与听众的关系靠口头讲唱技巧与经验来维系。所以文本中必然会穿插一些与听众的互动与沟通的习惯用语，有如说书中的"赋"与"赞"，来体现文本讲唱的立体性与动态魅力。后世的读者，虽然到不了当时的讲唱现场，但是凭着文本的互动式套语，也能感受到当事人讲唱的生动与精彩。

"人话桃源七里路，不晓桃源在眼前？"（《盘王大歌·桃源洞》）；

"莫怪歌词相说报，乌龟背上世无毛"。（《盘王大歌·造天造地》）。

讲述人在讲述故事时，使用这些句子来与听众互动，提醒听众关注下文。

《盘王大歌·何物歌》，更是记录了瑶族盘歌的精彩片段，为歌唱双方的你问我答歌体，有似于猜谜游戏，在一问一答、相互盘问的智力测试中完成歌唱。

3. 特色式

"一"加"二"和"三"加"四"句式的运用，也属于歌句中的特色套语。

例如，"一便着衫二便思"、"一心作笑二心思"、"一州打破二州连"；"一更煮饭二更蒸"、"一声重在厨司庙，二声落马到坛前"、"一时犯着庙神魂，二时犯着我三魂"、"桃源洞头七峒田，三峒生禾四峒荒"、"桃洞源头七家屋，三家富贵四家贫，三家耕田吃白饭，四家富贵使钱多"。

"一"加"二"、"三"加"四"这种递进式套句格式，方便歌手"信手拈来"，在既定的套路中即兴编唱，也由此形成瑶歌常见的修辞特色。

道教类套语在瑶族经书中频频出现，凸显了经书的道教文化特色，是瑶传道教经书的识别标志。美馆藏瑶族经书，常用以下喃唱与言说词类套语。

其中打斋用经书中常用套语有："地狱无门准可入，天堂有路好超生"；"奠别"中的套语为"极乐宝楼台，来了去去了来，自在上楼台"；"请圣"中的套语为："深深所祀深深拜，深深拜到意神开"、"翻手你打扬手鼓，覆手又打鼓连天……"、"翻手你打鸣罗（锣）鼓，覆手又打鼓潺潺……"这些套语在经书中反复出现，有很强的辨识性，也构成瑶族经书喃唱结合的宗教色彩。

"太上老君急急如律令"、"某某应用十方上达"一类说词，也常见于瑶族经书之首。"急急如律令"源于古代公文的套语。《词源》对于其解释为：汉代公文常以"如律令"或"急急如律令"结尾，意即要求立即按照法律命令办事，相当于其后宋代公文书末的"符到奉行"。后来的道家咒语或符箓文字也习用此语，意为勒令鬼神按符令照办。瑶传道教加以继承，并在瑶族经书中体现出来。

"十方上达"亦来源于道教用语。道教所谓十方，乃指东方、南方、西方、北方、东北方、东南方、西南方、西北方、上方、下方，合为十方天。十方天的天神"救苦天尊"，也各有名号。如东方慈悲救苦天尊、南方好生救苦天尊、西方平等救苦天尊、北方大慈救苦天尊、东北方……。"某某应用，十方上达"这类符咒用语，多见于瑶族经书。例如《按（安）龙伸斗秘语》（AF006），封面写有"正戒师傅盘经珠给付正戒弟子李应能用应，十方上达"字样，表明师傅所传秘语威力巨大、法力无边，能上达至十方天神之意。

4. 衬词式

瑶族经书神唱和《盘王大歌》中经常出现"啰哩"、"刘里"（流哩）、"喽啰"、"那啰哩"、"那啰唎"、"那罗离"衬词，也为瑶歌打上了识别标签。

经书《从人·财楼科》（AE011）中的出现的歌句"衣裳任从你穿着，由你拍手唱啰哩"。"唱啰哩"何意？单从行文中难以猜度。而此类衬词在《盘王大歌·第二，三逢闲曲子》中大量出现，215 行歌句中，"那啰哩"和"那啰唎"就用出现了 48 处：

> 一心作笑那罗离。
> 二心思，
> 思作当初年少时。
> 当初年少少年事，
> 少年事后那罗离。
> 更少年，
> 盘古留传千万年。
> ……
> 一条清水那罗唎，
> 二条沙，
> 流落娘村成绣家。
> 娘村好住不好住，
> 十分好住那罗唎。
> 不思归，
> 白纸写书归报家。

"那啰哩"、"啰哩"与佛、道音乐有关，来源于佛教、道教音乐和民歌、南戏中的"啰哩嗹"曲调。其应用有如副歌，在仪式中最重要的作用是"是无固定音高、用来帮助记忆曲调的衬词"，同时它也是啰哩嗹的演唱者——师公班子传承体系所具有的传承密码之一，"啰哩嗹"在各地仪式中所具有的共同音乐特征成为瑶族族群认同的一种符号①。瑶族宗教属民间宗教，但是在发展中杂糅了道教和佛教的因素，故具有佛、道音乐色彩的衬词在瑶歌中留存下来，形成瑶族歌谣与瑶经神唱中的"套语体系"。

美馆藏瑶族歌体文本中的特色语词和套语现象，是瑶族语言表达习惯和特定用法在文本中的体现，说明瑶语的独特性，以及瑶语来源的丰富性，许多套语词语风格古朴，韵味无穷。为歌唱增添浓重的修辞意味，亦构成鲜明的瑶歌文体风格，为瑶族文本的断代与辨识提供科学依据。

三　美馆藏瑶族写本的题跋

题跋是藏书者或校书者题于卷端篇尾的文字。这些文字或短或长，有感而发，体式灵活。"或记得书经过、或记版本特长、或记校勘情况"，反映崇文尚古、尊书重墨的社会文化风尚。廖延唐、曹之二先生编著的《图书馆古籍整理》中，把题跋的内容概括为"对本书内容和版本特点的记载、说明；得书经过的记述；指出有关本书的某些问题等各方面的内容"三类。文人的藏书题跋内容丰富，见解精到，且加盖印章，说明其版本状况、由来始末。学术性与文学性兼备，为后人解读版本提供了重要线索。

民间写本则不尽然，题跋比较简短、粗略，只言片语，并不规范。有的仅署年代、注明置书者或藏书人、抄书人信息。美馆藏瑶族写本中有近一半保留有简略题跋，这些简略的文字与其说是题跋，还不如说是题头与尾题，多说明书主、抄书人、抄写时间、地点、抄书目的、递藏关系、抄书费用等。有些题跋并不出现在写本首尾，而是在篇中某处现身。

例如《百解整村秘斋》（AD020），全书56页，题跋写于50页处。"大清道光贰拾五年陆月初五抄终笔，师傅盘法矩天机秘语给付弟子早晚万用免许祈人，宜芳顺训至子孙后遵右而行，落难全有。有师徒报拜，为师善（膳）鸡一只，谢银功夫六钱不感（敢）多收也。"记叙该

---

① 吴宁华：《还盘王愿仪式中的啰哩嗹》，《中国音乐学》2012年第3期，第17页。

书抄誊时间、抄书目的、功用，以及抄书所得银两、酬礼等。

再如《会圣科》（AB011）题跋，"光绪十八年壬寰（辰）岁六月十六日巳时冬（终）笔"，主要记叙抄书时间，将抄书时间详细到年、月、日及时辰，也是难得的。

这些简短粗略，只言片语式的题跋汇集到一起，亦构成一定特色，为我们识别瑶族写本特征、解读文本提供蛛丝马迹。

（一）书主信息

书主为写本的所有者、收藏者。美馆藏瑶族写本的书主名多书于写本首尾，也有在书中留名的。美馆藏瑶族写本的书主，一般有以下几种称呼：

（1）书主，直接表明写本主人。例如："书主盘应贤"，此称23例。

（2）东主，与书主同，语义为写本之东家，同样说明写本的归属。例如"東主李法朝用应十方上达"。东主，有时也写作"通主"，通，为"东"之假字。例如"通主盘经贤"，此称30例。

（3）置主，有时写作"制主"、"直主"，"制"、"直"亦为"置"之通假字；指置立此书之人。例如"制（置）主盘云穷集也"。又"置主盘金钧、李金才"。有些写本虽没写"置主"二字，但写有"盘经鲜置用"、"置黄玄照"字样，也算置主类。

置主可能指书主本人，也可能不是。例如"书主盘经亮置"，说明书主、置主为同一人。有的则写明为谁、为何目的而置书，写为"某某某为某某某子孙代代承集"字样。如"盘道宝抄与儿男甥演使用为本"，表明长辈盘道宝亲自抄与儿孙使用。此称最多，有69例。也说明瑶族经书的家传关系。

（4）集主，"集主滕应泰号也"。此称仅2例。也应与置主相似，为"置主"音转。

再有，书主名后面惯常写有"记号"二字，如"书主李玄和记号"、置主黄经珠记号、"黄老大记号"。所谓"记号"，指为帮助人们识别和记忆而人为做的标记，这里指代书主的标记、签名，也是瑶族写本强调书主所有权的惯用方式。

（二）抄书人信息

1. 抄书人与书主关系

抄书人可能是书主本人，也可能不是。"黄鹋照集抄用黄老大记号"，表明集抄者自用，抄书者即书主；"置主黄经宴……辍手氏（氏）笔丑字黄经宴"，也说明抄者即置主；"置主李经琇，代笔李海韶誊完，盘经贤留用世代用"，表明置主与抄书者、使用者分别为不同的人；"书主盘经亮置、录笔人盘经朗，丑笔盘经朗抄"、"置主陈元广进记号，谢新华抄"，也表明书主与置主与抄录者不是同一人。

瑶族经书请人抄写的情况，也被记录在案。海外瑶族在远离祖源国，汉字书写能力衰减的情况下，请汉人代抄的情况是常有的，美馆藏瑶族写本中有标明"谢新华"抄写的7本读本，谢新华即汉族，流亡在老挝的国民党士兵，以教瑶族人汉字为业。

2. 书主或抄书人的宗教身份

许多瑶族师公道公自己会书写汉字，抄写经书为己所擅长。由于瑶传道教分师派与道派，分别称师公与道公，其职能以不同的称呼加以区分，这些区别往往通过署名体现出来。其中道派所取"戒名"一般为：道、经、妙、玄、云等，按辈分轮换；师派法名则为：胜、显、应、法、院，亦按辈分轮换。

"羽流道士置主李道传留传后代万世存用"、"禄士×××"、"龙（陇）西郡羽臣文毕，李老五首字抄出来"、"传度师付盘妙顺与玄门弟子邓经耸应用"、"羽流道士"、"羽臣"、"禄士"、"玄门弟子"为道士之别称，书主署名显示抄书者的道士身份；"传度师李玄万给付弟子李玄骈"、"投度师父盘玄权给付、师父邓经□给付投度弟子盘玄珠使用"、"投师付黄妙经上付弟子邓道莲子孙应用兴旺"、"引教师付李妙亮给付弟子邓道僚"，此为道派传度师徒的"戒名"，同样显示出书主为道派门生；而"抄书者董朝三郎"，则为师派法名的标志。

（三）置书目的

许多题跋显示抄书的目的，是为了传给弟子或子孙后代。"太祖宗师李妙杰出给传度师李玄万给付弟子、李玄骈给与给付弟子邓玄桵用应

十方上达，子孙后代大吉"、"盘道宝抄与儿男甥演使用为本"、"祖师
卢胜禄与儿孙世代用应"、"小的南阳郡羽士臣邓经玉留后子孙世代唱
用"，这些题跋分别反映出瑶族师道公的师传与家传脉络。亲自抄经书
传与徒弟，或传书子孙后代是瑶传道教习尚。

也有的题跋体现书主异变和写本的递藏关系，以及经书所对应的宗
教仪式用价等。

例如"置主邓道兴，李玄恩取前（钱）卖（买）用"、"李玄恩出
洋烟买过三钱银三分正足"、"置主李道灵取钱卖七千钱"、"邓明通散
银乙（壹）两足"，这些题跋表明写本是由置主破费钱财或花银两购
得，说明写本的传抄活动在瑶族民间存在买卖关系，有偿请人誊抄经书
和转让经书在瑶乡是普遍现象。

再有一本《清醮秘语》（AC001）注明"若有人来投此秘猪一命，
共白银一两"、《天仙麻疯秘语》（AI007）记有详细功德用银费用，"猪
一命、酒一瓶、功德一两二钱"，注明在该项民间宗教仪式中，瑶族师
公收取功德费用的标准。

（四）自谦之词

在写本结尾署名处，抄书人通常要使用一些对书写水平自我评价的
套语。

例如："手硬画□不成，丑字乱用，无本难寻。乱写乐（了）……"
（《诸杂天机秘语》AD018）、"书主李玄毫承集、提笔李老二字不好"
（《清醮秘语》AC006）、"咸丰玖年七月初二日抄院（完）毕，扭
（丑）字不好也"（一本《百解秘》AD010）、"置主羽士李经济集全写
字不好……"（一本《大斋邙秘语》AE002）、"氏笔古公邓玄显字面不
好，无本难寻乱画"（《清醮秘语一本》AC002）、"皇上太岁万万年甲
寅年三月初十日未时抄完邓小人老了手硬笔头不好"（一本《过神书》
AI002）。这类谦词在德藏瑶族写本中也非常多见，[①] 特别是"扭（丑）

---

① 抄者的自谦之词"腐手抄筆李朝宗氏字不好空（恐）怕人笑也"，也见于德国巴伐利
亚州州立图书馆收藏的瑶族文献，Lucia Obi, Shing Müller, Xaver Götzfried: Botschaften an die
Götter, *Religiöse Handschriften der Yao. Südchina*, Vietnam, Lao, Thailand, Myanmar., Herausgegeben
von Thomas O. Höllmann uad Michael Friedrich, Otto Harrassowitz, Wiesbaden, 1999。

字不好"、"写字不好"、"无本难寻"、"无本乱集",这些表达谦卑的套话几成惯例,折射出瑶书抄写传统,为瑶书的识别提供了线索。

四　美馆藏瑶族文献的印鉴

美馆藏瑶族文献所施印鉴有两种,一种为盘王印,加盖于"过山榜"上;另一为藏书印,加盖于经书和其他抄本之中。

(一)盘王印

盘王印又称马蹄印,为"过山榜"中的圆形印模。

美国国会图书馆收藏的四件"过山榜"上皆盖有这类马蹄印。不过印文模糊不清,印泥为红色代用品,视之似乎为粉状颜料。相同印鉴见于美国沙克拉门多市瑶族老人收藏的《过山榜防身永远一十二个人》,其上有16枚印模。印文不辨,但大体图案同上。

1995年美国瑶人赵贵堂重抄《盘古评王券牒》(墨版),印鉴相对清晰。赵贵堂重抄《盘古评王券牒》卷子之首,盖有三枚圆印,印迹清晰可辨。印鉴分里中外三圈。内圈有阳刻篆体"盘王祖印"四字,中圈为密集型龟背纹,外圈为回文。此印还在卷中加盖一次,尾部加盖六次,总计所用印模十次。美国瑶人黄方坪告知,美国瑶人的这类印鉴应该从老挝、泰国迁入时带来。日本学者白鸟芳郎在泰国收到一份《评皇券牒过山防身永远》,用马蹄印13枚,印文与美国瑶人赵贵堂重抄《盘古评王券牒》中的"盘王祖印"印文十分相似。笔者于2010年在广东乳源参加第11届瑶族盘王节时,见到泰国瑶胞随身携带的"过山榜"上也盖有此印,这些都证实了黄方坪的说法。

国内过山榜印模见于《过山榜》编辑组《瑶族"过山榜"选编》(湖南人民出版社1984年版)插图页中《评皇券牒》上的"马蹄印"照片。该照片中的"马蹄印"圆形,中部有似于九篆文的符号,外圈有类似瓦当的粗框。黄钰辑注《评皇券牒集编》引言中专门谈到券牒的用印。"券牒中启用的印模,有方形和圆形两种,方形印模,因印柄刻有乌龟图像,瑶语俗称'独砚',正称为'呼砚',直译为王(盘王)印之意。圆形印模,形似马蹄,瑶语俗称'马德砚',只在还'盘王愿'时才使用,正称为'呼砚',直译为王(盘王)印之意。正称为'吉堂砚'。"① 美馆藏"过山榜"中,目前见到的唯有圆形印模(见图4—4)。

图4—4　1. 左三从上至下为国内瑶族"盘王印"和美馆藏瑶族
"过山榜"上钤盖的"盘王印"之比较;
2. 右三为全美瑶人协会用印　何红一摄

"盘王印"是盘王王权的象征、瑶族盘王崇拜的反映,是极有识别力、凝聚力的族群标志。它的存在说明盘王在瑶族中影响深远。

"盘王印"颇具神秘感的外形,源于巫术和道教。李宗昉《黔记》卷三:"傜人,雍正时自广西迁来清平、贵定、独山等处。居无定址,喜傍溪涧。以树皮为连筒灌水至家,懒于汲也。耕作之暇,入山采药,沿寨行医。所祀之神名曰'槃瓠',所藏之书名曰'旁瓶',圆印篆文,义不可解,且珍秘之。风俗谨厚,见遗不拾。"②

(二)"崇德堂记"印

一本《喃灵科》(AE019)"咸丰元年辛亥岁次秋月初三日抄完"(公元1851年8月29日),在倒数第二页落款处写有"粤西思恩武邑潘代笔录"字样,潘字后面加盖有繁体楷书阳文方印鉴一处。印鉴上有繁体楷书阳文"崇德堂记"四个汉字,外围有两道边框。很明显,此系

---

① 黄钰辑注:《评皇券牒集编》引言,广西人民出版社1990年版,第7页。
② 李宗昉:《黔记》卷三,中华书局1985年版,第23页。

抄书者堂号之印。中国广东连山一件光绪十六年（公元 1890 年）岁次庚辰十二月二十五日抄成的《评王券牒》，也有"广东直隶连山宜善省村雪溪崇文堂抄录"记号。关于"崇文堂"，集者注明此为代誊写券牒人之堂号名称①，既是这样，那么，美国这枚"崇德堂记"印鉴的情况也应相似。巧得很的是，德国巴伐利亚州州立图书馆收藏的瑶族文献中也有一处与之相同的"崇德堂"印鉴，两者应同出一处。它们都应该是藏书者或抄书人的堂号，与古代文人的书斋、堂号名一样，表示藏书者或抄书人的所有权。美国、德国与国内瑶族文献收藏中，出现同一和相近的印鉴，更加证明天下瑶族是一家，祖先留下的藏书来自一处。

（三）其他

1."造记"印

一本《度人大部全卷》（AA002），乾隆四十三年戊戌岁孟夏吉日抄（公元 1778 年），封面盖有长形小"造记"印，楷书阳文，大红色，双线边框。"造记"印，推测应为抄书者的私印。

2. 花印

《尊典上卷》（AA009）方面处加盖有小圆花印。该印主体为六瓣花，上下重叠，中心形成菱形纹。似为莲花。外围有两道边框，玫红色。另一本《尊典中卷》（AA010），光绪三十年（公元 1904 年）《清醮秘语》（AC002）封面除加盖四字篆文方印外，也加盖了一枚相同的小圆花印。同类还可举《无题》（F024）上的大小朱红圆印。这类花印似乎也为藏书者的标记。

3."吉星"印

此印与"崇德堂记"印同出一册，见于《喃灵科》（AE019）封面和尾题处，有似闲章一枚。印鉴为树叶造型，自叶脉处分开阴阳。一边为阴刻树叶，一边"吉星"阳文。印文造型别致生动，是一件篆刻佳作。

美馆藏瑶族文献中的印鉴，虽不像文人书画印那么丰富，但也不失为一种版本的辨识标志之一，可以为版本研究提供相关线索。

---

① 黄钰辑注：《评皇券牒集编》，广西人民出版社 1990 年版，第 114—115 页。

五　小结

从写本学角度探究美馆藏瑶族写本现状，对国际瑶学研究来说是一个亟待开拓的研究领域。写本比印本更多地带有时代和抄者群体的烙印，更适合对成千上万件的瑶族写本文献做科学比勘和考释。写本学研究自建立以来，主要用于敦煌文献的整理与研究，并为该研究领域做出了巨大的贡献。当然，写本学应该还有更大的实用价值和应用空间。中国古代写本众多，尤其是少数民族古籍，多以手抄方式呈现，亟须从写本学角度介入整理。

前文所述瑶族写本在书写形制、书写符号、书写年代、俗字、习词套语、装帧、题跋、印鉴等细节上，都留有瑶族手抄习惯的痕迹，这些痕迹与悠久的汉文化传统息息相通，但也有不少特例表现了瑶族人的创造，提供了新的写本学研究案例。例如前人曾总结敦煌写本中乙正号主要有"乙"、"√"、"◄"、"、"与"ˊ"等，美馆藏瑶族写本不仅印证了前人的结论，而且展现出的符号个案更为丰富多样，体现了瑶族写本的独特个性，有利于瑶族写本的版本识别与鉴定。

瑶族在迁徙过程中，与多个民族和国家民众交往，友好相处，形成了良好的互动关系。也将他民族文化因素吸收进来，这些文化交流的印记，也体现在写本中，与国内瑶族写本形成很好的互补关系，有利于学界对瑶族写本的整体把握。

研究瑶族写本的写本学特征，还有防伪辨假功用。

20世纪70—80年代以来，文献和文物在东南亚有很大的销售市场。一些商人看到古籍文献有利可图，造假、仿制现象也很突出，这一现象也蔓延到瑶族文献中。东南亚一带是瑶族迁徙的集散地，这里也是旅游胜地，到访的游客对出自亚洲的文物古籍很感兴趣，常出资购买。美国、德国、英国、荷兰等国几家大的图书馆、博物馆的瑶族文献藏品，其来源都出自东南亚。于是一些人开始仿造和复制瑶族文献以盈利，导致东南亚古籍市场鱼龙混杂，假货不断。有关人士对河内的一个旅游商店出售物品的粗略检查结果显示，大量的书籍和卷轴出售给外国游客,[1] 有些造假连文物商也难以识破。[2]

在经济利益的驱动下，一些文物贩子开始在瑶族古籍上作假，或复制原作，或在一些文献上添加附加物，作伪手段有如当年敦煌文献的造假。这都亟须以科学的方法加以识别，否则鱼目混珠，后患无穷。

写本学是产生于敦煌写本研究基础上的一门学科。虽为舶来物，但已经在敦煌研究中发挥了重要作用。瑶族写本非常丰富，在全球各大图书馆、博物馆都有收藏。其数量虽不及敦煌写本那么巨大，但是在我国南方民族写本文献中，其存量也是相当惊人的。据笔者近些年的摸底调查，瑶族文献在美国三家图书馆（美国国会图书馆、俄亥俄大学图书馆、布朗大学哈芬雷弗人类学博物馆）的收藏总量就有三千件之多。分散在美国民间和瑶人手中的藏件更是难以计数，不在统计之中。瑶族写本在德国巴伐利亚州州立图书馆一馆之藏就有 2776 件。此外，英国牛津大学图书馆有 300 余件、荷兰莱顿大学图书馆有 200 余件。加上日本南山大学图书馆和泰国山民博物馆的收藏，总计境外瑶族文献约在 7000—8000 件。这些大量分散于世界各地的藏件非常适合从写本学角度拓展研究。鉴于目前写本学角度投入研究者甚少的现状，本书愿抛砖引玉，将敦煌写本学研究延伸到瑶族写本领域，对全球瑶族文献的整理与抢救工程，提供参考与借鉴。

总之，只有互通有无、资源共享、学术互动，才能最终推进全球瑶族写本的整体研究。在这一方面，中国具有得天独厚的优势，应站在瑶族写本学研究前列，对世界做出应有的贡献。

---

① 参见 Lucia Obi, Yao Manuscripts in Western Collections（德国巴伐利亚州州立图书馆馆员欧亚碧（即欧比·露西亚，翻译不同，作者注）《西方收藏的瑶族手稿》），载日本神奈川大学瑶族文化研究所《通讯》第三号（内），第 15—23 页。

② 参见美国国会图书馆瑶族文献提供商罗伯特 L. 斯托珀（Robert L. Stolper）给买方的电子邮件复印件。

第五章

美国国会图书馆馆藏瑶族文献的年代考释

本章运用文献学与民族古籍整理方法考释美国国会图书馆馆藏瑶族写本年代，通过不同纪年法的互证、古代文化知识印证、同名书主不同写本的年代印证、写本内容名物印证以及俗字辨析等方法，对馆藏瑶族写本年代进行考释、补正、纠错、补缺，为文献的断代研究疏通道路。

一 美馆藏瑶族文献年代考释路径

写本中年代的题款，属于中国古籍中"款识"部分。美馆藏瑶族写本中有一半以上都有题款。题款注明书主名号、抄写年代、抄写目的等，故写本的年代，一般指抄成年代。

如一本《度人大部全卷》（AA002）的纪年题款写道，"乾隆四十三年戊戌岁孟夏吉日抄"，这则题款使用了帝王年号加干支纪年的方法记载该书的抄写时间，题款中包含了中国古代纪岁、纪月、纪日在内的种种信息。抄写时间为"乾隆四十三年"，又是干支"戊戌岁"，相对应的只有公元 1778 年。"孟夏"为中国农历四月之别称。吉日，为中国人择吉通书公认的吉祥日子。这些日子即民间择吉书上所说宜于沐浴、塑彩、开光、纳彩、出行、开市、订盟的日子。抄书日选择吉日意味着置主对抄书这一事件的慎重，也表明置主希望经书的神圣性在转抄的过程中得到保全的意图。依据该书的年代题款，其抄写时间转换为公元年为 1778 年农历四月的一个吉祥的日子。

美馆藏瑶族写本的年代题款分略记和详记两种。

略记较为简略，甚至不规范。或只书皇帝年号而无年序，或仅记干支岁而无其他，或只录下指代时间的只言片语，甚至出现一些错乱或怪异的年代题款，留下太多的考证空间。

详记则以多种纪年方式记下年、月、日等季节、时令、时辰的相关信息，提供的年代信息比较完整。有的写本还分别记下写本抄写的起始时间，署有某某日"开手"、"立字"、"立簿"，某某日"终笔"、"抄完"字样，标明该书从开始抄写直到完书的一段时间。

纪年题款一般多记于书册首尾页题跋内，但美馆藏瑶族写本题款却不尽然。题款有的写于封面，有的写于封三、封四，也有的写于卷中某一段落，具有很大的随意性。例如经书《洪恩半（判）座灯筵庆贺地桥同用》（C010），纪年题款"天运太岁己卯年润四月中旬抄完笔（毕）"就写于卷中某一段落间。逐页查检，留意这些不同于常规的题款方式，才不至于漏掉有效信息。

除年代题款方式不尽规范外，美馆藏瑶族写本还存在大量写本年代题款缺失、难辨的状况。

由于美馆藏瑶族写本年代久远、保存环境不佳而出现残损、缺页、污染等状况，导致部分写本纪年款识难辨，甚至部分缺失和全部缺失。其中无封面封底和书册首尾页面缺损的达 60—70 件以上，占总数的25%。这些缺失纪年题款的写本，增加了考证的难度。

再有，全部写本均采用汉字加瑶用俗字抄写完成，其中瑶用俗字和别字的出现频率较高。年号、干支符号这些纪年用字常常一字多体，写法怪异。随意添加或简省笔画与偏旁部首的俗字、错字、别字众多，这些都给年代考释平添障碍，需大量字例比对、归纳校勘后方能破解。

瑶族历史上与汉族关系密切，文化同根、文化习俗互渗。瑶族写本的抄写者，为识读汉字的宗教职业者师公与道公，有时也会请熟悉汉文化的汉人和壮族人帮助抄写。故在写本纪年题款中，一般都采用与汉族民间文献相类似的纪年题款格式，也有一些在汉族文献纪年题款基础上的发挥，流露出抄本在域外传抄过程中留下的痕迹。

本章研究从年代题款的梳理入手，先对写本的年代题款进行类分，找出其规律性，再借助其他古文献知识，参考文本信息对其进行年代考释。

二　美馆藏瑶族文献年代考释方法

美馆藏瑶族写本年代的考释方法有不同纪年法的互证、古代文化知识印证、同名书主不同写本的年代印证、写本内容名物印证和俗字辨析等，分述如下。

(一) 多种纪年法的互证

文本纪年是文本断代最直接的方式。美馆藏瑶族写本年代题款一般采用古代中国民间写本誊抄方式署明年代，形成自身的纪年题款风格，为考证写本年代提供了有效线索。美馆藏瑶族写本的纪年题款类型，有帝王年号纪年法、干支纪年法、民国纪年法和多种纪年法兼用四类。

1. 帝王年号纪年法

年号又称皇号，为中国古代帝王用以纪年的名号。中国自汉武帝起开始有年号，此后每位帝王即位都要改元，并以年号纪年。年号纪年，是中国历史上通用的纪年方式，其好处是可以清晰地判断年号所对应的公元纪年。中国历史上的年号众多。起初，帝王在年号的更换上比较自由，一个帝王可以随意改元，使用多个年号。明清时代，绝大多数皇帝每人都只用一个年号，故可以以年号来称呼皇帝。美馆藏瑶族写本年代上限为清中晚期，这一时段年号多为一帝一号，相对稳定，便于文献的年代考释。在美馆藏瑶族写本中，以年号纪年的写本有 24 件，占所有文献的 10%。

一本丧场祭祀用经书（AE004），记"乾隆十九年春季抄完"，乾隆为清代第六位皇帝高宗爱新觉罗·弘历的年号，乾隆十九年为乾隆皇帝在位的第十九年，其对应的公元年为 1754 年；一本《会圣科》（AB011），记"光绪十八年壬寰（辰）岁六月十六日巳时冬（终）笔"，光绪为清代第十一位皇帝德宗爱新觉罗·载湉的年号，光绪十八年为光绪在位的第十八年，其对应的公元年为 1892 年 7 月 9 日。这些年号纪年题款所提供的信息，直接构成断代条件。

2. 干支纪年法

干支纪年法是用 10 个天干符号甲、乙、丙、丁、戊、己、庚、辛、壬、癸和 12 个地支符号子、丑、寅、卯、辰、巳、午、未、申、酉、戌、亥相配合来纪年的一种方法。全部干支轮流搭配成一轮互不重复的对子需要 60 年，故俗称"六十甲子"。

干支纪年为中国特色，在民间写本纪年中使用得非常普遍。瑶族受汉文化影响，一直使用汉字和干支纪年抄写祖传瑶书。瑶族歌堂对歌唱道，"昌颉（仓颉）能人造文字，蒙舔（恬）艺人造毛笔。大瑶长官造甲子，神农皇帝造日历"①，可见干支文化早已渗透到瑶族民间礼俗中，为瑶族所认可。美馆藏《杂良通书》（E001）中，有"占横天甲子歌"和运用干支五行法算卦的记载，反映了干支习俗在瑶人历书和杂占中的广泛运用。瑶族地区盛行的《甲子歌》，也是将干支与五行搭配编唱的瑶歌，用以纪年及五行排行。20 世纪 20 年代，赵元任先生就在广西瑶区采集到《甲子歌》94 段，② 此歌既是情歌，又是民间历法的教科书。《甲子歌》在瑶民中广泛传唱，起到民间知识教化和表情达意的双重作用。至今美国瑶人家中墙壁上还张贴着《甲子歌》，美国旧金山市瑶族师公李如德仍在抄录、传唱此歌，美国沙克拉门多市瑶人李文凤印制的 Iu Mien（Yao）Lonar Calendar（《优勉瑶人十二姓年历书》），将公历、中国干支纪年、五行，以及瑶族 12 姓氏搭配在一起，计算时间、测算每日吉凶，在北加州瑶族社区颇受欢迎，③ 足见干支文化的深远影响。

单纯以干支纪年仍会给文献的年代考释带来一些麻烦。因为在一定时长内，会出现若干个相同的干支年，导致"所指"的不确定性。以甲子年为例，在 120 年以内，可以有两个甲子年。在 1200 年以内，可以有 20 个甲子年，这么多的相同性，难免引起纪时混乱。而且民间写本不像文人典籍和名人著书，有了干支纪年，就可以通过作者的生卒年代来推定著书的确切年代。民间写本代代传承，书主易主频繁，抄书者的生平也多无从稽考，此项推定并不起作用。

例如，一本《尊典上卷》（AA009），纪年题款为"大（天）运太

① 奉大春、任涛、奉恒陞：《平地瑶歌选》，岳麓书社 1989 年版，第 80 页。
② 赵元任：《广西瑶歌记音》（中央研究院历史语言研究所单刊甲种之一），南京：国立中央研究院历史语言研究所民国十九年（1930 年），第 62—108 页。
③ 笔者 2013 年 7 月 6 日在美国北加州沙克拉门多市调研所见，并收藏了一份《优勉瑶人十二姓的年历书》。

岁丁巳岁十一月初四"，转换为相应的公元年，会有以下三种结果：1857 年 12 月 19 日、1917 年 12 月 17 日和 1977 年 12 月 14 日，书中的"丁巳岁"究竟指哪一年，难以定夺。需要通过综合考证、比对、排查后方能确定。美馆藏瑶族写本中单纯以干支纪年的题款有 48 件，占所有文献的 20%。

3. 民国纪年法

民国纪年法是以中华民国成立为起始点的纪年法。1911 年 10 月 10 日，由孙中山等人领导的武昌起义，推翻了中国两千多年的封建统治，宣告中国封建统治的终结，也开辟了中国历史的新纪元。当时的国民党政权便将 1912 年 1 月 1 日定为中华民国元年，启用新的民国历法。民国纪年实施短暂的 38 年后，1949 年 10 月 1 日，中华人民共和国成立，民国纪年法便在大陆停止使用。新中国为了与世界同步，开始使用国际通用的公元纪年。而逃至台湾的国民党政权，则继续使用民国纪年法直到现在。

瑶族并没有到过台湾，但是新中国成立后的瑶族写本，仍采用民国纪年法，这一现象与瑶族的境外迁徙有关。

瑶族向外迁徙，是一个漫长的持续过程，分多批次进行。写本的所有者可能在民国年间正处于向海外迁徙途中，或业已在异域定居。由于地域偏远，消息闭塞，不知原住国政体更迭，故抄录时只好"仍照前朝"，沿用民国纪年题款格式。

再则，瑶族迁徙到东南亚以后，继续跟汉人学习汉语。他们的汉语老师，很多就是国民党士兵，或域外的台湾人。这些人在教瑶人汉语的过程中，也将民国纪年方式传给境外迁徙的瑶人，使这批写本留有特殊年代的印记。

美馆藏瑶族写本中民国纪年题款多数与干支纪年连用，有 38 件，占所有文献的 16%。

4. 多种纪年法的兼用

美馆藏瑶族文献虽然使用了三种纪年方式，但在实际运用中，交叉和兼用的现象较为普遍，为不同纪年法的互证提供考释空间。

特别是年号纪年与干支纪年同用，此种情况在美馆藏瑶族写本中最多见，有 83 件之多，占所有文献的 34%。

例如《破狱科》（AH028），年代题款为"乾隆五十五庚戌岁壬午月辛巳朔越至初七"。根据皇帝年号与干支纪年法，均可查出是年为公元 1790 年。此类纪年兼具两种纪年法之优势，双重验证，不容置疑，对考证写本年代十分有利。

美馆藏瑶族写本中的民国纪年，既反映了民国年间写本的时代特征，也反映出瑶族在清末民初，以及民国年间向海外迁徙的特征。

例如在新旧纪年交替时期，抄书者往往沿袭前辈惯例，将民国某某年之前加上"皇上"、"皇号"、"天子"、"大清"、"大清国"等字样。对"民国"的指称也不统一，有"民国"、"中华民国"、"中华"等多种指称。

民国纪年与皇号纪年、干支纪年杂糅并举的题款很多，有"大清民国二十八年己卯岁六月初一日终毕"、"天子中华民国……壬戌年六月一十九日未时抄完"；"天子仲（中）华民国四十三捌七月十三日启抄"、"大清中华癸酉岁□谢月己丑朔午时旬终笔"、"大清中华民国三十九年庚寅岁十月十五日辰时院（完）笔"、"皇上民国管下七十六岁丁卯年三月初五日抄成"等一系列写款怪异的纪年题款，说明瑶人在迁徙中因信息闭塞而导致的纪年意识的混乱状况。

（二）古代文化知识的佐证

不管是哪一种纪年，都会显示当时人们的文化习惯与文化常识。

节令、季令、月令作为古人安排社会生活的一种模式，体现了中国传统社会对时间的划分模式、调节天人关系的依据，对庶民的生产生活具有指导意义。古人将一年划分为春夏秋冬四季，分别称之为春旬、夏旬、秋旬、冬旬；每季三月，按顺序排为孟、仲、季，十二个月依次为孟春、仲春、季春；孟夏、仲夏、季夏；孟秋、仲秋、季秋；孟冬、仲冬、季冬。每月又分为上、中、下三旬，头十天为上旬，又称初旬；接下来第二个十天为中旬，后十天为下旬。又有将十二个月和地支相配的"月建"之称。自正月至十二月，分别称为建寅、建卯、建辰、建巳、建午、建未、建申、建酉、建戌、建亥、建子、建丑。亦称寅月、卯月、辰月、巳月、午月、未月、申月、酉月、戌月、亥月、子月、丑月。这些月令和月建称谓在美馆藏瑶族写本纪年题跋中都有体现。

例如一本《尊典下卷》（AA013）表明"太岁甲子流年南吕月启录

也"和一本《喃灵大部科》（AE012）"中华三十七戊子年南吕月二十六日完竟（笔）"，其中的"南吕月"即为十二音律对应十二个月的月称。律本来是用来定音的竹管，古人用十二根长短不同的竹管吹出十二个高度不同的标准音，以确定乐音的高低，这十二个标准音也叫作十二律。后人们将十二律对应十二个月份，形成月的别称。写本题款中的"南吕月"为"仲秋"月，对应于农历的八月。运用中国传统文化知识，即能考释出准确的写本年代。

运用农历闰月知识断代古代文献，在敦煌写本研究中就有先例。闰月是古人为了协调回归年与农历年的矛盾而设置的，采用"19年7闰法"，把回归年与农历年很好地协调起来，使农历的春节总保持在冬末春初。此法为农历所独有，是我们的先祖在天文学上的发明。此法用于美馆藏瑶族写本断代，事实证明也是非常行之有效的。

（三）同一书主不同写本的年代印证

如前文所述，有20%的写本仅署干支岁，而同样的干支年至少有上下60年的差异，究竟为哪一个干支岁，难以定夺。此时，可借助相同的书主署名，即可由甲本推断出乙本的抄写年代。

一本《道范科》（AH010），年代题款为"太岁悢卯年七月初七日"，"悢卯年"不知所云。该写本置主为肸玄恩，此处肸为李的异写，肸玄恩为李玄恩。另有一本《迊王道场科》（AH041），"太岁癸卯年六月二十四日酉时院（完）笔（毕）"，置主也为肸玄恩，两人姓名相同，俗写也一致，应该不是巧合，编号AH010应为癸卯年。查清中晚期间的癸卯岁只有光绪二十九年，即公元1903年。再查美馆藏其他写本署有"李玄恩"名者，皆在1895—1929年时段。所以编号AH010、AH041写本的年代都可判定在公元1903年相对应的癸卯岁，题款为"太岁悢卯年七月初七日"应为"太岁癸卯年七月初七日"之误。

（四）俗字常识考证法

由于瑶族的境外迁徙，远离祖源国的汉字文化环境，汉字使用已很不熟练，故俗字、异体字、别字在文本中出现的频率远比国内要高。美馆藏瑶族写本使用了大量的俗字，汉字俗字所拥有的13种类型在瑶族写本中均有发现。① 此外，还有大量书写不规范的别字、错字，它们在年代题款中频频出现，需要运用汉字俗字知识逐一识别与考辨。

例如辨别写本俗写字浧、垇、缫、穊与本字"年代"的"年"的关系；辨别"伐"与本字"年代"的"代"的关系；识别"干支岁"、"岁次"之"岁"的多种异体；辨识皇号用字"晃绪"、"绗绪"、"缢统"、"洞始"与本字"光绪"、"宣统"、"同治"的关系；了解干支纪年用字"乙"与"已"、"一"的混用及替代关系，对瑶族写本年代考释都非常有用。

（五）借助名物词考释年代

文本所出现的名物（地名、寺名、官职名、物名、历史事件等）词往往带有时代色彩，是写本断代的重要依据之一，为本书年代款识考释之参考。

一本《天仙麻疯秘语》（AI007）年代题款模糊，仅用"太岁乙巳年九月初五给付"字样，如何确定其相对应的公元年呢？从清晚期算起，该时间段可能有两个"乙巳年"，1905 年和 1965 年。究竟该写本所指的"乙巳年"是哪一个"乙巳年"呢？好在该写本尾部记有详细功德用银费用。纹银为清代货币计量单位，显见将该写本断代为前一个"乙巳年"，即 1905 年比较合理。

三　美馆藏瑶族文献年代考证释例

例 1：从年代错乱中发现问题。

一本《半（判）座科》（AH026），题为"道光拾伍年丁未岁端杨（阳）月莫（暮）七日抄完"。查万年历，道光十五年只有乙未岁，道光二十七年才有丁未岁。那么，"道光拾伍年丁未岁"应为"乙未岁"之误，"乙"、"丁"二字写法相近，极有可能被误抄。此年代题款可考为"道光拾伍年丁未岁端阳月暮七日抄完"，"端阳月"为"五月"、

---

① 参见何红一、王平《美国国会图书馆藏瑶族写本俗字的研究价值》，《广西民族大学学报》2012 年第 6 期，第 181—186 页。

"暮七日"为五月二十七日。转换为公历即为 1835 年 6 月 22 日。

同样的年代题款抄写错误也发生在无题经书（F019）中。该书题款为"光绪壬十八年岁十一月二十七日冬（终）笔抄院（完）"，其中本应成双出现的干支符号仅有"壬"字。经考，光绪十八年十一月二十七日在干支"壬辰"岁中，"光绪壬十八年岁十一月二十七日"句中应该漏掉壬辰的"辰"字，故此经书的抄写年代可校为"光绪壬辰十八年岁十一月二十七日"，转换为公历应在 1893 年 1 月 14 日。

一本《斋醮宿啟科》（AH022）记"宣通（统）五年甲寅岁旭□院（完）笔"。清代年号只到宣统三年，公元 1911 年 10 月 10 日，辛亥革命推翻了清王朝统治，建立了中华民国，从此实行民国纪年。但是写本纪年仍按皇帝年号记述，说明抄书者远离祖源国，不知帝制已被推翻，政体更迭，仍照老皇历纪年。"宣通（统）五年甲寅岁"应为民国二年，即公元 1913 年。按老皇历纪年的例子还有"太（大）清宣统四年壬子岁七月二十一日启毕"、"宣统四年壬子岁五月二十日抄笔（毕）"等多例，不一一列举。

一本《渔网歌》（C005），封面书写"602 年癸丑岁九月初一日立字"，年代题款怪异，令人费解。如果设想其中可能漏掉数字"1"，则为 1602 年，明万历三十年？太早，这一时段的瑶族写本国内外鲜见。而且 1602 年为农历壬寅岁，也不是"癸丑岁"，"癸丑岁"作何解释？再说美馆藏瑶族文献年代题款中尚无公元纪年的先例，"1602 年"的猜测可以排除。通过推理，笔者以为破译为"民国六十二年"较为合理。"民国六十二年"即公元 1973 年，这一年也正好是农历癸丑岁。如前所述，部分瑶族明末清初迁徙至东南亚山地居住，对国内政体更替情况并不是十分清楚，纪年混乱时常有之。"民国六十二年"，迁徙至境外的瑶人用阿拉伯数字来记述年款，很容易写成 602 年。

例 2：运用闰月知识稽考年代。

运用闰月知识断代古代文献，敦煌写本就有先例，事实证明也是非常有效的。闰月是古人为了协调回归年与农历年的矛盾而设置的，采用"19 年 7 闰法"，把回归年与农历年很好地协调起来，使农历的春节总能保持在冬末春初。此法为农历所独有，是我们先祖在天文观测上的发明。

美馆藏写本《洪恩半（判）座灯筵庆贺地桥同用》（C010）题款

为"天运太岁己卯年润（闰）四月中旬抄完笔（毕）"。题款中"天运"是否为帝王年号呢？中国正统年号中无此年号，地方势力所建年号中确有"天运"，即清统治时期天地会头目林爽文、陈周文分别于1786年、1795年在台湾建立的短期政权。但台湾不是瑶族迁徙活动范围，可排除。此"天运"与"太岁"连用，应只指"天命"和"岁星运转"之意。这里可举一个旁证，2004年10月4日，中国湖南新宁县麻林瑶族乡盘王节"扬幡挂榜"仪式中的榜文纪年，还按这样的格式记为"天运公元二〇〇四年岁次甲申"①。可见，"天运"并非年号，而是纪年款中习惯性指代。

但是题款中的"己卯年"又指哪一年呢？清中晚期至民国间就有三个己卯年：嘉庆二十四年、光绪五年和民国二十八年，究竟哪一个为写本所指？核查闰月便可知晓。三个己卯年中，只有嘉庆二十四年（公元1819年）有闰月，而且正是题款所指"闰四月"，其他两个时间均不符合记载。那么，该写本的抄写年代就不言而喻了。

同理，《金章经》（AA003）标明"大清光绪二十一年己未岁润（闰）五月十三日完毕"。这一记载首先值得怀疑的是"己未岁"，不仅光绪二十一年无己未岁，整个光绪年号里都没有己未岁。离"光绪二十一年"最近一个"己未岁"在咸丰九年，即公元1859年，两者相距36年，一般抄错皇帝年号的可能性不大。况且咸丰九年也没有闰五月，可以排除。瑶族写本"己、乙、一"三字经常混用，尤其是己、乙音相似、形相近，将"乙未岁"错为"己未岁"的可能性最大，故该写本可考为"清光绪二十一年乙未岁闰五月十三日"，这一时间也正好与"闰五月"相契合，即公元1895年7月5日。

例3：辨别时令别称，使考证结果更准确。

前文说过，节令、季令、月令作为古人安排社会生活的一种模式，体现了中国传统社会对时间的划分模式、调节天人关系的依据，对庶民的生产生活具有指导意义，这些常识会渗透到纪年题款之中。大量运用时令别称纪时，也是美馆藏瑶族写本特色之一。

---

① 参见日本神奈川大学瑶族文化研究所网站（http://www.yaoken.org/data-room/senbou.html）照片资料。

一本美馆藏《诸杂百解秘语》，题明"咸丰玖年重阳月朔三日抄完"，依据年号纪年法和中国古代常识可知"咸丰玖年"为公元1859年、"重阳月"为农历九月。"朔"指每月初一日，"朔三日"为朔后第三日，即初三日。故与此书抄写时间相对应的应为咸丰九年九月初三，转换为公历为1859年9月28日。

一本《破狱科》（AH028），书首尾处题记："乾隆五十五庚戌岁壬午月辛巳朔越至初七启完终毕"，按年号纪年法和干支纪年法可查出该年为公元1790年；"壬午月"为农历五月。"辛巳朔越至初七"为初一至初七日，换算成公历为1790年6月13日至19日。

再如"乾隆四十三年戊戌岁孟夏吉日抄"、"大清光绪壬辰年仲冬月廿巳（一）日抄院（完）"，直接用一季三分的月令之称；"光绪五年乙卯岁次春旬初拾日抄完毕"、"咸丰元年辛亥岁次秋月（八月初三时）抄完"，其中"次春旬"、"次秋月"为仲春、仲秋月的异称。

"太岁癸卯年午月初十日未时抄出"、"己卯月庚寅朔下旬抄"、"壬午月辛巳朔越至初七日……"，其中"午月"、"己卯月"、"壬午月"均为"月建"之称。而"南吕月二十六日完竟（笔）"、"甲子流年南吕月启录"，其中的"南吕月"则用以十二音律定月称的方法。

例4：留意新旧历换算中的时间差。

在年头和年尾相交处，旧历与公历间的换算有约1—2个月的时间差，稍不留意便会产生误差。

一本《大斋秘语》题"大清光绪壬辰年仲冬月二十巳（一）日抄院（完）"，依据光绪年号和干支纪年法互证，可以确认该藏本的抄写年代：干支岁的"壬辰年"又与清代光绪年交集的年份只有光绪十九年，"仲冬月"为农历十一月。农历与公历之间有时间差，若遇写本在十一、十二月的题款，转换为公历需推迟到次年年头，才不会有误。按此规则，该写本的抄写时间不在公元1893年，而在1893年1月8日。

经书《土府延生演朝（科）》（AB013），题"光绪任（壬）辰十八年十二月初九日巳时终笔"。按新旧历转换可大致推算出光绪十八年在公元1892年，但是该书题款表明了具体时间，是在壬辰岁尾"壬辰十八年十二月初九日巳时"，换算为公历应为次年之首，即1893年1月26日。

新旧年的换算对中国学者来讲可能没有太大问题，但是对不熟悉中国文化的海外学者则有可能产生误差。例如德国出版的《瑶族手稿—第1集：慕尼黑巴伐利亚州立图书馆藏品》中，一些写本纪年转换的校勘就出现误差。

一本"乾隆三十三年十二月初二日抄完"的《正一登科仪》，编者注为公元"1768"年，实应为公元1769年1月9日；一本"咸丰甲申年十二月二十一日"抄完的《洪恩秘》，编者注为公元"1854"年，实应为公元1855年2月7日；一本"皇上中华十九年庚午岁十二月二十九日"抄成的《合盆书》，编者注为公元"1930"年，实应为公元1931年2月16日，① 凡此种种，不一而足。

这也提醒我们，年代考释工作是一项细致、严谨的工作，考释文本年代，不仅仅限于年，最好能兼及月与日，时间信息尽可能完整准确。

例5：同名书主写本的年代互证。

一本《谢雷科》（AF016），落款"太岁甲子年正月二十日"。查干支年与公元纪年对照表发现清末民初有两个"甲子"年，公元1864和1924，该题款究竟指那个"甲子"年呢？与另一本《雷府解冤科/谢雷伤科》AF015比对，发现两书封内皆书有"李玄福"名姓，且书写笔迹一致。AF015署名年代为"大清咸丰五年乙卯岁三月望五日"，即公元1855年。比勘AF015，AF016的抄书时间只会在与1855年靠近的1864年里。

同理，一本《谢皇斋化依科》（AH039），置主邓经富/李妙堂的抄本，落款："皇上万万□□□□戊午岁八月二十一日午时"，中间有四字模糊难辨，以致皇号不明。经查，发现清末至民国间有两个"戊午岁"，公元1918年和1978年。可用排除法排除后者。因为1978年部分东南亚瑶族作为战争难民正在泰国难民营接受联合国难民署安置中，很难有精力重抄经书。再对照另一册《延生三时科》（AH018），发现亦有"东主邓经富，买主李妙堂"字样，与AH039的"置主邓经富/李妙堂"应为相同的二人，其生活年代应当一致。按惯例两名置主姓名完全

① Handschriften der Yao / herausgegeben von Thomas Höllmann；mit Beiträgen von Lucia Obi，Shing Müller，Xaver Götzfried，*Teil 1. Bestände der Bayerischen Staatsbibliothek München*：Cod，Sin. 147 bis Cod. Sin. 1045. Stuttgart：F. Steiner，2004，pp. 129、154、164.

相似的抄本是很难得的。《延生三时科》题款：“光绪三十三年丁未岁六月初四申时完”，即公元 1907 年 7 月 13 日。显见，一本《谢皇斋化依科》（AH039）的抄书年代应考为公元 1918 年。

一本《道范科》（AH010），年代题款为“太岁恨卯年七月初七日”，“恨卯年”不知所云。该写本置主为胕玄恩，此处胕为李的异写，胕玄恩为李玄恩。另有一本《迓王道场科》（AH041），“太岁癸卯年六月二十四日酉时院（完）笔”，置主也为胕玄恩。两人姓名相同，俗写也一致，应该不是巧合。该书年代应为癸卯年。查清中晚期的癸卯年只有光绪二十九年，公元 1903 年。再查美馆藏其他写本署有“李玄恩”名者，皆在 1895—1929 年时段。所以 AH010、AH041 写本的年代都可判定在 1903 年。“恨卯年”为“癸卯年”之误。

例 6. 借助俗字常识考证年代。

一本《谢雷伤科》（AF015），题为“大清咸丰伍洊乙夘歳三月望五日抄”，由于该写款杂有多个俗字，猛一看很难辨认。从较为常见的俗字夘、歳入手，夘为卯的俗写字，歳为歲的俗字。题款中的干支年可解读为“乙卯岁”。再看咸丰年间所对应的乙卯岁在哪里？查万年历可知在“咸丰五年”，那么“洊”字就比较容易推断出来了，它就是一个“年”的俗写。“望日”为农历的十五日，“望五日”为望日过后五日，即农历二十日。转换为公历为 1855 年 5 月 5 日。

一本《救患科》（AG005），题为“天子仲（中）华民国四十三𠝣七月十三日启抄”，很明显，其中“𠝣”对应为“年”，与上例“洊”写法大同小异，不过将作为偏旁的“氵”替换为“刂”，很容易判断出这又是一个“年”的异体俗字。该写本年代转换为公历应为 1954 年 8 月 13 日。

一本《开山科》（AH035）题款为“大清咸丰伍（五）缫乙卯岁四月朔八日”，用上文同样的方法考证咸丰年间的“乙卯”岁为咸丰五年，由此可以推断这里的“缫”也是“年”的意思。无独有偶，美馆藏四卷《评皇券牒过山榜防身一十二人》中，年字也被写为“穓”。“缫”与“穓”不过偏旁置换而已。

古代殷人以“禩”（sì）指年。日本白鸟芳郎 20 世纪 90 年代在泰国瑶族村庄收集的“过山榜”——《评皇券牒过山防身永远》，首句“正宗景定元禩十二月十二日招抚瑶人”，所用的“禩”，就写为“𥜒”，与美馆藏 AH035 本异曲同工。① 同类写法还见于广西龙胜、临桂等地瑶族收藏的《盘王券牒》、《评皇券牒》、《过山榜》、《过山榜文》等。② 笔者 2012 年 7 月 2 日在美国加州沙克拉门多市调研，一位瑶族老人拿出其爷爷收藏的《过山榜防身永远一十二个人》，年代款为"正中景定元稦十二月十二日"（见图 5—1）。很明显，"缦"、"稦"都是瑶族"过山榜"及其他文献中"年"的异体字。

图 5—1　北加州沙克拉门多市瑶族老人邓妹龙亮出其爷爷留下的传家宝"过山榜"，
其年代款为"正中景定元稦十二月十二日"　　［美］施曼霞摄

仅仅一个"年"字，就有"泅"、"泖"、"缦"和"稦"与"禖"多种俗写写法，足见瑶用俗字之丰富，以及识俗字、辨年代的重要。

再看几个纪年题款中的俗字例子：

一本《开山科》（AH034），年代题款为"洞始十年九月十五日"，中国帝王年号中没有"洞始"，只有"同治"。"洞始"的正字应为

①　参见［日］白鸟芳郎《傜人文书》，东京：株式会社讲谈社昭和 50 年 8 月 15 日发行，第 6、14、19 页。

②　《评皇券牒集编》前 1—4，6—9 篇多处将景定元年之年写为"禖"，参见黄钰辑注《评皇券牒集编》，广西人民出版社 1990 年版，第 3、13、20、25、26、38、42、44、50、53、55、60 页。

"同治"，即"同治十年九月十五日"。另有"晃绪七年"和"纮绪任（壬）辰十八年"。"晃绪"与"纮绪"的正字皆为"光绪"；再有"缗统四年壬子岁五月廿日抄笔（毕）"，"缗统"即"宣统"。以上例子中的"晃"、"纮"、"缗"原本都没有偏旁，被人为增加偏旁后成为增繁俗字。"缗"虽也增添了偏旁，但属于受后一"绪"字影响而类化的结果。因为"宣统"的"统"有绞丝旁，所以将本没有偏旁的"宣"字也加上绞丝旁。偏旁的增减与偏旁替换是汉字俗字通例，在美馆藏瑶族写本年代题款中也得到验证。

一本《清醮秘语》（AC003）题为"光绪二拾八年壬寅岁卉月初旬奉行"。其中"卉"字费解，初辨为"七"字，细考才辨认为合文"十二"。

合文现象也是汉字俗字常见类型。合文是将两个以上的字浓缩在一起，形成一个新的书写符号，它所代表的是几个字，或一个词组的含义。例如汉字俗字中常有的数字廿、卅，分别代表二十和三十，它们也都是合文俗字。瑶族写本将十一、十二写为卂、卉，为合文提供了新的字例。同样的写法还见于一本《戒度》（AF011），"卂愿深恩得圆满，卉愿财宝满家庭"。同类例子在AF012、AB005中也频频出现，可见，卂、卉这样合文的用法，在美馆藏瑶族文献中非常普遍，已成通例。

"初旬"，即上旬。该写本的抄写时间应为"光绪二十八年壬寅岁十二月上旬"，转换为公元纪年为1902年12月30日至1903年1月8日这一段时间内。

一本"大清光绪壬辰年仲冬月廿己日抄院（完）"的《大斋秘语》（AD017），"大清光绪壬辰年仲冬月"为"光绪十九年十一月"，"廿己日"即"廿一日"，也就是"二十一日"。其中"己"为"一"的假借字，"己"、"一"与"乙"在瑶族写本中经常混用，已形成通例。相同例子还有"大清光绪二十一年己（乙）未岁润（闰）五月十三日"（AA003）、"太岁巳（乙）酉年四月廿日"（AH005）、"太岁巳（乙）卯年六月十八日"（AH013）、"民国四年己（乙）卯岁九月十七日"（AH014）、"民国一玖七五一（乙）卯岁八月"（C006）等，不一而足。

四　小结

　　文献断代能为文献的整理疏通道路，也是瑶族文献考辨之关键。对美馆藏瑶族写本的断代不仅能为这批文献的编目流通提供必要条件，也能为瑶族文化发展史、瑶族迁徙时间提供可靠证据。

　　经过考释，美馆藏瑶族写本年代缺失信息大大缩减。迄今为止总数241件写本中，可断代的写本有150余册。其中乾隆年间7本、嘉庆与道光11本、咸丰与同治10本、光绪35本（见图5—2）、宣统3本；民国年间及民国以后的写本近50余册。其他可断代在两个干支纪年之间的写本有50余册。尚有部分年代缺失写本，需要比对其他瑶族写本样本，包括德国、英国和荷兰的同类藏本，再结合纸张、书写风格和书写工具鉴定、内容考证等综合因素，方能有更多收获。

　　值得指出的是，写本有抄成年代和成书年代之别。许多写本题为"依古抄藤（誊）"和"依古抄成"。虽然抄写年代较近，但成书年代却不一定晚。

　　例如一本《天下两京书》（D002），题为"民国三十三年甲申岁次十一月初一日依古抄成"，首句为"天下两京，一十三省"，即透露出成书时代信息。"两京"之称，来源于明成祖朱棣时代。朱棣将明朝的首都从南京迁往北京，改以北京为京都、南京为陪都，"两京"即为两个京城的意思。明代将中国的行政划分为一十三省，通称"两京十三省"。该写本"依古抄成"根据历史上中国古代行政划分制度分析，可判断该写本母本形成当在明代。

　　瑶族手抄经书是因使用而存在的，所有的祖传瑶族经书唱本都会不断重抄。所谓"打铁靠炉，抄书靠古"，瑶族古老的祖训也不断告诫瑶族子孙要重视祖先留下的古书并不时誊抄更新。写本中频频出现的"依古抄誊"和"依古抄成"字样都说明这些书依照古本重抄，其价值应依古本核定。一本手写本或许传抄了几代甚至十几代，传抄的过程也是民间写本活态传承的过程，较好地保持母本原貌的写本，即使抄成年代较近，也是值得珍惜的民间古籍。期待着境外瑶族写本能像流失的敦煌写本一样，集境内外收藏之力、信息整合、资源共享，那时，研究工作将会有跨越性进展。

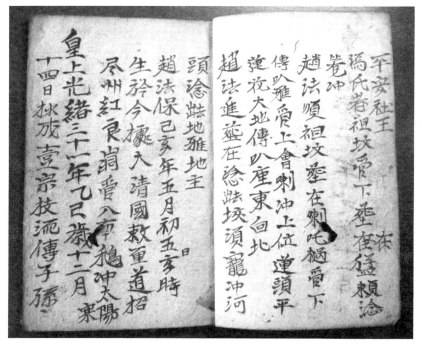

图5—2　光绪三十一年（公元1905年）抄成的一本瑶族《宗支图》　何红一摄

第六章

美国国会图书馆馆藏瑶族
"过山榜"考辨

　　"过山榜"是瑶族民间广泛流传的过山文书之总称，也是以信奉盘王为始祖的瑶族人民世代流传和珍藏的关于本民族历史记忆的重要文献。"过山榜"的内容涉及瑶族的起源、图腾崇拜、姓氏由来、祖先迁徙、瑶汉关系以及有关民族权益等，历来被视为揭开古代瑶族文化之谜的一把钥匙，受到国内外瑶族研究者的高度重视。"过山榜"的研究，也成为多年来瑶族研究的热门话题。

　　本章运用文献研究方法，对美馆藏瑶族四卷"过山榜"版本及形制特征进行甄别、归纳，对其中样本进行校勘、文字梳理的基础上，提出进一步探究之思路。

一　美馆藏"过山榜"的形制特征

　　文献的形制特征，主要指文献在外在形式上所呈现出来的外部特征，包括题名、题跋、署名及纪年款识、材质、规格、书写与绘画格式、字体及绘画风格、装帧、印章等方面的内容。

　　根据笔者的分类，美国国会图书馆四件"过山榜"属文书类，即B类，类目号分别为B004、B005、B006、B007号，具体特征如下：

（一）名称

　　"过山榜"的民间藏本异名众多，有《评王券牒》、《评皇券牒》、《评皇圣牒》、《平王牒榜》、《盘王券牒》、《盘王圣牒》、《盘皇圣牒》、

《盘皇牒》、《盘王榜牒》、《白箓敕牒》、《过山榜文》、《过山黄榜》、《过山牒》、《过山照》、《入山照》、《山关照》、《过山图》、《瑶人榜文》、《十二姓瑶民过山榜文书》、《十二姓瑶人入山榜文》、《瑶人出世根底》等，称谓不下50余种，一般通称为"过山榜"。

"过山榜"的内容亦真亦幻，涉及瑶族的起源、图腾崇拜、姓氏由来、祖先迁徙、瑶汉关系以及有关民族权益的内容，是信奉盘王为始祖的瑶族人民世代流传和珍藏的一种记载本民族历史记忆的重要文献。

"过山榜"均用汉文杂以瑶用俗字书写，版本材质以手抄纸质为主，亦有少量布制写本和木刻版、石印版本。湖南江华瑶族自治县档案馆藏的三件"过山榜"中，就有两件布券、一件纸券。布券规格为120cm×110cm，除文字叙述外，还绘有瑶族服饰、瑶民的生产、娱乐场面插图。[①]

"过山榜"的装帧形式有卷子、折叠式、书册等。卷子被认为是其中珍贵的一种规格形式（参见图6—1）。

"过山榜"作为传家宝随过山瑶漂泊迁徙，几乎在所有瑶族迁徙地和居住地都有发现。不仅我国瑶族居住地有，东南亚、欧美瑶人住地也有。在美国境内，除美国国会图书馆有收藏外，北加州地区优勉瑶人家中，也保存有"过山榜"。例如全美瑶人协会主席赵贵财家收藏1件《评皇券牒过山榜》（规格37cm×510cm），主人告知为1983—1985年间在泰国购得；沙克拉门多市瑶族老人邓妹龙家收藏的《评皇券牒过山榜》（规格49cm×392cm），为其爷爷早年的收藏。美国费城华人家中亦收藏一份《评皇券牒过山榜防身一十二人》（规格33cm×540cm），系收藏者在网上拍得。笔者于2010年8月去美国探访到该拍品。该藏品文字内容与美国国会图书馆馆藏四件《过山榜》相仿，绘画更精致，有盘王及夫人像、十二姓瑶人像等。

美馆藏"过山榜"总数有四件，呈狭长卷子状。标题竖排写于右首，有三份分别为B004、B005、B007者，全称均为《评皇券牒过山榜防身一十二人》。只有一份编号为B006者，标题略有差异，为《评皇券牒过山榜防身一十六》。瑶族号称"一十二姓"，突然冒出个"一十

---

① 笔者于2010、2012年间两次去湖南江华县档案馆，查阅并采集了馆藏"过山榜"的相关信息。

六",不得其解。经仔细考辨,发现"一十六"为誊抄之误。因为是竖排抄写,抄者将"一十二人"中的后两字"二"与"人"字书写得过于紧密,"二"下面的"人"字的撇捺书写分开,又写得像"八"字,视觉上就变为"六"了,这便是抄件中"评皇券牒过山榜防身一十六"的来历。实际上这四件"过山榜"的名称完全一致,均为《评皇券牒过山榜防身一十二人》。

(二) 材质与装帧

目前已发现的"过山榜"的载体,以手抄纸质为主,亦有少量布质、绢质写本和木刻版、石印版。[①] 其中纸质"过山榜"的装帧形式又可分为卷子、册页(折叠)、书本诸形式。

美馆藏"过山榜"外形为窄条,横批,有似于敦煌手卷,也类似古代皇家公文"榜"、"牒"、"照"或"圣旨"、"皇榜"格式,这便是"过山榜"、"过山榜文"、"券牒"、"圣牒"、"牒榜"、"敕牒"、"过山照"等称呼的来由。卷子也称"手卷",是中国手抄文献中最典型的形式,有舒卷自如、收藏便利之优点,敦煌经文写本多采用此种形式。过山瑶"居无定所",时常迁徙,采用卷子方式抄写"过山榜",正好便于迁徙中携带。

美馆藏四件"过山榜"为纸质卷子装,舒卷自如。榜文用整幅纸帛制成,每卷有榜文三千余字。文字内容书写在裱好的狭长双层纸上,两头既没有装轴也没有订线。与大多数瑶族文献写本一样,美馆藏四件"过山榜"用纸为自制土纸。纸质较为细腻,纤维长而富有韧性,经笔者及美国国会图书馆修复部门的工作人员肉眼辨认,倾向于采用桑科植物材料造纸工艺的纸质。四件"过山榜"均由十张双层手工纸粘贴而成,粘贴完成后再于其上抄绘内容。因时间和保存关系,纸色显得老旧,已呈褐黄色。对照黄钰先生在《评皇券牒集编》中对于"过山榜"

---

① 布质写本藏于湖南江华县档案馆,布券规格为120cm×110cm。绢质写本见于《过山榜》编辑组《瑶族"过山榜"选编》收入的《南京平王敕下古榜文》尾记载:"原存湖南蓝山,现存中央民族学院民族研究所,规格78cm×60cm,绢质"。迄今为止发现的唯一一块"过山榜"刻板,发现于湖南蓝山县,现收藏于永州博物馆;另一件《南京平王敕下古榜文》,后人称为"飞来碑"者,实际上是唐代瑶族头人为统一瑶人意志所刻。在石碑上的过山榜,曾立于荆竹乡十里冲,现已不存。

的类型划分，美馆藏这类"过山榜"可划入正本（古本）型，应属于"过山榜"文献中的珍贵版本类型。

瑶族善于造纸，造纸遗迹遍布瑶区，至今在我国湖南汝城和蓝山、广西巴马、云南、贵州一带，都还保留着土法造纸工艺。迁徙到东南亚的瑶人，也将这种造纸工艺带到异国他乡，就地取材，土法造纸。瑶族人迁徙到老挝和泰国定居后，也使用这种古老的土法造纸。"优勉人世代都是自己造纸的。在寒冷的月份竹子开始生长，我们会全家出动去找老些的竹子，除去嫩枝带回家砍成小片，放入水里煮沸，然后浸泡一晚上。第二天，把竹片捞出来捶打，等竹片变软之后，再次浸泡。这次是在水里掺入一种能让竹浆变光滑的植物（即从植物中提取的浆汁，用作纸媒，增加纸浆的黏度。笔者注）。浸泡完毕之后，把这些竹浆捞出来平摊在一条类似床单的布上晾晒。待其晒干后，裁成小块的竹纸，用来练习写字，或者做成仪式用的纸钱。"[1] 美国瑶人多从老挝、泰国迁徙而来，他们的造纸方法都是从中国带过去的。

（三）版式与书写工具

"过山榜"的行款与文序为自上而下，自右向左。展读顺序为从右到左，这一点与西方古代卷轴从左到右顺序刚好相反，颇具中国古代文书之特色。

"过山榜"的书写工具似乎是用硬笔，或介于软硬笔之间的工具写就。因时过境迁，无法接触到这批写卷的当事人，"过山榜"书写工具的细节无法深究，只能依据笔触推测硬笔使用的可能性。湖南郴州瑶族赵砚球 2011 年去泰国清莱瑶寨调研时，看见瑶族师公在写"疏"、"表"、"引"时，用一种泡模做的小楷毛笔，蘸黑色墨汁书写。可见，海外瑶族抄写时除使用毛笔外，用代用品书写的情况也是存在的。书写时均用汉文杂以瑶用俗字抄誊。

（四）印模、绘画及风格

"过山榜"卷子文本间均加盖有数枚圆形印模，即世人所称"马蹄

---

[1] 采自 Chaylium Saechao 送给笔者的自传体印刷册 From Broken Jar Mountain Laos to San Francisco—A Iu Mien Woman's Journey，由彭星翻译。

印"。按黄钰先生关于"过山榜"四种类型①分类及评估,此四件《评王券牒过山榜》为"过山榜"类文献中的正本(古本)型版本。四围有水波纹边饰。文本间有彩色插图和红色马蹄印,印迹浅淡,不像传统印泥,似为色粉调和状的代用品。卷中多处手绘,有盘王、宫女、侍卫、众神灵、师人、金鸡、龙犬、日月山川等,其中一份还有三清画像及十八神仙像。卷头及卷尾处更是绘画集中部位,有文官武将、师人法器、地舆地形图等。插图为黑线勾勒,施红、黄、蓝三色,图文并茂,古色古香。

(五)年代题款和始作者

关于"过山榜"的产生年代和始作者,学术界有不同的说法。其中李本高先生认为"过山榜"的产生年代和颁布者可能有以下五种情况:

(1)是隋代朝廷发给瑶民的文书。

(2)是唐代贞观年间朝廷赏赐给瑶民的榜文。

(3)是南宋王朝发给瑶民的特许状。

(4)是明初封建王朝发给瑶民的《过山文书》。

(5)是明代瑶族酋长发给瑶民的券牒。②

美馆藏"过山榜"均无题跋。但开篇均书有"正忠(理宗)景定元年一十二月一十二日招抚瑶人一十二姓,照仍前朝(仍照前朝)"字样,这是许多正本型"过山榜"年代题款的惯例,与该榜文的产生日期无关。"仍照前朝",即按照前人的方式传抄,后句"评皇券牒更新出给十二姓名速(述)于后",也说明该榜文是采用前朝样式重新抄出的。

榜文上的日期不等同于"过山榜"的抄誊日期,而应该再往前追溯,究竟追溯到何时?学界也多有争议,有待进一步考证。但是,多数"过山榜"都标名"正忠(理宗)景定元年"这一时日,这应该是瑶族文献史上很有意味的一个日期。

对于"过山榜",境外人士也有自己的见解。

---

① 参见黄钰辑注《评皇券牒集编》引言,广西人民出版社 1990 年版。

② 李本高:《瑶族评皇券牒研究》,岳麓书社 1995 年版,第 1 页。

　　由于它形制为"卷子"，很容易使人联想到敦煌卷子。法国人杰西·波尔特在其编辑的《勉和门——中国、越南、老挝和泰国的瑶族》一书中指出，"在大英博物馆，一卷从著名的敦煌莫高窟抢救出来的佛教金刚经长卷已经展出，这幅长卷历史悠久，可以追溯到公元868年。在卷轴右侧结尾处的主要图案与瑶族过山榜上的图案有惊人的相似。过山榜是一部重要的文献，据说，它是一位唐代的皇帝赐予瑶人的，并且就在大约同一时期，金刚经问世。过山榜与佛教经卷十分类似，常常有一幅大型的主要人物图画装饰在卷轴左端，不过有时候也会在右端。从许多方面看，佛教对瑶族道文化的影响都非常重要，瑶族这件'过山榜'卷子的处理方式可以看作是这一影响的另一例证"①。

　　这一评介足见西方人对卷子形式的敏感，认为"过山榜"与敦煌莫高窟中的佛教经卷十分相似，在装饰图案与装饰方式上受佛经的影响。杰西·波尔特的观点，不失为一家之言，值得关注。

　　鉴于"过山榜"多版本、多形制的特点，境内外不同版本和相同版本的比勘和比较研究，不失为研究之上策。

二　美馆藏瑶族"过山榜"的校勘

　　本书对美馆藏《评皇券牒过山榜防身一十二人》（B004）的校勘，包括对其断句、标点、勘误、校释以及错字、别字与俗字辨识、校正脱漏及衍生字、词、句诸方面。文本校勘采用以下符号标注：

　　"（　）"为俗字、错字、误字订正。

　　"［　］"为脱字、缺字补正。

　　"⎰　⎱"为衍生字。

　　"（？）"为疑义不明字。

　　"□"为因文本残损、字迹漫漶、潦草、怪异而暂时不辨字。

　　"＿＿"，两字字底下加横线，表示这两个字实为一字，因竖行书写时被拆分为二，误为两个字。

---

　　① Jess G. Pourret The Yao, *The Mien and Mun Yao in China, Vietnam, Laos and Thailand*, 2002；［法］杰西·波尔特：《勉和门——中国、越南、老挝和泰国的瑶族》，覃朗翻译，美国芝加哥2002年英文版，第258页。

（一）《评皇券牒过山榜防身一十二人》（B004）影印版

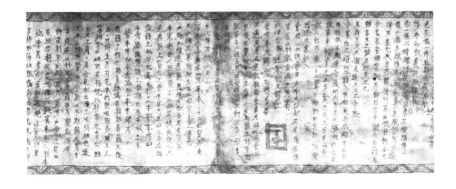

续图

图6—1　《评皇券牒过山榜防身一十二人》

（B004）影印版图片　何红一摄

（二）《评皇券牒过山榜防身一十二人》（B004）校勘版

评皇券牒过山榜防身一十二人 江印刷

神佛敬神，宝（保）估（佑）人财两旺

评皇券牒过山榜防［身］，合家老幼男女孙子（子孙）永远留用，倩（千）古万代传留｛念｝牒文，新（兴）万古千秋，留换用黄金万贵（贯）。

理（正）宗（忠）景定①元禩②一十二月十二日据抚猺人一十二人姓，照仍（仍照）前朝。

评皇券牒更新③出给十二姓名速（述）于后。

评皇券牒更新汞（永）远矣。猺人根骨即系龙犬出身，自混沌年間（间），评皇出，德（得）龙犬一［只］，身长三尺，毛色班（斑）黄，意异起（超）成群（群臣）出息。［一］但（日），评皇龙颜大如（怒），意欲谋杀外国高（高）皇，群臣且（计）议，但无人承（承）应，惟龙犬名护，于左殿踊跃起身拜舞，惊［动］外国，高［声］言语应答，群（详）言报主之恩，自有兴邦之｛息｝志。不心（必）君臣计议，何（须）万马以行程，欲（求）｛人｝浩（浩）天之机（计）谋，看细銜（微）之动静。

评皇德（得）［听］窃喜，童（畜）生类出此灵性之人，畜生或有谋杀之詰（计），倘｛者｝［去］他邦，心（必）之［遭］侵［害］。只有海水滔滔，馬（焉）能横行千里，万顷洪波，非一日而度（渡）。虽（谁）能浮遊（游）大海，水面何以刀貝（負）载？谁（惟）愿我住（主）深二④勅语不虚，畜今当尊（遵）［旨］。是时评皇大喜，将百味赐之，汝有人性之灵，如功德（得）劳，朕将宫女配合。盘护顶领勅言（旨）⑤，受食百味，非（拜）辞而去，群［臣］送出于朝。

---

① 正忠景定元年：理宗景定元年，1260 年。几乎所有的"过山榜"版本年代都这样写，属传抄之误，前人已有考证。

② 禩：古代殷人指年。元禩即元年。

③ 更新出给：说明之前已颁发过，此"仍照前朝"规矩再次颁发。

④ 二：为抄书者所使用的重文号，指代前字"深"，表示重复。

⑤ 顶领敕旨：承领皇帝令旨。参见黄钰辑注《评皇券牒集编》，广西人民出版社 1990 年版，第 10 页注释。

[盘] 护即（疾）走如云，飞身遊（游）大海，七日七夜，经（径）到 ｛而｝ 伊中国（国中）。时遇着髙（高）王坐朝，赤（亦）且认得 [盘护] 非常等 [闲] 之 ｛世士｝ 物，喜（嘻）笑曰：大国评皇 [有] 此龙犬不能 [用]，投报我主，[其] 必定败也。

吾常闻俗云：｛狗｝ 猪来贫，拘（狗）来富，｛求｝ 畜生异物进朝，而国必盛。胜（朕）能畜此（之），是兴国之祥也。左右臣僚举此（皆）所悦，[高皇] 退朝。引 [盘] 护入宫将侍（侍）之，爱借（惜）如珠王（玉）。美（每）来朝，常 ｛人｝ 念（令）侍（侍）之。不却（觉）数日，髙（高）王 ｛大国｝ 遊（游）赏百花行宫，酒醉不醒（省）人事。[盘] 护存思投（报）主之恩，发动伤人之口，截取 [其] 头，咬杀 ｛王｝ 皇高（高皇），截取头级，复回大海之劳。惟归来，吾皇髙髙（高高）封 ｛封｝ 赠。众臣且问：汝渡海去他邦，如何得其所谋？[盘] 护曰：承 [高] 王情 [如] 珠玉，美（每）常近前后左右所谋。众臣细口（听）言之，侍（侍）仗（伏）全（金）阶上启奏，明君 [即] 刻陛（升）殿，亲 [视] 王高（高王）头级，如（始）信 [盘] 护之德（得）功劳。[一] 身当万马之 ｛计｝ 奔驰，一口兑众君（军）之粮，｛诘｝ 不 [可] 用君（军）师 [之] 刀，展动刚（钢）牙，断伤 [高皇] 大命。惟愿深了①酬赏，合宜大大褒封。念 [盘] 护不辞大海之风玻（波），甘受 [饥] 饿。王曰：盘护之 [功] 非小，封世袭臣 [以] 荣身享。[盘护曰：] 皇有刺（敕）言 [旨] 在身（前），不失真言，今当受命。评皇叹日（曰）：畜念宫娥之，丑陋传千（于）天下而矣！[朕] 木（亦）出呼（乎）无奈，另择日期，方 [可] 成配。且吩咐群臣，将髙（高）皇头级用火焚 [化]，取骨灰于瓦瓮之内安葬，殡悝（埋）冈山（山冈），汞（永）受万人之祭祀也。

[评皇] 又吩咐群臣将高（高）王②一身遮□（掩），绣结吾（五）色花依（衣）一件，[掩] 具（其）体；｛头藏其肢｝ 绣布一双，以裹其肢；级（绣）花市（巾）一条，以缚 [其] 腰；绣花怕（帕）一幅，以束其额；绣裤一条，以藏其肢（股）；绣布一双，以裹其肢

---

① 了：重文号，与前文符号"二"的用法相同。
② 按：此"髙王"二字，当是"盘护"之误。

（胫），皆所以遮掩其差（羞）也。次日，方才吩咐宫女梳妆插今
（金），刀（乃）吉［日］良辰，背（被）招赘驸马。即日（曰）宫中
龙犬名护是［也］。虽畜生之类，乃却［有］灵［性］之志。盖群臣反
（及）大海（将）莫及［也］。王父之命，配合累结之婚，盘护入宫相
见，［交］非（拜）成婚，宫女吕（只）得从依（依从），不敢達
（违）命。是时，内宫［设］妥（宴），以婿祖（相）待。次日，就安
［排］车辆，举臣三员，背力夫五百名，抬金银二扛，布帛一十二柜，
百般动用家计（具）一幅（副），［鼓］乐迎送夫妻｛于｝入会稽山
内，许会（令）男女｛水｝｛夫｝，即起房屋｛所｝安住，永属山林，
藏身过世。另着奴婢二口，搬运柴物，火爨①饮食，侍（侍）奉夫妇二
人，不得受苦。王适月差人送钱粮｛詣｝｛食｝女（汝）夫妇二人食
用。自后不觉数年，所生六男六女，为瑶王（王瑶）孙子（子孙）也。
就安一十二姓，长男随父姓盘，其余次（沈）、黄、邓、李、周、赵、
胡、郑、冯、雷、蒋，剌（敕）合（令）男女一十二姓位（为）婚，
［男娶］外人（氏）为｛夫｝妻，｛女｝次（以）传其后。六男六女婚
配，合（令）分居名（各）爨，承奉一十二姓。［女］赘外［氏］为
夫，以继其宗，所鉴一十二姓宗支之源也。如后必绵远无穷，男婚女
配。分居各爨，永奉宗支香火，因炉（禄）发②一十二姓宗支，而后必
绵远无穷之裔也。次（此）皆（皆）不可忘，其如水［之］分派，珠
（诸）出盘护之根源也，是千枝之本，｛皆本如水分派，珠出盘护之根
源也，是千枝之本。皆本乎如水分派，｝皆本乎源。而后［盘］护之后
世孙子（子孙），虽［如］蚁名（多）类，数着一脉而后，出一穴所
生，马（焉）可忘木（本）哉？

　　盘始祖受国王之禄，纳宫女［之］姻而有福德，成（感）［激］非
常也。奈何虽王犬之身，具（且）食于出（山）腊之味，朝［夕］趋
也（野），逐月（日）本（奔）山，后｛所｝［不］觉｛山｝｛水｝数
日不｛期｝归。大男小女游遍山林，嗷了③而无雕（鹰）声，［其］身

---

　　① 爨：烧火做饭，也指灶台，居家开伙，延续香火之意。
　　② 禄发：应为"发禄"。
　　③ 嗷了：后一字为重文号。嗷嗷，瑶族在远处寻人呼唤的信语，参见黄钰辑注《评皇券
牒集编》，广西人民出版社1990年版，第10页。

波（被）凌（羚）羊角刺束（中）而死。一花［布］乃盖［其尸］，男女悲泣，肩［扛］回家，｛级｝仍将花衣、怕（帕）、裤、花群（裙）装束［其］身，入于木［函］①，孝男孝女哀声不绝。遊（游）奏评黄（皇）｛安｝得知，［盘］护始祖归命大限，存（呈）奏我主，得痛惜前勋，请者（旨）敕下存殁均沾。② 评黄（皇）次（敕）下，可嘱男女莫达（违）遊（孝）道，风（封）木推送。死［后］之｛三｝大事，敕令布烈（列）于后：

敕会（令）龙犬名护为始祖盘王，生前录（灵）性之人，死后有鬼神之德。许会（令）男女敬奉阴魂，描成人貌之｛像｝荣（容），画出鬼神之像，广受孙子（子孙）之祭祀，永当敕赐之髙（高）名，自许会（令）后一、二年一庆，宰杀成牲，聚集一脉男女，生熟｛傲｝表散（傣散）③，摇动长鼓，吹笙歌鼓乐，务使人吹（欢）鬼乐，物集［财］兴。如有不尊（遵）者，作｛鬼｝怪生非，自受阴中检［点］，不得轻恕。

一惟（准）令男女一十二姓瑶王（王瑶）孙子（子孙），出结（给）管山具（据）照，蠲免身丁［夫］役。评皇券牒过山榜防身，发天下十三省，万顷江河，地名开俱：会稽山、中（终）［南山］、鹅（峨）眉（嵋）山、［清］凉山、［南］狱（岳）山、万阳山、仇（幽）烈（列）山、大罗山、九嶷山、五凤山、天堂山、武当山、九茏（龙）山、大江山、中坪山、｛洞｝九鸡（溪）山十人（八）洞、十里山、三百山、东源山、梅花山、梅｛花｝领（岭）山、桃源山、广西维（漓）江山、髙（高）良（梁）山、狮子山、五盖山、一切江（山）场，付与瑶王（王瑶）孙子（子孙）｛山刀耕管｝为业，营生洁（活）命，蠲免［国］税天（夫）役，不取（得）<u>雨而</u>（需）索侵害，良瑶［永］远管山，刀畊（耕）火种｛耕｝。

一准会（令）一十二姓瑶王（王瑶）孙子（子孙），发会稽山内，

---

① 木函：用圆木凿空做成的棺材，参见黄钰辑注《评皇券牒集编》，广西人民出版社1990年版，第10页。

② 存殁均沾："存殁"即"生死"指生者与死者；"均沾"，均得到好处、惠泽。意思为使生者与死者都能得到同样的赏赐与惠泽。

③ 生熟傣散：认识和不认识的人，或亲戚与非亲戚。参见黄钰辑注《评皇券牒集编》，广西人民出版社1990年版，第18页。

旷野 ｛□｝ 营生，正是刀耕火种粟黍，活 ［命］ 安生，日远人家（众）山穷，开 ［支］ 分派，圣旨敕下许各 ［自］ 出山，男（另）择山场，途中逢人不可作揖，过度（渡）不用钱，见宦（官）不跪，［耕］ 山不纳税，如有择取 ［之地］，不頁（拘）所属。乡民小（水）源，坟前坟后，离田三尺 ［三］ 锹，厏水不上，尽是一二十（一十二）姓 ［王］ 瑶孙子（子孙）［耕种］，蠲免国 ｛种｝ 税。如有乡宦势民，宽田大洞，民家所管，山场 ［任］ 从 ｛是｝ 瑶王（王瑶）孙子（子孙）刀耕火种，安活居住□生活。

　　仰口王（呈）评皇奉（券）牒过山榜，所属州县府衙，后代 ［官］ 宦，任更（便）臣（区）处，安抚瑶王（王瑶）子孙，｛人｝ 为宫（营）身之计。

　　一准会（令）瑶王（王瑶）［子］ 孙之女，不许嫁与百姓 ［为］ 婚，［违］ 者討（罚）其蚊子酢三鹰（瓮），开元钱银三百贯，无节竹三百 ［株］，粒糠（糠粒）全（金）绳三大（丈），鸡屎 ［三斗］，入宦（官）领纳，虽（谁）夺瑶王（王瑶）孙子（子孙）妻女，罪子（不）得轻恕。

　　一准会（令）一十二姓瑶王（王瑶）孙子（子孙），居住山坳，搬移家券（眷），大小男女老幼，成群入林（村）歇宿，不许盘诰（诘）勤（勒）素（索）银钱，如有此者，许瑶王（王瑶）孙子（子孙）将 ｛粮｝ ｛住｝ ［其捉］ 拿，送宦（官）罪治（治罪），以势（视）期（欺）凌懦弱，不得轻恕。

　　一准会（令）瑶王（王瑶）孙子（子孙）住居深山，力（刀）耕火种，营身洁（活）命，木（本）分为人，母（毋）得生非惹祸（惹祸生非），名（恪）首（守）王法，如有不尊（遵）者，不得轻恕。

　　一赐男姓盘名启龙，［封］ 助国 ［公］，食五千 ［户］，充尧（饶）州。①
　　一赐男姓沈名贤成，封骑侯，食千户，［充］ 尧 ［州］ 勅（刺）史。
　　一赐男姓郑名广道，封野侯，食三□，［充］ 尧州勅（刺）史。
　　一赐男姓郑名广道，②封文敬，封光禄大夫，食三千 ［户］ ｛二十一｝，

———————————

①　此段可能有窜，应为充滕州。
②　此一段与上文第一句重，疑似"姓包名文敬"之误。

天（田）州刺史。

一赐男姓李名思安，封真（镇）国大将军，食一千户，司仆射郎君。

一赐男姓邓名莲安，紫禄大天（夫），｛人｝食二千户，信州者（都）尉。

一赐男姓周名文旺，封都尉判史，｛补厶｝三（王）化（氏）夫人。

一赐男姓赵名才昌，［封］定国公、尚书，都嘉夫人｛勅（刺）史｝。

一赐男姓胡名进盛，封鲁（益）都将军，永化（氏）夫人。

一赐男姓冯名敬中，封定国知州，扬（杨）化（氏）夫人。

一赐男姓蒋名朝旺，封经国知州，｛石｝杨此（氏）｛县｝夫人。

一赐男姓雷名元群（祥），封国鲁（鲁国）侍郎｛君｝。

祐（右）仰［各］姓宦（官）景（钦）定品姓名门不（下）兴（学）［士］

臣 林光，奉［照］议姓名。

臣 罗门道，护宦（官）品学士。

臣 冯世瑞，经国门下学士。

臣 刘居正，奉｛臣｝东门大将军金骑都尉。

臣 谢思龙，奉南门侍即（郎）。

臣 ｛谢思｝何｛临｝，奉北门大将军飞（麾）下骑安尉。

臣 罗行，奉中门将军节骑安尉。

臣 门任，奉西门大将军飞（麾）下骑安尉。

臣 刘光辉，奉大夫｛人｝、知事、给事舍人。

臣 卢节，奉给事舍人。

臣 张令宗，奉｛臣｝谏大将军节度□中。

臣 李林，奉紫光禄大人（夫）□。

右仰［敕］者（旨）前｛任｝瑶王（王瑶）孙子（子孙）浮遊（游）天下，乃是助国之人。夫与圣人力（分）忧，任从择山居住，给立评皇券牒过山防身，蠲免夫役，永远宦（管）山，刀耕火种，营生洁（活）命，如字号券牒一道，付照除已备私。须至（知）照者，右仰给付，江盘圣过①，瑶王（王瑶）孙子（子孙）一十二姓，永远执照

---

① 江盘圣过：字面不通，疑为字句颠倒，或是"盘圣过江"。

住（准）此。

正（理）忠（宗）景定元年一十二月廿一日给评皇券牒过山仿（榜），瑶王（王瑶）孙子（子孙）｛身家朝｝，合家清古（吉）为凭，完笔抄成，佳（准）此为号，｛行｝留传万伐（代）孙子（子孙）念应用，行无错误也。。。

生命求人　烧香敬神　修圣敬神得福之大道理　敬圣得禄。。。。。算数不求也

（三）《评皇券牒过山榜防身一十二人》（B004）整理版

评皇券牒过山榜防身一十二人　江印刷

神佛敬神，保佑人财两旺

评皇券牒过山榜防身，合家老幼男女子孙永远留用，千古万代传留牒文，兴万古千秋，换用黄金万贯。

理宗景定元年一十二月十二日据抚猺人一十二人姓，仍照前朝。

评皇券牒更新出给，十二姓名述于后。

评皇券牒更新，由来远矣。瑶人根骨即系龙犬出身，自混沌年间，评皇出，得龙犬一只，身长三尺，毛色斑黄，意异超群臣出息。一日，评皇龙颜大怒，意欲谋杀外国高皇，群臣计议，但无人承应，惟龙犬名护，于左殿踊跃起身拜舞，惊动外国，高声言语应答，详言报主之恩，自有兴邦之志。不必君臣计议，何须万马以行程，欲求浩天之计谋，看细微之动静。

评皇得听窃喜，畜生类出此灵性之人，畜生或有谋杀之计，倘去他邦，必之遭侵害。只有海水滔滔，焉能横行千里，万顷洪波，非一日而渡。虽能浮游大海，水面何以负载？惟愿我主深深敕语不虚，畜今当遵旨。是时评皇大喜，将百味赐之：汝有人性之灵，如功得劳，朕将宫女配合。盘护顶领敕旨，受食百味，拜辞而去，群臣送出于朝。

护疾走如云，飞身游大海，七日七夜，径到伊国中。时遇着高王坐朝，亦且认得盘护非等闲之物，嘻笑曰：大国评皇有此龙犬不能用，投报我主，其必定败也。

吾常闻俗云：猪来贫，狗来富，畜生异物进朝，而国必盛。朕能畜之，是兴国之祥也。左右臣僚举皆所悦，高皇退朝。引护入宫将侍之，

爱惜如珠玉。每来朝，常令侍之。不觉数日，高王游赏百花行宫，酒醉不省人事。护存思报主之恩，发动伤人之口，截取其头，咬杀高皇，截取头级，复回大海之劳。惟归来，吾皇高高封赠。众臣且问：汝渡海去他邦，如何得其所谋？护曰：承高王情如珠玉，每常近前后左右所谋。众臣细听言之，侍伏金阶上启奏，明君即刻升殿，亲视高王头级，始信护之得功劳。一身当万马之奔驰，一口兑众军之粮，不用军师之刀，展动钢牙，断伤大命。惟愿深深酬赏，合宜大大褒封。念护不辞大海之风波，甘受饥饿。王曰：盘护之功非小，封世袭臣以荣身享。盘护曰：皇有敕旨在前，不失真言，今当受命。评皇叹曰：畜念宫娥之，丑陋传于天下而矣！朕亦出乎无奈，另择日期，方可成配。且吩咐群臣，将高皇头级用火焚化，取骨灰于瓦瓮之内安葬，殡埋山冈，永受万人之祭祀也。

评皇又吩咐群臣将盘护一身遮掩，绣五色花衣一件，掩其体；绣布一双，以裹其肢；绣花巾一条，以缚其腰；绣花帕一幅，以束其额；绣裤一条，以藏其股；绣布一双，以裹其胫，皆所以遮掩其羞也。次日，方才吩咐宫女梳妆插金，乃吉日良辰，被招赘驸马。即曰宫中龙犬，名护是也。虽畜生之类，乃却有灵性之志。盖群臣及大将莫及也。王父之命，配合累结之婚，盘护入宫相见，交拜成婚，宫女只得依从，不敢违命。是时，内宫设宴，以婿相待。次日，就安排车辆，举臣三员，背力夫五百名，抬金银二扛，布帛一十二柜，百般动用家具一副，鼓乐迎送夫妻入会稽山内，许令男女，即起房屋安住，永属山林，藏身过世。另着奴婢两口，搬运柴物，火爨饮食，侍奉夫妇二人，不得受苦。王适月差人送钱粮，汝夫妇二人食用。自后不觉数年，所生六男六女，为王瑶子孙也。就安一十二姓，长男随父姓盘，其余沈、黄、邓、李、周、赵、胡、郑、冯、雷、蒋，敕令男女一十二姓为婚，男娶外人氏为妻，次以传其后。六男六女婚配，令分居各爨，承奉一十二姓。女赘外氏为夫，以继其宗，所鉴一十二姓宗支之源也。如后必绵远无穷，男婚女配，分居各爨，永奉宗支香火。因发禄一十二姓宗支，而后必绵远无穷之裔也。此皆不可忘，其如水之分派，诸出盘护之根源也。是千枝之本，皆本乎源而后。盘护之后世子孙，虽如蚁多类，数着一脉而后，出一穴所生，焉可忘其本哉？

盘始祖受国王之禄，纳宫女之姻而有福德，感激非常也。奈何虽王犬之身，且食于山腊之味，朝夕趋野，逐月日奔山，后不觉数日不归。大男小女游遍山林，嗷嗷而无应声，其身被羚羊角刺中而死，一花布乃盖其尸，男女悲泣，肩扛回家，仍将花衣、帕、裤、花裙装束其身，入于木函，孝男孝女哀声不绝。游奏评皇得知，盘护始祖归命大限，呈奏我主，得痛惜前勋，请旨敕下存殁均沾。评皇敕下，可嘱男女莫违孝道，封木推送。死后之大事，敕令布列于后：

敕令龙犬名护为始祖盘王，生前灵性之人，死后有鬼神之德。许令男女敬奉阴魂，描成人貌之像容，画出鬼神之像，广受子孙之祭祀，永当敕赐之高名。自许令后一、二年一庆，宰杀成牲，聚集一脉男女，生熟俵散，摇动长鼓，吹笙歌鼓乐，务使人欢鬼乐，物集财兴。如有不遵者，作怪生非，自受阴中检点，不得轻恕。

一准令男女一十二姓王瑶子孙，出给管山据照，蠲免身丁夫役。评皇券牒过山榜防身，发天下十三省，万顷江河，地名开俱：会稽山、终南山、峨嵋山、清凉山、南岳山、万阳山、幽列山、大罗山、九嶷山、五凤山、天堂山、武当山、九龙山、大江山、中坪山、九溪十八洞、十里山、三百山、东源山、梅花山、梅岭山、桃源山、广西漓江山、高梁山、狮子山、五盖山、一切山场，付与王瑶子孙耕管为业，营生活命，蠲免国税夫役，不取（得）需索侵害。良瑶永远管山，刀耕火种。

一准令一十二姓王瑶子孙，发会稽山内，旷野营生，正是刀耕火种粟黍，活命安生。日远人众山穷，开支分派，圣旨敕下许各自出山，另择山场，途中逢人不可作揖，过渡不用钱，见官不跪，耕山不纳税，如有择取之地，不拘所属。乡民水源，坟前坟后，离田三尺三锹，戽水不上，尽是一十二姓王瑶子孙耕种，蠲免国税。如有乡宦势民，宽田大洞，民家所管，山场任从王瑶子孙刀耕火种，安活居住生活。

仰呈评皇券牒过山榜，所属州县府衙，后代官宦，任便区处，安抚王瑶子孙，为营身之计。

一准令王瑶子孙之女，不许嫁与百姓为婚，违者罚其蚊子酢三瓮，开元钱银三百贯，无节竹三百株，糠粒金绳三丈，鸡屎三斗，入官领纳，谁夺王瑶子孙妻女，罪不轻恕。

一准令一十二姓王瑶子孙，居住山坳，搬移家眷，大小男女老幼，成群入村歇宿，不许盘诘勒索银钱，如有违者，许王瑶子孙将其捉拿，送官治罪，以视欺凌懦弱，不得轻恕。

一准令王瑶子孙住居深山，刀耕火种，营身安命，本分为人，毋得惹祸生非，恪守王法，如有不遵者，不得轻恕。

一赐男姓盘名启龙，封助国公，食五千户，充滕州。

一赐男姓沈名贤成，封骑侯，食千户，充饶州刺史。

一赐男姓郑名广道，封野侯，食三□，充饶州刺史。

一赐男姓包名文敬，封文敬，封光禄大夫，食三千户，田州刺史。

一赐男姓李名思安，封镇国大将军，食一千户，司仆射郎君。

一赐男姓邓名莲安，紫禄大夫，食二千户，信州都尉。

一赐男姓周名文旺，封都尉判史，王氏夫人。

一赐男姓赵名才昌，封定国公、尚书，都嘉夫人。

一赐男姓胡名进盛，封益都将军，永氏夫人。

一赐男姓冯名敬中，封定国知州，杨氏夫人。

一赐男姓蒋名朝旺，封经国知州，杨氏夫人。

一赐男姓雷名元群，封鲁国侍郎。

右仰各姓官钦定品姓名，门下学士

臣 林光，奉照议姓名。

臣 罗门道，护官品学士。

臣 冯世瑞，经国门下学士。

臣 刘居正，奉城东门大将军金骑都尉。

臣 谢思龙，奉南门侍郎。

臣 何临，奉北门大将军麾下骑安尉。

臣 罗行，奉中门将军节骑安尉。

臣 门任，奉西门大将军麾下骑安尉。

臣 刘光辉，奉大夫、知事、给事舍人。

臣 卢节，奉给事舍人。

臣 张令宗，奉城谏大将军节度□中。

臣 李林，奉紫光禄大人□。

右仰敕旨前许王瑶子孙浮游天下，乃是助国之人。夫与圣分忧，任从择山居住，给立评皇券牒过山防身，蠲免夫役，永远管山，刀耕火种，营生活命，如字号券牒一道，付照除已备私。须知照者，右仰给付，盘圣过江，王瑶子孙一十二姓，永远执照准此。

理宗景定元年一十二月廿一日给评皇券牒过山榜，王瑶子孙，合家清吉为凭，完笔抄成，准此为号，留传万代子孙念应用，行无错误也。

生命求人　烧香敬神　　修圣敬神得福之大道理　　敬圣得禄算数不求也

三　几点思考

（一）"过山榜"海外版本的新发现

"过山榜"被认为是散落在民间的"官方牒文"，境内外瑶族重要的精神文化财富。"过山榜"版本繁多、署名和涉及年号不一，自东汉到民国各时代都有，以南宋理宗景定元年（公元 1260 年）出现得最多。"过山榜"与其他世界瑶族文献一样，分别保存于不同地区和人群手中，面临着流失、消亡危机。好在国内学界对"过山榜"的整理与抢救一直有较大的投入，并取得了可喜的成绩。

目前国内公开整理印刷并出版的"过山榜"文献有中国科学院民族研究所、广西少数民族社会历史调查组编《瑶族过山牒文汇编》（1964年），其中收录"过山榜"16 篇[①]、湖南出版的由《过山榜》编辑组编辑的《瑶族〈过山榜〉选编》（1984 年），收入"过山榜"30 篇[②]；广西壮族自治区编辑组编辑的《广西瑶族社会历史调查（八）》（1986年），收入"过山榜"89 篇；黄钰先生在此基础上进行校补、点注，编辑出版了《评皇券牒集编》（1990 年）。集编汇集了国内《过山榜》101 份，展示了目前国内"过山榜"较为完整的面貌。容观夐先生也曾对国内 149 份"过山榜"进行过比对，其中包括前类集编中尚未囊括之文献。[③]"过山榜"不同版本的收集整理为研究提供了便利条件。

境外"过山榜"的收集整理，囿于条件限制，落后于国内。笔者在美国国会图书馆新见并整理"过山榜"4 件，加之笔者在美国瑶人社区

[①]　另有相关文献"千家洞"传说、祖居来历书、家信、信歌 13 篇。

[②]　其中 5 篇为千家洞文献，非正式榜文。

[③]　参见容观夐《瑶族历史三题》，载周大鸣主编《容观夐人类学民族学文集》，民族出版社 2003 年版，第 215—227 页。

和其他地方所见"过山榜"原件4份，共计8件，均为美国境内新近发现的"过山榜"原件。它们的存在丰富了世界范围内瑶族"过山榜"的总藏量，也为"过山榜"的研究提供了新的参照。

（二）"江印刷"之谜

美馆藏《评皇券牒过山榜防身一十二人》四件题目一样、形制相近、内容大同小异，有太多相似处。其中最明显的相同点就是署名，四件"过山榜"均署名"江印刷"。这个"江印刷"令人好奇，它显然不是卷子主人的姓名，也不属于盘瑶十二大姓氏，倒像个制作"过山榜"抄本的作坊名。按坊间常理，"江印刷"若为民间作坊名称应与江姓姓氏有关。它究竟出自哪里？是什么人出于何种目的转抄复制，很有必要进一步探究。从抄件的水平看，誊抄者汉字水平不高，署名"江印刷"三字就写错了两个字，四件"过山榜"中的错字也几乎错得一样，可见同出一处。

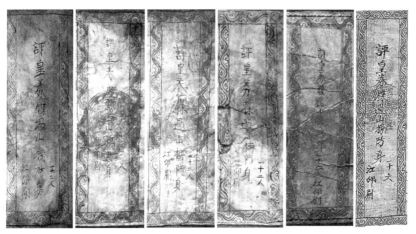

图6—2　笔者目前所收集到的六种大同小异的
"江印刷"版"过山榜"比对图

注：从左到右，1—4为美国国会图书馆馆藏。5为美国网拍卖、美国费城一华裔拍得。6采自法国人Jess G. Pourret（杰西·波尔特）的《勉和门——中国、越南、老挝和泰国的瑶族》一书中的插图。前5件均为何红一摄。

法国人杰西·波尔特（Jess G. Pourret）2002年在美国芝加哥出版

的《勉和门——中国、越南、老挝和泰国的瑶族》(*The Yao*：*The Mien and Mun Yao in China，Vietnam，Laos and Thailand*) 一书，书中收有一件"江印刷"过山榜图片，图片下方的文字说明该藏品是在云南金平获得。这份"过山榜"是写在狭长的棉布上的，上有光绪二十四年（公元 1898 年）字样，同样有"江印刷"三字。① 这件"江印刷"版"过山榜"与美馆藏版之间的联系是必然的，不然为何都要写上"江印刷"？这么说，美馆藏"过山榜"的递藏年代至少可以追溯到清光绪年代，递藏地点也与中国云南金平一带相关联。

从内容上看，这四份券牒的内容、结构基本一样，讲述评皇得一龙犬名盘护，盘护领旨渡海，诱杀敌国高皇而立下大功。评皇封世袭臣，以宫女赐婚。盘护着五色衣，被招为驸马。后夫妻双双迁入会稽山，生六男六女，得一十二姓，男娶外氏为妻，女赘外人为夫。不幸的是，在一次游猎中，盘护被羚羊角刺中身亡。盘护死后，评皇念其有功，封其为始祖盘王，并给王瑶子孙颁发"评皇券牒过山榜"防身之用，榜文还规定给王瑶子孙以下特权：遍天下十三省，可耕管一切山场为业，蠲免国税伏役。随着王瑶子孙繁衍，支派增多，人众山穷，有权另择山场，任由迁徙，所过州县府衙不得有欺凌勒索之举，百姓（实指汉民）不得对其歧视怠慢，十二姓子孙尽封官爵，保障其固有的生产、生活权利永世相传。

这四份券牒大同小异，应是同一版本的不同手抄本。四种抄本之间，仅有少许多字缺句和抄重、串杂的现象，无伤券牒的基本结构和其所要阐明的原意。将这四份牒文同国内已收集的券牒相比，它们与黄钰《集编》中第 13—18 页《评皇券牒》、第 20—25 页《过山榜》、第 26—31 页《评皇券牒》、第 175—179 页《评皇券牒》等牒文，湖南版《选编》第 13—16 页《评皇券牒》牒文内容大抵相同。尤其与黄钰《集编》第 50—54 页的《评皇券牒榜书》、第 55 页的《盘王券牒》内容相近。其中黄钰《集编》中的《评皇券牒榜书》末尾【说明】，引起笔者关注："评皇券牒榜书，原存广西临桂县宛田地区平水江村黄福清家。

---

① Jess G. Pourret The Yao，*The Mien and Mun Yao in China，Vietnam，Laos and Thailand*，2002；[法] 杰西·波尔特：《勉和门——中国、越南、老挝和泰国的瑶族》，美国芝加哥 2002 年英文版，第 249—251 页。

券牒为折叠式抄件，长二丈六尺，宽九寸，券末绘有盘王像一尊，侧有一犬，左有六男像，右有六女像，左角绘有一个太阳图，右角上绘有一个月亮图，下面有乐队六人，各执乐器。文中盖有圆形和长方方形朱色印模十三处。此外，券末插图边侧或正文中，间有垄、乕、〇等十三个象形古字，具有特殊的研究价值。券末书有'顺治二年（一六四五）仲秋月吉日，依古本腾（誊）抄'的字样"。① 虽然看不到原件，但是从榜文末尾的【说明】文字描述中，也可以感受到它与美馆藏"过山榜"插图的相近之处，有可比价值。可惜这份"原存广西临桂县宛田地区平水江村黄福清家"的"过山榜"已不知去向。

　　美馆藏"过山榜"，虽然没有留下收藏者的信息，但仍然可以发现它应为国内上述几种券牒转抄而来。是否可以这样推断，四份"过山榜"的原件，出自广西临桂、龙胜一带瑶人所藏清代版本。然后随着瑶族迁徙的足迹，被带到云南金平一带，并由此流向东南亚的老挝与泰国。在云南、老挝边境地带又被定居在那里的人们或手工作坊抄绘、装裱、制作，卖给需要的瑶族人使用。或为迁徙到东南亚瑶人中能认读汉字老者的后裔，"仍照前朝"，"依古誊抄"，誊抄的质量自然与古版有很大的差距。居住在美国北加州沙克拉门多市的瑶人盘文安，其"祖图"显示，祖先就是从广西临桂附近的融县到罗城、泗城，进而到云南文山、猛腊，再迁往老挝猛竜、暹罗（泰国），最后到了美国加利福尼亚州。这一迁徙路线也是美国很多瑶族先祖向海外迁徙时所走的路线。

　　当然，以上只是一个初步的推测，美馆藏"过山榜"真正来源，还有待于收集更多的一手资料后，加以技术比对，方能最终破解。

（三）"过山榜"境外流传的痕迹

　　这四份"过山榜"牒文与国内的券牒相比，也有一些明显差异：其标题均是"评皇券牒过山榜防身一十二人"，把"防身"列入券牒的标题，是国内藏本中少见的，似乎刻意强化防范意识。瑶人在向外界迁徙过程中，特别在意的应该是自身和族群的安危。将"过山榜"作为防身的护身符随身携带，是族群安全的需要，也是迁徙文化的反映。

------

① 黄钰辑注：《评皇券牒集编》，广西人民出版社 1990 年版，第 54 页。

关于"过山榜"的作用，"过山瑶"中曾流传着这么一个故事。据说有邓、盘两姓瑶人到越南谋生。因语言不通被当时的李朝朝廷（相当于中国宋代）当成奸细关押。二人在监狱里用随身携带的"过山榜"盖在身上御寒，官员见到中国皇帝颁发的榜文，方知对方是逃难而来，遂将之释放，[①]"过山榜"的护身、防身作用可见一斑。

美馆藏"过山榜"标题中表明"一十二人"，强调瑶族一十二姓，是"过山瑶"支系的表述方式。迁徙到海外的瑶人族群，主要为瑶族中的盘瑶支系，自称为"优勉"的瑶人。"过山榜"是他们随身必带的护身符，也是"盘瑶"族群识别的核心符号，为不断迁徙游移的"过山瑶"集团在划分族群边界，强调自身特权和民族身份认同方面的标志。笔者曾将这几份"过山榜"的照片交与美国优勉瑶人辨识，均得到他们的认同。

与国内外发现的众多"过山榜"抄件一样，这四份"过山榜"使用大量瑶用词汇及俗字。倒装词汇出现较多，如"王瑶子孙"，多写为"瑶王孙子"、"依从"写为"从依"、"发禄"写为"禄发"、"治罪"写为"罪治"、"山冈"写为"冈山"、"糠粒"写成"粒糠"。其中瑶用俗字的用法与美馆藏其他文献大抵相同。不过出现更多的是错别字，抄件中添笔少画、字形相混、结构分家现象比比皆是。加之脱字、衍字严重，不经校对，不能卒读。

美馆藏"过山榜"中的错字多属于传抄错讹。有形近错讹，包括减笔之讹、衍笔之讹；同音、近音替代，书写拆分之讹等。

例如"永"错为"汞"、"旨"错为"者"、"其"错为"具"、"皆"错为"皆"、"羞"错为"差"、"刀"错为"乃"、"拜"错为"非"……凡此种种，不一而足。

还有明显的词组用字之误：

将"意异超群"错为"意异起群"、"龙颜大怒"错为"龙颜大如"、"拜辞而去"错为"非辞而去"、"山腊之味"错为"出腊之味"；"敕令"错为"剌合"；"保佑"错为"宝估"、"王氏"错为"三

---

①　阮克颂等：《越南的瑶人》，转引自黄钰、黄方平《国际瑶族概述》，广西人民出版社1993年版，第165页。

化"，说明转抄者汉文基础偏低。

最为明显的错讹要数"拆分"汉字现象：

例如"負"字，被拆分为"刀貝"，誊抄者将俗化为"貟"的"負"字，书写时结构拆分为"刀"与"貝"，并在竖行书写转行时将"刀"与"貝"分别抄写在不同的字行里，造成一字变俩的错误；同样，"呈"字被拆分为"口"与"王"、"需"被拆为"两"与"而"、"逢"被拆为"夂"与"廷"、"鲁"被拆为"鱼"与"日"、"分"被拆分为"人"与"力"字。

这种大规模的错讹和过于低级的汉字错写现象说明转抄者汉字水平极低，或根本就不识汉字，只能在不通文意的情况下"照葫芦画瓢"，画字、描字，以致抄件错字成堆、漏洞百出。

抄写者对汉字和汉文化的生疏和隔膜，说明抄誊工作是在大规模迁徙过程中发生的，时间不会早过清代。由于远离祖源国文化环境，瑶人汉字书写和认读水平急速下降，导致榜文中错字连连，增附和串杂、漏行、漏字、拆分现象比比皆是，抄本离母本原貌渐行渐远。

（四）盘王的称呼

美馆藏"过山榜"四卷中盘王的称呼均为"盘护"、"护"，而不是"盘瓠"，似乎与"盘瓠"神话中的"盘瓠"有别？笔者在校勘时仍保留了这一称呼的原貌，并未将"护"校为"瓠"。但整篇审读，发现卷中讲述故事的主角还是"龙犬"，这又与"盘瓠"渡海杀敌建功立业神话传说相吻合。将盘王称为"盘护"和"护"，在美国其他"过山榜"卷子类文献中也多见，形成此类"过山榜"版本的一大特征。这一特征的由来以及"过山榜"产生与流传之谜，还需进一步追踪。

（五）加强"过山榜"原始版本的研究

"过山榜"是瑶族重要文献，境内外瑶族所共有的精神文化财富。它与其他世界瑶族文献一样分别保存于不同地区和人群手中，面临着流失、消亡危机。目前国内学术界对国内瑶族文献的整理与抢救性研究有一定的投入，取得可喜的成绩，然而对瑶族文献的原始版本的研究则尤显不足。

国内学者所用"过山榜"文献资料多来源于刊印本中的文字描述，

并非第一手资料。然而刊印者的学识与水平、思想倾向和时代所造成的认识上的局限性都会直接影响刊印内容,很难准确还原其中的原始风貌。有时与原作相去甚远,导致对原作的伤害。即使有高水平的校勘,然而原始本与印刷本之间相去甚远。抄写者的笔触、笔意,文化修养、书写个性,以及文字以外的生动插图、印鉴的风貌都被一一隐去,有碍于研究者对文献原貌的把握。而且,海外"过山榜"版本尚未纳入国人研究视野,这势必影响对"过山榜"文本的全面分析与判断。

本书的研究虽然参照美国和东南亚瑶族"过山榜"手抄手绘版本原件,但还是缺乏相应的国内"过山榜"原件的比对。国内"过山榜"实物除湖南江华档案馆的收藏为笔者所亲见外,其他均未能一见,也就不能做更多的图像学上的比对,这也是本书的一大遗憾!

由此心生一大感慨:文献资料为学术之公器,世界上很多国家的图书馆、研究机构的收藏资料都是无条件对研究者、甚至对普通公民开放的。国内所藏"过山榜"数目最多,达百件以上,均分散于各收藏机构与个人手中,但多数原件并不对研究者开放,有违科学研究常理。科学研究首要一条就是所凭借的研究材料一定要真实可靠,整理本、二手乃至三手材料远远不能取代原件。

多种版本的比勘,方能爬梳剔抉,查微洞幽,探秘解惑,获取版本来源、流变规律、宏观走向、微观阐释等信息,得出更科学的结论。企盼各收藏单位与个人能尽早为研究者无条件开放"过山榜"原件,以方便学术研究,不要搞信息封锁。相信这样一来,解读"过山榜"之谜指日可待。

第七章

美国国会图书馆馆藏瑶族经书的文化解读

瑶族经书是美国国会图书馆馆藏瑶族文献之大宗。本章以清代瑶族写本《从人·财楼科》科仪文书为例，对其进行文化考释与解读，以探究其在文化传承、民间信仰、民间审美情趣以及文献学方面的文化底蕴。

一　瑶人经书《从人·财楼科》简介

《从人·财楼科》又称《从人科赞财楼共本》，为丧葬礼仪中用于纸扎从人、财楼仪式的科仪文书，按笔者对美国国会图书馆馆藏瑶族文献的分类整理研究，该书归为第一大类经书类中的第 5 小类，即丧葬仪式用书类，[①] 编号 AE011。该书为清光绪四年戊寅（公元 1878 年）抄本，规格 17.5cm×23.5cm，40 页。书主李妙禄、李玄清习置，据书主名称及文本内容判断应为瑶族支系蓝靛瑶道公为丧家举办"打斋"仪式用经书。

所谓"从人"即随从、仆从，为丧葬仪式中用以陪葬的纸扎人俑；"财楼"，又名宝楼、灵屋，为俗信中供亡者在阴间居住，逍遥自在之宫寝。"从人"与"财楼"，属于祭祀纸扎类，是纸扎匠手扎纸质冥器。中国古代冥器亦称明器，用于丧葬和祭祀仪式。《释名·释丧制》曰"送死之器曰明器"。中国古代的陪葬明器早在新石器时代墓葬就已有了，在数千年的发展历程中，明器的质地经过了泥、陶、竹木、瓷、铅锡等材料的更替。随着纸的发明与普及，北宋以来，纸质明器以廉价、轻便等优势成为陪葬明器之大宗，在民间丧葬仪式中最为普及。宋人赵

---

① 参见何红一、黄萍丽、陈朋《美国国会图书馆馆藏瑶族文献的整理与分类研究》，《广西民族研究》2013 年第 4 期，第 124 页。

彦卫《云麓漫钞·卷五》说："古之明器，神明之也。今之以纸为之，谓之冥器，钱曰冥财。"

纸扎又称"扎纸活"、"扎作"、"扎彩"、"扎纸库"等，指以纸为主要材料扎制、裱糊而成的民间手工艺品。纸扎按功能分，可分为祭祀纸扎、装饰纸扎和娱乐纸扎。祭祀纸扎主要指用于祭祀及丧葬活动中的纸制明器，属本书所讨论的纸扎范围。民间丧葬中的纸扎十分丰富，有纸人纸马、纸船纸桥、纸钱纸币、纸衣纸袍、金山银山、金仓银库、金箱银柜、楼台亭阁、灵屋宅院、车马轿辇、戏楼牌坊、摇钱宝树甚至包括桌椅板凳、锅碗瓢勺等物件，人间日常生活与社交场景用器、用具，应有皆有。人间没有的和想象中的奢华，也尽在其中。丧葬纸扎在民间手工艺术的包裹下，寄托着丧家对亡者的哀思，表达出生者对亡者切身利益和长远利益的关注，是丧家对亡者情感寄托的物质化体现。

丧葬纸扎为丧葬道场礼仪中不可或缺的组成部分，并有专门的经书科仪相伴，经书《从人·财楼科》便是其中之一。《从人·财楼科》分从人科与财楼科两大部分。故该书封二标题为《从人科赞财楼共本》，即指"从人"与"财楼"科仪专用经书的合订本。美馆藏瑶族文献中，另有一册乾隆十九年（公元 1754 年）瑶族斋亡经书《醮墓式在头，丧家在尾》（AE004），其中也收有大量瑶族道公做斋亡仪式的文书范式，虽然该书中并无《从人·财楼科》的大部分内容，但仍有"财楼契式"和"从人契式"，两文与《从人·财楼科》文本中的"财楼契式"和"从人契式"非常相似，可做比对研究。

《从人·财楼科》的主要内容围绕丧仪纸扎明器"从人"与"财楼"展开。有对"从人"与"财楼"外观的描述和赞颂、有对其"开光"意义及开光后神力效应的描述、有用于阴阳两界沟通的契约文本"契式"，也有表达人神互动的奠酒唱词。唱词用韵文体，风格亦真亦幻、亦庄亦谐，不失为丧俗文献中富有人情味和民间美学趣味的精彩篇章。

以往的瑶族丧葬习俗调查材料表明，瑶族支系众多，丧葬习俗呈多元形态，有岩葬、火葬、土葬、二次葬等葬式（见图 7—1）。其中白裤瑶的岩葬，盘古瑶、高山瑶、茶山瑶等支系的火葬，马山瑶族的二次葬，广东排瑶的"尸僵坐秤"，即亡人出殡"坐椅子"葬俗，都是非常有特点的。丧仪中动用奢华的纸人纸屋等明器与相关仪式，应不是瑶族固有的习俗，可能为瑶族在漫长的迁徙过程中，与汉族等南方其他民族交往融合过程中的产物。说明瑶族民俗文化的多元性与开放性，也说明中华文化的多元一体。

图7—1　广西金秀茶山瑶族火葬习俗　何红一摄

二　《从人·财楼科》文本释读

（一）"从人科"文本释读

该部分由"赞从人"、"开光从人"、"祭酒"、"嘱咐从人歌"、"庆从人"构成，主要内容归纳如下。

1. 从人的出身

文中从人的称呼用词为"苑三哥郎"、"苑哥郎"、"苑郎"、"苑人"。考"苑"应为"茆"字的俗写。[1] 查《辞源》可知"茆"通"茅"。"茅，草名，有白茅、黄茅、青茅等。也作茆。"[2]"茆"、"茅"相通，为古汉语使用中一个不争的事实。"美馆藏"瑶用俗字中，也有将汉字"卯"书写为"夗"、将"茆扇结盖"写为"苑扇结盖"的例

---

① 关于"苑"为"茆"的书写之误，经日本学者丸山熊教授发现并指点，在此深表谢忱。
② 广东、广西、湖南、河南辞源修订组、商务印书馆辞源编辑部编：《辞源》（修订本）第四册，商务印书馆1986年版，第2634页。

子。故"从人科"中的"苑三哥郎"、"苑哥郎"、"苑人"应为"茆三哥郎"、"茆哥郎"、"茆人"。文中还用歌句描述"从人"来由："从人形貌甚非常，苑（茆）草结成本姓张。"可见，该文本中的"苑人"即"茆人"，也就是"茅草人"也。

"茆人"的这一称呼，源自古代殉葬"束草为人"习俗。

《礼记·檀弓下》曰："孔子谓为明器者，知丧道矣，备物而不可用也。哀哉！死者而用生者之器也，不殆于用殉乎哉！其曰明器，神明之也。涂车、刍灵，自古有之。明器之道也。"孔子所谓的"涂车、刍灵"是指用泥做的车，用草扎的人。[①]人殉的替代物"刍灵"，即"束草为人形"。朱熹在《孟子集注·梁惠王上》中释曰："俑，从葬木偶人也。古之葬者，束草为人，以为从卫，谓之刍灵，略似人形而已。中古易之以俑，则有面目机发，而太似人矣……"[②]陶穀《清异录》卷下"丧葬·大小脱空"条记载，"长安城里有专门生产和经销'脱空'的许多店铺，组成'茅行'"[③]。这里的"脱空"指纸扎空腔立体偶像；"茅行"则为扎作行，"茅行"的称呼也揭示出茅草类材料在扎作行里的作用。

清·范寅《越谚》卷中："纸扎，全以彩纸糊竹腔为人物，丧用居多，又名像生。"像生旧指俑人，石制的叫石像生，大型古墓前尚可见到。后世多以纸制俑人替代。"当时的纸俑已经不是剪刀剪成，而是竹子扎成腔体，外面用彩色纸张裱糊，是立体的人俑，小者高尺许，大者与真人相等。清代皇家出丧时的俑人还保留摄影图像，立体的腔体外用彩色纸，甚至彩帛裱糊，比例得当，形象逼真，数量庞大，呈现出各种姿态，远观与真人无异。"[④]

现代人们对丧葬纸扎行所做的田野调查，也证实纸扎作坊里纸人的骨架从清代起都是用苇草、茅草、麦草、稻草、竹篾、芦柴等材料扎制[⑤]。

[①]　王文锦：《礼记译解》，中华书局 2001 年版，第 124 页。

[②]　（宋）朱熹：《孟子集注》，齐鲁书社 1992 年版，第 6 页。

[③]　（宋）孟元老：《东京梦华录》，中国商业出版社 1982 年版，第 43 页。

[④]　陆锡兴：《古代的纸扎》，《中国典籍与文化》2007 年第 4 期，第 107 页。

[⑤]　参见路春娇、张磊《河北磁县闫氏纸扎制作工艺及艺术特征解析》，《石家庄职业技术学院学报》2013 年第 8 期，第 75 页；窦兆娜《汉族丧葬礼俗中纸扎文化的考察与研究——以山东沂水县许家湖镇为例》，硕士学位论文，广西民族大学，2012 年；荣新《鲁西南丧葬纸扎研究》，博士学位论文，山东大学，2014 年。

云南金平红头瑶丧仪中的"烧灵"仪式,"由三个师公和一个妇女扎一个茅草人,由死者的侄辈为茅草人洗身,然后由师公在家中把茅草人烧掉"①。上述关于祭祀纸扎的制作材料的调研报告与《从人·财楼科》里的描述也比较契合。"从人本的是奴身,眼眉怀想贱人生","贱人生"三字告知从人出身低贱,也暗示其制作材料为低贱之草。"茆三哥郎"、"茆哥郎"、"茆人"之名,来源古老也。

2. 从人的外貌

从人的主要任务是为亡人挑夫,充当侍从,承担体力活。俗话说"脸大撑门面,手大好作田",力气大,能干活是孝家动用从人侍奉亡者的首选条件。歌中描绘的"从人",正是这样一位身强力壮的男性。"得形分尘身壮健,手长脚大是殷勤。口光面净多伶俐,头黑身乌是苦辛",一个身躯健硕、手长脚大、做事利索的劳动者形象。虽然生得皮肤黝黑,是个天生的"苦辛"劳作命,但是"口光面净",也显出几分和善与机灵,不是横蛮凶煞之辈。在长相上具有亲和力,能讨主人欢心,使孝家乐于接受。

3. 从人的开光

开光为宗教术语,是神像完成以后,供奉之前必不可少的仪式。作为一种宗教仪式,开光最初来自道教,为道教仪式之一。所谓开光,就是把宇宙中无形的、具有无边法力的真灵注入被开光对象中,使之具有法力之灵性。不光是神塑像、神画像需要开光;人物、动物的七窍需要开光;仪式中所用法器、物件也都需要开光。

正规的道教神像开光,须经由高功法师,择良辰吉日进行开光点眼之仪,仪式中含:清净、请神、发旨、发令、七星、八卦、入神、敕笔、敕镜、敕鸡、开光、发毫等多种科仪。举行开光仪式时,道长给神像"开窍",每开一窍都要问一声:眼光开了没?众人齐声回答:开了!如此反复,直到所有的"窍"都开完为止。这时,道长一击令牌,说:"开了三千六百骨节,八万四千毛窍,节节相连,窍窍相通。开光之后神无不应。"众答:"法众声声谢神恩,万道光明送苍弯。"道长接

---

① 中国少数民族社会历史调查资料丛刊修订编辑委员会:《云南苗族瑶族社会历史调查》,云南民族出版社1982年版,第152页。

着问:"开光以后,神无不应,试问天下光明否?"众答:"天下光明,神光普照。"①

　　道教开光传入民间,形式必然会有所变异和简化。瑶族神画像开光仪式,主要步骤有请神、开光、点睛、送神、定神等。最重要的步骤是点睛,具体做法是道师将绘制好的神像画挂在家里香火龛上,许愿请神仙降临。道师每叫一个神仙的名字,画师就用画笔在画上相应人物的眼睛上画上一点,好似画龙点睛那样。画师点上一点之后,道师用鸡血在画的顶端也点上一点。② 瑶传道教中记录有为元始天尊画像开光的经文,"开你头中头戴帽,开你耳中又听十方,开你眼中又看十方,开你鼻中又闻明香,开你口中又说文章,开你手中起手龙车,开你肚中又载文章,开你脚中又行十方。今日吾师祖等,元始天尊,当坛开光点土得风流,三朝两日出行游"。③

　　《从人·财楼科》中从人开光经文:

　　　　召请从人苑(茆)三哥郎,一夫四体未全身,身不及六道未俱,吾不开光者如张纸,故吾不开眼者,如天无日月。今吾开相方,伏(复)得光明。

　　此段经文说明为从人开光仪式的重要性。开光之前,从人茆三哥郎乃是一纸茅草扎制的俗物,四体不全、六道未俱、眼无光明。唯有开光后,方可视同真人一般,在前往西天路上,任由亡主使唤。

　　　　奉请张天大法师、李天师大法师、十二圆光童子,手护毫光利笔、杨柳枝头,与吾点开从人眼,眼照九州。点开从人口,口吃受香荤。点开从人耳,早听鸡啼起。点开从人心,挑担去如风。点开从人头,发滑如油。点开从人手,百般都为造。点开从人喉,叫唤

---

　　① 宗清:《道教开光》,《武当》2012 年第 5 期,第 44 页。

　　② 黄建福:《神像画研究——以广西金秀县道江村古堡屯盘瑶神像画为例》,硕士学位论文,广西民族大学,2008 年,第 17 页。

　　③ 盘才万、房先清收集:《乳源瑶族古籍汇编》上,李默编注,广东人民出版社 1997 年版,第 106 页。

你低头应。点开从人脚，盘缠缚着腰。道士开光完成，一去到西天。

上段说明开光的方法：由两位瑶传道教中的关键人物"张天大法师和李天师大法师"，外加"十二圆光童子"手持"毫光利笔、杨柳枝头"，分别点开从人的眼、口、耳、喉、心、头、手、脚等身体的重要部位，使从人脱离虚幻之身。每一部位的点画，都有相应的吉语相伴："点开从人眼，眼照九州。点开从人口，口吃受香荤。"此处用顶真修辞手法，渲染开光后从人"眼"与"口"等部位的功用及神力。至此"从人哥郎一身完备，四体完成"，"苑（茆）人身形成就，一点就成人，挑担往西方，跟从考/妣灵魂，以今命道开咽喉"。

4. 奠酒

奠酒一词的本义是设酒食以祭，多半特指向亡者供献祭品以表恭敬。从人既然是亡者的侍从，其伺奉亡者的态度，直接影响亡者的生活质量，这一利害关系买家十分清楚。故买家要通过奠酒仪式，对从人行奠酒礼，达到拉拢讨好从人使其更好地为亡者服务的目的。奠酒时，买家对从人"三盃礼斟三献，孝男厶奉赠衣裳财贿等件"，请从人受纳。奠酒词如下：

> 初奠酒，大担好把手，菜蔬丨的丨在盘中，任便你郎送。吾般供养好安排，今有银钱抱缚腰，转头担挑去如风，休寻花问柳。若然不依我教言，斩你奴手脚。初奠酒，从人歆（欣）纳受。
>
> 二奠酒，许汝欢喜宴。饮之气力高强，方得身壮健，跟随从人亡故冥路去，遥遥衣常（裳）钱库好担擎，钱贯分文莫陌（漏）落，若然误失一化空，打你奴万万片。二奠酒，从人欣纳受。
>
> 三奠酒，三盃六盏，秉放汝手敛，袴衿积裙，便勤巾发，子用力擎担行里（李），才闻呼叫你一声，宽万喜，休作懒堕（惰），你低头重的你。三奠酒，从人欣纳受。

通过奠酒词，孝家对从人一一交代注意事项。告知从人应当如何做，不应当如何做。"若然不依我教言，斩你奴手脚"或"打你奴万万片"。言辞中软硬兼施，先礼后兵，折射出人世间复杂的主仆等级关系。

5. 嘱咐从人歌（歌体契约）

此歌在"奠酒"从人、宣读从人契约文本之后，继续强化孝家对从人的约定和教诲。从人契约，相当于孝家与从人之间签订的买卖合同，使从人与亡者的从主关系法律化，以便即时生效。按理，丧仪中会当众宣读从人契约合同。写本中留存的"就今时契文，谨当宣读，从人跪听。次宣契、契文功德周完"字样，也说明丧仪中原本就有宣读从人契约程序。但目前该经书中并没有出现契文，只有"嘱咐从人歌"。疑为书主漏抄，或就以此歌为约，替代契约文本？暂且存疑。

"嘱咐从人歌"用歌体形式，重申主从间的"契约"关系，表达丧家对从人的嘱咐和要求：

祝咐（嘱咐）从人路向东，参随亡者升天宫；
奈何江畔困便歇，有力长行急谁（随）风。
祝咐（嘱咐）从人路向南，衣裳行李好担挑；
前世有缘今日遇，莫论前三及后三。
祝咐（嘱咐）从人路向西，休言长短说高低；
好担钱笼并钱贯，莫偷物，莫非违（为）。
祝咐（嘱咐）从人路北行，莫与主人乱相争；
有酒有饮两分吃，休听别人教生疏。
祝咐（嘱咐）从人路向中，有些好恶慢商量；
听他使唤听他叫，莫交迟慢棒来伤。
祝咐（嘱咐）从人苑（茆）大郎，好担行李莫蹉跎；
主人叫你轻轻应，修（休）言催物说如何。
祝咐（嘱咐）苑（茆）郎好记取，出路行程莫怒吾（语）；
买得你来服侍他，有福同归快乐天。
从人出路莫应口，去处主人共相寻；
莫要争吃主人增（醋），被骂被嫌方可丑（由）。
祝咐（嘱咐）从人周完了，祝咐（嘱咐）从人专听言；
休贪花色失钱财，谨记好收莫要抛。
祝咐（嘱咐）你了在今时，千万随他莫要离；

天寒天热你也去，喝水喝汤忍肚饥。

若你再逃捉得你，长枷纽（扭）锁送阎王；

黄泉无兄又无弟，又无姐妹及妻儿。

一年守等七月节，目连赦罪得回归；

十五中元皆贺日，家家斋供献亡衣。

衣裳任从你穿着，由你拍手唱啰哩①；

一二三四祝咐（嘱咐）你，蜘蛛结网慢寻丝②。

认取本来直正面，直登九品自（至）连（莲）池；

道教依言祝咐（嘱咐）你，参随亡者礼慈悲。

　　唱词中用了十二个嘱咐语的排比修辞手法，来表述对从人的约定约束，可以说是别开生面的歌体契约格式。字里行间情感毕现，充分表达了孝家对亲人独赴黄泉路的不舍之情。虽有从人做伴，但担心从人照顾不周，欺瞒主人，故对从人千叮咛万嘱咐：起先是好言相劝，历陈从人应尽的职责和义务。预感到黄泉路上没老少，阴间也有阳间的种种诱惑，故采用恩威兼施，恐吓加威胁的方式来重申从人与亡者的主仆与契约关系。既有正面引导，用"目连救母"故事晓之以理、动之以情，告诫从人必须恪守信誓、忠实主人、老实听话、任劳任怨。只有一路上服侍好主人，才能"有福同归快乐天"，并逢年过节获得衣食斋供奉献；又有严词警告，假如有非为之举，则将被扭送阎王治罪，沦为孤魂野鬼，在黄泉地狱也难逃牢狱之灾。

　　唱词从"嘱咐从人路向东"起唱，依次唱出"路向西"、"路向南"、"路向北"、"路向中"，在固定的套路中反复渲染咏叹，形成音乐上的复沓跌宕，给人以美的感受。

（二）"财楼科"文本释读

　　"财楼科文"由"召水"、"神水解秽"、"开光财楼"、"请灵上楼"、"绕财楼"、"请灵下楼"、"赞楼车"、"孝男祭酒"、"财楼契

----

① 啰哩：衬词，指代歌唱。
② 慢寻丝："丝"谐音"思"，"慢寻丝"即"慢寻思"。

式"、"财楼对式"等部分构成，归纳如下。

1. 召水解秽

丧仪场所，一般被视为一个非常态的空间所在，有阴阳之分、圣俗之别，必须事先给予净化，消除所有可能出现的污秽和灾祸隐患，方可顺利迎神送鬼，保证丧仪进展顺利。丧俗中的净化用水，通常称为圣水，起到为丧仪场所清污解秽作用，一般丧礼开始时都有"请水"仪式。即请来南海圣水清洗尸身，为亡者更衣。例如金秀大瑶山瑶族就有用白纱纸将一支新毛笔和几枝柳树枝绑在一起，蘸清水洒棺的"净棺"仪式。①

"财楼"中的"召水"仪式，是丧礼"请水"在净"财楼"中的延伸。召水，即召请四方神圣引来圣水，前来为财楼沐浴解秽。其方法为通过上香拜请"五龙八卦、九宫雨师洒水，道合千神吏"，"降水盂中为今解秽"。

2. 开光财楼

与"从人"一样，"财楼"落成后也要举行开光仪式。首请相光自在天尊，然后依次请出东、南、西、北、中五方开光童子，"茗香酒食奉献诸神，召请众神降下羽流法水，荡涤污秽"，为"奉道沐浴化衣孝男厶"出钱购置的这座宝楼开光。

经文云：

> 以今乞为奉道沐浴化衣，孝男厶等伏惟修斋。正为亡故厶正魂归冥府，命返泉关，男女出钱拾买启宝楼一座，未曾开光伏道流方开点。
>
> 我今稽首向东方，亡灵弃世入阎王。孝主拾钱买一座，羽流法水点开光。一心奉请东方青灵开光童子降赴玄穹，为吾手执利毕（笔）法水，杨柳枝点开东面楼角。东方大楼柱，碧水绕洒东城渐枝双鱼挂，上下悉皆通，东方开备启备周完。

以下依次奉请"南方赤灵开光童子"、"西方白灵开光童子"、"北方黑灵开光童子"、"中央黄灵开光童子"共计五灵童子降赴玄穹，为

---

① 卢敏飞：《广西瑶族的丧葬习俗》，《广西民族研究》1998 年第 4 期，第 79 页。

财楼五方楼阁开光。

　　开光的法器为净瓶和杨柳枝。在民间信仰中，圣水、桃柳枝都是辟邪物，经常被用在宗教仪式中。开光的方法与"从人"开光方法相似。由五灵童子分别"手执银灯，口含法水，手执杨柳枝"，逐一点开东、西、南、北、中五方大楼的楼柱，赋予宝楼以灵性，使之成为逝者的安心自在之所。

　　3. 绕财楼

　　财楼开光后，便要邀请亡灵上楼巡游，绕楼环视，熟悉新居环境，此称"绕财楼"。文本同样用唱词唱出亡灵巡游财楼的所视所思，五方五灵童子和各方天尊前来接引亡灵登楼的情景。

　　　　"楼亭一座好风光，亡灵自在万年闲，孝主一心来下拜，请灵移步上楼台"、"亡灵快乐上楼台，救苦真人来接引，升度直上宝楼台，快乐广无边。"

　　　　"极乐宝楼台，来了去去了来，自在上楼台。东方青灵童子次第排，玉宝天尊来接引，起灵亡者上东街，自在广无边。"

　　歌中再现了一个虚幻的极乐世界。

　　4. 赞财楼

　　虽然在开光和绕财楼中，已出现不少关于财楼的描述，但是对财楼最集中的描述和赞美还在于此。

　　　　楼台一座甚妙哉，巧匠良工为剪裁。
　　　　昔日鲁班有尺寸，四边绣出祝英台。
　　　　楼上便盖琉璃瓦，楼下便砌琉璃街。
　　　　奉请考/妣灵楼上坐，永为亡者万年家。
　　　　赞祝安座已周完，上挂灯明看四方。
　　　　四角结成三十宅，八角铜铃自彻天。
　　　　第一楼居正望月，月肢①团圆现四边。

　　────────────

　　①　月肢：疑为月贤、月仙之误？

第二楼居莲花朵，九品莲花金宝台。

第三楼居亡灵住，腾长三十二重天。

第四楼居南床暖，娇鹅（娥）眉（美）女半（伴）同游。

第五楼台亡灵住，逍遥自在大罗天。

玉女笙歌持无接，仙童菩萨念真言。

宝盖仙童托花献，珍馐法食供灵前。

鲁班亲手莊（装）完备，报思故（考/妣）灵义。

奉请亡灵登宝座，速随紫府礼神仙。

孝主志诚誉天地，亡灵从此升生天。

送到浮黎国中住，逍遥自在任登眠。

楼上栽（裁）出双鱼榭，八角飞天用力牵。

奉请亡灵楼上坐，春秋四季百花开。

三十八将山神揖，二十四孝绕楼前。

楼亭一座好安居，亡灵用在宴天庭。

唱词极言财楼之妙：五层楼阁，三十房宅，为巧匠良工营造。香榭鱼池，八角飞檐，珍馐佳肴，飞天环绕、仙童玉女及娇娥美女伺候；四季花开，三十八将揖拜；笙歌宴舞，二十四孝绕膝。好一座琼楼玉宇，仙界殿堂。

关于瑶族祭祀纸扎的文献，笔者迄今为止见过仅此一件。与之相应的实物，也恐难以找寻。张有隽先生曾撰文介绍桂南十万大山中的山子瑶（亦称蓝靛瑶）丧俗——人死三年后的"修醮"仪式，涉及类似灵屋。张指出，山子瑶认为人死后不能马上升天，要在地狱服役，三年后（亦有改为一年后）请道公设醮，将亡灵释放，送入天宫，并在家堂香火上正式安上神位，接受供奉，此为"修醮"。做这项仪式时，要用纸糊一座房子，写上"逍遥宫"、"快乐乡"、"十道真人来接引"等匾额、对联，于法事完后烧掉。[1] 记载中的"纸糊房子"（灵屋）过于简短，只有只言片语，但仍然明显看得出与本书所述"财楼"相契合的地方。例如"逍遥宫"、"快乐乡"、"十道真人来接引"等句，都可以在"财

---

[1]　张有隽：《瑶族传统文化变迁论》，广西民族出版社 1992 年版，第 159 页。

楼科”的描述中找到对应关系。请看以下“财楼”的描述句，“亡灵快乐上楼台，救苦真人来接引，升度直上宝楼台，快乐广无边”、“极乐宝楼台，来了去去了来，自在上楼台”、“第五楼台亡灵住，逍遥自在大罗天”。再有下文“财楼对式”中的对联，也都可明显地看出两者的联系。

胡光曙曾在《梅山地区的纸马文化》一文中记载了自己祖母去世时焚化的一座特大型五彩灵屋：“那灵屋竟耗资一百大洋，请了众多纸马匠，费时一月有余，建造得面积宽阔，由多栋‘房舍’组合成一大院落。那些‘屋柱’均用整条楠竹锯成，院墙高大，门楼雄壮，院内长廊环绕，楼阁毗邻，栋栋飞檐翘角，金碧辉煌。屋内各种家具摆设，无不应有尽有。一支僧道队伍，竟能在灵屋中穿堂入室，进到每间房间中泼洒‘净水’，履行法事。其二年后，纸马匠们谈起他们这一杰作时，仍然眉飞色舞……”①

孙文辉在《鬼节·湖南民俗·目连戏》中也记载了长沙的纸扎灵屋，“均为楼堂亭阁，雕梁画栋，前有八字门，后出西湖景，中有回廊，室内床柜桌椅锅碗瓢勺一应俱全，大门上有‘阴阳同日月，天地共乾坤’之类的联语”②。湖南梅山地区曾是瑶族的居住地，梅山文化与瑶族文化有着密切关系。长沙为湖南省府，丧俗与梅山相近。胡光曙、孙文辉记忆中的纸扎灵屋，其规模可与《从人·财楼科》中的记载相媲美（见图7—2）。

5. 奠酒

奠酒仪式的功能与从人科“奠酒”一样，不过是孝家为亡亲奠酒，“生有人情之义，死有祭别之盅”，以酒话别之意。

> 初奠酒，喜利勘（甚）馨香，酒是杜康家里造，刘令（伶）饮了醉三春；
>
> 二奠酒，玉液妙还丹。酒江（浆）池含妙药，即知五味吐青莲，紫府渐红莲；
>
> 三奠酒，美酒斟金瓯；玉吐（兔）三声通四壁，青牛引去上金楼，三岛任遨游。

---

① 胡光曙：《梅山地区的纸马文化》，载《中国第四届梅山文化学术研讨会文集》（内部资料），2006年，第565页。

② 孙文辉：《鬼节·湖南民俗·目连戏》，《艺海》2007年第4期，第28页。

图7—2　梅山地区丧俗纸扎"花屋"，即财楼

陈春莲（花匠）扎制、向亮晶摄

6. 财楼契式

用于当众宣谕孝家购买财楼合同，使之合法化，具有法律效应。契式主要内容如下：

某某因为家堂有父/母亲因疾病故丧，无车俺（掩）载。"孝男厶就于前到彭老人处价买宝楼一剩（乘），二面相见"。"其楼东有楼驱、南有玛瑙、西有琉璃、北有处璧、中有山胡（珊瑚）、上有高台、下有广明珠，四至完（圆）成宝座，⵲交与⵲买主厶于财物九万九千九百九十九文正（整）交与楼主彭老人亲手领受，就相（将）宝楼与孝男厶受领，其楼与亡故厶出坡遮盖亡人万年、立冢遮盖永远受用。老人亲手立契一张，给与孝男厶等将父/母受领，

　　执契为照者。引保人张坚固，同见人李定庹。

　　厶皇号某月某日彭老人契　东极宫中慈悲太乙救苦天尊　证盟

　　财楼契式参照人间买屋契约样式，亦称阴宅契，皆出自古人造墓斩草破土时的"买地、立券"习俗。财楼契式脱胎于《买地券》，代表了人神之间的一种理性的"交易"或"立约"，不过将向神灵或地基主人买地变为买屋造楼罢了。阴宅契中的神人皆为虚拟、财楼交易银两"九万九千九百九十九文"也为约数，用以渲染其贵重程度。买主希望这座仙界般的财楼能"遮盖亡人万年、立冢遮盖永远受用"。

　　财楼契式中的"楼主"即售楼者为"彭老人"，与唐宋间汉人阴宅地契有别。唐宋以来汉人阴宅地契售楼者多为土地公或西王母（东王公）。此处为"彭老人"，或许托寿星"彭祖"之名？《盘王大歌》有《彭祖》歌段，洋洋十段，讲述彭祖从生到死的经历，足见彭祖传说对瑶族的影响。

　　引保人张坚固，同见人李定庹的名姓亦有由来。引保人和同见人即保人和见证人（盟证），为冥间文书官职，阴间买卖交易中的第三方参与者，唐宋以来汉人阴宅地契中频频出现。张坚固、李定庹来由，大抵与张李二姓为中国姓氏之大姓有关，最初有如泛指，如俗语所言"张三李四"，非常之普遍。之所以取名"坚固"、"定庹"，"顾名思义，坚固、定庹，是有永久法度之意"①。另瑶传道教中的神祇有张天师与李天师，在此原封不动地照搬汉族阴宅地契买卖中张李二神，或许也有这一认同的因素。

　　美国国会图书馆馆藏另一册瑶族斋亡书《醮墓式在头，丧家在尾》中，也有类似的财楼契式和从人契式，契式文本中的"彭老人"和张坚固、李定庹名称一致，证盟者也都为"东极宫中慈悲太乙救苦天尊"，二者可以互见。

---

　　① 林忠干：《福建五代至宋代墓葬出土明器神煞考》，《福建文博》1990年第1期。另一位叫韩森（Valeire Hansen）的美国学者也曾指出："张和李都是普通姓氏，而他们的名字'坚固'及'定庹'则是强调他们的可信度及坚定不变的特质。"《中国人是如何皈依佛教的——吐鲁番墓葬揭示的信仰改变》，韩森、黄士珊译，载季羡林《敦煌吐鲁番研究》第四卷，北京大学出版社1999年版，第23页。

7. 财楼对式

财楼对式指财楼对联，录如下：

> 外城对：万代衙门居千岁，千世城墙住万年
> 左右对：东起城墙金沙地，西立衙门玉殿台
> 中城对：鲁班造成三间屋，丹青彩画九重楼
> 又中城对：玄灵升上三门屋，法师登品九重楼
> 后兰（栏）对：金兰果熟千香宝，玉楼花开万岁香
> 禾仓对：仓载千般金银宝，库藏万珠玉钱银
> 下屋对：慈尊引接归楼内，救苦提携临宇中
> 下屋对：三岛蓬莱游自在，九重山上赞逍遥
> 中屋对：万丈高楼花彩凤，千年紫竹耀玄龙
> 中屋对：三魂三宝三清界，七魄真人七品天
> 中屋对：九色楼台居楼座，五桂腾芳与子孙
> 上屋对：得入金门黍米殿，获升玉台宝珠中
> 上屋对：三魂升归逍遥殿，七魄达登快乐天
> 上屋对：三魂逍遥常自在，五明宫内任遨游

对联是独特的汉字装饰艺术形式，通常贴于门户两侧。中国老百姓有过年贴对子的习俗，此习俗也被引入阴间财楼装饰，让亡者在阴间也享受人间之乐。从上述所列举的对联分布可知财楼拥有外城、中城、后栏、禾仓、上屋、中屋和下屋，财楼的建筑相当阔气，规模非同一般。联中精彩的文字、仙境般的描述，不仅可以使我们了解到丧俗对联的形式与风格，更能从中感受到纸扎财楼工艺的精妙和恢宏的气势。

三　《从人·财楼科》的文化内涵

（一）慎终追远的文化传统

"慎终，追远，民德归厚矣。"（《论语·学而》）中国人崇尚先祖，崇尚祖宗的创业精神。人有生就有死，养生送死，人之常情。死亡既然不可回避，悼亡是人生礼仪中的最后一件大事，被理所当然地纳入人生

礼仪之中，寄寓临终关怀、死亡教育和道德规范于其中，形成地域间、族群间约定俗成的文化传统。

瑶族与汉族一样，重视对家族家庭中长者的悼亡礼仪，形成哀悼、追思、安葬、祭奠死者的一系列习俗。从葬前丧仪到埋葬礼仪，再至葬后祭礼，主家都要隆重祭奠，供奉丰厚的供品，并烧送大量的纸扎。受汉文化影响，瑶族推崇儒教，讲究孝道。美国国会图书馆馆藏瑶族教育读本《九经书》（D011）曰：

> 养儿存后代，孝顺接完枝（宗支）。
> ……
> 子孙慈孝者，茶饭亦随时。
> 命归西天去，男女着麻衣。
> 修斋四十九，七七荐归西。
> 三年行孝义，酒肉不相食。
> 头戴孝菲（斗）笠，痛肠终一悲。

在儒家"仁孝"观念的影响下，生者竭尽所能为死者构建阴间世界。纸扎作为连接阴阳的中介，通过丧俗仪式，将生者与亡者联结起来，使之有一个虚拟实物的寄托与互动的通道。丧葬礼俗中运用纸扎，成为体现亡者后代牢记祖德祖训，表现孝道的最佳途径之一。纸扎成为乡土社会的丧俗文化符号，维系人伦关系的纽带。

（二）"事死如事生"的信仰观念

瑶族原始宗教与世界各民族一样，受"万物有灵"观念的影响，笃信鬼神。人死了要请道公打斋，"人死了不打斋，死者的灵魂就会变成野鬼，无处安身并作祟生人。家运不好，就是鬼神捉弄或祖先见怪的结果。……打斋有所谓'开路'、'分离阴阳饭'、'清蛮'和'点兵'等项目，意思是给死者指引一条升入天堂或进入阴府的路，并分给他一份饭食，清理他生前用过的东西，让他带到阴间享用"①。所以对待死者

---

① 张有隽：《瑶族传统文化变迁论》，广西民族出版社 1992 年版，第 126 页。

遵循"事死如事生"的原则，肉体虽灭，而灵魂长存。不过是死者由阳间向阴间转移的表现。在阴间，死者同生前一样生活，所以，也总是按照生者在阳间的生活方式为其安排后事，丧葬礼俗中的纸扎就充分体现了这一观念，表达了老百姓对永恒生命的理想与诉求。扎日常生活用品也好，扎奢侈品、消费品也好，都是为了满足死者在阴间各类需求，以供死者在阴间尽情享用。《中庸》云："事死如生，事亡如存，仁智厚矣。"《荀子·礼论》："丧礼者，以生者饰死者也，大象其生以送其死也。"纸扎做楼台祭品，北宋已成气候。宋·孟元老《东京梦华录·清明节》载："纸马铺，皆于当街用纸衮叠成楼阁之状"。"财楼"为亡者灵魂寄寓之所，以便亡者在此逍遥自在，并羽化登仙，故裁剪扎制得相当豪华。对待死者要按照其生前的一切，将现实中的一切都搬向阴间世界，以供死者在阴间享用，是中国民间长久以来形成的死亡观念。纸扎适应了这一要求，从而导致丧葬礼俗中纸扎风气经久不衰。

用纸扎来对先考（妣）阴间生活进行重构，也是普通百姓模仿达官贵人实物陪葬的简易途径。纸质明器毕竟比实物或其他陪葬更经济实惠。普通老百姓生活拮据，家中无余钱，买不起贵重物品，只有用纸糊的纸人、纸马、纸钱为老人送终。

但是任何民俗都会被世俗之风推向极端。"纸扎本来出于节俭，一旦丧家竞相攀比，市场鼓动，又变成了奢靡之事。"元代官府曾颁布纸扎禁令，对于汉人纸扎的无益耗费严厉禁止。《元典章·厚风俗》："纸房子等近年起置有，每家费钞，不惜为之，甚为无益，其余似此多端。奉圣旨，纸房子无疑禁了者，钦此。都省议得除纸钱外，据纸糊房子金银人马，并彩帛衣服帐幕等物，钦依圣旨事意，截日尽行禁断。"[1]《旧唐书·舆服志》载睿宗时唐绍上书云："近者王公百官，竞为厚葬，偶人像马，雕饰如生，徒以炫耀路人，本不因心致礼，更相扇慕，破产倾资，风俗流行，遂下兼士庶。"[2]据说清代慈禧太后丧事的铺张，更是到了登峰造极的地步，在整个丧葬活动的不同环节，焚烧了数不清的纸

---

[1]　转引自陆锡兴《古代的纸扎》，《中国典籍与文化》2007年第4期，第112页。

[2]　刘昫：《旧唐书》，中华书局1975年版，第29页。

糊神楼宝库、亭台殿阁、凤辇舆轿、御前侍卫、歌伎侍女、京剧戏出、满汉全席、三牲祭筵，以至于其生前经常使用的物品。① 这一社会风气必然影响到民间。

乡土社会将丧礼看得很重。对家中老人守孝道，不仅是生前要尽的义务，也是老人死后应尽的礼节。"一家有丧，百家相帮"，丧仪的影响面是很大的。纸扎物品都是要停放在外，供人观瞻的，街坊邻里会来围观，评头论足，定制少了或显寒酸，害怕外人笑话。诸多的因素都使得纸扎随葬的铺张之风愈演愈烈，工艺也越做越精湛。尤其是亡者家属如果生前没有很好地履行孝道，觉得对逝者有诸多的遗憾与亏欠，只好在死后的排场上加以弥补，加上民间固有的攀比与耀富心理（不仅邻里间有攀比，还有家族间、兄弟姐妹间都存在攀比因素），都助长了丧事的铺张。这又是丧俗中不可取的。

（三）亦庄亦谐、亦真亦幻的民俗情趣

我国民间丧礼中隆重操办的只是"喜丧"，指对"寿终正寝"者而言。"喜丧"风俗显示出乡民直面死亡的理智而达观的生活态度。《旧唐书·音乐志》记载："窟垒子，亦云魁垒子，作偶人以嬉剧歌舞，本丧家之乐"。"传承于民间的大部分民俗活动，都带有极其浓厚的娱乐性质。就是一些比较隆重和严肃的宗教习俗和丧葬习俗，也充斥着娱乐内容"。② 亲友邻里来参加丧俗仪式，不仅对丧家起到精神慰藉的作用，他们自己还能通过这一活动，学会面对死亡，乐观应对，自我疏导，化解悲伤的生活智慧。

《从人·财楼科》花了大量的笔墨描绘纸质明器的精美，以生动的形象和绚丽的色彩来渲染阴间美好场景，看似为亡者准备，实质上还是为了满足生者的各种心理需求，达到心理慰藉的目的，是丧家情感疏导和情感表达的需要。"供奉纸扎在造型上，不求物体的重量感，不强调对象的体积和质量，而以塑、绘、虚、实结合，表现一种空灵轻盈、色彩灿烂的物象景观和气氛，在世界雕塑史上，它是一种独特的处理手

---

① 转引自陆锡兴《古代的纸扎》，《中国典籍与文化》2007年第4期，第112页。
② 陶立璠：《民俗学》，学苑出版社2003年版，第67页。

法"、① "五光十色的戏曲人物，金碧辉煌的建筑格局，色彩艳丽而单纯的瑞兽祥鸟，已经超越了实际物象的色彩，在特定的丧俗活动中，发挥了巨大的视觉冲击力；作为装饰艺术融合民俗活动的同时，它以强烈的色彩对比抓住了祭奠者和旁观者，使物理色彩和情感色彩交织在一起，形成心理上的撞击，所以我们并没有感到丧家之严肃，而感到某种热烈的人情味。"②

作为丧葬文化的一个有机组成部分，《从人·财楼科》的可取之处，还在于它的民间性。虽为丧场礼仪文书，但其中多用歌谣体，文辞朴素、自然流畅，朗朗上口，体现民间文学的整体风格。无论是对从人的叮嘱，还是对亲人的祭奠，都言辞恳切、发自肺腑，在衣食住行等桩桩件件的细节上都能未雨绸缪，考虑设想周全，是只有亲人间才有的情感倾诉。这种真情告白，往往能催人泪下，令听者为之动容。

四　小结

丧葬纸扎只是伴随丧葬礼仪而存在，在礼仪进程中就被焚毁，是短命的艺术。但是它居然在民间存在了千余年，而且屡禁不衰，至今仍然顽强地存在着，说明它又是长寿的艺术，民众需要的生活艺术。

美馆藏瑶族丧葬纸扎文书记录这一习俗，有着重要的文献学价值。对其整理与解读，可以正确认识丧葬纸扎文化的本来面目、认识它与民众生活的关系、认识瑶族丧葬习俗与汉族相关习俗的联系与区别、揭开其中所包含的艺术与人生的谜团。区分其中的精华与糟粕，探索其中的人性光辉。摈弃其中的迷信愚昧、奢侈虚荣、繁文缛节等成分，弘扬其中尊宗敬祖、报恩孝亲、悼念祝福等与社会民生有用的成分，将其纳入中华礼仪的轨道，使之真正成为文化遗产，更好地为现实服务。

---

① 潘鲁生主编：《中国民间美术全集·祭祀篇·供品卷》，中华书局1994年版，第6页。
② 潘鲁生：《山东曹县戏曲纸扎艺术》，重庆出版社1993年版，第9页。

第八章

美国国会图书馆馆藏瑶族启蒙读本研究①

美国国会图书馆馆藏瑶族启蒙读本为瑶族进行自我教育和文化传承的知识性、教育性手抄本，有《杂字》、《天下两京书》、《九经书》、《盘古记》、《破理》、《增广贤文》等，计11本。这些读本不仅被所有者当作瑶歌传唱，还被作为汉字启蒙和瑶族传统道德教育的读本使用，是瑶族在漫长的跨国、跨洲迁徙过程中，在远离母语，身处异文化重围之中，顽强地进行中华民族美德教育和汉字知识教育，延续瑶族文化的法宝。

本章采用文献学、教育学理论，探讨瑶族启蒙教育传统，在梳理瑶族教育基本形式的背景下，对美国国会图书馆馆藏瑶族启蒙读本进行文献分类整理、考释、校勘与文本解读，比较境外瑶族启蒙读本与境内同类读本的联系与区别，探讨美馆藏瑶族启蒙读本的特点。

一　瑶族启蒙教育与启蒙读本

瑶族十分重视自身教育，留有大量手抄启蒙教育读本。这些读本成为瑶人重教育、喜读书传统的见证，为瑶族教育及文化发展提供研究依据。

（一）瑶族教育研究综述

1. 境内瑶族教育的研究

有关瑶族教育的研究目前主要集中在瑶族的历史教育和瑶族教育的

---

① 本章纳入笔者指导的中南民族大学2010届硕士生吴佳丽硕士学位论文《美国国会图书馆馆藏瑶族蒙学读本研究》中部分内容，并在原有基础上做了较大幅度的修改增删。

现状与发展问题方面，这些研究或多或少地涉及与瑶族启蒙教育相关的内容。韩达主编的《少数民族教育史·瑶族教育史》（广西教育出版社、广东教育出版社、云南教育出版社 1998 年版）对瑶族的历史教育进行了较为全面系统的概述。奉恒高主编的《瑶族通史》（民族出版社 2007 年版），也用了不少篇幅梳理了秦汉以来至元明清时期以及民国及现当代以来国内瑶族的教育概况。徐祖祥的《瑶族文化史》（2001 年）中的第九章"教育与卫生"，用了一节的篇章叙述"民族教育的发展"，对瑶族传统教育和学校教育分别进行了论述。玉时阶的《瑶族文化变迁》（2006 年）第八章中，也对瑶族的传统教育与学校教育进行了集中概述。他与胡牧君等合著的另一部著作《公平与和谐：瑶族教育研究》（民族出版社 2009 年版）则对瑶族的传统教育、学校教育的发展历史，以及新时期瑶族教育的多种发展形式都做了较为全面的叙述，其中也涉及瑶族启蒙教育问题。较早涉及瑶族教育的学者还有张有隽教授。他的《论瑶族教育的历史发展》（《广西民族学院学报》1983 年第 2 期）一文叙述了瑶族在漫长的历史岁月中所创造的传统教育及历代统治阶级在瑶区办学的特点及成效。玉时阶、胡牧君的《明清时期瑶族地区的学校教育》（《广西民族研究》2006 年第 4 期）对明清时期瑶族地区学校教育发展的原因及其办学方式、教育措施等进行了全面的论述，并分析了这一时期瑶族教育的特点及意义。许立坤的《近代瑶族教育论述》（《广西社会主义学院学报》2005 年第 4 期）认为，近代瑶族地区私塾教育、学校教育有较大的发展，但仍以传统教育为主。张涛、徐祖祥的《瑶族地区学校教育的历史发展与反思——一个山地民族教育发展的个案研究》（《西南民族学院学报》2003 年第 5 期）分析了瑶族地区学校教育历史发展的特点和影响发展的原因。

2. 境外瑶族教育的研究

关于海外瑶族教育研究，所见成果不多。《瑶族通史》和《国际瑶族概述》中对海外瑶族概况有所涉及。李筱文在《儒家文化与瑶族传统文化之关系》（《齐鲁文化暨汉民族形成与发展国际学术研讨会论文集》2005 年）中谈及国外瑶族进行启蒙教育使用的中文课本情况。林仕梁的《美国瑶族教育发展简论》（《中国民族教育》1994 年第 2 期）谈及瑶族进入美国后，经过十多年的努力，在教育事业上取得的成就作了较为详尽的梳理。徐桂兰的《职业教育与族群的生存发展——以法国瑶族为例》（《广西大学学报》2001 年第 5 期）从人类学与教育学角度论述法国瑶族在新的迁徙地，把职业教育作为族群生存之本，从而进化成一个现代化族群的过程。

综上所述，在瑶族教育研究领域，学者们对国内瑶族教育涉及较多，对海外瑶族教育研究相对较少，尤其是海外瑶族启蒙教育研究，几近空白。本章以美馆藏瑶族启蒙教育读本为基础，运用文献研究法、民俗学、民族教育学的相关理论，探讨美馆藏瑶族启蒙读本的特点和价值，以及这些读本与汉文化之关系。

（二）瑶族启蒙教育的基本形式

启蒙，即启蒙之学，相当于现在的小学。蒙，《易经·蒙象》云："蒙以养正，圣功也。"《易经·蒙卦》："匪我求童蒙，童蒙求我也"。注云："童蒙之来，欲决所惑也。"① 也就是说，启蒙就是对儿童进行的启蒙教育，启蒙教育"是我国古代对蒙童进行基础文化知识教学和初步道德教育养成的统称，它包括制度化的学校教育，也包括非制度化的家庭和社会教育"②。"这一教学旧时在书馆、乡学、村学、家塾、冬学、义学、社学等名称不同的处所进行。"③ 启蒙读本，也称"启蒙课本"，又称"蒙养书"、"小儿书"，是古代专为学童编写或选编的，在小学、书馆、私塾、村学等启蒙中进行启蒙教育的课本。上起周秦，下迄民国两千多年的启蒙读本编纂史，经历代学者的不断增删纂辑，启蒙读本门类繁多，版本芜杂，难以确切计数。传统的启蒙读本有：《三字经》、《百家姓》、《千字文》、《千家诗》、《弟子规》、《幼学琼林》、《增广贤文》等。瑶族启蒙教育的形式与汉族一脉相承，但也拥有自己的特色。

1. 学校教育

学校教育系针对历代官府开办的官学而言。

---

① （魏）王弼注，（唐）孔颖达疏：《十三经注疏》，北京大学出版社 1999 年版，第 37 页。

② 谈儒强：《中国传统蒙学教育方法的现代意蕴》，《淮南师范学院学报》2006 年第 2 期，第 109 页。

③ 徐梓：《蒙学读物的历史透视》，湖北教育出版社 1996 年版，第 2 页。

　　瑶区最早出现学校的记载见于《后汉书》。①《后汉书·宋均传》："宋均为辰阳（今湖南辰溪县西）长时，立学校，禁绝淫祀。"② 汉代，辰阳、武陵、桂阳少部分瑶族地区开始有正规的学校教育。从宋代开始，随着中央封建王朝统治势力深入瑶族地区，中央封建王朝在瑶族地区开办学校，对瑶民进行文化教育。元明清时期，瑶族地区的学校教育比宋代有较大的发展，兴办了一批县学、社学、义学、瑶学，鼓励瑶族子弟入学读书。封建王朝在瑶族地区兴建学校的目的，是为了培养为封建王朝服务的人才，以巩固其统治地位。与此同时，为了加强对瑶民进行封建伦理道德的教育，达到培养人才和化民成俗的目的，一些社学、义学、书院、私塾、"化瑶"小学等名目的学校也相继在瑶区出现。

　　（1）社学

　　社学是从元代开始设立的，是地方官员奉朝廷诏令在乡村设立的"教童蒙始学"的学校。元朝灭亡，社学一时停办。明洪武八年（公元1375年），朱元璋诏令天下立社学，明确规定"民间幼童十五以下者松乳读书，讲习冠、婚、丧、祭之礼"，"以《百家姓》、《千字文》为首，继以经、史、历、之属"。③ 明朝统治者在瑶区也普遍设立社学，进行启蒙教育。湖南郴州社学有："延寿峒社学，龙虎峒社学，城溪峒社学。俱嘉靖十九年（公元1540年）刘缙立。"④ 万历十年（公元1582年），广东阳山县永化都，为三坑"瑶人地"，招安后，"置瑶目，立社学"⑤。万历十六年（公元1588年），广西巡抚刘继文"立社学以教童竖"⑥。到了清代，统治者不遗余力地提倡社学，规定"社学，乡置一区。择文行优者充师，免其差瑶，量给廪饩。凡近乡子弟，十二岁以上令入学"⑦。由于各地经济文化发展不同，瑶区社学发展也不同，有些地方兴办社学较多，如广西容县，"社学，城乡共五十所"⑧；有些地方兴办

---

①　奉恒高：《瑶族通史》，民族出版社2007年版，第286页。

②　（汉）《后汉书·宋均传》，卷四一。

③　（明）《明史·选举志一》，卷六九。

④　（明）胡汉：《郴州志·儒学》，卷一三。

⑤　（清）顾炎武：《天下郡国利病书》，卷九八。

⑥　（明）《明神宗实录》，卷二〇五，万历十六年十一月庚申条。

⑦　（清）《清史稿》，卷一〇六。

⑧　（清）谢启昆：《广西通志》，卷一三七。

社学非常少，如广西恭城县，仅一所"在北乡常家村"①。此后，社学逐渐被义学等形式所取代。

（2）义学

义学，亦称"义塾"，是由私人集资、地方公益金或官府出资创办的免费启蒙读书场所。明清时岭南汉族地区已普遍设立义学，瑶区的义学则主要由官府创办于康熙年间，兴盛于康、雍、乾时期，是官府对瑶族进行"同化"的绥靖政策之一。广西地方官员创办的第一所义学是康熙二十年（公元 1681 年）永安州义学。其他瑶族聚居的州、县也大兴义学，招瑶童入学读书。雍正十三年（公元 1735 年），广东凡有黎、瑶之州县，都参照连州办义学，"听黎、徭俊秀子弟入学读书"②。乾隆七年（公元 1742 年），湖南城步县"各峒设立义学，聘师教新童读书，共五处"③。清代官办瑶区义学，都由地方财政拨款，有了相当规模的发展，在一些经济文化较发达的平地瑶瑶区，还有私人集资创办的义学。如湖南蓝山县九姓义学"为平地瑶九姓所建者也，共创制，胥同平民"④。瑶区"义学"兴盛一时后，渐演变为书院。"化瑶"小学，或被私塾所取代。

（3）私塾

私塾，亦称蒙馆、启蒙馆，可分为家塾、族塾或村塾、私馆等几种形式，瑶族统称"学堂"。瑶族大部分地区于清代始设私塾，清康熙以后，私塾逐渐普及。湖南新宁瑶族，凡"义学、家塾（塾），诸峒所在有之"⑤；广东曲江瑶族，"有延村师教读书者"⑥；广西大瑶山，"清乾隆年间，县境内个别瑶族居住点始设私塾"⑦。瑶区办私塾虽然时间上有早有晚，但其形式上大体是私人请塾师住家教学，也有数家合请塾师和一村或数村合办的私塾。教学内容多为《三字经》、《百家姓》、《千字文》、《增广贤文》、《幼学琼林》等蒙馆教材。

---

① （清）谢启昆：《广西通志》，卷一三七。
② （清）何朝彦：《学政全书》，卷六四。
③ （清）盛镒源：《城步县志》，卷三。
④ 邓以权：《蓝山县图志·教育》，卷一五。
⑤ （清）张葆连：《新宁县志》，卷三。
⑥ （清）张希京：《曲江县志》，卷三。
⑦ 刘明原：《金秀瑶族自治县志》，中央民族大学出版社 1992 年版，第 449 页。

　　民国时期，一些经济较发达、国民党政府势力达到的瑶区，大部分将"私塾"改为"国民基础学习"；经济条件差、国民党政府无法管辖的瑶区，仍然继续以"私塾"教育；还有一些瑶区于民国时期才开始设立"私塾"。广东连南排瑶的私塾教育从清康熙至民国时期一直都有，只是所设私塾数量有变化。广西田东县平略乡瑶族，由于经济条件落后，直到民国初年，方始有私塾出现。云南河口瑶族地区的私塾也是在民国时期才出现的，在此前基本为"火塘教育"，民国六年（公元1917年）起，陆续出现私塾。私塾启蒙读本，多为《三字经》、《朱子治家格言》、《增广贤文》等。①

　　（4）"化瑶"小学

　　清末，瑶区开始设立"化瑶"小学，"化瑶"小学实际上是"义学"逐渐演变过来的。"化瑶"小学和"义学"都是蒙馆类型，所学的课程都是《三字经》、《千字文》、《百家姓》、《弟子规》、《增广贤文》等启蒙教材。统治阶级设立"化瑶"小学的目的，仍然是使想通过教育来实行民族同化，移除旧俗。宣统年间，"平乐府知府欧阳中鹄拨库银1000两，存入修仁当铺生息，在金秀建立'化瑶'小学一所。宣统三年（公元1911年），在罗香及附近开办'化瑶'小学两所。"② 民国十六年（公元1927年），国民党政府在瑶区成立"化瑶局"后，奉命在瑶区设立化瑶学校，进行"开化"教育。所谓"开化"教育，就是以教育来扼制瑶族人民对国民党的反抗斗争，维护巩固自身的统治地位。开办"化瑶"小学的经费，全部由国民党政府财政拨款。民国十九年（公元1930年），分别在大瑶山的罗香村和横冲村开办两所"化瑶"小学，进行"开化"教育。民国二十三年（公元1934年），在广西全省设立了几十个"化瑶"小学。当时大瑶山的罗香、门头、六巷、十八山、六庙、小横冲等瑶村都设立了以"同化"瑶族为宗旨的"化瑶"小学。这种"化瑶"小学一直到1935年广西全省推行所谓三位一体的国民基础教育，瑶山各处的"化瑶"小学才改名为"国民

---

① 云南省河口瑶族自治县志编纂委员会编：《河口瑶族自治县志》，生活・读书・新知三联书店1994年版，第654页。

② 刘明原：《金秀瑶族自治县县志》，中央民族大学出版社1992年版，第451页。

基础学校"。①

2. 家庭教育

家庭教育是瑶族启蒙教育的一个重要组成部分。家庭教育"是前辈向晚辈传递社会文化，开发其智力，并使之掌握生产生活所需要的基本知识技能的主要手段；在学校教育出现以后，家庭教育成为进行学前教育的重要场所和学校教育的重要补充部分，成为民族社会习俗教育的基础"②。瑶族自古以来十分重视家庭教育，家庭启蒙教育的实施者一般是家中的长辈。瑶族家庭教育内容广泛，主要表现为父母长辈对子女传授生活常识、生产劳动技能、伦理道德、家史家规、习读汉字等。

"火塘教育"是瑶族最主要的家庭教育形式。火塘即炉灶，位于堂屋中心，是家人围坐用餐议事的场所。瑶族人在农闲季节、阴雨日或夜晚，家庭成员会围坐火塘边，长辈以讲故事或吟唱的方式对晚辈进行传统文化教育，"火塘教育"以在火塘边进行而得名。

"火塘教育"内容包括待人接物、尊老爱幼、荣宗敬祖、勤劳节俭、婚事仪礼、真诚待客等，涉及瑶族历史文化传统、生产生活常识、道德修养样样俱全。瑶族培养后代从小树立好的族风和家风，为今后的成长打下良好基础。"火塘教育"多在节日或每年的除夕进行，但有经常性的识字教学。云南《河口瑶族自治县志》载："瑶族本无文字，但早有汉字读瑶语的传统。对汉字的认识是劳动饭余之后，在火塘边火光做灯，灰做纸，木棍为笔，地为桌，由父教子，兄教弟。"③

3. 社会教育

瑶族的社会教育，主要指瑶族族群内部所实施的教育，"通过寨老教育、村规民约教育、传统优良道德教育以及歌谣、故事、传说等方式传授历史知识、生产知识、伦理道德等"④。瑶族的社会教育，知识和

---

① 韩达主编：《中国少数民族教育史》第3卷，广西教育出版社1998年版，第507页。

② 哈经雄、滕星主编：《民族教育学通论》，教育科学出版社2001年版，第124页。

③ 云南省河口瑶族自治县志编纂委员会编：《河口瑶族自治县志》，生活·读书·新知三联书店1994年版，第654页。

④ 玉时阶、胡牧君等：《公平与和谐：瑶族教育研究》，民族出版社2009年版，第43页。

德育并重，重育才更重育人。在瑶族社会，自古就采用古老的瑶老制和石牌制对瑶族儿童和社会成员进行维护瑶族社会秩序和道德的教育。20世纪50年代前，瑶区的瑶老组织一直在社会生活中发挥着重要的作用。为了使子孙后代不致忘本，培养瑶民的民族意识以及规范瑶民的行为，各地的瑶老每年都要不定期地召开各种集会，讲述本民族的历史、讲述为人处世的道理。瑶族儿童通过这样的教育，了解本民族历史，培养并建立起自己的民族意识。

利用民间文学的方式传授历史知识和生产知识，也是瑶族进行社会教育的方法之一。瑶族的神话传说故事，赞颂诚实、勤劳、勇敢的美德，抨击社会上的不良风尚，是瑶族人传统美德的集中体现。如："广西龙胜红瑶流传有薛仁贵的故事，用以教育后代向英雄人物学习；讲述瑶胞起义的故事，让后代懂得瑶民起义的历史；讲述熊奶婆的故事和胖张三的故事，用以教育后代要诚实、不狡诈，要做有益于人民的事，做忠诚于人民的人，做老实人，办老实事，不损人利己。"①

瑶族的"歌堂教育"具有社会教育和宗教教育双重性质。瑶族是一个离不开歌唱的民族，他们善于以歌记事，把本民族的历史或重大历史事件、生产和生活常识编成歌谣，以唱歌的方式传授给子孙后辈。瑶族的歌堂文化是瑶族非常重要的传统文化。歌堂是瑶族民间流行的一种独特的文化形式，依据瑶族歌堂的内容、形式、功能的不同，一般将其分为两类，即祭祀歌堂和世俗歌堂。祭祀歌堂是在特定的时间举行的，主要以娱神为目的；世俗歌堂举办时间比较自由，形式多样，主要以娱人为目的。瑶族歌堂所涉题材广泛，内容丰富，涉及日常生活的方方面面，体现了瑶族人民的风俗习惯、生活习性和心理状态，具有浓厚的礼俗性、娱乐性和社交性。因此，瑶族歌堂教育是瑶族进行全民启蒙教育的重要形式。

4. 宗教教育

宗教对瑶族社会生活各方面都产生了重大的影响，客观上起着传播文化知识的作用。道教传入瑶族社会后，对瑶族的文化教育发生了深远影响，"道教除了传播汉族文化，促进瑶汉文化交流外，它的更重要的

---

① 龙胜各瑶族自治县民族局：《龙胜红瑶》，广西民族出版社2002年版，第94页。

功绩是给瑶族人民传入了汉语汉字"①。道公和师公等宗教人士可算瑶族中的文化人，他们熟悉汉字，精通道经和宗教科仪，熟知各种伦理道德规范和准则，是瑶族传统文化的保持者和传播者。瑶族民众通过宗教仪式接受本民族传统道德教育，同时还学会了汉语汉字。

宗教教育对于瑶族男子的启蒙教育有着非常重要的意义。首先，瑶族的道公和师公只能是男子担任，瑶族社会没有出现学校教育之前，汉字的使用仅局限于瑶族的道公、师公范围，道公、师公是唯一认识汉字的人，他们备受尊重，也是部分瑶族子弟的启蒙老师。因此，一些瑶族男子从小就接受道公、师公的启蒙教育。道公和师公教育培养徒弟，首先是从教汉字开始，以经书为课本，徒弟先学会读，再学写汉字，参照书上的汉字"依葫芦画瓢"。瑶族子弟"儿之聪颖者不与读儒书，惟从瑶道士学，亦有科仪，其文不可晓"②。广东连山"五排十一冲瑶人，于五经、四书、孝经、小学一字不肯读。平日排师所教者，皆瑶书也。瑶书有数种，如阎罗科、上桥书、扶道降神等名，皆鄙俚、诞妄不经"③。"阎罗科"、"上桥书"、"扶道降神"都是瑶族道公和师公的科仪经书，主要用于宗教科仪指南，同时也有文化启蒙的作用。其次，"挂灯"或"度戒"是每位瑶族男子必须经历的人生礼仪。只有经历过这一仪式的瑶族男子才算真正的成人，才能得到神灵的保护，得到社会的承认。而要经过这一仪式首先就要学习汉字、习读经书（参见图8—1）。

综上所述，瑶族启蒙教育的形式主要有四类，即学校教育、家庭教育、社会教育以及宗教教育。学校教育是瑶族启蒙教育的重要形式之一，瑶族地区的社学、义学、私塾以及"化瑶"小学的性质多属传统教育中最基础的启蒙教育形式，主要以儿童为教学对象，其教学内容多为《三字经》、《百家姓》、《千字文》、《增广贤文》、《幼学琼林》等汉族传统启蒙读本。统治阶级在大部分瑶区实行启蒙教育，一部分原因是为了培养人才，为府、州、县学提供优秀的生员；更主要的原因是为了

---

① 韩达：《中国少数民族教育史》第3卷，广西教育出版社1998年版，第495页。
② 凌锡华：《连山县志》，卷五。
③ （清）李来章：《连阳八排风土记》，卷七。

通过教育来实行民族"同化"，化民成俗，灌输"礼法"，培养"驯良"之民，扼制瑶民的反抗斗争，以达到维护与巩固其统治地位的目的。但在客观上，也促进了瑶族文化水平的提高。

图8—1　美国瑶人度戒仪式　［美］赵贵财提供

　　家庭教育、社会教育以及宗教教育在瑶族启蒙教育中所占比重较大，它们是瑶族进行自我教育的主要手段。这种教育主要是通过讲述神话、传说、故事、寓言、史诗、歌谣和各种婚丧祭祀等民俗活动的参与形式来实现向瑶族子弟传授伦理道德、日常生产生活知识技能的目的。这种潜移默化的教育形式无疑是非常有效的。教育对象可以直接从日常生活中吸收、学习各种知识。比如，"火塘教育"为原始而古老的教育形式，多流行于边远山区的少数民族中。不仅瑶族有"火塘教育"，西南地区的其他民族也都有这种"火塘教育"，可见它已形成一种传统的行之有效的社会教育模式。宗教教育对于瑶族男子有着极其独特的意义，是瑶族男子启蒙教育和成人礼仪相结合的独特方式。瑶族的"歌堂"教育也可以随时在家庭生活、社会交往、宗教祭祀中举办，所以是瑶族民众进行全面启蒙教育的重要形式。

瑶族的自我教育不仅丰富和充实了本民族的精神生活，还传播了本民族的优秀文化与优良品质。而且，这类教育的实施，都是在日常生活场所，或人生礼仪、宗教祭祀的歌堂对歌现场开展的，不需要另设歌唱语境和习读空间，"教育即生活"，歌堂即课堂。把原本严肃的教育活动融于生动的民俗情景之中，在有意无意之间，进行情景式的认知学习。春风化雨，润物无声。在完全宽松自由的状态下进行文化普及，而不是居高临下的教训和强制命令，更不是灌输，这种自然状态中的教育活动，是"寓教于乐"、"潜移默化"式教育的最高境界。

（三）瑶族启蒙读本的流传与分布

国内流传的瑶族启蒙读本主要有两种形式：一是民间传统的手抄本；一是依照手抄本所刊印和选编的印本。中国境内瑶族分布广阔，瑶族分布较多的地区基本上都发现有瑶族启蒙读本，但是民间收藏保存有一定的困难，所以至今流传下来的瑶族启蒙读本为数不多。为了保护和抢救瑶族文化遗产，瑶族分布较多的地区陆续开展瑶族古籍文献的收集工作。目前，国内的部分瑶族启蒙读本被专家学者搜集整理，并且编入瑶族古籍文献资料之中。

1995 年，由李默、房先清编，广东人民出版社出版的《八排瑶古籍汇编》，该书收录的《九经书》，就是在道光二十七年（公元 1847年）手抄本的基础上整理出版的。不仅瑶族发现有《九经书》，与瑶族同源异流的畲族也发现有《九经书》。浙江省博物馆收藏有清代畲族《九经书》，该《九经书》与瑶族的《九经书》内容基本一致。至今，浙江省景宁畲族自治县安亭村的一位从事 40 多年教学的私塾老先生雷梁庆，在他自家办的私塾里仍然使用。[①]

1997 年广东人民出版社出版的由盘才万、房先清收集，李默编注的《乳源瑶族古籍汇编》，是首次整理出版较全面的盘瑶民间典籍。该书收录的盘瑶私塾课本分为两类：一类是以《盘古记》为主要内容改编的启蒙课本，其大部分内容与美馆藏《盘古记》相同；一类为《甲

---

① 钟珮铭：《畲乡山村安亭》，《中国民族》2011 年第 5 期，第 58 页。

子歌》，以六十甲子做嵌字歌唱的长篇歌谣，《甲子歌》在国内外瑶族都有流传。

2001 年由云南省河口瑶族自治县人民政府组织编纂出版的《瑶族通史·河口瑶族自治县资料汇编》是一本较系统地阐述河口瑶族历史、社会、政治、经济、文化的资料，其中收录了在当地流传的《破理书》。此歌也被列入首批州级非物质文化遗产名录。

即使在漫长艰苦的迁徙岁月中，瑶族同胞仍不忘放弃本民族的启蒙教育。

泰国瑶人过去住在高山时，为了解决儿童识字习经问题，曾自己办有学校，自编《自从》、《四言杂字》、《六言杂字》等课本，并请识字的师公来教授，此类书不但帮助小孩认识汉字，而且使他们了解瑶人的历史文化。[1] 2004 年，广东民族研究所李筱文受法国瑶人协会主席李高宝先生的邀请对法国卢兹社区进行学术访问，在那里发现当地瑶族小学生使用的中文课本有《盘古记》、《破理书》等，这些书都包含许多中国传统文化中的人生哲理和生活准则。[2] 据法国瑶人协会主席李高宝介绍，"他们使用的这些书在东南亚时期就已在学堂上使用，是迁徙时从东南亚带来的。当时是请懂中文的云南籍老师编写的，并在东南亚老挝、泰国瑶民小学中使用，后来也在法国瑶族小学生中使用"[3]。美国瑶人也一直使用这些读本教育后代。据笔者调查，不少美国瑶人家庭都保存着这类读本的抄本，近些年，一些瑶人还将这类读本用现代的编排方式打印成册，笔者 2008 年在美国旧金山瑶人李如德家就看到他 1991年依古书编印的《自从》（即《盘古记》）、《初开》（即《九经书》）等册子。据曾于 2007 年访问法国瑶人的赵砚球女士介绍，法国瑶人协会领袖赵富胜不仅自己编修此类读物，还将这些书的复印本送给她作为纪念。

境外收藏瑶族启蒙读本最多的当属德国慕尼黑巴伐利亚州州立图书

---

① 张有隽：《瑶族历史与文化》，广西民族出版社 2001 年版，第 392 页。
② 李筱文：《儒家文化与瑶族传统文化之关系》，载《齐鲁文化暨汉民族形成与发展国际学术研讨会论文集》（非公开出版物），2005 年 7 月，第 79—87 页。
③ 何红一：《美国国会图书馆馆藏瑶族手抄文献新发现及其价值》，《中南民族大学学报》（人文社会科学版）2009 年第 3 期，第 74 页。

馆。该馆也是目前境外收藏瑶族手抄文献数量最多的图书馆。截至
2005 年 9 月，巴伐利亚州州立图书馆已经编目整理了 867 件瑶族文献，
其中"道德教化类书"、"汉语文教科书及辞典类书"就有 40 本之多。
书名如下：

《天下文章破理明》（《破理》或《破理大书》或《破理明》）、
《增广贤文》（《贤文增广》）、《九经书》、《盘古记》、《百家姓》、《千
字文》、《古今字》、《六言杂字》（《六言人》）、《四言杂字》（《芫荽
书》或《入学读书四言莔蒿书》）、《全家贵宝》、《杂字》（《日用通
书》）、《传家杂字》、《小字窠》、《初学正文》、《书科》、《四书字》、
《四书正文》、《大学章句》等。①

这些文本大多数是包括儒家经典摘抄在内的汉族传统启蒙读本。如
《四书正文》、《大学章句》等；也有受儒家典籍影响改编改写的文本，
如《破理》和《九经书》。其他还有字书、词典类。如《杂字》、《六
言杂字》、《四言杂字》、《入学读书四言莔蒿书》等。

二　美馆藏瑶族启蒙读本的分类

美馆藏瑶族启蒙读本计有 11 本，其中《杂字》、《天下两京书》、
《九经书》各一；《盘古记》两本、《破理》3 本、《增广贤文》3 本。

我国古代传统的启蒙读本多为综合性读本，早期主要以识字为要，
也兼顾知识和伦理道德教育；宋以后，随着启蒙教育的普及与发展，启
蒙读本的内容逐渐扩展而出现分门别类的启蒙专书，启蒙读本在以识字
为主的基础上，加入日常知识和专业知识，并更加注重伦理道德教育。
在形式、体裁上也更显丰富多样。美馆藏的 11 本瑶族启蒙读本，依照
内容与功能不同，可分为知识类与德行类两大类。

（一）知识类启蒙读本

所谓知识类启蒙读本，是指以教授蒙童识字和各类知识为主要目的

---

① Michael Friedrich, Thomas O. Höllmann, *Handschriften der Yao*, Franz Steiner Verlag, 2004, pp. 20-21.

的蒙学读本。由于蒙学教育以识字为先，所以，知识类蒙学读本多为
"字书"。据考，最早的识字读本为周代的《史籀篇》，"周时史官教学
童书也"。秦汉的《急就篇》和《仓颉篇》；还有《开蒙训要》、赵高
的《爰历篇》和胡毋敬的《博学篇》，也都是以识字为主的启蒙读本。
后世此类读本不断增繁，范畴日广，体类极繁。黄季刚先生曾将字书分
为四种，其中之一即是"读本式之字书，如：《史籀》、《仓颉》、《急
就》，下至《千字文》、《南唐五百字》等"①。

《杂字》是我国古代广泛流传于民间的大众识字课本，一种非正规
的童蒙认字读本，承唐代盛行的敦煌写本《开蒙要训》一类字书发展
而来。"《开蒙要训》作为杂字书滥觞时期的代表之作，是村夫农妇、贩
夫走卒等普通民众开蒙识字的源头，对于其人生观、道德观、价值观的
形成有很大的影响"。② 这类杂字最初大多是由无名乡塾先生在前人的
蒙童教材的基础上根据教学时的具体情况编写而成。以四言为主，也时
有五言和六言。六言体在德藏瑶族启蒙读本中有见，而美馆藏的两册字
书都属四言体。

作为字书，《杂字》在宋代就有了。南宋诗人陆游《秋日郊居》第
三首，诗下自题道："农家十月乃遣子弟入学，谓之冬学。所读《杂
字》、《百家姓》之类，谓之村书"，可见，在宋时《杂字》就已广泛
流行。

明清时以及清末民初，《杂字》有了更大的普及。且分出了专用杂
字读本，有《庄农日用杂字》、《妇女杂字》等。综合类杂字中的门类
剧增，有手抄本和刊本两种。前者有"宣统二年抄本（公元 1910
年）"、"中华民国五年抄本（公元 1916 年）"；后者有《四言杂字》、
《新刻四言杂字》、《新刻增补四言杂字》、《己亥新刊音注四言杂字》、
《绘图四言杂字》、《改良绘图四言幼学杂字》、《日用杂字》、《绘图中
西日用杂字》等诸多版本。刊家有"成文堂梓行"、"聚三堂梓行"、
"准兴成梓行"、"锦幸图书局"、"天津义合堂书笔庄自梓"、"上海刘
德记书局石印"、"上海广益书局发行"。其中"成文堂梓行"的年款为

---

① 黄季刚：《文字声韵训诂笔记》，台北：木铎出版社 1983 年版，第 13 页。
② 张新朋：《敦煌写本〈开蒙要训〉研究》，博士学位论文，浙江大学，2008 年，第
13 页。

"光绪三十二年"。不管是抄写者还是刊印者,其抄、印目的都是为了家庭、家族和社会"启蒙劝学,传承文明"的需要。

《杂字》的分类情况复杂,依不同功用而异。分有标题分类和无标题分类两种。分门别类的有:花木门、杂食门等,或菜蔬类、五谷类、(晕)荤食类、油名类、酒名类、衣裳类、宗族类、天文类等。

为满足民间日常生活之所需,《杂字》内容皆通俗易懂,语言口语化,字多鄙俗,并非大雅之作。编者姓氏大多都无可考订,而史志多不记载,成书年代也不易确定,现存版本断代多为清末民初。

美馆藏瑶族此类读本有《杂字》(D001)和《天下两京书》(D002)两册。前者因原抄本破损无首,书名佚失,现书名《杂字》是笔者依据全书内容,并参考瑶族其他同类读本校订后添加的。

《天下两京书》与《杂字》一样,是在整合地域知识的基础上编撰的瑶族识字类启蒙读本。其内容与乡间日常生活、农事耕作、渔猎养殖联系紧密,是集合百姓日常生活中重要且常用字词编撰而成。

美馆藏瑶族识字类启蒙读本从体例到内容都有别于官府所推行的识字教材,主要是以识字为目的,在注重识字的基础上,授以各类生活常识,包含如天文、地理、动植物、礼仪伦常、历史文化等综合性知识。文字生动,通俗易懂,有些地方颇有趣味。但由于编者的时代和认识的局限,这类读本在传授知识的同时也灌注了一些封建伦理道德,甚至流露出落后的观念和意识。

(二) 德行类启蒙读本

德行类启蒙读本,侧重于传授伦理道德知识及为人处世、待人接物的准则。其教育目的是促使蒙童形成早期的道德观念,养成良好的道德行为规范。美馆藏瑶族文献中的德行类启蒙读本种类较多,有《破理》、《盘古记》、《九经书》和《增广贤文》,这些读本主要以儒家思想为主导,授蒙童以立身处世为人的基本道理,同时也灌输瑶族的人生理念与价值观。

这些读本与国内瑶族同类读本有着密切联系。例如国内的瑶族网和美国优勉瑶人史密斯·盘(Smith Panh)网站上都发布了《破理书》文本。国内瑶族网上的《破理书》注明有"现于十里村公社抄完,辛酉年九月初一日，1981 年 9 月 28 日盘富进誊抄"。两个网站上的《破理书》内容相同，从发布时间来看，美国优勉瑶人 Smith Panh 网站上的《破理书》来源于国内瑶族网。

Smith Panh 是从越南迁徙到美国的瑶人，瑶族名字是盘贵富。为了更好地传承和保存瑶族的传统文化，Smith Panh 编撰了 *Modern English-Mien and Mien-English Dictionary*（《英瑶和瑶英词典》），并且建立了一个与《英瑶和瑶英词典》相关的网站——Smith Panh 网站。Smith Panh 在网站上还发布了另一个版本的《破理书》，这个版本是 Smith Panh 于 2002 年依古本所编辑的，特别之处在于他对文本中的每一个字标注了瑶音，便于海外瑶人传承。

与识字类读本不同，该类读本以七言韵文体为主，间或杂以三言与五言。多为上下句式，两两相对，押韵上口。是瑶族以民间歌体形式进行传统教育的生动教材。

三　美馆藏瑶族启蒙读本的校勘与考释

本节着重对《杂字》、《天下两京书》读本进行校勘与考释，对其他馆藏蒙学读本进行考辨与评点。

（一）《杂字》* 的校勘与考释

1. 美馆藏《杂字》概貌

《杂字》为册子本，封面与首页缺失，多数页角有残损，其余部分大体完整。规格 14.5cm×21cm，正文有 50 页，从右到左、自上而下竖行抄写。每页基本上是 7 竖排或 8 竖排排列，共有 353 排；每排 12—14 字，计 4660 余字。主要以四言句式为主，其间间或穿插三句式和六言句。无标点断句。

首题：缺失，现名《杂字》为研究者增补。

尾题：无

起：[尧] 舜禹汤，周公孔子，萧何伊尹，古圣先贤。

讫：反悔不测，勾当，来历，缘故。

尾款题跋：无

美馆藏《杂字》用繁体汉字杂以瑶用俗字抄写成。书写不太规范，字体也并不规整，可见抄书人的汉字书写能力不高。《杂字》收录的基本上是庶民生活中的常用字，内容涵盖广泛。与世间流传的同类《杂字》相对比，美馆藏《杂字》没有类目，部分内容有传抄过程中的串杂痕迹。笔者按内容将其大致分为神鬼部、官位部、亲属称谓部、百工技艺部、狱讼部、体貌部、起居穿戴部、衣物部、女红部、宫室部、器具部、食味部、水果酥点部、菜蔬菜肴部、谷物部、竹部、花草香料部、农事部、商贾部、珠宝首饰部、药物部、文房四宝部、走兽部、兵器工具部、鳞介部、走兽部、虫蛇部、飞禽部、水部、山野植物部、乐器部、丧仪部、病症部、育儿部、俗语部等 30 余类，并为之增添了类目。

校勘采用统一的符号标注：凡标题右上方加＊号者表明原文缺失，校勘者依据其他线索添补的标题。"（ ）"为俗字、错字、误字订正。"（?）"为订正并存疑字。"［ ］"为脱字、缺字补正。"｛ ｝"为衍生字。"□"为因文本残损、字迹漫漶、潦草、怪异而暂时不辨字。

2.《杂字》的校勘与考释

以下选取神鬼部、官位部、亲戚称谓部进行重点校考：

【神鬼部】校订稿

［尧］舜禹汤　周公孔子　萧何伊尹　古圣先贤　当今社稷　天皇人皇　天仙鬼仙　水仙天神　地神山神　佛祖道祖　佛祖先儒　佛祖道祖　八洞神仙　众圣城隍　司命灶君　土地门神　判官小鬼　祖宗三代　阴司地府　十殿阎君　狱卒判官　魑魅魍魉　妖魔鬼怪　尘世□□

神鬼部 24 句，共 96 字，可分为圣人、神人、鬼怪三部分。"［尧］舜禹汤"至"古圣先贤"为圣人部分；"当今社稷"至"土地门神"为神人部分；"判官小鬼"到最后一句"尘世□□"为鬼怪部分。

【释义】

首句"［尧］舜禹汤、周公孔子、萧何伊尹"可以用后面的一组词"古圣先贤"来概括。因为他们都才能出众，功绩卓越。第一句"舜禹汤"中缺少"尧"字，是因为缺页的原因而丢失，故以缺字符号［尧］标明为缺字补正。"尧舜禹汤"是中国古代四位最著明的帝王，他们功绩卓越，德高望重，品质和才智都非凡绝伦，常被后人相提并论。

第二句"周公孔子"，两者都是圣贤之人，周公是西周初期杰出的政治家、军事家和思想家，被尊为儒学奠基人，孔子一生最崇敬的古代圣人之一。孔子是春秋末期的思想家和教育家、政治家，儒家思想的创始人。

第三句"萧何伊尹"，萧何、伊尹两位都是中国历史上才能出众的大臣，辅佐君主成就霸业。萧何，汉代第一任丞相；伊尹，商汤时的大臣。伊尹是商汤的老师，教汤"以尧舜之道要汤"，"而说之以伐夏救民"，辅佐商汤灭夏建商。

"佛祖道祖……土地门神"句，提到民间的佛道信仰及民间俗神，有佛祖、道祖、城隍、门神、灶君。其中八洞神仙为道教神祇，正统的上八洞神仙是指的三清四御太乙金仙，也就是道教地位最高的八尊神。亦有其他说法：道家谓神仙所居之洞天分上八洞、中八洞、下八洞。上八洞为天仙，中八洞为神仙，下八洞为地仙，总谓之"八洞神仙"。民间则专以汉钟离、张果老、铁拐李、韩湘子、曹国舅、吕洞宾、蓝采和、何仙姑为"八洞神仙"。

该部分的阴司神灵有十殿阎王、魑魅魍魉等。相传阴间由十殿阎王掌管，十殿阎王为汉族和瑶族共有的轮回转世信仰中的鬼神。瑶族认为人死后先回到梅山，见自己的祖先和亲人。如果这个人生前是个多行善的大好人，那么他就可以直接从梅山上天堂或者留在梅山与亲人一起生活。如果他生前有罪孽，那么就被牛头马面押送到地府，接受十殿阎王和判官小鬼的审判，遭受炼狱里的种种酷刑。

最后一句的后两个字因页脚残损而不可考，为不辨字，故以"□"标明。

【官位部】校订稿

朝廷皇上　万岁爷爷　皇亲国舅　皇叔国戚　皇后宫妃　千岁太子　公主附（驸）马　王孙公子　侯伯宰相　五府六部　将军元帅　总督抚院　布政按察　提督总兵　副将恭将　游击都司　守备经历　吏目典史　举人进士　解元状元　探花榜眼　翰林会元　贡生廪生　选拔监生　秀才武举　千百把总　文武朝臣　省府州县　大小官员

　　官位部 29 句，116 字，可分为皇族称谓、官职名称、科举名衔三部分。"朝廷皇上"至"王孙公子"为皇族称谓；"五府六部"至"吏目典史"为官职名称；"举人进士"至"秀才武举"为科举名衔。

　　【释义】

　　皇族称谓主要包括皇室主要家庭成员称谓和皇亲国戚后妃的统称。其中原来的称谓排列顺序为"侯伯公主"、"宰相附（驸）马"，将"侯伯"、"宰相"官职混杂于"公主"、"驸马"称谓之中，疑似誊抄时错位所致，故按称谓规律加以调整。

　　官职名称中"五府六部"为古代官职名。五府：西汉指丞相、御史大夫、车骑将军、前将军、后将军府。在明朝是中军、左军、右军、前军、后军五都督府的总称，统领全国军队的最高军事机构。六部：隋唐至清，中央行政机构分吏、户、礼、兵、刑、工六部。隋初于尚书省立吏、祠、度支、左户、都官、五兵六部。唐改祠部为礼部，度支为户部，左户为工部，都官为刑部，五兵为兵部，统归尚书省管辖。宋沿袭未改。元六部归中书省管辖。明废中书省，六部独立，直接对皇帝负责，相沿至清末。

　　元帅副将：武职官名。元帅从隋唐时开始，指统领全军之将领。副将为各级主将的辅佐将领。

　　游击：武职官名。始于汉，称"游击将军"。自唐至清，沿用为武官的官阶。

　　经历：文职官名。金于都元帅府、枢密院置经历。元枢密院、大都督府、御史台等衙署，皆有"经历"。明清都察院、通政使司、布政使司、按察使司等亦设置"经历"，执掌出纳文书。

　　吏目：古官名。元于儒学提举司及各州设吏目。明之翰林院、太常寺、太医院、留守、安抚、招讨、市舶、盐课诸司及都指挥司、各长官、各千户所、各州均有设置。清唯太医院、五城兵马及各州置之。除太医院吏目与医士类似外，其余或掌文书，或佐理刑狱及官署事务。

　　典史：官名。元始置，明清沿置，为知县下掌管缉捕、监狱的属官。如无县丞、主簿，则典史兼领其职。

科举名衔称谓有"举人进士……秀才武举"等句。科举时代乡试第一名为举人、举人会试第一名为会元。

贡生：指科举时代考选府、州、县生员（秀才）送到国子监（太学）肄业之人。

廪生：明清两代称由公家给以膳食的生员。又称廪膳生。

监生：在国子监肄业者统称监生。初由学政考取，或由皇帝特许，后亦可由捐纳取得其名。①

【亲属称谓部】校订稿

老爷太太　夫人奶奶　小姐姑娘　九玄七祖　高曾祖考　父母伯叔　己身兄弟　子孙曾玄　公公婆婆　外公外婆　姑爹姑妈　姨爹姨妈　伯爷伯娘　叔爷婶娘　阿爷阿［奶］　岳父岳母　哥哥嫂嫂　姐姐姐夫　妹妹妹夫　兄弟第（弟）媳　外甥表侄　堂兄堂弟　表兄表第（弟）　族兄胞弟　君臣父子　儿子儿妇　女儿女婿　侄儿媳妇　孙儿孙侄　兄弟朋友　夫妇妻妾

【释义】

此处 31 句，共计 124 字。从内容上看，这些基本上都是汉族使用的亲属称谓。可将这些称谓按辈分等级大致分为：长辈、同辈、晚辈。

长辈：公公婆婆、外公外婆、姑爹姑妈、姨爹姨妈、舅父舅母、爷娘伯叔、爷叔婶娘、阿爷阿奶、岳父岳母。

同辈：哥哥嫂嫂、姐姐姐夫、妹妹妹夫、兄弟弟媳、堂兄堂弟、表兄表弟、族兄胞弟、兄弟朋友、夫妇妻妾。

舅父舅［母］原字缺失，根据前后文可推断出此处残缺之字为"母"，即"舅父舅母"；第二处残缺之字"为阿爷阿［奶］"，根据前后文推断此处缺字为"奶"，即"阿爷阿奶"。

九玄：子、孙、曾、玄、来、昆、仍、云、耳；七祖：父、祖、曾、高、太、玄、显。

后辈：外甥表侄、儿子儿妇、女儿女婿、侄儿媳妇、孙儿孙侄。

序长幼，正人伦，是旧时代调节人际关系的主要手段。在乡土社会里，亲属称谓从小就要习读记牢，不得错乱。

---

① 本部分释义出自罗竹风主编《汉语大词典》，上海辞书出版社 2008 年版。

3. 几点评述

《杂字》的原作者不像是瑶人，很有可能是汉人或是受汉族文化影响很深的人士。母本的创作时间最早不过明清时期。主要有如下原因：

其一，一般来说，《杂字》收录的字词都是日常生活中常见、常用的。由上述内容可知美馆藏手抄本《杂字》收录的字词，多体现汉族的文化特色，并非瑶族的文化特色。

"（尧）舜禹汤、周公孔子、萧何伊尹"是汉族人所推崇的古代圣贤，美馆藏手抄本《杂字》把这些古代圣贤放在开篇的位置，足以证明他们的重要性。尽管部分瑶族从宋代开始，就接受封建统治者在瑶区所办的以"化民为俗"为目的的学校教育，开始接触儒家文化，但是瑶族最推崇的应该是他们本民族的杰出人物，汉族的这些圣人远不及瑶族本民族的"盘王"在他们心中的地位重要。如果这本《杂字》的原作者是瑶人，必定会把盘王等瑶人祖先或瑶族崇拜之神编入其中，而不是只将汉族所推崇的古代圣贤收录其中。

《杂字》收录的亲属称谓词为日常通用词，并非瑶族特有。瑶族的亲属称谓与汉族有所不同：同辈兄弟姐妹的称谓无太大区别，如盘瑶既没有"表兄弟姐妹"，也没有"堂兄弟姐妹"之分，他们的称谓与亲兄弟姐妹不分。① 花蓝瑶中亲兄弟姐妹与堂兄弟姐妹之间的称谓相同，姨表、姑表兄弟姐妹的称谓则有区别，需要在兄弟姐妹之前加一个发音与汉语"老表"相似的词，② 这个语音应该是受汉族影响产生的。富川的平地瑶则是把哥哥、堂兄称为"阿兄"，弟弟、堂弟称为"尾仔"，姐姐、堂姐称为"阿姐"，妹妹、堂妹称为"阿妹"。这些特征在亲属称谓部中均未体现。故推测这本《杂字》很有可能是由汉族地区传入。

其二，依据官位部用词可判断美馆藏手抄本《杂字》的母本创作时间早不过明清时期。因为其中出现的一些官职、科举称谓词多是在明清时期出现的。

总督，是明清时期的官名。"明初，有军事，命京总督军务，事已旋罢，原非一定官职。成化五年，专设两广总督，开府于梧州，以后各

---

① 胡起望：《瑶族研究五十年》，中央民族大学出版社 2009 年版，第 77 页。
② 同上书，第 139 页。

地逐渐增置，成为定制。清沿明制，并正式以总督为地方最高长官，辖一省或二三省，综理军民要政"。① 清钱大昕的《十驾斋养新录·十·总督巡抚》记述："总督字始见于汉书叙传，云总督城郭三十有六。……总督、巡抚之语由来已久，其定为官名入衔，则自明始"。由此可见，"总督"一词最早见于汉书，明代将其定为官名。

明初，由于朱元璋的改革，布政、按察、都司三个官名才被联系在一起。洪武九年（公元 1376 年），朱元璋着手整顿地方官制，将权力过分集中的行中书省改为承宣布政使司，并与提刑按察使司和都指挥使司，合称"三司"。相应设置了布政使、按察使、都指挥使分别掌管地方行政、监察和军事之权。

"提督、总兵、守备、把总"均是明清时期设置的武官。明代京营设有提督，文臣、武臣和宦官并用，为三大营的管操官。清代设提督军务总兵官，简称"提督"。"总兵"是明清统兵武官。明制，总兵官、副总兵官，无品级无定员。清代因袭其名，以总兵为绿营兵高级统领，正二品，分设于各省区，受提督和巡抚节制。"守备"是明清时武官。明以防守城堡的武官为守备，清绿营军官亦有此职。"把总"是明清低级武官，明代京营兵皆设有把总，清京师巡捕五营皆设把总，清代四川、云南等省土司也设土把总一职。②

科举制是中国古代封建统治者为选拔人才而设置的一种考试制度。兴起于隋唐，废除于清末。美馆藏手抄本《杂字》所收录的与科举相关的词语，最晚适用于明清时期的科举制之中。明朝是中国古代科举制的鼎盛时期，明朝的科举制不但沿袭了前朝的科举制，而且还对其进行了局部调整，使科举制的发展更加完善。因此，从明代开始出现了与前朝不同的科举名衔，这些名衔不少在清代亦得以沿用。如明代开始将科举考试分为乡试、会试、殿试三级。乡试第一名叫解元，会试第一名叫会元，殿试的第一名叫状元。殿试是由皇帝亲自出题策问，即所谓"天子亲策于廷"③。"（殿试）分一、二、三甲以为名第之次。一甲止三人，

① 徐连达主编：《中国行历代官职大词典》，广东教育出版社 2002 年版，第 861 页。
② 同上书，第 503—1076 页。
③ 《明史·选举志二》，卷七十。

曰状元、榜眼、探花，赐进士及第。"① 状元的名衔在明代特指为一甲第一名，并形成定制，清代亦如此。廪生，又称廪膳生，是明清两代称由公家给以膳食的生员。从明代开始，将地方府、州、县学经过童试来选拔的生员，按考试成绩分为廪生、增生、附生。明初，地方府、州、县生员俱有定额，《明史·选举志一》记载："生员之数，府学四十人，州、县以次减十。"② 清代此制度与明代略同。

由此可知，"总督、布政、按察、都司、提督、总兵、守备、把总"等，虽然个别词在明清之前就已经在使用了，但是将它们确定为官职却是在明清时期。更多的官职是在明清时期才开始使用的。明代开始实行了一些与前朝不同的科举制，将科举考试分为乡试、会试、殿试三级，明确了"解元、会元、状元以及探花、榜眼"等科举名衔的等级，出现了在明清两代由公家给以膳食的"廪生"以及"增生"、"附生"。

此外，"百工杂役"部分的"保甲练总"、"里长甲长"、"两班"、"内班外班"、"书办外郎"等，为明清时代州县吏役的总称。两班贵族（亦称士大夫）、书办，明清时期，府、州、县署名房书吏的通称，掌管文书，核拟稿件，嗣后用为掌案书吏的专称。外郎亦为官名。郎有议郎、中郎、侍郎、郎中，皆掌宫殿门户，出充车骑。没有固定职务的散郎称外郎。六朝以来，亦称员外郎，谓正员以外的官员。又宋元以来，对衙门书吏的称呼。亦指县府小吏。小说词曲中多用之。

再有，"起居穿戴"和"衣物"部分的"插簪子"、"包头系腰，裹脚缠足"、"燕尾"等词语，皆表现为明清时代的装束特征。

"燕尾"即"燕尾头"。清初时的普通旗女和汉族妇女模仿满族贵妇发饰，以高髻为尚，梳时在头顶后部将发平分两把，向左右方横梳成两个长平髻，两髻合宽约一尺，俗称"叉子头"（也称"两把头"或"把儿头"）。做叉子头时，又在脑后头垂下一缕头发，下端修成两个尖角，形成燕尾形，名谓"燕尾"。清吴士赞《宫词》对这种发式做了描写："髻盘云成两道齐，珠光钗影护蜻蜓。城中何止高于尺，叉子平分燕尾低"，对满族妇女的独特发式做出形象的描绘。

---

① 同上。
② 《明史·选举志二》，卷六十九。

哆罗呢，即哆啰呢。清朝初期，西欧国家使节来中国时，常向清帝进献哆罗呢绒。据《大清会典事例》记载：顺治十三年，荷兰国进物中有哆罗绒，康熙六年又进哆罗呢和哆罗绒。康熙九年，西洋国进哆罗绒。康熙二十五年，荷兰国又进哆罗呢和哆罗绒。雍正五年，西洋国又进大红哆罗呢，乾隆十七年又进各色哆罗呢。

这些明清时代的时尚装束和日用百货，都是时代特征的见证。

其三，关于《杂字》的流传地域。

《杂字》中有"马蚜井蛙"和"站立打蹬"句。"蚜"和"打蹬"一词为客家语。客家语，简称客语，又称客话、客家话，主要集中分布在粤东、闽西、赣南地区，并被广泛使用于中国南方（含台湾），海外一些华人地区。

"蚜"读作 guǎi，意思是：青蛙，① 这个字也常在南方方言中出现，在广西柳州还有这样一句话：你是我的蛇仔，我是你的"蚜"。

"打蹬"，台湾客家话的意思是直立。张维耿主编的《客家话词典》中，"打蹬"的写法是"打蹬"，意思是指婴儿开始学站立。②

故此，可以判断美馆藏手抄本《杂字》的产生与流传地域在客家人分布的岭南一带，其影响波及福建及东南亚地区。

(二)《天下两京书》的校勘与考释

《天下两京书》，册子本，首尾完整，宽 13.8cm，长 19.2cm，正文20 页，从右到左、自上而下竖行抄写。四言句式，句与句之间无严格的押韵，每页的句数不一，多为 10 句、12 句、14 句不等。计 242 句，968 字。均以繁体汉字杂以俗字抄写而成。

首题：两京书

尾题：一本天下两京书

起："天下两京，壹拾三省。"

讫："天地不亏，万代荣华。"

尾款题跋："完笔了，民国三十三年甲申岁次十一月初一日依古抄

---

① 张维耿：《客家话词典》，广东人民出版社 1995 年版，第 81 页。
② 同上书，第 31 页。

诚（成）"、"学生李承盟记读不错准此，孔门弟子盘财福出笔腾（誊）陆（录）莫呼可也"。

图8—2　美馆藏瑶族识字读本《天下两京书》　何红一摄

【校订稿】

天下两京，壹拾三省。各周府县，乡礼界方。

谋处地名，各有坟界。常（长）幼尊辈，老人后生。

丈夫汉子，媳妇老妻。农夫士子，士子读书。

做官之人，百姓当养。朝中宰相，草野农夫。

日月饮食，饭粥美汤。油盐蔬菜，芋头山姜。

茄子芥菜，苋菜苦［瓜］。豆角葫芦，冬瓜黄瓜。

碗盏茶杯，银壶锡瓶。早晚使用，器皿之类。

扇子雨伞，衣裳绵匹。䌷（绸）绢布匹，裙裤缎绫。

爷娘大哥，大嫂大姐。姑娘姐妹，外公外婆。

外甥外子，亲朋怜佑（邻友），朋友亲卷（眷）。

帽子鞋靴，山林峒（峒）内，猺獞山蛮。

猪羊鹅鸭，鸡狗头牲。养狗护家，猫仔捕鼠。

君子游行（行游），奴仆使换（唤）。

纸墨笔砚，椅子板凳。锦子灯笼，槟榔灰娄（篓）。

读书好子（仔），作贼丑人。高房瓦屋，朱盒笔架。

签筒棹慢（桌幔），官人所用。板子桝棍，小人之刑。

置牛耕田，可以养家。牧马蛮鞍，出入带（代）劳。

养猪喂狗，有钱使用。耕田种地，他时饱暖。

缉（绩）麻纺线，女人之工。买卖生意，男子之分（份）。

烫猪杀羊，心肝肚肺。迎接请客，礼拜下跪。

六亲九眷，巷口门楼。街前市上，各有称呼。

和尚道士，铙钹袈裟。鼓钞（沙）声响，经卷礼忏。

赈济什王，佛法无边。木匠之工，斧凿为先。铲削平木，锦墨正直。

锹锄镰刀，农家所用。鼎锅饭甑，铁勺瓢匙。

脚盆水桶，牛缆为绳。竹鞭犁耙，牛轭蓑衣（衣）。

石匠之工，造作碓磨。粳秥（黏）糯米，红白异色。

治（置）酒待客，设席排筵。酒醉颠倒，讲鬼谈天。

甜酸苦辣，咸淡相宜。葱蒜韭薤，老姜豆鼓（豉）。

盐梅（霉）酱醋，调和五味。蚊虫飞蚤，床帐被盖。

灶厨炭煮，香炒熬煎。缯网□网，捕鱼之具。

鱼□□笱，担（担）粪拥（壅）田。洒灰培养，禾苗大熟。

勤俭有吃，懒惰饥寒。未晚先睡，大晏才起。

东去西游，工夫懈怠。竹簟滕（藤）盘，捧茶待客。

酢酒醴藏，米粽糍粑。蜂蜜秒（沙）糖，甘甜香味。

贫穷自在，富贵多忧。门子皂隶，书房库吏。

绦编进贡，各项额外。羽毛翠毛，药材药味。

三年朝觐，抱毡册薄（簿）。户头殷丁，办纳钱粮。

药医先生，治料（疗）百病。地理先生，卜卦算命。

子午正针，寻龙点穴。

孔孟门徒，官居极品。天下万般，惟有读书。进退出入，循行规矩。

春来茂盛，梧桐叶落。松柏独茂，白（百）草俱零。

万物治（至）草，非义不交。劝人行善，善事昌隆。

叹（损）人利己，恶语伤人。田基水沟，筑涧挖坑。

夏浸秧种，芒种种田，耘耨击（及）时。

秋耒（来）大熟，剪获归仓，要吃慢舂。

唱歌作乐，老幼欢欣。嘴脸鼻耳，手脚眼股。

长短扁矮，嫩肥老瘦。

夜眠睡醒，尺寸高量。竖柱上梁，兴工起造。

田塘地宅，积留子孙。芝麻菜油，蜡烛辉煌。

缝补衣裳，针指线路。绸缎布匹。

契父同年，同伴难亲。盟镜照影，貌看观刑（形）。

筑墙围屋，壁（篱）笆围房。苑（茆）扇结盖，坐卧安居。

头盔铁帽，器械兵具。铳弩弓箭，护身防家。

太平由可，乱世莫乱①，箍□莫嫌。

草鞋皮鞋，破篾竺物，绵袜木套。

珍珠玛瑙，价值无比。牯牸牸牛，大小群队。公鸡阉割，唤作骟鸡。

项鸡生蛋，报晓公鸡。般（船）只木排，装载货物。

苍（仓）廒簧（柜）箱，夯抬肩挑。刀恶棍徒，唆拨借端。

朦胧瞎哑，耳聋跛脚。手足折断，瘫麻黑痣。

头癫疮疥，憨呆痴蠢。闯来撞去，闩闷坚固。

买卖仅（谨）记，百艺随身。贩卖贸易，图利养家。

莫学赌博，输赢无知。

公平正直，天地不亏，万代荣华。

完笔了，民国三十三年甲申岁次十一月初一日依古抄诚（成）一本天下两京书，伏与。

学生李承盟记读不错，准此，孔门弟子盘财福出笔腾（誊）陆（录）莫呼可也。

【释义】

"山林峒内，猺獞山蛮"。"峒"为"峒"的异体字，指瑶、壮等南方少数民族居住之地，或指山洞、石洞。"猺獞山蛮"句，为官府对南方少数民族的歧称。其中对猺、獞二字加犬旁，反映了统治阶层歧视少数民族，视其为另类的种族偏见，"山蛮"的字眼也充满贬义。

"枷棍"，其义之一是关押重犯的刑具，亦有"柳棍"之说。

"鼓钞"，疑为鼓沙，两种常用打击乐。鼓为寺庙、道观击打之鼓；沙，即沙锣，一种铜制打击乐器，行军时又作为盥洗用具。

"碓磨"，农村春谷、脱粒、加工食粮的工具。

"韭薤"，"薤"，草本植物，叶似韭菜，可以食用。

---

① 此句错乱后调整。

"缯网"，捕鱼工具。原文用俗字异写，右半部很像"鲁"，但明显少了中间一横，非"鲁"，而是"曾"的变形。"缯"字另有一义为猎取飞鸟的射具，此处应用作引申义，为捕鱼工具。

"扭粪拥（壅）田"，"扭"为"担"的俗写；"拥"为"壅"的音借字。

"大晏才起"，"晏"，迟，晚起的意思。

"牯牸牳牛"，牯，公牛；牸，母牛；牳，牛。——《玉篇》；牳牛：泛指牛。

"苍廒簣箱"，"苍"为"仓"字的借字，"仓廒"，粮仓之意；"簣"，"柜"的异体字。

"闩門坚固"，"闩門"为插在门扇后使之固定的小木棍，会意字。"闩門"，从门从丨，指竖插在门窗后使门窗推不开的棍子。湖南梅山人认为用"梢"表示竖插的门闩既不形象，又笔画多，就创造了"門"字。叫"横闩竖門"。这个字在梅山一些手抄"本经"上时有发现，民间在写信等活动中也会用到，但一般字典都未收录，只有《字海》收录了。①

几点评述：

其一，《天下两京书》为编者改编自汉文的习字读本，因开篇首句"天下两京，壹拾三省"而得名。"两"字是一个俗字。"两"字的俗写模糊了"两"与"西"的界限，为字形的辨识平添难度，使读者难辨究竟应读作"两京"还是"西京"？早在东汉时，就有人在广东乳源开筑了一条通往京都的道路，名叫"西京路"，此道经历代重修，到明代称"西京古道"，是一条岭南通往中原的重要交通要道。所以，将"两"辨作"西"，读作西京书也不是没有可能的。

但是，仔细考辨，至少有两点原因可以证明它还是应考为"两"字。

首先，在《猺人出世根底》中有这么一句话"奉国普天之下一十三省，南北两京"、"评皇券牒，发天下一十三省，南北两京"②，此句

---

① 谢五八：《梅山文化中的俗字》，2009 年 11 月 29 日，梅山网（http：//www. mei-shan. com/web3wz/index. asp）。

② 黄钰：《评皇券牒集编》，广西人民出版社 1990 年版，第 29 页。

在瑶族重要文献"过山榜"中多次被提及。因此，瑶族文献中的"丙京"字，考作"两京"比较靠谱。

其次，在中国各朝代的行政区划中，明朝行政区的一个显著的特点是高层政区三司分治，承宣布政使司（简称布政司）、提刑按察使司（简称按察司）、都指挥使司（简称都指挥司）分掌地方军事、行政、监察之权。三司中以布政使司及下辖的府州县为明代正式的地方行政区划，及通常所谓的"两京十三省"①。因此，"天下两京，壹拾三省"，系"两京十三省"之"两京"无疑。

虽《天下两京书》末页注明为"民国三十三年"（公元 1944 年）所抄写，但这个时间只能证明《天下两京书》的誊抄时间，并不等于它的母本的产生时间。依据开篇首句"天下两京，壹拾三省"以及抄本中多处具有时代印记的语词判断，《天下两京书》的母本创作时间应在明代。

再次，《天下两京书》中有"猺獞山蛮"一句，其中，"猺獞"两个字都带"犭"旁，有明显的歧视之意。这也是一个带有明显历史痕迹的词汇。"猺"旧时指瑶族，"獞"旧时指壮族。关于"猺"字的使用时间可以追溯到宋代之前。宋代周去非《岭外代答一》记载："猺人执黎弓，垂箭箙，戴兜鍪，佩黎刀。"② 这是较早出现的"猺"为瑶人的辱称。元代以后文献中出现大量带"猺"字的称谓，明代史志"猺"字出现得更多。"元代，瑶族南移大量进入两广地区。封建统治阶级推行民族压迫和民族歧视政策，把'徭'字改为带有犬字旁的'猺'，出现了'猺'、'蛮猺'、'猺人'等带侮辱性的称谓。"③ 在明朝，广西境内的少数民族，一律统称为"猺獞"。据《明史·广西土司传叙》记载："若粤之獞之黎，黔楚之猺……皆无君长，不相统属。"④ 明代，由于封建王朝的压迫，瑶族人民反抗封建王朝统治斗争持续不断。"在《明史》的记载中，有关'叛猺、猺乱、猺贼、徭党、猺寇'的记载之

---

① 郭红、靳润成：《中国行政区划通史（明代卷）》，周振鹤编，复旦大学出版社 2007 年版，第 1 页。

② 宋·周去非撰：《岭外代答一》卷二，中华书局 1985 年版，第 20 页。

③ 奉恒高主编：《瑶族通史》，民族出版社 2007 年版，第 7 页。

④ 《明史·广西土司传叙》。

多为历朝少见。"① 清代一些古籍文献中，仍袭用"猺"，史称"猺"、"猺蛮"、"猺人"、"猺民"、"山峒猺"，这些带有侮辱性的称呼一直沿用到国民党统治时期。据此也可推断《天下两京书》的母本创作时间。

由于此书为汉文改编，其中内容难免带有封建统治阶级和大汉族主义观念的意识。除上所举"猺獞山蛮"句，还有"做官之人，百姓当养"、"君子游行（行游），奴仆使换（唤）"等句，皆流露出根深蒂固的大汉族主义观念、官本位思想和轻视平民百姓的主奴意识，这又是它与生俱来的糟粕所在，是今天阅读时应正视并摒弃的消极因素。

（三）其他蒙学读本的考辨与评点

1.《盘古记》*

美馆藏手抄本《盘古记》有两册，以格言体与七言歌句体编写，句与句之间部分押韵。以繁体汉字杂以少数瑶用俗字抄写，字迹工整、清晰。

其中一部编号 D009 的《盘古记》，册子本，首尾完整，少数页面有残缺，宽 19cm，长 26cm，正文有 15 页，从右到左、从上到下竖行抄写，每页 12 句，共有 180 句，1260 余字。

首题：无，据篇尾句"凑成一本盘古记，留传后代子孙贤"判断标题应为"盘古记"。

起："自从盘古开天地，三皇五帝置人民。"

讫："凑成一本盘古记，留传后代子孙贤。"

尾题：无

尾款题跋："民国伍拾陆年丁未岁伍月贰拾完笔"（公元 1967 年），"师傅谢新华抄赠"。

另一本编号 D010 的《盘古记》*，册子本，首尾完整，少数页面有残缺，宽 14.7cm，长 24cm，正文有 20 页，从右到左、从上到下竖着抄写，每页是 10 句，共有 200 句，共 1400 余字。

---

① 胡起望：《瑶族研究五十年》，中央民族大学出版社 2009 年版，第 35 页。

首题：无

起："自从盘古开天地，三皇五帝置人民。"

讫："凑成一本盘古记，留传后代子孙贤。"

尾题：无

尾款题跋："民国伍拾陆年丁未岁伍月贰拾完笔"（公元 1967 年），"师傅谢新华抄赠"。

两本《盘古记》在末页都写有"谢新华抄"，都没有注明书名。以"盘古记"作为书名，是因为正文的最后一句明确地写道，"凑成一本盘古记，留传后代子孙贤"。两册《盘古记》在内容编写上总体一致，表述略有不同。从头到尾都贯穿着"孝悌"的主旨，告诫后生要孝敬父母、兄弟和睦、夫妻恩爱相敬、为人勤勉等，为传统道德教育读本。

笔者到美国西部瑶人社区调研时，又发现多部正在他们手中传抄使用的《盘古记》，美国瑶人亦称之为《自从》，名称来源于该书首句"自从盘古开天地，三皇五帝置人民"。海外瑶人无论走到哪里，都不忘自己为"盘古"子孙的寻祖追根意识，格外令人感动。

2.《破理》

《破理》在瑶族民间又称《连文代古书》。《破理》得名于开篇首句"天下文章破理明"。"破理"的字面意思是剖开纹理，喻剖析事理。出自南朝刘勰的《文心雕龙·论说》："是以论如析薪，贵能破理。斤利者，越理而横断；辞辨者，反义而取通。"正如"破理"一词的字义一样，《破理》整部书都是用生活化、简朴的语言阐述平实、通达的社会事理。

美馆藏手抄本《破理》有三册，都是用繁体汉字杂以瑶用俗字抄写，字迹工整、清晰，内容上大同小异。一般信息如下：

《破理》*（D006）

册子本，首尾完整，少数页面有残缺，宽 15.5cm，长 22.5cm，正文有 32 页，从右到左、从上到下竖着抄写，每页 6 竖排，共 192 竖排，每竖排 11—13 字不等，共 2800 余字。

首题：无，据同名另本命名。

起："天下文章破理明，世间传报众祥情。"

讫："奉劝后生念记心，聪明读熟不差行。"

尾款题跋："民国伍拾陆年丁未岁叁月初拾完笔"（公元 1967 年），"师傅谢新华抄赠"。

《破理》（D007）

册子本，首尾完整，宽 13cm，长 21cm，正文有 28 页，从右到左、从上到下竖着抄写，每页 6 竖排，共 162 竖排，每竖排 14—17 字不等，共 2800 余字。

首题："破理"，"置主陈元广进记号"。

起："天下文章破理明，世间传报众祥情。"

讫："奉劝后生念记心，聪明读熟不差行。"

尾款题跋："民国陆拾陆年丙辰岁新正月初拾柒日抄成"（公元 1976 年），"谢新华抄"。

《破理》* （D008）

册子本，首尾完整，少数页面有残缺，宽 17.2cm，长 21.5cm，正文有 32 页，从右到左、从上到下竖着抄写，每页 6 竖排，共 189 竖排，每竖排 11—14 字不等，共 2800 余字。

封页有"李有卯"字样。

首题：无

起："天下文章破理明，世间传报众祥情。"

讫："奉劝后生念记心，聪明读熟不差行。"

尾款题跋："民国伍拾伍年丁未岁柒月贰拾贰日完笔"（公元 1966 年），"谢新华抄"。

《破理》内容多以口语化的言语加以俗语、谚语编写而成，反映了人们的生活经验、生活态度和伦理道德评价。

如："人有失错，马有漏蹄"、"君子谋道，小人谋财"、"好马不吃回头草"、"大事化为小事，小事化为无事"、"天黄有雨，人黄有病"、"入门看脸色，出门看天色"、"富贵由天"、"大富由命，小富由勤"、"肥水莫过外人田"等。文中的句子大都语言通俗而精练，形象生动，句式整齐，朗朗上口。

3.《九经书》

《九经书》*（D011）

册子本，首尾完整，少数页面有残缺，宽 17cm，长 24cm，正文有 36 页，从右到左、从上到下竖着抄写，五言句式，每页是 10—12 句，共有 194 句，共 2400 余字。

首题：无

起："初开置天地，置立九经书。"

讫："九经书一本，教训小儿郎。"

尾题：无

尾款题跋："民国伍拾伍年丙午岁仲腊月初九日抄成"（公元 1966 年），"师傅谢新华抄赠"。

以《九经书》做书名，来源于该册子正文中的"初开置天地，置立九经书"和"九经书一本，教训小儿郎"句，国内广东乳源《八排瑶古籍汇编》中亦有同名文献收录，二者可互证。现美国瑶人手中皆藏有《九经书》抄本，他们称之为《初开》。名称由该书首句"初开置天地，置立九经书"而来。《初开》与《自从》一样，是美国瑶人从小必读之启蒙教科书。

美馆藏《九经书》正文分为："前言，1. 孝经戒曰，2. 论语戒曰，3. 孟子戒曰，4. 尚书戒曰，5. 周易戒曰，6. 毛诗戒曰，7. 七制戒曰，8. 九经戒曰。《八排瑶古籍汇编》① 收录的《九经书》是道光二十七年（公元 1847 年）所抄成的，该版本的《九经书》正文分为：前言，1. 蒙求戒曰，2. 孝经戒曰，3. 论语戒曰，4. 孟子戒曰，5. 尚书戒曰，6. 周易戒曰，7. 毛诗戒曰，8. 七制戒曰，9. 九经戒曰，10. 议朝戒曰"。

两个版本内容上区别不大。所不同的是美馆藏版《九经书》将八排瑶版《九经书》中的"蒙求戒曰"部分合并在前言之中、将"议朝戒曰"并入"九经戒曰"部分。

---

① 李默、房先清编：《八排瑶古籍汇编》，广东人民出版社 1995 年版，第 834—839 页。

图8—3　美馆藏瑶族启蒙读本《九经书》　何红一摄

从时间上看，八排瑶版《九经书》的年代古老。它抄成于清道光年间，比美馆藏版《九经书》抄成时间早了119年。两个版本的《九经书》的主要内容均在讲述封建伦理、传授待人处事的道理，并且强调读书的好处。显然，两者间有着某种递承关系。

4.《增广贤文》

《增广贤文》又名《古今贤文》、《昔时贤文》，是我国民间流传的一本伦理道德的通俗读物。此书作者不详，成书时间亦不详。书名最早出现在明代万历年间的戏曲《牡丹亭》中，由此可推知此书最迟成书时间是万历年间。现通行的版本称为《增广昔时贤文》，经明清两代文人增补后而成，通称《增广贤文》。《增广贤文》中的语句多数集自历代的各种贤文、格言、谚语、俗语、成语，内容涉及广泛、包罗万象，从待人接物、做事为官、道德礼仪、人生哲理到典章制度、风物典故皆有涉及。美馆藏手抄本《增广贤文》有三本，其中两本题名简称为《增广》。

《增广贤文》（D003）

册子本，首尾完整，宽 16cm，长 25.5cm。正文有 44 页，从右到左、从上到下竖着抄写，每页 6 竖排，共 260 竖排，每竖排 13—15 字不等，共 4500 余字。

首题："增广贤文"，"学生邓文凤记号。"

起："昔时贤文，诲汝谆谆。"

讫："奉劝君子各宜守己，只此呈示，万无一失也。"

尾题：无

尾款题跋："民国伍拾陆年丁未岁陆月五完笔"（公元 1967 年），"学生邓文凤记号，师傅谢新华抄"。

《增广》（D004）

册子本，首尾完整，宽 15.5cm，长 25cm，正文有 43 页，从右到左、从上到下竖着抄写，每页 6 竖排，共 252 竖排，每竖排 12—16 字不等，共 4500 余字。

首题：增广

起："昔时贤文，诲汝谆谆。"

讫："奉劝君子各宜守己，只此呈示，万无一失也。"

尾题：增广

尾款题跋："甲寅岁七月二十六日抄完一本增广书。"

《增广》（D005）

册子本，首尾完整，宽 18cm，长 20cm。

首题：增广

起："昔时贤文，诲汝谆谆。"

讫："奉劝君子各宜守己，只此呈示，万无一失也。"

尾题：无

尾款题跋："民国二十五年正月初三"（公元 1936 年），"陈富珠记号，师傅谢新华抄赠"。

以上美馆藏三本《增广贤文》都用较为规范的繁体汉字抄成，字迹工整、清晰。可见该书的抄书者对汉字的熟知度很高，能够书写较为规范的汉字。从内容上来看，它们与汉族通行的《增广贤文》①没有太大的区别，只是个别的字、词、句不同、个别内容或增或减而已。仅以编号 D004 的《增广》为例：

汉本中"水太清则无鱼"，在美馆藏本中则是"水太清则鱼无"；汉本"莫把无时作有时"，在美馆藏本中是"莫待无时想有时"，这些字、词的差异并没有影响该句内容的表达。"相逢好似初相识，到老终无怨恨心"、"庭前生瑞草，好事不如无"、"光阴较黄金为贵，一世如驹过隙"，这些美馆藏本里面的内容，汉本中没有。再如，汉本中"宁可正而不足，不可邪而有余"、"磨刀恨不利，刀利伤人指"、"莫待是非来入耳，从前恩爱反为仇"、"人无横财不富，马无夜草不肥"、"人为财死，鸟为食亡"等内容，美馆藏本则无。

还有美馆藏本《增广贤文》中附有身着瑶服的男女插图、末页用于记账，这也是瑶族手抄文献所显示出来的外在特征。

四 美馆藏瑶族启蒙读本的特点

（一）与汉文化联系密切

瑶族和汉族在长期接触过程中，文化上相互交流、吸收，相互影响。这种因民族交往而产生的文化接触与交融是一种文化涵化的现象。文化涵化，"是文化变迁的一个主要内容。指不同民族接触引起原有文化的变迁，由于接触外来文化而产生了不同民族的文化相类似"②。文化涵化，也就是指不同文明间接触产生的文化特质的传播和借用。瑶族是一个不断迁徙的民族，在迁徙的过程中，必然与其他民族发生频繁的接触，从而受到其他民族文化的影响，文化涵化也就在所难免。

历史上瑶族长期与汉族接触，受汉族文化影响，瑶族文化体系中所借用的汉族文化因素非常多。瑶族文化与汉文化千丝万缕的联系，在美馆藏瑶族启蒙读本中也得到明显的体现，主要体现在文字和儒家文化两个方面。

---

① 徐梓、王雪梅：《蒙学辑要》，山西教育出版社 1992 年版，第 43—50 页。
② 黄淑娉、龚佩华：《文化人类学理论方法研究》，广东教育出版社 1996 年版，第 217—218 页。

文字是记录语言和传达语言的书写符号，它是文化发展到一定阶段的产物，是人类进入文明时代的标志。瑶族过去只有语言没有文字，历史上和汉族与周边民族杂居，接触汉字的时间是很早的。随着汉族道教传入瑶族地区，汉字也随道教文化传入瑶区。宋代以来，中央封建王朝就在瑶族地区开办"学舍"，推行"以儒为教"，"开化瑶民"。元明清至民国，瑶族地区都设立学校，向瑶族子弟教授汉字，使瑶区逐渐掌握和使用汉字的人增多。

瑶族先民一方面接受汉文化，用汉字记录着民族的历史和文化，保留了大量珍贵的手抄文献资料，另一方面将汉文化与瑶族文化进行融合，从而形成不同于汉文化的瑶族特色文化。文化融合"是指两个不同文化系统的特质融合在一个模式中，成为不同于原来的两个文化的第三种文化系统，先前的两个系统已不存在，但可以从这个新的系统看到它源于前两个系统"①。《广南府志》卷二《风俗》载：瑶人"男女皆知书"。民国《马关县志》卷二载：瑶人"有书父子自相传习，看其行列笔画似为汉人所著，但流传既久，转抄讹谬，字体文义殊难索解。彼复实而秘之，不轻示人，愈不可纠正矣"②。这里"书"应是"瑶书"，即瑶族典籍。文献记载瑶书的"字体文义殊难索解"，这也从一个侧面说明瑶族在学习、使用汉字的基础上的改良与创新，即开始仿效、借用汉字的结构，创造的一种瑶用文字。这种文字与汉字构字方式相仿，通常被学者们命名为："古瑶文"、"方块瑶文"、"瑶化汉字"、"瑶喃字"等。关于瑶族与汉字文化的关系，本书第三章有专节论述，此处从略。

中国封建统治者推行儒家"以道德教化治国"的主张，对少数民族实行强制的同化政策，以达到化民为俗的目的，从而抑制、平息少数民族的反抗，维护、巩固封建王朝的统治。从宋朝开始，中央封建王朝在瑶区建立学校，进行"开化教育"，"以化服其心"，从思想上同化瑶民。瑶区学校教育的发展，也促进了汉族儒家文化在瑶区的传播。

儒家文化作为中国两千多年来的正统文化，对瑶族的传统文化产生了巨大的影响，儒家思想潜移默化地融入了瑶族的伦理道德观念中。瑶

---

① 黄淑娉、龚佩华：《文化人类学理论方法研究》，广东教育出版社1996年版，第226页。
② 云南省编辑组编：《云南方志民族民俗资料琐编》，云南民族出版社1986年版，第116—117页。

族接受了儒家"三纲"（即君为臣纲、父为子纲、夫为妻纲）、"五常"（指"仁、义、礼、智、信"）为核心的伦理道德观念，以此扩展和深化瑶族"耕、读、孝、善"①的传统道德观念。瑶族启蒙读本将儒家文化融于瑶族启蒙教育中，汇编出适合瑶族子弟的启蒙读本。美馆藏手抄文献《杂字》、《天下两京书》、《盘古记》、《九经书》、《破理》的内容，有的直接来自儒家经典。例如《九经书》，八个部分分别是：孝经戒曰、论语戒曰、孟子戒曰、尚书戒曰、周易戒曰、毛诗戒曰、七制戒曰、九经戒曰，皆出自儒家经典；瑶族本《增广》更是照搬汉本《增广贤文》。有的虽经增删修改，为我所用，但仍体现出浓郁的儒家文化特色，其编排形式也都深受儒家文化影响。

这些启蒙读本的题跋，也直言不讳地标明抄录者的儒家弟子身份。《天下两京书》末页写有"孔门弟子盘财福出笔誊录"，抄书者盘财福以"孔门弟子"自称。只有深受儒家文化影响，对孔子言说崇拜者，才会将"孔门弟子"置于自己的名号前。

美馆藏瑶族启蒙读本的儒家文化影响，主要表现在以下几个方面：

第一，忠孝观念。

"忠"、"孝"是儒家提倡的最基本的道德规范。孔子曰，孝慈，则忠。东汉许慎《说文解字》解释道："忠，敬也。尽心曰忠。从心，中声"；《汉语大词典》云："忠诚无私，尽心竭力"。古代忠的概念是很宽泛的，忠的本义就是尽心尽力，竭尽全力尽职尽责。"在国为忠，在家为孝"。"孝"被称为"百德之首，百善之先"。孝可以说是为人的基本条件，《孝经》载："天地之性人为贵，人之行莫大于孝。"这些观念也渗透在瑶族蒙学读本之中。

《盘古记》开篇便谈到"忠孝"。

　　　自从盘古开天地，三皇五帝置人民。唐尧舜禹多有道，一朝天子一朝臣。多少古人尽忠孝，贤良忠孝在朝廷。前人便说孝顺子，如今便说忤逆儿。

---

① 赵廷光：《论瑶族传统文化》，云南民族出版社 1990 年版，第 72 页。

强调"忠孝"观念自古存在。自盘古开天辟地以来，不管朝代如何变化，人们都应该对朝廷忠诚，对父母孝顺。摒弃其中被历代统治阶级一味强调的愚忠的封建糟粕，这种以"贤良忠孝"为主体的忠孝观念仍然是值得弘扬的传统美德。

《盘古记》虽以"忠孝"开篇，但"忠孝"二字中的"孝"，才是它更为提倡和接受的，这又是民间"忠孝"观与统治阶级所提倡的"忠孝"观区别之所在。由于孝是一切德行的根本，也是教化之源。所以《盘古记》从头至尾都在讲儿女"孝顺、尽孝"之理，与《孝经》中"夫孝，德之本也，教之所由生也"异曲同工，而且所述道理更为生动易懂。

> 十月怀胎娘身内，百般疼苦难出言。
> 临产受尽千般苦，娘奔死来儿奔生。
> 若是祖积阴功德，产下儿来娘复生。
> 有尿有屎娘便换，时时娘抱在怀边。
> 左边湿了右边睡，右边湿了娘自当。
> 若是两边都湿了，双手抱儿肚上眠。
> 抱时抱得肝肠断，哭时哭得心中慌。
> 爷娘恩情如山重，养育辛苦似海深。

这部分花费大量笔墨讲述了父母养育子女的不易：母亲要经历十月怀胎的煎熬、临产的千辛万苦、产后哺育幼儿的艰辛……每夜为儿端屎把尿，移干就湿，怀抱婴儿无法安睡的细节描述，更是感人至深。这些描述都旨在说明父母养育子女的不易。告诫子女要孝敬父母，报答父母的养育之恩：

> 古人行孝多感应，至今万代永留传。
> 知得书中行孝义，万事莫忧也莫愁。
> 二十四孝注（著）书史，遗留千古永传扬。
> 盘古圣贤传世语，各人读熟记在心。

"行孝义"表达的是从古至今的中华传统美德。

第二，和睦观念。

儒家强调"仁者，爱人"，就是人与人的关系要友善、和睦。"和睦"是儒家追求的一种家庭和自然、社会相和谐的状态。这就要求人们在家要做到兄友弟恭；在社会上要做到"泛众爱"。这种"和睦"的观念在瑶族民众中影响也很深。

> 大哥年长为父母，早晨吩咐听言章。
>
> 兄弟有事来商议，都是同胞共母生。
>
> 九族六亲不相认，将钱去认别人亲。
>
> 亲胞兄弟不和睦，将钱买肉外人分。
>
> 须当和睦亲兄弟，兄弟说话莫高强。（《盘古记》）

所谓"长兄如父"，就是要求家庭中年长者对年幼者尽父辈之责，关爱弟妹；年幼者则对比年长者恭敬、尊重，这是"长幼有序"的人伦关系的体现。家庭兄弟之间应该相互帮助、关系融洽，"兄友弟恭"。扩展到社会上，人与人之间也应该相互恭敬、尊重，相亲相爱，和睦共处。

儒家"泛爱众"提出了构建和谐人际关系和为人处世的基本原则，人与人之间要做到宽厚待人、礼让谦和，彼此诚信相待，特别是发生意见分歧时，往往要"忍让"，这样才能维系社会的稳定。

> 好话说出来，恶人办理排。相争莫动手，闲话莫动口。动手打人有错理，闲话骂人有错语。凡事莫蛮理，君恩莫反情。
>
> 他人田头你莫占，他人田尾你莫争。争人田尾如同谋人风水，占人田头如同割人胫（颈）喉。（《破理》）

这里强调处理好邻里关系的重要性，只有邻里相安、息事宁人，才能营造平和的社会环境，维系社会的和谐。瑶族强调和谐，认为只有团结和睦才能更好地发展自己的民族，人与人之间要相互谅解，不能讲"斗"，追求以"忍"求"和"，为"和"而"忍"。

在中国封建社会"男尊女卑"观念影响下，女性的家庭地位低下。但在瑶族世界，女性地位不尽如此，相反社会对女性有较高的尊重。这些淳朴的乡风民俗也折射到瑶族启蒙读本中，更多地体现的是夫妻关系的和睦、地位的平等。

> 奉劝世人为夫妇，五百年前配完来。
> 世上结配皆由命，十指何曾一样齐。
> 丈夫莫嫌妻像丑，妻莫嫌夫无运时。
> 时运不通君莫恼，皆因前生命定来。（《盘古记》）

表述夫妻应该相互理解、包容，不要嫌弃对方，要珍惜夫妻缘分、维护家庭和睦的夫妻互敬互爱思想。在当时"男尊女卑"的社会背景下，对女性给予如此的尊重，是一大进步。

第三，勤俭观念。

长久以来，勤俭一直被视为持家的美德，在规范人们的道德行为、人生价值评判中发挥着重要作用。《尚书》："慎乃俭德，惟怀永图"。瑶族是一个山地民族，生存环境恶劣，常常需要与"险绝"的自然环境做抗争，对勤俭尤其重视。将耕读为本、勤俭持家奉为美德，这些也反映在美馆藏启蒙读本之中。

> "为人莫贪家中坐，便要耕田去做工"
> "劝君莫睡日头红，早起三朝当一工。
> 若是全家都早起，免得求人落下风。"（《盘古记》）
> "勤俭有吃，懒惰饥寒。"（《天下两京书》）
> "闲人谋睡，懒人谋闲。"
> "当家耕种莫要嫌苦，勤俭招得财，命好招得宝。"（《破理》）
> "人生莫学懒，肥田教子孙"、"勤耕得饱食，大仓足（装）老禾"。
> "养得勤俭儿，家中百食足。养得懒堕（惰）儿，贫穷少禾谷。"（《九经书》）
> "勤俭在行，愚懞（懵）懒惰。"（《杂字》）

这些都强调了"勤俭为本"的重要性。"勤俭为荣，懒惰可耻"的荣辱观也被写入启蒙读本，成为人人必读的道德训条。

第四，勤学观念。

儒家非常重视"学习"、提倡"勤勉好学"家风。《论语》："学而时习之，不亦乐乎。"《礼记·学记》："玉不琢，不成器；人不学，不知道。"孔子说："十室之邑，必有忠信如丘者，不如丘之好学也"，认为"好学"比忠信更难能可贵。

> "农夫士子，士子读书"、"读书好子，作贼丑人"。
>
> "天下万般，惟有读书。"（《天下两京书》）
>
> "勤读得官职，文章达帝都"。"米为第一贵，五谷救人饥。书为第二贵，文章敬（惊）动人"。"书是人间宝，天下定安邦"。（《九经书》）

以上内容旨在强调"读书"的重要性。认为勤学不仅可以学到知识、培养好的德行，而且还可以"学而优则仕"，"文章惊动人"。勤学可以入仕的观念与旧时代科举制度不无关系，虽然在封建社会，少数民族备受歧视，很少有人出人头地，入仕升官的机会很小，但是也不影响他们对当时科举应试所代表的文化与教育的憧憬。瑶族是非常重视文化传习的，教育后人要从小勤奋好学，提高知识文化素养。无论在家庭教育，还是在宗教和社会教育场合，歌师傅、歌妈、歌娘以及师公、道公都会教育瑶人后代要努力读书，获得更多的文化知识。当然，文中掺杂的"万般皆下品，惟有读书高"的封建糟粕，也是应当摈弃的。

（二）识字教育与德行培养兼备

中国古代传统的启蒙读本通常在识字的基础上进行道德培养，道德培养和识字教育是相辅相成的，美馆藏瑶族启蒙读本亦如此。以识字为主要目的的《杂字》，除提供日常生活常识的汉字样本外，还巧妙地结构句子，形成一定意义的道德信条，将德行培养寓于识字教育之中。

例如："杀人放火，偷鸡盗马。偷营劫寨，非为胡行。犯罪犯法，枷号示众。""行凶作恶，受罪受苦；积德行善，受福受禄。"这些具有训诫和警示意义的文字灌注其间，能起到很好的道德引导作用。

《天下两京书》是一本识字读本，但它同时也灌输以生活常识和人伦道德，涉及为人处世、伦理道德、日常生产生活等方方面面的内容。

例如："长幼尊辈，老人后生。丈夫汉子，媳妇老妻。"

"爷娘大哥，大嫂大姐。姑娘姐妹，外公外婆。"

这些基本的称谓词除了教人如何识读和书写之外，同时也是一种社会人伦关系的启蒙，引导人们遵循长幼有序、尊老爱幼的基本道德规范。

"德行类"读本在进行道德培养的同时，也未忽略汉字知识的训练，如《盘古记》、《九经书》、《增广贤文》、《破理》，这类启蒙读本所收录的字与词，皆为老百姓日常生活用词用语，浅显易懂，实用性强。将它们按类别归纳，依照一定的含义建构成有意味的句子，便于读者在理解的基础上，接受渗透在字里行间的精神教化与文化启迪。

（三）南方文化特色突出

瑶族源于黄河、长江中下游一带，之后不断南迁。尤其是明清时期，瑶族南迁的脚步几乎遍布南方各省，并在岭南一带有一个相对稳定的定居过程。瑶族除保留有自己本民族的文化外，也吸收迁徙地文化。美馆藏瑶族启蒙读本中，就有不少反映岭南地域文化特色的内容。

作为典型的山地游耕民族，瑶族原本的生活方式是过山吃山，刀耕火种。但随着瑶族的不断向南迁移，他们的生活方式发生了变化。明清时期，部分瑶族开始结束原始的刀耕火种的游耕生活，定居下来，从事农田水稻的种植。

田基水沟，筑涧挖坑。夏浸秋种，芒种种田。
耘耥击（及）时，秋未（来）大熟。剪获归仓，要吃慢春。（《天下两京书》）

我国南方气候潮湿、温暖，适应水稻栽培。这八句话描述了水稻种植的时令、工序及步骤，是南方稻作文化的经验总结。

田基即田埂，"田基水沟"是水稻种植的必要条件，需要"筑涧挖坑"，引水灌溉。"夏浸秧种、芒种种田、耘耨击（及）时"句，讲从播种到薅草的田间管理，表达耕种要及时，不误农时的意思。芒种为二十四节气之一，《月令七十二候集解》："五月节，谓有芒之种谷可稼种矣。"意思是大麦、小麦等有芒作物种子业已成熟，晚谷、黍、稷等夏播作物也正值芒种季节。"秋末（来）大熟"，表达的意思是水稻在秋天里会成熟，迎来收获的季节。"末"为"来"的俗写之误。

"剪获归仓"，一个"剪"字体现了岭南一带少数民族收割水稻方式的特征。禾剪，是一种收获水稻的小型手执工具。"禾剪，又称手镰。广西壮、瑶、侗、毛南族古老的收割工具。由原始的竹、木、石等割穗工具演变而来。在手掌大的半月形木片上，嵌5厘米长的铁片作刃，用以逐穗割水稻等，工效甚低。"[1] "禾剪"因其形如蝴蝶，所以又叫"蝴蝶剪"。南方少数民族收水稻时多用"禾剪"剪取禾穗，捆成禾把让其自然风干，等到食用时再脱粒舂米。在大瑶山"广西壮族自治区上思县十万大山一带，还会举行'洗禾剪节'，这是瑶族民间节日。每年农历十月初十举行"[2]。"洗禾剪"，顾名思义就是把剪稻谷的禾剪洗干净放好，以待来年使用。瑶族民间认为，只有洗了禾剪，来年稻谷才会获得丰收。有些地方当天还要杀鸡、宰鸭、祭祖、吃团圆饭，以期盼来年有好的收获。

（四）诗体格式，书写工整

美馆藏瑶族启蒙读本一般都具有句式简短整齐，讲究对仗押韵的诗体特征。读起来朗朗上口，便于记忆。其诗体句式有三言句式、四言句式、五言句式、六言句式、七言句式，或三言、四言、六言、七言混合编排的句式。

其中《杂字》主要以四言句式为主，间或穿插少量三言句式；《天

---

[1]　张定亚主编：《简明中外民俗词典》，陕西人民出版社1992年版，第214页。
[2]　莫福山主编：《中国民间节日文化辞典》，中国劳动出版社1992年版，第366页。

下两京书》是四言句式；《增广贤文》采用三言、四言、五言、六言、七言，长句和短句交错的杂言句式排列；《破理》、《盘古记》都是七言句式；《九经书》是五言句式。这些读本大体上都讲究对仗，句与句之间无严格的押韵，但读起来抑扬顿挫，语句基本接近口语，易为受众接受。

五　小结

瑶族的民间教育有着悠久的历史。在官学进入瑶区之前，瑶族就通过家庭教育、社会教育、宗教教育的形式来进行自我启蒙教育了。官学进入后，瑶族的自我教育也从未因此而停止。瑶族在历史上被迫不断迁徙的艰难困苦中，不放弃子孙后代的启蒙教育，留下了大量的启蒙教育手抄读本。不仅国内有瑶族启蒙读本流传，境外也发现有瑶族启蒙读本。这说明瑶族从来就是一个在文化上进取的民族，他们拥有良好的民族教育传统。

图8—4　瑶山里的孩子们　何红一摄

　　美馆藏瑶族启蒙读本内容丰富、汉文化影响深厚、识字教育和德行培养兼备、多以诗体形式呈现。突出的地域文化特色和境外流传痕迹、使用汉字并杂以瑶用俗字来抄写和改编汉文经典，传习中华文化是其最主要的特点。

　　美国国会图书馆馆藏瑶族启蒙读本是瑶族传统文化的重要组成部分，是瑶族在漫长的跨国、跨洲迁徙过程中；在远离母语、身处异文化重围之中，随身携带的进行中华民族美德教育和汉字识字教育的工具，是延续瑶族文化的法宝。对其进行整理研究，有利于观察和了解瑶族在远离祖源国的文化背景下，延续祖传的认知教育和道德教育手段，传播自己的传统文化的途径。同时也便于从更广阔的文化视野中探讨世界瑶族文化传承与发展现状，拓展瑶族文化教育研究空间，提供海外瑶族教育研究的新视野，促进海外瑶族文化的抢救、保护和弘扬。

第九章

美国国会图书馆馆藏瑶族文献的
文化功能与价值

本章运用文化学理论，讨论美馆藏瑶族文献的文化功能及价值。认为美馆藏瑶族文献是以文本形式保存的瑶族"集体记忆"，再现了瑶族族源传说以及境外迁徙之史实。这种"记忆"具有文化储存与文化认同的功能：其中的一些核心符号，构成瑶族记忆链中的重要环节，是美国瑶人在新的文化境域进行文化重构的基础。在长期迁徙，远离祖源国而造成的文化"失忆"的情况下，这些记忆符号还起着文化"修复"的作用。

一 美馆藏瑶族文献的文化功能①

流散在美国的瑶族文献是瑶族数百年来漂泊迁徙历史的见证，是瑶族在多元文化背景冲突下自我保护的一个重要手段，也是瑶族人奉献给世界的一份珍贵的民间文化遗产。民族记忆是一个民族的珍贵历史记录，既是传统文化精神经验的储存器、民族文化来源，又是一个民族走向未来的起点和基础。梳理与总结美国瑶族文献与民族记忆的关系，有利于全面整理瑶族文化遗产，塑造瑶族文化形象，使之在世界范围内发扬光大。同时也有利于美国瑶族的身份认同与民族认同，促进中美瑶族联谊与互动，共建世界瑶族和谐家园。

---

① 本节为本书前期成果，以《美国瑶族文献与瑶族民族记忆》为题发表于《中央民族大学学报》2014 年第 5 期，收入时有所增删。

（一）美国瑶族文献与瑶族历史记忆

作为典型的"山地游耕民族"，瑶族传统的生产方式为"吃尽一山，则移一山"，刀耕火种，三五年后迁徙游移。世界瑶族的迁徙，可分为原住国境内迁徙、跨国迁徙和跨洲迁徙几大阶段。自称优勉的美国瑶人，属于瑶族中人口较多的主干支系——盘瑶，也是经历了跨国、跨洲大迁徙，走得最远的瑶族支系之一。在过去的几个世纪里，优勉瑶人一直是流亡者。"起初，中国封建统治政府迫使他们离开城市，搬迁到山上去，然后他们又不断地更换居所。有时候因为土地过于干旱，使得他们无法耕种土地获取粮食；有时候则是因为中国封建统治政府迫使他们搬迁。所以，他们从中国的中部流亡到东南亚（SE Asia）地区。即使是在老挝（Laos），由于战乱，他们也不得不从西部迁移到东部，接着又从东部迁移到南部，辗转流离于这个国家。所以，对于优勉瑶人来说，身为一名流亡者已没什么好大惊小怪的了。因为他们已经经历了几个世纪的流亡历史。"①

大约在明末清初（1600—1800 年），因人口压力、生活方式的局限以及天灾人祸、战争调遣等因素，一部分自称为"优勉"与"荆门"的"盘瑶"开始向越南、老挝、缅甸、泰国等地迁徙，并在当地定居。第二次越南战争（1954—1975 年）使已定居东南亚一带的瑶人再次转迁。当越战升级，战火从越南烧到邻国老挝。迁徙到老挝的"赫蒙"苗人与"优勉"瑶人都被卷入其中，死伤无数。战争的幸存者优勉瑶人冒着生命危险，渡过湄公河跑到中立国泰国避难，在那里的难民营度过数年后，才由联合国难民署安置至欧美各国。

在不断迁徙的过程中，经常受到迁徙地外来文化的冲击，瑶族尤其珍视自己民族的古籍。过去瑶族无自己的文字，民族重大的历史事件和家族、支系的重要信息，多用汉字与瑶用俗字抄写。这些祖传的抄本绘本和卷子被视为家族或族群的护身符随身携带，跟随瑶族迁徙的足迹四处漂泊，其中有一些能幸运地与主人相伴，成为瑶族在他乡延续自己民

---

① ［美］艾·乔伊·萨利、杜格·谢尔曼、迈克·斯威尼：《移动的山岭——美国优勉瑶人的迁徙故事》，李筱文、盘小梅译，民族出版社 2006 年版，第 29 页。

族文化的根基；有一些则在漂泊途中失落，随时光灰飞烟灭，成为人们追忆中的遗憾。

（二）美国瑶族文献的文化属性

美国瑶族文献有族谱、祖图、宗教仪式画、"过山榜"、歌书、启蒙读本、宗教经书、历书、占书、相病书、合婚书和启蒙读本等多类，以手抄手绘书册及卷子形式呈现。这批文献的年代属性以清代与民国居多，也有部分是瑶族在迁居国传抄的。关于这些文献的属性，笔者有以下判断：

首先，这些文献是瑶人世代相传的手抄文献，有别于"他者"身份记载的官方文献，属于民间文化范畴。它们由瑶人自己抄写或请人代为誊抄，全部为汉字手工抄绘。除经书、历书杂占、合婚书和少数文书家族谱外，多以民间文学形式呈现，是瑶族民众所共有的集体精神财富。

其次，它是一个迁徙族群在保存"民族记忆"过程中的选择性记忆结果，属于瑶族迁徙文化的一个重要组成部分。

记忆是为了防止遗忘而产生的人类心理活动。一个人的记忆代表着一个人对过去活动、感受、经验的印象累积；一个民族的记忆代表着一个民族对过去活动、感受、经验的印象累积。它是一个民族精神层面的知识和经验，是后代子孙赖以延续的精神支柱和力量源泉。每个民族都有着自己保存"民族记忆"的方式和经验。

瑶族保存"记忆"的方式，与其他民族一样，有口传心授、身体记忆、节日和仪式等文化空间记忆等。但尤其热衷抄存古籍，从古到今，延续不断，遂成传统。

另一个促使瑶族抄书的原因是瑶族的"挂灯"、"度戒"习俗，瑶族人称"奏档"。一般瑶族男性都要由瑶族师、道公举行这些仪式，仪式之后的功课之一就是抄录经书。"正是由于这种习经的事很兴盛。一些人未进过学校也能识许多字，有些还能写一手漂亮的汉字。"[1]

美国瑶族文献还是在漫长的迁徙过程中，瑶族支系选择性记忆的结果，属于瑶族迁徙文化的一个重要组成部分。文本便于携带，可超

---

① 张有隽：《瑶族传统文化变迁论》，广西民族出版社 1992 年版，第 57 页。

时空保存，并随时配合宗教仪式与民俗活动使用，是长期处于游移状态的"盘瑶"族群在当时条件下保存"民族记忆"最便捷的手段。一个民族可以丧失家园、土地、他所拥有的一切物质财富，但是只要人还在、祖先留下的精神财富还在，就一切都可以重建。这些文本记录，遂构成瑶族记忆链的重要环节，为境外瑶族文化与精神的重建提供依据。

来自泰国难民营的瑶族谈他们越战时逃难的经历时说："从老挝来到泰国，我们经受很多苦难，有的被杀死，有的病死或饿死，有的东西被抢光。但在任何艰难危险的情况下，我们祖宗传下来的《家先单》、《过山榜》、《盘王书》都随身携带。"① 在从泰国移居美国时，许多优勉瑶人都携带着这些珍贵的文本。凭着这些文本，作为难民的他们，在异国他乡一样能重建自己的文化体系，一样祭祀祖先、过"盘王节"、举办传统的婚丧礼仪，发展自己的传统文化。显而易见，瑶族以文本方式保存"民族记忆"，是为适应瑶族迁徙生活的需要，同时也体现瑶族记录和传承本民族历史文化的经验和智慧。

（三）美馆藏瑶族文献的文化储存功能

美国瑶族文献对本民族文化的储存功能，主要表现在记录和描绘族源及祖先来历、记录瑶族迁徙历史、传承民族传统文化等方面。

1. 瑶族远祖的记忆

美国瑶人离开故乡时代久远，但无论是在筚路蓝缕的道途中，还是在异地他乡安营扎寨、重建家园，思乡恋家情结日久弥深。美国瑶人尤为关注自己的族源家史，姓氏源流、祖先由来、祖辈所居郡望，将其记录在案，随身携带，以示不忘先祖之恩。

美国国会图书馆和美国瑶人手中都收藏的瑶族"过山榜"，相传为历代封建王朝赐给瑶族的安抚文书，但历代增附、添加的成分很重，属于历代瑶人集体添加、再造的"记忆"文本。美国国会图书馆收藏的四份"过山榜"抄件均为卷子式，图文并茂，讲述古代瑶族与汉族封建王朝一段非常特殊、微妙的关系：

---

① 黄钰、黄方平：《国际瑶族概述》，广西人民出版社 1993 年版，第 303 页。

瑶人根骨即系龙犬出身，自混沌年间，评皇出，得龙犬一，身长三尺，毛色斑黄，意异超群出息。一日，评皇龙颜大怒，意欲谋杀外国高皇，群臣计议，但无人承应，惟龙犬名护，于左殿踊跃起身拜舞，惊外国，高声言语应答，详言报主之恩，自有兴邦之志。不必君臣而计较，何须万马以行程，欲来求告天之机谋，看细微之动静。……

是时评皇大喜，将百味赐之，汝有人性之灵，如功得劳，朕将宫女配合。盘护领敕言，受食百味，拜辞而去。群臣送出于朝。护即走如云，飞身游大海，七日七夜，径到伊国中。遇着高王坐朝，亦且认得护非等闲之物，嘻笑曰：大国评皇有此龙犬不能用，投报我主，必定败也。……

不觉数日，高皇大国游赏百花行宫，酒醉不省人事，护存思报主之恩，发动伤人之口，咬杀高皇，截取头级，复回大海……①

图9—1　湖南江华档案馆收藏的"过山榜"，形象地描绘出瑶族祖先来历　何红一摄

关于瑶族祖先的传说，《瑶族通史》立有专节论述，认为盘瓠传说首见于载籍应是《风俗通》（东汉应劭）或《山海经》注（东晋郭璞）、《玄中记》（东晋郭璞），首见于史乘当推《晋纪》（东晋干宝），而完成于《后汉书·南蛮传》（南朝宋人范晔）。② 美馆藏"过山榜"

---

① 转引自经笔者校定的美国国会图书馆馆藏瑶族文献，编号B006。
② 奉恒高：《瑶族通史》，民族出版社2007年版，第74页。

中关于盘护的记载，与国内同类文献大抵相似。不过可能由于远离祖居国，"记忆场域"几番变迁；又处于异域文化的影响与包围之中，抄写者的汉语水平减退，以致抄件中借字、俗字、错字、别字百出，谬误甚多，经考证校订后方能卒读。其中大致的叙述情节是完整的，构成瑶族记忆链中最重要的环节。这正好说明盘护先祖在海外瑶人记忆中的神圣地位。再苦再难，瑶人景仰盘王，把盘王当作瑶人"根骨"和"血脉"的认祖归宗意志不变、血浓于水的亲情难以阻隔。

2. 瑶族迁徙历史的记忆

瑶族是我国古代民族中迁徙路线最长、迁徙过程最曲折的民族之一。这段迁徙历史也被瑶人同胞用传统信歌叙述出来。信歌亦称寄歌，一种专门用书写方式叙事抒情的长篇瑶歌。旧金山沙克拉门多市瑶人赵召山所作《信歌》，勾勒出瑶族几世纪的迁徙线路（见图9—2）：

图9—2　美国瑶人赵召山送给笔者的自编《信歌》自印本　何红一摄

当初齐共在中国，
几百年情（前）跑散休①。
齐共南京十宝殿，
随山耕种水行游。
……

————————

① 休：语气助词，押韵用，"了"的意思。

瑶人细小十二姓，
无朝所管度长秋。
刀耕火种游山水，
一山斩败二山游。
一份在落广东省，
一份分行过广西。
三份分行湖南省，
四份分行过贵州。
五份分上四州省，
六份云南省上游。
中国跑下交枝①地，
住在埠头一百年。
交枝跑下老挝国，
住在老挝二百年。
一千九百七十五，
寮国反朝②跑出州。
跑到泰朝③难民营，
住在难民一二年。
一千九百七十六，
头般④瑶人到美洲。
今世算来有三万，
分开四省瑶住州。
多份住在加州省，
二份住在俄勒冈。
三份落在华盛顿，
四份阿拉斯加行。⑤

———————

① 交枝地：交趾，越南。
② 反朝：战乱。
③ 泰朝：泰国。
④ 头般：首批。
⑤ 选自美国加州沙克拉门多瑶族赵召山送给笔者的《访问中国瑶族的歌》2005 年 8 月 15 日自印本，第 20—21 页。

　　歌中讲述：当初瑶族祖先居住在中国南京一个名叫"十宝殿"的地方，由于祖祖辈辈游耕的生产方式，"刀耕火种游山水，一山斩败二山游"。出于生计，同一祖宗的瑶胞，不得不分头逃难，四处谋生。足迹到达粤、桂、湘，云、贵、川等地，有的跑到更远的交趾和老挝，在那里分别居住一二百年。可是，随着越南战争升级，瑶胞不得已于1975年"跑到泰朝难民营，住在难民一二年"。1976年，东南亚瑶人始迁美国，"头般瑶人到美洲"，并陆续被安置到美国加州、俄勒冈、华盛顿和阿拉斯加等处居住……美国瑶人赵召山用《信歌》方式，写出一部浓缩的瑶族迁徙史。其中关于时间与地名的记载，为瑶族迁徙年代、迁徙地域与迁徙线路提供了有力的考证依据。

　　家住美国旧金山奥克兰的八旬老人赵富贵的《（寻亲）信歌》①，不仅记叙了瑶族境外迁徙路线，还记叙了迁徙中的一些重要史实：

　　　　　洪武年间反天底②，
　　　　　白头天底无桥游。
　　　　　庚辰年间大反乱③，
　　　　　中国大朝反乱州。
　　　　　奏反已（一）年不平定，
　　　　　返到枝南国④上州。
　　　　　枝南返到寮国地，
　　　　　打得已（一）年不太平。
　　　　　瑶人白苗⑤作掌国⑥，
　　　　　收兵作掌自寮州⑦。
　　　　　……

―――――――――

　　①　选自美国奥克兰瑶族赵富贵老人2009年6月送给笔者的亲笔手抄《（寻亲）信歌》本。
　　②　反天底：天下大乱。
　　③　反、反乱、大反乱：瑶族习语，指各类对朝廷的反叛、反抗活动。
　　④　枝南国：指交趾，越南。
　　⑤　白苗：指王宝领导的赫蒙苗民。
　　⑥　掌国：南掌国，即寮国。
　　⑦　寮州：寮国，今之老挝。

> 白苗黄宝①为官职，
> 收兵打得已（一）年修（休）。
> 寮国地方反败②了，
> 万民跑过泰朝州。
> 皇兵跑前民跑后，
> 跑过泰朝躲命生。

　　信中提到"王宝"之事，涉及 20 世纪 60 年代美国中央情报局（CIA）扶植和训练老挝山地民族组建"秘密军队"的秘密战事。当初美国当局利用在东南亚有影响的赫蒙苗人军事头领王宝，请他替美作战。并承诺，如果赫蒙苗族武装能赶走北越军队，美国今后将尽可能帮助这支武装；如果不幸失败，中情局会将赫蒙苗族人安排到"一个新的地方生活"。王宝同意了，赫蒙苗族人帮着美国打越南战争的征程由此开始，这一打就是 15 年。几十年来，CIA 对这一秘密战争讳莫如深，这支赫蒙苗族军队也就成了"消失的军队"③。最可悲的是，因为是美国中央情报局的秘密计划，多数美国公众至今还不知道事实的真相。美国越战纪念碑——这座被标榜"对个体的尊重"，深深镌刻着每一个为国捐躯者的名字的历史石碑上，却没有留下越战中山地民族牺牲者的半点痕迹。

　　近些年来王宝率领苗人参加越战的历史逐渐被披露，但是，优勉瑶人的介入并不广为人知。前文所举美国瑶族八旬老人《（寻亲）信歌》，某种程度上起着"正史"作用。正如老人所唱："并句清言传世上，留全（传）天底众人思。老人望尽世间事，乱造言文④传后人。"

　　由于瑶人迁徙是按照不同的宗族分小股移动，迁徙的线路不尽相同。所以美国瑶族的迁徙歌和迁徙故事，拥有不同的"表达"，表现为

---

　　① 黄宝：即王宝，黄、王一音之转。

　　② 反败：瑶族习语，指造反、反抗活动失败。

　　③ 葛元芬：《中情局在老挝的"秘密部队"：靠部族首领抵抗越共》，《环球时报》2011年1月11日。

　　④ 乱造言文："乱造"，瑶族信歌中常用的自谦之词，客气话。谦称自己作歌的水平不高，并非真的"乱造"。"言文"即"言辞"，歌词之意。

多侧面的"记忆"，这些迁徙歌和迁徙故事，可以帮助我们全面了解美国瑶族的迁徙线路与迁徙经历。

3. 为了强化的"记忆"——瑶族历史文化教科书

早在东南亚定居时，为了记录本民族历史、强化族群意识，瑶族就非常重视传统道德和历史知识的传授。大量的启蒙读本和道德教化读本，如《天下两京书》和《杂字》、《九经书》、《盘古记》、《三光宝》、《破理》、《贤文（增广贤文）》、《甲子歌》、《十二音郡歌》等，就是为了强化的"记忆"，伴随着瑶族的跨国跨洲大迁徙，充当瑶族的认知工具和"民族记忆"教材。

一个民族迁徙到异地，尤其担心失去自我。"维持自身身份的重要因素就是了解自己的氏族和亲人，这是我们的文化传统得以维系存在的根本途径。如果我们的孩子太过美国化了，他们将不再关心他们到底是谁，也将不再与亲人们保持联系，因此，在不远的将来我们将彻底迷失自我。我们可以变成美国人，但我们的面孔不会改变，我们不属于美国，不属于优勉，那时候，我们将什么都不是。"① 于是，美国瑶人延续祖先的抄书方式，继续传抄民族典籍；甚至用现代化手段打印传统汉籍读本，并试图用这些读本影响后代。

美国国会图书馆馆藏的《九经书》，由"师傅谢新华"依古抄存，记录着古代传下来的圣人经典："初开置天地，置立九经书。上界置天子，下界置农夫。一国管天下，人民四海居。""世上圣人言，金玉古今传……奉劝众诸生，须听圣人言。请师教子读，世上永流传。字遵洪武韵，音通四海明。是使后生子，不差一路行。"将中国古代圣人经典奉为金玉良言，劝世法宝，要请老师教给瑶族子孙，世代流传。

旧金山奥克兰市盘有寿先生收藏的《三光宝》（类似汉字《三字经》）读本，也书写着这样的文字："盘古孙，开学堂；有儿子，送书堂"……"儿多苦，得成书；用心记，后聪明；一本书，教后人"，强调中华传统文化源远流长，通达四海。盘古子孙只有牢记祖训，苦读好学，不忘圣贤教诲，才能立足于世的道理。

---

① 美国瑶人 Shaman 的叙述，转引自 Velazquez，E.，*Moving mountains：The story of the Yiu Mien*，New York，NY：Filmakers Library，由中南民族大学吴光译。

（四）美馆藏瑶族文献的文化认同功能

作为文化空间，异域是产生民族认同与国家认同的重要场所。美国瑶族由一个传统的山地游耕民族，在迁徙国度遭遇不幸，沦为战争难民。几经磨难、九死一生后又被安置在欧美大陆，一下子又被投入现代文明的重围。巨大的文化落差使他们"产生认同的情景因素"，迫切地需要获得文化认同。于是，凭着老祖宗留下的祖源"记忆"文本，展开一系列寻根问祖、寻亲认宗行动。

1. 美国瑶族文献的文化识别功能

族群是一个共同体，内部成员坚信他们共享的历史、文化或族源，而这种共享的载体并非历史本身，而是他们拥有的共同的记忆。[1] 共同的历史经历和社会体验造就美国瑶人特殊的民族心理，通过民歌和神话传说保留在民族记忆中，构成瑶族文化基因核心内容，自然也构成瑶族"民族记忆"的核心"符号"。"符号"在凝聚族群认同及维持族群边界线中起的作用十分重要，"这种符号是由群体成员共享的，并常常由局外人和局内人所认识"[2]。

"过山榜"即为瑶族"民族记忆"中的核心符号，也是识别"盘瑶"族群的主要标志。"过山榜"托借"盘护"帮助汉族评王退敌的传奇故事，确立瑶族与中央集权之间的特权地位。"树立了自己是盘护子孙的信念，也对自己与中央王朝或曰主流民族的关系有了一种认识：在族群内部，券牒声称十二姓瑶人本是一家，'正是树开千枝，如木皆本乎根，如水之分派，万派本乎源'。"[3] 这对不同支派不同姓氏的瑶人保持共同的族群认同有莫大的帮助。因此，瑶族民众世代保存券牒，恐怕主要并不是为了它的真实性，而是看中了它在确认自我身份及维持族群边界中的作用，虽然这种作用不是每一个券牒的保存者都能意识到的。[4]

---

① 万建中：《传说记忆与族群认同——以盘瓠传说为考察对象》，《广西民族学院学报》2004 年第 1 期，第 139—143 页。

② 周大鸣：《族群与文化论——都市人类学研究》上，《广西民族学院学报》1997 年第 2 期，第 19 页。

③ 黄钰：《评皇券牒集编》，广西人民出版社 1990 年版，第 22 页。

④ 钟年：《社会记忆与族群认同——从〈评皇券牒〉看瑶族的族群意识》，《广西民族学院学报》2000 年第 4 期，第 26 页。

"十二姓瑶人"是"盘瑶"族群识别的另一核心符号。这一符号的形成也是由瑶族祖源传说"盘护"故事引申而来。相传盘护因功被评王招为驸马，与汉族公主成亲。"［鼓］乐迎送夫妻入会稽山内，……所生六男六女，为瑶王子孙也。就安一十二姓，长男随父姓盘，其余沈、黄、邓、李、周、赵、胡、郑、冯、雷、蒋，……（以）传其后，六男六女婚配，合（令）分居各爨，承奉一十二姓。"①

与这种叙述相认同的行为是，2008年，在美国瑶人落户当地32年以后，终于在北加州奥克兰市区第485—105号大街旁集资修起了一座"盘王佛光殿"。之前，美国瑶人只能在各自家中搭建供奉盘王的神台，族群聚会受到限制，族群的凝聚力也难以正常发挥。盘王殿建立后，立盘土坐像及十二姓祖先像于其中，供美国瑶人随时瞻仰和祭拜（见图9—3、9—4）。美国瑶族从此有了凝聚族群精神力量的场域，大型的盘王节祭祀活动也有了固定的场所，民族记忆有了固定的文化传承空间。

图9—3　美国十二姓瑶人祭祀盘王　［美］赵承仙摄

瑶族记忆的核心"符号"还有"宗支簿"、"家先单"、"十八神仙像"、"桃源洞"传说等，这些记忆也通过美国瑶人手中的汉籍写本保存下来，无论走到哪里，这些符号都是瑶族寻亲认宗、划分族群边界的重要依据。

2. 美馆藏瑶族文献的文化修复与文化建构功能

在通常的情况下，每一民族文化都有自己固有的一套传承机制和所

---

① 转引自美国国会图书馆馆藏瑶族文献《评皇券牒过山榜防身一十二人》，编号：B006。

图9—4　位于美国旧金山奥克兰市的盘王佛光殿　何红一摄

遵循的传承规律，以保证文化传承的延续性。但特殊境况和遭遇也会导致文化的"失忆"，造成记忆链的断裂。这时，传统文献对"失忆"的修复作用就凸显出来。

原以为所有的美国瑶族同胞都清楚自己的族源历史，认可"盘护"，其实不然。漫长的迁徙、长期的漂泊、生存状态的恶劣，以及战争的残酷、老辈人的离世、远离祖居国又深陷多元文化重围，都会产生导致文化传承链条脆弱的因素，文化"失忆"在所难免。一些"优勉"的年轻人，特别是改变了传统信仰的人，在新的文化背景影响下，并不相信或认可自己的祖先像神话所述来源于一只龙犬。一些改变信仰加入基督教的美国瑶人，一旦成为基督徒，只信奉一个上帝，不认同原有的祖先记忆。

在笔者与美国瑶人的座谈会上，祖先与"盘护"身份的问题被反复提及并招致一些年轻人的质疑。于是在场的师公拿出从泰国带出来的"过山榜"复印件，上面清晰地绘有金鸡和龙犬形象。一位师公还讲述了他从父辈那里得知的古老记忆：从小知道瑶人来自中国湖南。父亲是150年后变成人的龙犬，母亲是人，合起来产生了瑶族。瑶人公元1127年就上了山，离开湖南是在1200—1300年之间。之后转入福建、广西、广东，1393 年从中国转到越南，1730 年又转到老挝。1898 年由老挝到了泰国，1978 年由泰国到美国。[①] 在场的瑶族学者也用文化人类学的知识解释了族源传说与图腾崇拜的关系。文本文献及口头叙述在关键时刻权威性的解释，终于唤醒了在场成员"沉睡"的记忆，在文化"失忆"的情况下，起着文化"修复"的作用。

瑶族《盘王大歌》，是瑶族"民族记忆"的另一个核心"符号"。美国瑶族收藏的《盘王大歌》有《盘王大路书》、《盘王小路歌》、《琉罗歌》等多部，长达 2000—3000 行不等，1 万—1.5 万余字。《盘王大歌》文本聚族源叙事、祖源叙事、文化英雄等多种历史叙事为一体，是瑶族集体记忆的历史叠加文本。其中关于"洪水神话"的叙事，由"天大旱"、"葫芦晓"、"洪水发"、"洪水尽"、"为婚了"等歌段组成，讲述瑶族的"洪水神话"和"兄妹成婚"故事。叙事从"天大旱"说起：

> 寅卯二年天大旱，
> 深山竹木尽蕉（焦）枯。
> 到处深潭无水路，
> 到处深河无细鱼。
> 到处官仓无粒米，
> 到处学堂无卷书。
> 寅卯二年天大旱，
> 格木树头出火鸟/烟。
> 蕉（焦）木将来吹得火，
> 水底青苔吹火无（雾）/烟。

旱情如此严重，于是出现"日头相打争天国"、"（便是）乌马吞月头"、"十二个日头平平晒"的怪异现象。两位英雄"竜王、李广"于是出来弯弓射日，"扯弓射十个，重留两个照凡间"。

但是，不幸的是洪水又暴发了：

---

① 2009 年 5 月 31 日美国瑶族师公李如德在加州奥克兰全美瑶人社区中心座谈会上的发言，由本人记录整理。

寅卯二年洪水发，
雾云五雷天上声/游。
寅卯二年洪水发，
速泰二年雷发颠/伤。
寅卯二年雷落地，
速泰二年雷落江/州。
……

这时，一双燕子飞来，送给伏羲兄妹奇异的葫芦种，拯救危急中的人类。

一双燕子白济济/齐齐，
口里含花放落来/台。
口里唧（衔）花放落地，
放落地中讨地栽/埋。
……
伏羲种瓜有七夜，
未经三夜先开花。
……
伏羲种瓜有七夜，
里头结子万由千/双。

神奇的葫芦籽很快开花结果，成长为一个可制作逃生工具的大瓜，大水中伏羲兄妹靠着它，逃到天庭避难。洪水退后，由于天下无人，于是乌龟撮合伏羲兄妹成婚："隔岸烧香隔岸拜，火烟相合正成双。"

最后结局是：

为婚了，
七朝花孕上娘身，
生下血盆无名姓，

无人分表得成人。

会分更会分，
九州玉女把刀分，
分作三百六十姓，
分下洞（峒）头百姓民。

会分更会分，
九州玉女打良分，
发上青山成猺姓，
发下洞（峒）头百姓村。（C001）

　　这是世界型洪水神话母题在瑶族民间叙事中的反映，表现了瑶族在远古洪荒时代的历史记忆。这一叙事也是美国瑶人在新的文化境域进行文化重构的基础。

　　美国旧金山奥克兰市瑶族社区文化中心大门的两侧，安放两尊男女模特，模特身着瑶服，胸插木制敕令牌，敕令牌上分别用汉字书写："伏羲仙道置人民"、"姊妹仙道圣灵置人民"字样（见图9—5）。华盛顿州和俄勒冈州瑶族协会组织徽章是太阳照耀下的高山大海，两名身着民族服装的瑶族男女青年划着船在水中漂流，旁边两个葫芦图案，寓意伏羲兄妹和瑶族先民漂洋过海的迁徙历史。很明显，美国瑶人社区、社团使用的这些形象和徽章，正是凭借"大歌"的叙事而重构的。

　　瑶族祭祀盘王、还盘王愿，通常要悬挂十八神像（见图9—6）。但是由于历史和战乱，美国瑶族的神画像不齐了，于是全美瑶人协会于1987年和1992年，分别从中国国内"请回"两堂彩画十八张。两堂彩画都经过"开光"仪式，过盘王节和做重要仪式时都要悬挂。懂得这些神画像的师公对画像人物及职能有着解释权，这种解释也起到文化的建构作用。

图9—5 美国旧金山奥克兰市瑶族社区文化中心大门的两侧安放的
身着优勉瑶服的"伏羲兄妹"模特 何红一摄

图9—6 美国瑶族师公与祭祀用的十八神仙挂像 [美]赵承仙摄

还有一种很有意思的现象。

美国瑶族口传或手抄歌书中，称中国为"大朝"，其他迁徙国分别表述为"小朝"或"泰朝"、"美朝"，这种称呼特别耐人寻味。因为它显示出在瑶族的深层记忆里对祖源国的认同、认可与祖源国的归属关系。瑶汉文化你中有我，我中有你，互相依存，密不可分，这是中华民族认同的基础。也印证了乔建先生的概括，"瑶族一方面固然是飘泊不定，但另一方面却对他们历史上或传统中的远祖居地有着永恒的思恋"①，中国就是长久以来，萦绕在世界瑶人心中永恒的记忆与牵挂。瑶族同胞对祖源国的认同，是游子对母亲的认同、是血肉相连的亲缘认同，这种认同是深入骨髓的真真切切的存在，意义非同一般。"文化认同是最深层次的认同，是民族团结之根、民族和睦之魂"（习近平语），是实现世界瑶族和中华民族伟大复兴大计之前提。

近些年来，每逢国内瑶族过盘王节，美国瑶族同胞都要组团回国参加。他们说"这里是我们祖先的家，也是我们的家、我们孩子的家"②，在这里"祖居地"与"祖国"合为一体，"民族记忆"上升为"国家记忆"，成为美国瑶族寻根认祖，心系中华的动力。同时，国力强大的中国以及中华文化在世界范围的影响日益扩大，也令生活在异国他乡的民族同胞备受鼓舞，无形中起到精神感召作用。

二　美馆藏瑶族文献的文化价值

美馆藏瑶族文献涉及面广，其中所体现的文化价值也是多方面的，由于前面分章内容业已涉及部分文化价值，这里重点探讨美馆藏瑶族文献的史学价值、中医学价值和宗教学价值。

（一）史学价值

1. 瑶族史学价值

瑶学研究主要文献首推"过山榜"。因为它涉及瑶族的起源、姓氏

---

① 乔建：《漂泊的永恒——人类学田野调查笔记》，山东画报出版社 1999 年版，初版序。

② 转引自赵富明 2008 年 11 月 8 日在《世界勉瑶文化学术研讨会》上发言，李晓梅口译，本人手记稿。

由来、祖先迁徙、瑶汉关系，以及有关过山耕种等瑶族权益的内容，是揭开古代瑶族文化之谜的一把钥匙，历来受到国内外瑶族研究者的高度重视。

"过山榜"流传久远，在中国大陆及海外均有发现，计有 140 余种。现存流传最广的"过山榜"相传抄于南宋理宗景定元年十月二十一日（公元 1260 年），已有 800 多年历史。美国国会图书馆收藏的四份"过山榜"均为卷轴式，虽标有"正忠（系'理宗'之误）景定元年十二月十二日"字样，但实际抄成年代不尽如此。不管怎样，它们都应该是同类文献中较为珍贵的版本。与国内和其他地域的版本形成很好的互补关系，有利于"过山榜"的比较研究。

这批文献中的《盘王大歌》，为瑶族"还盘王"时必唱的大歌套曲，记录了大量的瑶族历史文化信息。清代以来，大歌一直在瑶族中广泛流传，也是重要的瑶族历史研究资料。境外流传的《盘王大歌》版本，与"过山榜"一样，与国内不同地域的版本形成很好的互补关系，有利于《盘王大歌》的比较研究。

文献的写本形式，为瑶族手抄文献的版本提供科学依据，以此建立瑶族写本特征的科学档案，将为境内外瑶族写本的整理提供参照与借鉴。尤其是这批瑶族文献来自中国境外，即来自瑶族中迁移路线最远的人群，所包含的信息量尤其丰富，对于研究瑶族与迁徙地国家与民族的交往史，考察瑶族文化的传承与变迁，都有着重要意义。如其中提到许多地名、山名、人名，为考证瑶族迁徙路线、文献所有者状况以及文献流传地域、瑶族宗教体系提供了线索，因前文已论及，此不赘述。

2. 文化史价值

美馆藏瑶族文献中，以歌谣的形式记录了大量岁时民俗事象。"岁时节日，主要是指与天时、物候的周期性转换相适应，在人们的社会生活中约定俗成的、具有某种风俗活动内容的特定时日。"①

　　　　去年为客岁，新年为正春。
　　　　二月是中和，三月是清明。

---

① 钟敬文：《民俗学概论》，上海文艺出版社 2008 年版，第 131 页。

四月是立夏，五月初五是端阳。

六月初六天晒衣，七月初七牛女相会合。

八月十五是中秋，九月初九重阳日。

十月立冬是寒来，十一月为冬月。

十二月为腊月之名。

这段关于岁时节日的描述，出自于美馆藏瑶族启蒙读本《破理》。受汉族文化的影响，《破理》中也会出现与汉族岁时节日相同的岁时内容，说明中华民俗文化多元一体。

婚歌、送嫁歌、鸳姑歌和丧俗仪式用书中所表现的瑶族婚丧习俗，能帮助我们了解瑶族婚丧文化习俗。

这批文献中斋亡用经书尤其丰富。瑶族重视丧礼，一般要操办3—7天，师公及道公的丧事更长。丧场经书就是丧事礼仪大全，借助于这些经书，可以了解瑶族丧葬的仪式、程序等全过程。一本嘉庆十八年（公元1813年）抄成法书（AD024），记载了当时的火葬习俗。歌中依次"奉请"东、南、西、北、中各方之神，"借火化亡人"，记述"生在阳间吃白饭，死了放火一时间"的火化习俗。瑶族自古有火葬，清代很多古籍都有记载。直到现在，广西大瑶山一带茶山瑶还实行火葬。比照文献中的记载，可以对瑶族火葬习俗的发展与演变深入研究。

清代瑶人经书《从人·财楼科》，保留丧葬仪式中纸扎人俑和财楼（灵屋）详细资料，在国内瑶族经书中，此类文献尚不多见。新近出版的《中国少数民族古籍总目提要·瑶族卷》中，"打斋送亡"经书收有67册，但是其中并没有发现"从人"与"财楼"类科仪文书。湖南省少数民族古籍办公室编印的《瑶人经书》中收有道场经39册，也未见有类似篇目。美馆藏清代《从人·财楼科》文本，为学界提供新的瑶族民间丧俗文献资料，可填补国内瑶族丧葬科仪经书文本同类内容之空缺，展示了丰富的瑶族丧俗文化的一个侧面，为我们全面了解瑶族丧葬习俗提供了重要的文献参照。

该文本还涉及丧葬习俗和民间纸扎工艺交叉领域——丧仪纸扎，这也为民间生活美学及信仰习俗提供了新的研究空间。关于纸扎研究，学界起步较晚。山东大学潘鲁生及其学生对山东纸扎的研究颇有代表性，并取得丰硕成果，近些年始成气候。"自 2011 年始，纸扎成为学者关注的热点，2011—2013 年关于纸扎的论文共 20 余篇，并出现了两篇硕士论文，研究视角也更加多元化。"① 但是在祭祀纸扎领域，研究论文及研究力度犹嫌不足。20 世纪 80—90 年代虽有潘鲁生《民间丧俗中的纸扎艺术》（《民族艺术》1988 年第 1 期）和张道一《魂归何处——谈丧葬和祭祀的纸扎艺术》（潘鲁生主编《中国民间美术全集·祭祀编·供品卷》所附专论），以及陆锡兴《古代的纸扎》等力作问世，近年又新添窦兆娜的硕士论文《汉族丧葬礼俗中纸扎文化的考察与研究》和荣新的博士论文《鲁西南丧葬纸扎研究》。但是总的说来，这些研究的着眼点，还是比较多地集中在汉族和中原地区，研究对象也多集中于对纸扎艺术及相关文化的田野调查和对纸扎工艺的研究。南方少数民族丧葬纸扎研究尚显欠缺，纸扎文献的梳理更是空缺。美国国会图书馆瑶族经书写本中出现的清代瑶族丧俗纸扎科仪文书，为该领域研究提供了鲜活的历史史料。

对《从人·财楼科》文本研究，可以进一步解读丧葬文化与民间纸扎艺术的关系、了解民间祭祀中使用纸扎人俑和楼阁房舍的详细信息，以及瑶汉丧葬文化的影响与互动，从而正确认识丧葬纸扎文化的本来面目，认识它与民众生活的关系，揭开其中所包含的艺术与人生的谜团。

通过研究还可以分清丧仪民俗中的优劣成分，摈弃其中的迷信愚昧、奢侈虚荣、繁文缛节等因素，弘扬其中尊宗敬祖、报恩孝亲、悼念祝福等于社会民生有用的成分，将其纳入中华礼仪的轨道，使之真正成为文化遗产，从而更好地为现实服务。

3. 文化交流史价值。

瑶族在迁徙中与周边民族密切接触，出现文化上的融合与变迁。用西方人类学的词语说，叫"文化涵化"。其中汉文化与瑶族文化交流、瑶文化与中国南方各民族文化交流、瑶文化与东南亚文化的交流在美馆藏瑶族文献中表现得比较充分。

例如汉文化与瑶族文化的交流。一本《盘古记》这样唱道：

---

① 荣新：《鲁西南丧葬纸扎研究》，博士学位论文，山东大学，2014 年，第 10 页。

奉劝老人听古话，男女后生说少年。

老人听说盘古记，后生听说敬爷娘。

爷是天来娘是地，不敬父母敬何人？

父母在堂不孝顺，死去何必哭鬼神。

同样在《破理》一书中，讲到为人行事的道理和准则：

天下文章破理明，

世间传报众详情。

人心不平问道理，

人心不足问天秤。

事不到头问天子，

字不到头问圣人。

好丑商量问父母，

真假商量问众人。

行路不通问本地，

论古不通问老人。

字里行间，渗透着儒家的孝道观念。

另一本《九经书》更是把儒家典籍中的仁爱理论和道德学识用通俗的语言讲出来，堪称道德教化的启蒙教材。结尾还再次重申读书的重要以及教育后代的作用：

书是人间宝，天下定安邦。

九经书一本，教训小儿郎。

美国瑶人赵元贵先生告诉笔者，他们现在还在使用这些读本教育后代。这些文献是研究瑶族民间启蒙教育、瑶族文化与汉文化关系的极好材料。

美馆藏瑶族文献中出现大量俗字，这些俗字主要来源于汉字借源字，说明瑶汉文化关系密切。此外，亦有不少瑶用俗字与相邻民族、地域存在的方言俗语或多或少地发生某种联系。例如瑶用俗字与古壮字、白文、客家俗字、梅山俗字皆有关系，说明瑶族与对方在地缘交往和文化交往的某种联系。还有一些瑶用俗字与东南亚俗字，甚至与港澳台、新加坡、日本等海外汉字系俗字都有相同、相近之处，说明海外瑶族与这些地域的汉字文化有过接触、交流与碰撞。研究瑶用俗字的地域特征，描绘瑶用俗字分布图，可为瑶族向海外迁徙线路提供研究依据。以美馆藏瑶族写本俗字为起点，通过与世界各地瑶族文献中的俗字比对，找出异同与相互关系，有利于发现瑶族与他文化交流的动态、总结瑶族与他民族交流规律，从语言文化角度推进国际瑶学研究。

（二）中医学价值

美馆藏瑶族文献中有两本题为《麻风秘语》的经书。其一为《麻风秘语》，编号 AI006，另一为《天仙麻疯秘语》，编号 AI007。所谓"秘语"，为神秘的忏语，类似道教的咒语、秘法。属民间宗教体系中伴随着仪式言辞的文本部分，具有私密性，并隐含玄机。内容仅限于瑶族师公这些宗教职业者师徒内部传授，一般瑶人需通过"挂灯"、"升职"，获得师公资格或做到一定级别的道公才有可能掌握。

两本《麻风秘语》内容大同小异，讲述如何以巫术方式驱赶、治疗麻风病。书中大部分都是巫术仪式记录与仪式用语，但也有一段重要文字记载了治疗麻风病的中药药名。其中有辰砂（朱砂）、乌蛇及蛇胆、黄姜、黑姜、鸭脚木、金经藤、黄藤、鸡屎藤等瑶区常用"以毒攻毒"、"祛风扶正"之药方，并被注明"具立药名记不乱传也"字样。

麻风病在我国古代曾被称为"厉"、"厉风"、"病风"、"大风"、"风病"、"苦风病"、"癞"、"癞风"、"过癞"、"恶疾大风"、"天刑病"、"寒热"等，是由麻风杆菌引起的一种慢性传染、高致命的可怕病症，也是世界三大恶性传染病（其余分别为结核与梅毒）之一。麻风病在我国已有两千年的病史，湖北云梦睡虎地秦简中就有麻风病的记载。麻风病发病后可以使患者神经末梢坏死、手脚溃烂、肌肉萎缩面瘫，最终皮肉溃烂，导致因败血症而死亡。

麻风杆菌适合在亚热带湿热气候下生长，我国麻风病流行较广的地区有沿海及中南、西南地区，病人在 40 万左右。① 清·萧晓亭的《疯门全书》说"盖东南地卑，近水之处，此疾尤甚。天气较炎也，地气卑湿，湿热相搏，乘人之虚，入于营卫"。清· 塘纳居士《呈闻录》卷八载："两广多麻疯，以其地多卑湿，天气过暖之故也。然染此症，贻害无穷。"瑶族居住在我国云、贵、桂、粤、湘等地，这些地区"乃因此地气候湿热，岚瘴蒸郁所致"，也是麻风病肆虐地带。"粤省高州雷州间，盛夏风涛蒸毒，岚瘴所乘，其人民生疯尤多，而传播途径则有呼吸、尿液等"。"粤中多疯人，仙城之市，多有生疯男女，行乞道旁，秽气所触，或小遗于道路间，最能染人成疯。"② 广西南丹与贵州荔波白裤瑶地区，麻风病流行率 8 倍于同一地理环境内的其他民族。③ 1940 年广西全省 99 个县中有 97 个县发现麻风病人，共计 981 人。④

　　由于旧时缺乏有效药物治疗，并无隔离条件，加之战乱频仍，民不聊生，病来时只能任其自然，以致蔓延迅猛，死亡率高。人们对麻风病极度恐惧，视为风魔，人人避之，患者甚至被枪杀、烧死。人们无力防治和抵御麻风病，只好借助巫术力量加以控制，《麻风秘语》就是瑶族师公运用宗教仪式专门对付麻风病的一部巫书，是巫术职业者师公们给因麻风病而死亡的患者做斋亡仪式时的指南。当然，书中不可避免地带有浓厚的巫术因素和迷信成分，但是其中表现的巫医合一，中药治病的理念，所记录的中药偏方妙方，是历代瑶族巫师兼医师在与疾病抗争实践中的经验总结，具有宝贵的科学价值和社会价值。

　　1. 验证"巫医合一"的发展史

　　我国古代各民族都曾有过巫医不分的时代，"巫医合一"现象普遍存在于原始初民之中。"巫"所使用的主要方法是由古代巫术演变而来的，诸如特、占、签、咒、称、禁、祭祀、祈祷等方法，将这些用于医疗，则属于巫医的内容。

　　古代的医，本作毉，《管子·权修篇》曰"上持龟筮，好用巫毉"，

---

　　① 叶干运：《麻风病常识》，上海卫生出版社 1958 年版，第 2 页。

　　② 屈大均：《广东新语》，中华书局 1985 年版，第 244 页。

　　③ 龙祖光等：《364 例白裤瑶族麻风流行病学调查分析》，《右江民族医学院学报》2002 年第 1 期，第 14 页。

　　④ 广西壮族自治区编辑组编：《广西瑶族社会历史调查》第五册，广西民族出版社 1986 年版，第 137 页。

从医字的演变就可以明显地看出两者的关系。故民间留有"医道通仙道"和"十道九医"之说。"巫术是运用仪式和咒语使人的意志在外界实现，根据人能控制外界的说法达到某种实际的目的。"① 瑶人"疾病，延巫作法不服药饵。愈则归之于神，死则委之于命"（清同治九年，公元 1870 年《江华县志》）。瑶族巫师，除了会占卦驱鬼外，还是懂得一些医术的。巫医治病，往往采用心理暗示和药物治疗相结合的方法，有时也能奏效。例如系中国古代治病方法之一种——祝由科，就是以丹砂作符填心，祝说病由，据说可以移精变气，不劳药石。②

2. 总结出"以毒攻毒"疗法

瑶医治病，擅长"以毒攻毒"。"粤有瑶种，古长沙、黔中五溪之蛮……依深山而居，刀耕火种，以砂仁、芋、楠、漆、皮、藤为利，至地力竭，又徙他山。"（《瓯江杂志》卷 23，清屠英《肇庆府志》） 瑶族居住的深山，犹处天然生态仓库，遍布"是草皆药"的植被与奇异草木。另外动物的种类繁多，其中不乏奇珍异兽，这些都使他们积累了大量对深山动植物性能的认知，懂得深山动植物、矿物可以取而用之的道理。深山出产的蛇头、蛇尾、蛇胆、丹砂、雷公藤等虽有毒性，也可以"以毒攻毒"、救死扶伤。

瑶医学有这样的病因病理认识，"小病用小毒，大病用大毒"。认为百病百因，百因毒为首，百病虚为根。瑶医治疗麻风病主要通过通经活血来达到治疗目的。其功能是解毒祛疲，软坚散结。药方中所用方剂，如朱砂为汞的化合物，汞与蛋白质中的巯基有特别的亲和力，高浓度时，可抑制多种酶的活动。进入体内的汞，主要分布在肝肾，引起肝肾损害，并可透过血脑屏障，直接损害中枢神经系统。使用有毒之物入药，就可达到"以毒攻毒"的治疗目的。武威汉简《治百病方》有"恶病大风方"，"大风"即麻风病。该方药物组成有雄黄、丹砂、玄石、滋石等，掺捣使其粉碎以供外用，能抑制或杀灭皮肤细菌和寄生虫。

其次，毒蛇入药，也能"以毒攻毒"。古人很早就认识到蛇酒煮食，"愈麻风"。"麻风秘语"方所述黑蛇、红蛇头尾入药之法，清人史

---

① ［英］雷蒙德·弗思：《人文类型》，商务印书馆 1991 年版，第 120 页。
② 谢观编：《中国医学大辞典》上册，商务印书馆 1995 年版，第 2253 页。

料有载。屈大均《广东新语·虫语》"断草乌"条目载，"断草乌者，蛇也，大仅指许，长五六寸，头如龙形而小，身纯乌。……以酒煮食，愈麻风"[①]。断草乌又称乌梢蛇，古代民间常用其以毒攻毒的主要成分来治疗麻风。

清人吴炽昌《客窗闲话续集》"乌蛇已癞"篇载，潮州知府曹太守之弟，因染麻风病，而被送回家等死。然而，其间却因饮乌梢酒而病愈。"寻至室隅，尚有剩酒半缸，以碗饮至数四，渴解而人亦醉倒。女持茶来扶之卧。至次日，癞皆结痂，人亦清爽，谓女曰：'此酒大有益处，日与我冷饮之，当有效。'女顺其意，每饭必先以酒。半月癞痂寻脱，一身新肉，滑腻非常，眉发复生，居然风流年少矣。夫妻快慰。及酒将完，见缸底一大黑蛇浸毙其中，盖乌梢也。"[②]

《本草纲目》也有乌梢蛇主治"皮肌生癞，眉髭脱落"，并附有治"大风"方。[③] 20 世纪 80 年代，我国医药工作人员研制成治疗麻风病的蛇粉（8105）、蛇药（8106），对四例患者进行临床试验，疗效令人满意。[④] 可见，"麻风秘语"方以蛇入药并非空穴来风。"虫治"以酒为药引，由来久矣。

3. 藤草入药，"祛风扶正"

瑶族草药的价值需从藤草类药的"祛风扶正"功能说起。

瑶族生活在海拔较高的深山中，采集藤草药有得天独厚之利。治疗麻风病的雷公藤，异名黄藤、断肠草、菜虫药、八步倒、山砒霜等，主要分布于长江流域以南的浙、闽、皖、赣、湘等省。清代吴其濬所撰1884 年《植物名实图考》描述雷公藤为："江西、湖南极多，通呼为水莽子，根尤毒，长至尺余，俗曰水莽兜，亦曰黄藤，浸水如雄黄色，气极臭。园圃中溃以杀虫，用之颇及，其叶亦毒。"雷公藤全根入药，有大毒。根皮毒性最大，全根次之，根芯木质部毒性较小。具有祛风除湿、活血通络消肿止痛、杀虫解毒等功效。常用于风湿痹痛、跌打损伤、疗

---

① 屈大均：《广东新语·虫语》，中华书局 1985 年版，第 693 页。
② 清·《代笔记丛刊》第四册，齐鲁书社（影印上海文明书局石印本）2001 年版，第3392 页。
③ 明·李时珍：《本草纲目》下册，人民卫生出版社 1982 年版，第 2405 页。
④ 朱丰雪等：《蛇粉蛇药治疗麻风病四例的临床疗效观察》，《浙江医科大学学报》1983年第 3 期，第 142—145 页。

疮疖肿、皮肤盛痒等症。"麻风秘语"方剂中含有"黄藤",针对麻风病,不无科学道理(见图9—7)。

图9—7 神奇的瑶族中草药 何红一摄

具有"祛风扶正"功能的藤草药中,还有"鸭脚风"①和消食化积、止痛消肿的鸡屎藤,这些药名也出现在"麻风秘语"药方中。

4. 矿物入药

"麻风秘语"方剂中的丹砂,又名"辰砂"、"朱砂",产于湖南辰州辰溪和麻阳。宋祝穆《方舆胜览》卷三〇载:"辰砂本出麻阳县,……其地产丹砂,而矿井名有九,皆在傜僚窟穴之中。"辰州还是"祝由科"的发源地,祝由科系中国古代治病的一种方法,以丹砂作符填心,祝说病由,据说可以移精变气,不劳药石。②巫师以丹砂治麻风病,不无来由。

《本草正》:朱砂,入心可以安神而走血脉,入肺可以降气而走皮

---

① 鸭脚风:瑶中草药名,属于瑶药"五虎、五牛、十八钻、七十二风"中的"七十二风"。

② 谢观编:《中国医学大辞典》上册,商务印书馆1995年版,第2254页。

毛，入脾可逐痰涎而走肌肉，入肝可行血滞而走筋膜，入肾可逐水邪而走骨髓，或上或下，无处不到，故可以镇心逐痰，祛邪降火，治惊痫、杀虫毒，祛中恶及疮疡疥癣之属。但其体重性急，善走善降，变幻莫测，用治有余，乃其所长。若同参、芪、归、术兼朱砂以治小儿，亦可取效，此必其虚中挟实者乃宜之。否则不可概用。① 前文所述武威汉简《治百病方》中的"丹砂"，即朱砂，就有以毒攻毒的疗效。

由于秘语中所具药方未能经过现代医学临床验证，其治疗效果不敢妄言。但丹砂、蛇酒、黄藤类配方治疗麻风病古已有之，是古代民间常用来治疗麻风的民间偏方，为古代民间所证实。俗话说，小方治大病。这些瑶医药方中包含着瑶族人的生存智慧和某些用药上的科学道理，值得现代中医学很好地关注和总结。

美馆藏瑶族经书《麻风秘语》中的民间药方，是瑶族人民与麻风病魔斗争的真实记录，表现了人类在强大的天灾人祸面前的抗争精神，是一份值得认真总结的民族医药遗产。由于社会的进步，人类生活环境的改善、生活水平的提高，大多数发达国家已经基本消灭了麻风病；一些落后国家，麻风病也得到控制，麻风病人得到治愈。但麻风病在个别地区还存在着，危害着人类的健康。20 世纪 50 年代，全球麻风病患者仍有 300 万—500 万之多。在我国，虽然麻风病的患病率和风险率已明显下降，但是在一些地方还有残存，控制得不好复发的比例也会上升，② 消灭麻风的任务任重道远。凝结着瑶族医药医学智慧的民间偏方，应引起学者的广泛注意，合力抢救，及时整理，加强临床应用研究，使之更好地造福人类。

（三）宗教学价值

实际上宗教也属于文化的一个重要范畴，由于宗教问题在瑶文化中举足轻重，故单列出来论述。

瑶族道教很早传入瑶族地区，但瑶族对道教的吸收，是有选择的吸收和改造，为我所用，从而形成了有瑶族特色的宗教体系。瑶族宗教有

---

① 刘雪琴等：《朱砂的药用价值》，广东科学技术出版社 2007 年版，第 35—36 页。

② 李文忠等：《麻风病的防治现状及展望》，《中华皮肤科杂志》1989 年第 6 期，第 345—347 页。

自己的神祇系统。瑶族经书在很多地方有接神、请圣科目，所列神目繁多。其中帝母神目有 60 余位、灶王有近 20 种、雷神有 40 余众，众多神祇为瑶族宗教体系研究提供依据。

瑶族宗教最有特色的是"奏档"，或称"度戒"。瑶族手抄文献亦写为"授械"、"授戒"、"受戒"。度戒是瑶族男子人生首要大事，相当于成年礼。在瑶族看来，只有"度戒"过关，才算个男子汉，才会得到神灵的保护，逝后才能进入家先（祖先）的名单，享受子孙的供奉。

度戒有一整套隆重的宗教仪式。当事人要事先沐浴斋戒，由道公或师公传授"受戒天机"——多是一些宗教戒律和做人的道德规范与行为准则。还要经过跳五台、上刀山、过火海等考验，师傅还向受戒徒弟传授替人消灾免祸的秘方，这些内容和方法都通过经书传授给徒弟。瑶族走到哪里，这一习俗就带到哪里。美国国会图书馆馆藏瑶族文献中有不少经书标明《授械川光科》、《授戒意者》、《百解秘语》或"重集师公受戒弟子之法"，有的上面还注明"道授械传度师×××给付；师授械弟子×××使用；传度师×××给付受戒天机"、"传度师傅×××给付弟子×××"、"戒度师×××其密给付"等字样，属于度戒仪式中师傅传授给弟子"受戒天机"用书，为研究瑶族宗教信仰以及瑶族受戒与道教受戒关系提供了依据。

瑶族的民间信仰受道教影响很深，从这些文献署名中可见一斑。例如不少经书都留有"道士×××全用"、"玄门弟子×××应用"、"羽士臣×××承行"、"羽流道士置主×××留传后代万世存用"、"禄士×××"等标记，反映文献所有者身份；而在经书《释教十王赈济斋醮秘语》、《谢境、安龙伸斗密语》里则记载了佛教神和"佛姥名姓"。《盘王大歌》中也有"师人又邓（同）老君熟，老君又共释迦亲"句，都表现出瑶族民间宗教中佛道杂糅的现象。

大量丧葬祭祀用书，即替丧家择墓、打斋、超度亡灵所用和一些择吉免灾的法书，也是研究瑶族民间宗教史的重要资料。

（四）教育学价值

美馆藏瑶族文献的教育学价值，集中体现在启蒙教育读本之中。目前，我国境内发现的瑶族手抄文献中，启蒙读本并不太多。相反，境外保存的同类读本要丰富得多。文化的传承与教育密不可分。"教育是文化的一种生命机制，教育本身具有文化的特征，但教育作为文化形式，又会反作用于文化整体。正是在教育作用下，文化才得以产生、保存和积淀，得以弘扬、创造和发展。"① 美馆藏瑶族启蒙读本的存在，可以丰富国内外瑶族启蒙教育读本的收藏，有利于境外瑶族进行认知教育和道德教育，也为研究者提供第一手可靠的瑶族教育文献资料。

一个民族的教育永远都对该民族的文化传承与发展起着决定性作用。

美馆藏瑶族启蒙读本内容通俗易懂又接地气，语言浅近，句子简短，朗朗上口，民众乐于接受。不仅可以帮助境外瑶族学习中文、普及文化知识，而且在识字辨物的基础上，传承民族文化，潜移默化地培养瑶族子孙后代中华优秀品德，有利于在异文化环境下传承与延续本民族的传统文化。

最后用生活在美国波特兰市，《移动的山岭——美国优勉瑶人的迁徙故事》中主要口述人大卫·特·李的话做本章小结：

> 我们永远都不应该为我们的出身而感到羞耻。因为我们来自一个足以使她的子民引以为荣的民族，因为我们可以为我们所在的国家做诸多的贡献。我们要将从我们伟大祖先那儿继承而来的古老的传统和文化保留下来，并传给我们的子子孙孙，一代一代地延续下去。我们应当要求平等，但一成不变却是不可取的也是不可能的。当我们能实现追求自由和平等的抱负的时候，我们的文化差异就会为我们生活的每个国家都带去新的元素。②

---

① 冯增俊：《教育人类学教程》，人民教育出版社 2005 年版，第 208 页。
② ［美］艾·乔伊·萨利、杜格·谢尔曼、迈克·斯威尼等：《移动的山岭——美国优勉瑶人的迁徙故事》，民族出版社 2006 年版，前言。

第十章

美国瑶族文献的抢救与保护研究

本章以作者在美国国会图书馆以及美国境内从事中国少数民族文献的调研及抢救与保护的实践为主要内容，报告在非物质文化遗产保护理论指导下，美国境内调研所获得的中国瑶族文献的分布信息、收藏现状等成果，以及参与抢救性修复美国国会图书馆馆藏破损瑶族文献"过山榜"的全过程。最后在大量实地调研和抢救实践基础上，提出境外瑶族文献抢救与保护工作的建议，为境外中国少数民族文献的抢救与保护献计献策。

一　美国瑶族文献的收藏①

美国瑶族文献的主要藏家有美国国会图书馆、俄亥俄大学图书馆以及博物馆、画廊等文化机构，美国瑶人社区亦有大量手抄手绘文献和口传文献留存。笔者通过大量调查获得相关信息，对美国瑶族文献的分布状况做细部勾勒。并对其收藏轨迹及来源进行考释：指出其中自藏（指瑶族群体内部的家庭收藏）一般由家庭成员代代传承和师徒间传承或赠予。他藏（指社会文化机构、私人画廊及非瑶族个体的收藏）一般由文化机构或个人有目的地征集与收购，或个人与团体的转让、销售与捐赠。来源有继承、收购和捐赠三种途径。

---

① 该节内容作为本书前期成果，以《美国瑶族文献收藏及其来源》为题，发表于《文化遗产》2013 年第 6 期，收录时有所修改。

（一）分布状况

1. 美国国会图书馆的瑶族文献收藏

作为世界图书馆的"巨无霸"，美国国会图书馆藏品过亿，其中亚洲部的中国图书收藏过百万。但是，美国国会图书馆亚洲部收藏中国瑶族文献只是从 20 世纪末开始，收藏内容有《评皇券牒过山榜》、《盘王大歌》、瑶族宗支族谱、家先单、瑶族经书、歌书、历书、占书、相病书和启蒙读本等。由于美国国会图书馆收藏瑶族文献的始末，以及藏品概貌本章绪论已做介绍，此处从略。

迄今为止的研究表明这批收藏中最早年代为清乾隆十九年（公元 1754 年），其他明确标明清代的瑶书抄本有 50 余册。因破损一时无法判定准确年代的抄本约 40 本。最晚抄本落款为公元 1987 年，表明海外瑶族文献一直处于不断依古传抄的活态传承状态。需要说明的是，文献的重抄日期，并非文献形成日期。当旧抄本过于陈旧难于翻页和字迹漫漶不清时，书主就会考虑重抄。重抄在瑶族看来，是一件神圣而严肃的事件。人们总是依照前朝固有的习惯来传抄祖先传下来的古书，并尽可能保持原貌，体现手抄文献传承中十分可贵的传统。因此，考证抄本的生成时间不能简单地以抄成时间为据，而应根据文献内容、形式上的其他特征综合判断。

例如编号为 D002 的瑶族读本《天下丙（两）京书》，抄成时间缺失。根据首句"天下丙京，一十三省"等内容判断，"天下丙京"当指明代的"两京"。明成祖朱棣将首都从南京迁往北京，以北京为京都、南京为陪都，"两京"即为两个京城的意思。明代中国的行政划为一十三省，通称"两京十三省"。类似《天下丙（两）京书》中"天下丙京，一十三省"的句子也屡现其他瑶族文献："评皇券牒，发天下一十三省，南北两京"、"奉国王普天之下一十三省，南北两京"、"任游普天之下，南北二京，一十三省"。① 综合以上因素，可以判断《天下丙（两）京书》写本母本形成当在明代。

---

① 黄钰：《评皇券牒集编》，广西人民出版社 1990 年版，第 29、330、437 页。同书内第 346、352、422 页榜文中也有类似句子。

2. 美国俄亥俄大学图书馆的瑶族文献收藏

美国俄亥俄大学图书馆（OHIO University Libraries）收藏有近两千件瑶族手抄手绘文献及实物。[①] 这批文献分卷子、挂像、神头、法冠与法衣、手抄本等类。其中卷子（分横向和竖向两种）有《大道龙桥》、《恭迎圣驾》等，最长的达20米。各类宗教仪式用神像挂像千余件，有三清、玉帝与圣主、张天师、李天师、四帅（或六帅）、三将（唐宏、葛雍、周武）、功曹、十殿冥王等，还有帝母、大小海幡挂像。帝母为送子神，据说能保佑妇女顺利分娩、保护幼童健康成长，其职能相当于观音；海幡是一个形象独特、道法高超的神祇。他头戴红头巾，乘坐龙（蛇、鳌）之坐骑；一手持剑，一手握瓶（杯、碗）；一脚着鞋，一脚赤足。美国瑶族师公邓福州介绍，小海幡用于"上刀梯"，大海幡用于祭祀"行司"庙王。在瑶族度戒仪式中，瑶族师公上刀山时必定要将海幡神像挂在刀梯旁，借其神力保证顺利"上刀梯"（见图10—1）。

图10—1　原全美瑶人协会主席赵贵财和美国瑶族师公邓福州

向调查者展示瑶族神画像——"海幡"　何红一摄

---

① 该批文献总数说法有二：Dong son Today 基金会主席 Dr. Frederick Harris 在《越南北方少数民族仪式画》序言中说有两千余件；俄亥俄大学图书馆这批文献的管理者 Gary Ginther 则告知有 1857 件。两者说法不一的原因是有 300 件藏品是在巡展后入馆的，准确的数据有待于该馆进一步统计。

　　法冠与神头为瑶族师公做仪式时戴于头部的纸质用具。其中法冠 3 件，多层硬纸制成。形类似僧帽，呈扇面状，分九个小单元，每单元都绘有神人和图案，有的还加以镂空雕刻，显得精致。法冠两侧装有带子，固定于头顶；神头类似面具，戴于头部上方，绘有三元、功曹、五娘、帝母、观音、五伤、鲁班等角色面相。此类收藏量大，计 900 余件。但重复图例较多，画工技艺水平不一。另有师公做法事所穿手绣法衣 6 件、福寿绣品挂件 1 件。

　　经书数量不多，有《金丹坛院一本》、《泗州明览》、《土府、玉皇清醮、单时同用》、《度人经壹卷》、《高上玉皇本行集经卷下》、《诸章格》、《开山书》、《后生出门唱语用》，以及其他载有符图等内容的手抄经书、法书等。

　　这批文献是迄今为止美国境内收藏最多的瑶族文献，也是欧美境内收藏最多的瑶族宗教绘画类文本。就目前笔者了解的信息看，其中最早的仪式画像有百年以上的历史。例如一组三清画卷中的《玉清》左右两侧都有题款可供考辨：

　　　　（右）广西省思恩府武缘县客人丹青弟子潘金宝游到□潮地方彩画神像一堂，俱（價）功德银贰文伍正（整）。
　　　　（左）皇上光绪贰拾六年岁次庚子孟冬月上旬之日盘演连道门兴旺永享安发道兴隆四方来迎，留许子孙应用也。

　　题款信息表明，此画为云游画工潘金宝在广西省思恩府武缘县（今武鸣县）为道门弟子盘演连所绘的一堂彩画，主家为此付给画工功德银贰文五钱。作画的年代为清光绪贰拾六年孟冬月上旬之日，即公元 1900 年的农历十月上旬。同类的题款还有 0062# 画卷，注明年代为"太岁乙巳年玖月"，即公元 1905 年；1846# 画卷注明年代为"光绪 32 年"，即公元 1906 年。

　　有些画卷题款年号为越南古代王朝年号。如 1486# 画卷注明"成泰拾七年乙巳年四月三拾日作来银嫁（价）四元五毛足"。越南于 10 世纪受中国影响开始使用年号纪年。"成泰拾七年"为越南阮朝大南国成泰帝的年号，即公元 1905 年，"乙巳年"显示的干支纪年也是指同一年。1461#画卷注明"维新五年辛亥","维新五年"为越南阮朝大南国的 11 任皇帝维新帝的年号,即公元 1912 年,"辛亥"二字显示的干支年亦指同一年。再如 1512#画卷注明"皇上保大四年己巳岁",为越南阮朝大南国最后一个王朝、最后一位皇帝阮福永瑞(阮福晪)的年号,即公元 1929 年,其中"安南国黎京道"也指今越南河内。显见,这批文献为从中国迁徙到越南的瑶族所有,落款时间前面按惯例运用瑶族古文献习用的"皇上××年"字样,接下来所署年号虽署迁徙地王朝之年号,但是之后并用的干支纪年又显示所有者的中国文化印记。其中所署的越南古代王朝年号相当于我国晚清到民国时期,也透露出瑶族向越南迁徙的时间信息。

3. 美国其他文化机构和个人的收藏

除了美国国会图书馆与俄亥俄大学图书馆外,美国收藏瑶族文献的机构与个体主要还有如下几处。

(1)布朗大学哈芬雷弗人类学博物馆(The Haffenreffer Museum of Anthropolog)的收藏

布朗大学(Brown University)位于美国罗德岛州普罗维登斯市,是美国常青藤盟校之一。布朗大学哈芬雷弗人类学博物馆是布朗大学的教学博物馆,为鲁道夫·哈芬雷弗捐赠给布朗大学的礼物。馆内珍藏着从世界各地收来的人类遗骨和考古文物,件数高达 10 万之多,是美国人类学家和考古学家研究人类发展史的重要博物馆之一。哈芬雷弗人类学博物馆收藏了 20 件瑶族道教仪式画,这些收藏由哈芬雷弗特别基金提供资金而购得。其中有三清(元始天尊、灵宝天尊和道德天尊)、玉帝和圣主、李天师和张天师、元帅(赵、马、关和邓、康、辛)、将军、太尉、海幡、行司、祖先、十殿冥王等神像 17 幅、大道龙桥长卷 1 幅、神头面具 2 件,为被称为"优勉"的瑶族所有。

(2)美国自然历史博物馆的收藏

美国自然历史博物馆(American Museum of Natural History)是世界上规模最大的自然史博物馆,位于美国纽约市曼哈顿中央公园西侧,占地面积为 7 公顷。这座罗马与文艺复兴式的建筑,始建于 1869 年,迄今已有 140 多年的历史。馆内展示包括各种动物、地理、人类、生物相关的藏品 3600 万以上。其中一橱窗内展示着一组瑶族宗教法器与生活用品，有瑶族师公用纸马印版一件、法器与民俗器物若干，以及瑶族优勉支系女装一套以及童帽、挎包等物品。

（3）美国丝路画廊的收藏

丝路画廊（Silk Road Gallery）位于康涅狄格州布兰福德市，纽约市以北约2小时车程。丝路画廊是一个专门收藏和出售亚洲古董和艺术的文物商店，由业主David和Barbara于1992年建立。由于业主过去的业务经历和个人爱好，曾有机会多次到亚洲不同国家收集文物和艺术品，故其收藏中也有27件瑶族宗教仪式画和实物。这些宗教仪式画据说可追溯至19世纪末，其中一件《大道龙桥》，规格300cm×23cm，手工画在自制的桑皮纸上。其他瑶族仪式挂画22件，规格不等，有三清、圣主、大小海幡、四帅、四时功曹、十殿冥王、厨官等；此外还有3件师公用神头和1件法冠、一套刺绣精美的蓝靛瑶女外衣。

（4）美国瑶族社区的收藏

美国瑶族主要居住在美国西部的加州、俄勒冈州和华盛顿州一带。瑶族文献随瑶人的迁徙脚步而流传，瑶族迁徙到哪里，都会将祖先传下来的族谱、家谱、家先单、《过山榜》、《盘王大歌》、宗教经书等文本携带到哪里。这些文献主要有：

《评皇券牒过山榜》（规格37×510cm），前全美瑶人协会主席，家住北加州奥克兰市的赵贵财先生收藏。《评皇券牒过山榜》（规格49×392cm），为北加州沙克拉门多市瑶族老人邓妹龙收藏。《盘王大路书》为美国北加州奥克兰市瑶族师公邓富旺收藏、《盘王小路歌》为北加州苏辛市瑶族师公赵富院收藏。

家先单、宗支簿、祖图、经书、通书、卦书、合婚书、识字读本、信歌之类的手抄本也较为多见。这类文献主要记载家庭祖先成员的法名及生卒年代、埋葬地点等信息。《家先丹（单）留水簿在内》，系美国北加州沙克拉门多市赵承秀所藏。《宗支移图》、《开坛书》、一本《当天追魂牒书》系沙克拉门多市赵龙昌所藏。《祖图、宗支合订本》为北加州沙克拉门多市瑶族盘文安收藏。

通书、卦书、合婚书指民间占卜祈福、求吉问卦、预测吉凶一类的抄本，瑶族民间信仰知识的总汇。《娄景书》是我国最早预测天气的文献，相传为西汉年间湖南人娄景所作的一本以预测农业气象为主的古书。湖南民间称其为娄景先师，称其书为《娄景书》，成书时间大概在汉高祖刘邦元年（公元前206年）前后，其抄本广泛流传于民间。美国北加州沙克拉门多市李文秀老人收藏《娄景书》一册。《合婚通书》一册，为北加州沙克拉门多市赵昌龙老人收藏、《瑶族对婚算命书》为俄勒冈州波特兰市瑶族师公赵金先藏。

此外，《三光宝》、《破理》、《贤文》（《增广贤文》）、《初开》（即国内瑶族的《九经书》）、《自从》（即国内瑶族的《盘古记》）为瑶族文化教化、道德教化的启蒙之书，用于知识启蒙和教育后代子孙。这些读本的手抄本广泛存在于美国瑶人家中，几乎每一家庭都有，非常多见。

美国瑶族的口碑文献，有神话、传说、故事、歌谣、谚语等，主要留存在迁徙到美国的瑶族群体口耳唇舌之间。笔者曾于2009年5月29日—6月8日、2013年7月6日—7月9日两次到美国旧金山瑶族社区做调查，重点调研了奥克兰市、沙克拉门多市、苏辛和费尔菲尔德市。由于条件限制，调查范围与对象都十分有限。美国瑶人手中保存文献的具体数量，以及老人和妇女保存于记忆中的口传文献，尚有待日后通过更深入细致的全面调查后补充。

（二）收藏轨迹

美国瑶族文献的收藏形式为自藏与他藏。自藏指瑶族群体内部的家庭收藏，一般由家庭成员代代传承和师徒间传承或赠予。他藏指社会文化机构及非瑶族个体的收藏，一般由文化机构有目的地征集收购和个人与团体的捐赠。来源一般为继承、收购和捐赠三种途径。

1. 自藏瑶族文献的来源

美国瑶族家庭保存的瑶族文献一般都属于自藏。美国瑶人有4.1万—4.2万人[1]，系越战后从老挝逃到泰国难民营的战争难民。自1976年始，受联合国难民署统一安置，因越南战争而逃亡至泰国的瑶族难民开始移居欧美，主要居住在美国西部的加利福尼亚州、俄勒冈州和华盛

---

① 此数据为在笔者最新（2013年7月6日）在美国旧金山奥克兰美国瑶族文化中心召开的小型调研会上获得。由前全美瑶人协会主席赵贵才提供，在会瑶族会员认可。大家认为以往有些文件提供的美国瑶人数据不够准确。

顿州一带。

在美国瑶人分布相对集中的加利福尼亚州、俄勒冈州和华盛顿州，几乎所有的瑶族师公及普通瑶人家中都有不同版本的瑶族手抄文献，其他瑶人散居的蒙大拿州、阿肯色州、伊利诺斯州、德克萨斯州、阿拉巴马州、宾西法尼亚州、阿拉斯加和纽约州，也或多或少保存有瑶族文献。① 例如前文所及北加州沙克拉门多市瑶族老人邓妹龙收藏的《评皇券牒过山榜》，系其已故爷爷由老挝带至美国。《盘王大路书》为美国北加州奥克兰市瑶族师公邓富旺祖上传承，由老挝带入美国。沙克拉门多市赵承秀所藏《家先丹（单），留（流）水簿在内》，系家庭迁徙时由老挝带入。这些战后劫余的手抄文献上多署有收藏家庭成员祖辈的法名，存放在现住宅中厅的神台里，视为家传之宝。

瑶族特别重视本民族文献的收藏和保护，重要文献一般妥善保管，秘不示人，不到万不得已是不会轻易抛弃或出让的。来自泰国难民营的瑶族谈他们越战时逃难的经历时说："从老挝来到泰国，我们经受很多苦难，有的被杀死，有的病死或饿死，有的东西被抢光。但在任何艰难危险的情况下，我们祖宗传下来的《家先单》、《过山榜》、《盘王书》都随身携带。"② 虽然如此，战争环境对瑶族文献保存的破坏仍是巨大的。少数劫后残存的文本被瑶族逃出老挝时带入泰国难民营，之后又随联合国难民署安置带入安置国家。现住奥克兰市的邓富旺师公告知笔者，越战时他们全家为了逃难，只挑选了几册最重要的瑶书随身带走，其余100多本都不得已放弃了。这些在战火中大量流失的文献，有些就成了后来文物商的囊中之物，有些也就从此湮没于尘世，成为永久的遗憾。

2. 他藏瑶族文献的来源

他藏系指图书馆、博物馆、画廊等文化机构和社会个体出于公益事业和个人兴趣爱好有意识地收藏、收购的瑶族文献。越战导致大量东南亚瑶族文献流失，乃是瑶族文献他藏的主要来源渠道。

---

① 美国瑶人自藏文献信息，为笔者 2009 年 5 月 29 日—6 月 8 日、2013 年 7 月 6 日—7 月 9 日在美国加利福尼亚州进行调查时，采访现全美瑶人协会主席 Joc Kaonai Liow 及前全美瑶人协会主席赵贵才，其他瑶人领袖、师公所获得，下同。

② 黄钰、黄方平：《国际瑶族概述》，广西人民出版社 1993 年版，第 303 页。

（1）收购

美国国会图书馆的瑶族文献来自于英国古董商人罗伯特 L. 斯托珀之手（Robert L. Stolper）。罗伯特 L. 斯托珀原籍美国，后移居英国。起初主要收藏印度文物与艺术品，后开始收藏中国与东南亚古籍文献。他长期在东南亚一带收集古董与古书，有许多熟悉他的当地供货商为其提供货源。罗伯特定期去收购这些供货，再带回欧美卖给所需客户。德国慕尼黑巴伐利亚图书馆、美国国会图书馆为采购瑶族文献都曾派员光顾过罗伯特的家。罗伯特收藏的瑶族文献主要有手抄本、卷轴和仪式画、神头、法衣等。其中手抄写本为其收藏之大宗，主要收购地在泰国。由于 2007 年罗伯特已患病卧床不起，他的收藏及收藏转让事务由其妻子代理。

据当事人居蜜介绍，美国国会图书馆瑶族文献的收藏议案始于1999 年下半年，经过多年的协商与酝酿，最终于 2005 年达成收藏协议，年底正式收到卖方寄来的首批收藏样品，继而又收到对方寄来的184 件藏品。[1] 之后，笔者于 2007 年 11 月—2008 年 12 月在该馆协助整理这批文献期间，国会图书馆又分两次收购了这位书商的剩余藏品。2005 年至 2008 年四年间，美国国会图书馆亚洲部先后三次从罗伯特手中购买的瑶族文献总计有 241 件。

虽然买方在购买之初并不能确认这批瑶族文献的原始书主，但是经过笔者考释，还是能确认这批文献是在越战中沦为难民的东南亚瑶族流失之物。[2] 这部分瑶族文献的主人，就是明清时迁徙到东南亚一带的中国瑶族，具体为祖籍中国的"勉瑶"支系，包括盘瑶（优勉土语集团）和蓝靛瑶（金门土语集团）。这批文献以汉字为主、瑶用俗字为辅抄成，既保留中国古代手抄文献的基本特征，又有明显的瑶族文化特征。

康涅狄格州丝路画廊的收藏源于业主的收购。由于业主的业务和个人爱好，曾多次到亚洲收集到不同地区的文物和艺术品，其中瑶族文献

---

① 信息来自前美国国会图书馆亚洲部理论部主任居蜜女士对笔者提供的口头与书面资料。

② 何红一：《美国瑶族文献与世界瑶族迁徙地之关系》，《中南民族大学学报》2011 年第 5 期，第 58—63 页。

的收藏地均在老挝、泰国北部和缅甸一带。

（2）捐赠

捐赠也是美国瑶族文献的一大来源。美国俄亥俄大学图书馆收藏的瑶族文献，即由越南的"Dong son Today"基金会捐赠。据说这些文献为早期从中国境内迁徙到越南北部偏远山村的瑶族手中的遗留物，是由 Nguyen duc 多年收集而来，后来通过在越南河内的 Dong son Today基金会无偿捐赠给俄亥俄大学图书馆。该基金会支持当代艺术和文化事业，并热衷于慈善活动，已成为越南艺术界一个积极推动者。该基金会主席，美国慈善家 Dr. Frederick Harris 认为"美国俄亥俄大学在亚洲研究方面有悠久的历史，自此，这些藏品终于有了一个永久的家，以供它们继续传承下去"。同时他也希望日渐增多的越南北部地区的少数民族的藏品的收集能促使更多的俄亥俄大学学生致力于更深入的研究。[1]

Dong son Today 基金会曾从全部藏品中挑选了 300 件，于 2006 年 10月 19 日—31 日在越南展出，并为展出做了整理与说明，出版过《越南北方少数民族仪式画》画册一部。

（3）现代文物市场的交易

现代文物市场的出现，为文物和民间文献典籍的收藏与交换提供了更大的交流平台，故美国瑶族文献的收藏途径之一还来自现代文物市场。特别是互联网的出现，为收藏与交换提供了更强势、更便捷的交易平台。上文所述美国康涅狄格州丝路画廊经过 10 年以上的传统店面经营，已于 2003 年加入了互联网业务，网上业务效益颇丰，一些瑶族文献藏品也都经由网络买进卖出。全球最大的网购 eBay 网，2010 年 3 月20 日曾上拍一件瑶族"过山榜"藏品，竞拍者为一美国华裔家庭。笔者于 2010 年 8 月前去竞拍者家中探访，见到该拍品。该藏品规格为33cm×540cm，卷首写有"评皇券牒过山榜防身一十二人"字样。文字内容及绘画风格与美国国会图书馆馆藏四件"过山榜"类似，不过绘画更精致，其中盘王及夫人、十二姓瑶人等画像清晰可辨。

---

[1]　Foreword, *Ceremonial Paintings—North Ethnic Minorities Vietnam*, Published by Dong Son Today Foundation and Vietnam Museum of Ethnology, in 2006, p. 17. Hanoi, Vietnam.

二　保存现状①

（一）文本文献保存现状

美国国会图书馆馆藏瑶族文献，正处于整理与编目之中，个别文献得到修复性整理，但尚未能进入流通领域。俄亥俄大学图书馆馆藏瑶族文献，大部分已得到初步的保护性清理，尚未整理编目、进入流通领域。

相对汉文古籍的修复整理和考订，中国少数民族古文献的难度更大，需要非常专业的知识和专门的人才，海外的收藏者与收藏机构往往缺乏这样的条件。仍以美国国会图书馆馆藏中国少数民族文献为例，这些文献资料虽进入世界顶级图书馆，但并不等于进了保险箱。由于大批文献尚未经清理，整箱深藏于库房内，处于自然存放状态。其中，尚未编目的藏文收藏与蒙文收藏不计其数。由于无人清理编目，无法评估其价值，更无法进入研究流通领域，实现资源共享。曾任美国国会图书馆亚洲部主任的李华伟博士指出："美国国会图书馆的中文古籍非常多，而且确有许多珍品，不少罕见的文献甚至不为人知。到底有多少古籍，到目前为止谁也无法说清楚，因为美国国会图书馆从来没有将大量的人力、物力和资源投放在中国文献的整理上，而且在美国能够整理古籍的人才也非常难找。"②

瑶族文献多为非常时期留存下来的。入库前就严重受损，入库后长期得不到清理，也就无法获得及时整理、修补与保养的机会，它们的保存现状实在不容乐观。例如笔者经手整理的241件瑶族文献，大多都经历了100—300年的历史风雨。它们都是瑶族祖辈明末清初向东南亚迁徙时携带出境的，在辗转流传中又几经易手，破损现象严重。水迹汗渍、虫咬鼠啮、香火烧灼的痕迹比比皆是。缺页、残页而导致文献表面

---

① 本节部分内容以《海外中国少数民族文献的保护与抢救——以美国国会图书馆馆藏瑶族文献等收藏为中心》为题，发表于《江西社会科学》2010年第12期，第168—173页，收录时有所修改。

② 丁立：《侨报周末·走进美国国会图书馆亚洲部——访美国国会图书馆亚洲部主任李华伟博士》，2006年8月16日（http：//www．sinovision．net）。

残缺不全，字迹漫漶不清，亟待抢救性修复。

即使是完好无损的书册，也因为年代久远而纸张老化、脆变、粘连、难以翻页，虽进了库房，并不意味着进了保险箱。还会因无人清理、不能及时得到保护性处理（例如手稿的防酸处理、熏蒸处理和页面的修复）而继续受到损伤，更谈不上编目上架，进入流通领域。

战争等天灾人祸对海外少数民族古籍的破坏也是严重的。在旧金山沙克拉门多瑶族社区老人中心，老人们告之以前他们家家户户都有祖传的祖图、家先单（祖先的名册）、瑶经等汉文手稿珍藏，其中不乏"过山榜"、《盘王大歌》这些珍贵的瑶族古文献，而这些都在逃难中遗失了。生活安定下来后，他们便请人重修，但由于时过境迁，又远离祖源国文化环境，汉语水平几乎消退殆尽，以致重修的版本行文串杂、文字错讹、脱漏现象严重。这种修复性的破坏，也对文献的科学保存造成伤害。

（二）口碑文献保存现状

少数族裔的研究落后于主体民族的研究，这是全球民族文化研究中一个普遍的现象。在全球工业化进程急速发展的过程中，多样性的少数族裔传统文化的保护已成为引人注目的一个焦点问题。

作为弱势文化，在海外主流社会强势文化的包围中，美国瑶族传统文化的生存状态受到极大的挑战；首先应该是经济原因。由于战乱，他们从原有的农耕文明一下子落入欧美现代文明的重围之中。文化的变迁直接威胁到瑶族传统文化的生存。在美国，宗教势力无孔不入，生活其中，会受到很多既得利益的吸引、诱惑。美国传教士给了瑶人很多的帮助，例如找工作、发放生活补助、学英语等。将来加入美国籍，改信天主教、基督教也是申请美国公民的最好途径。所以许多瑶人改信了基督教、天主教。在他们改变信仰后，听从传教士劝说，认为瑶族传统文化在美国现代社会没有多大用处，老的手抄经书没有用了，于是就将老书烧掉了。[①]

---

① 参见［美］李瑞福《美国瑶族社会发展的情况》，载广西瑶学会编《瑶学研究》第 1 辑，广西民族出版社 1993 年版，第 175—177 页。

其次是自然规律的因素。随着岁月的流逝、海外瑶族老一代人去世，精通汉文者越来越少。其中中年人会汉语的已为数不多了，年轻人则因为环境改变而早已不会使用汉语了。

我们知道，在非物质文化遗产的保护中，传承人的保护是整个保护工作的重中之重。瑶族传统文化的传播主要靠瑶族师公口传心授和对经书的念诵。瑶族没有自己的文字，经书都是用汉语写成。以前瑶族男性成年礼"挂灯"或"度戒"，拜师学艺，都要以书写认读汉字为前提。现在随着老师公和老歌手的逝去，瑶族文化的传承变得十分艰难。笔者在美国北加州地区所接触的美国瑶族青年，除少数几名被送往北京学习汉语的大学生外，大多数不会说汉语。原全美瑶人协会会长赵贵财先生说，如果没有定期送年轻人回中国进行语言培训的规划，年青一代的瑶族人将与汉文化绝缘了。祖先传下的用汉文抄写的瑶族文献将濒临失传，后继无人。随着美国瑶族后代融入西方社会的速度加快，传统文化销蚀速度也在加快。无论是瑶族祖传典籍还是口碑文献都陷于强势文化的包围蚕食之中，正在走向濒临灭亡的危险境地。

三　美馆藏瑶族文献的抢救性修复

本节以当事人身份报告美馆藏瑶族文献之一"过山榜"的修复缘由以及修复前后的相关研究、报告运用东西方修复学理论修复美馆藏亚洲部瑶族纸质文献的实践，希望通过此次抢救性修复案例，传达用现代科学手段保护和抢救境外中国少数民族传统文献的实践经验，并强调其修复意义。

（一）修复的原因

2007 年 9 月，一批瑶族手抄文献由伦敦寄至美国国会图书馆，其中一件"过山榜"破损严重。当时，笔者正在美国国会图书馆亚洲部访学，邂逅了这批文献。在之后研究报告中论证了这批文献的价值，并撰文呼吁有关部门采取有效措施对其进行保护。[①] 同年 10 月 17 日，笔者在美国国会图书馆发表"神奇的瑶族古书——美国国会图书馆瑶族文献研究"演讲。演讲呈现了中国瑶族与世界瑶族关系的文化背景，并用其在美国国会图书馆亚洲部整理瑶族古籍的经验，说明馆藏瑶族文献的类别及重要性。特别提出这批馆藏因为天灾、战乱和历史的原因，保存质量较差，破损、霉变严重。如不及时得到改善，还会加速损坏程度。呼吁有关部门尽快进行抢救性修复，使之早日进入流通领域，以供社会使用。

呼吁引起馆内修复部门的关注，也引起当时正在美国国会图书馆修复部工作实习的新加坡国家文物局修复中心资深修复员黄仪敏的注意。于是，她积极联系亚洲部了解破损文献详情。在笔者的建议下，两个部门经讨论决定从损坏严重的一部"过山榜"——《评皇券牒过山榜防身一十二人》（B006）入手，开始对瑶族文献的修复。这便是美馆藏"过山榜"修复的起因。

（二）"过山榜"的修复报告[②]

文献的修复（Rehabilitation）是一门专业性极强的工作。修复实践中形成的修复学是一门技术性、实践性很强的应用学科，它研究文献的损毁规律及修复技术和方法，抢救和延长文献寿命，服务于各大图书馆和博物馆。

1. 美国国会图书馆修复部简介

美国国会图书馆修复部是该馆保存部属下的一个分部。修复部的服务宗旨在于妥善保存美国国会图书馆馆藏的知识文化遗产，以确保知识的使用及传承。修复部除有针对性地修复馆藏文物古籍外，还承担书籍镶边、集体去酸、物料实验等业务。修复部的修复工作主要分善本书修复和纸质文物修复。其工作程序往往是运用对文物古籍及其材质、品相

---

① He Hongyi, Lily kecskes Religion, Rituals And Rhymes, "A Preliminary Study Of The Newly Acquired 241 Yao Documents In The Collection Of The Asian Division Of The Library Of Congress", *Journal Of East Asian Libraries*, No. 145, June 2008.

② 本节的部分内容署名何红一、黄仪敏，以《美国国会图书馆中国瑶族"过山榜"的修复及其意义》为题，发表于《中南民族大学学报》2015 年第 1 期。

退化因素的认识，对修复对象做出诊断。再依据既定的修复原则，运用适当的工具与修复手段，将文物古籍修复。

由于美国国会图书馆是世界级的大型图书馆，每一件藏品都蕴含独特的文化背景和传统，修复员在处理文物古籍修复时，得考虑其文化的本真性，尽可能地还原文物古籍在物质意义上的"原貌"，做复原性修复。套用一句中国修复界术语，就叫作"修旧如旧"。

2. 对修复文献破损现状的分析及材质检测

这件被损坏的卷子"过山榜"标题为《评皇券牒过山榜防身一十二人》，旁题有"江印刷"字样，榜文规格为 32.3cm×471cm。

肉眼观看整个卷子似乎被锐物戳穿，前半段有些部位几乎破裂折断，其他部位也受到不同程度的损伤和影响。藏品拿到修复部后，接受了修复前的检测与评估：定位破损部位，测量破损尺寸。为修复品拍照，建立修复档案。

经检测，整个"过山榜"由十张双层手工纸排列构成，而十张手工纸中就有一半受损。破损处分布在卷子前半部分中部的文字及图案间，这是一个敏感和要害的部位。不仅令卷子的展读难以为继，也令榜文中部分内容难以辨认。其中最严重的破裂处集中在榜文的前半段（见图10—2，由左至右）破口尺寸为 15cm×15cm。接下来破裂幅度逐渐减小。此外，破裂处和破裂周边的纸张纤维也深受其害，出现被拉扯、扭曲、变形现象，如不及时加以保护，势必影响使用寿命。

图 10—2　榜文纸张破损示意图　［新加坡］黄仪敏制作

除人为受损外，卷子本身也因过度使用而呈现出严重老化、酸化、絮化迹象。卷子最前端的纸质因反复使用、受力过度、介质剥落而变得薄软脆弱，产生的褶皱难以抚平。很多地方出现絮状开裂、组织稀松状况，无法供使用者正常展开与观览。

卷子纸张整体呈浅褐色，第一段榜文的前后背散布着一些深褐色的污染痕迹。另外，纸张间的连接处也呈深褐色，可能是卷子制作时使用的黏合剂变质，导致的变色。纸张正背面（尤其是榜文前部）的污痕，大多数已植入纸张当中，应该是因为保存条件不好而沉积的污垢。榜文前段分布有许多疑是虫蝇粪便留下的小污点。此外，卷子整体也因为过度使用及收藏不善，产生多处褶皱与裂纹（见图10—3）。

图10—3　美馆藏瑶族"过山榜"所呈现的絮状开裂、
组织稀松状况　　［新加坡］黄仪敏摄

再看"过山榜"的材质及用料情况：

由十张纸排列构成的榜文，每一张手工纸尺寸约47cm×50cm。双层衬托，交界处5—6 cm左右以黏连剂黏合。双层纸上下也有约1.5厘米的折边，并加以黏合。经检测，榜文纸质柔软，纤维长而韧，物理性能较好，初步辨认为皮纸类，即使用桑科类植物树皮为原料，打制纸浆而制作的手工纸。瑶族发源于中国，手工造纸有悠久的传统，迁徙到东南亚的瑶人，也将这种造纸工艺带到异国他乡，继承祖传的造纸工艺，并用这些手工纸传抄家谱、族谱、经文经书，记录自己的传统文化。

　　传统的造纸工艺中，造纸人通常会在调制纸浆时加入胶剂，以增加纸浆的黏度。实验者从修复样品中提取纸屑样本，测试胶剂成分，结果排除了淀粉或蛋白质类成分，应该为传统造纸术中常常从植物中提取的一种黏液，民间称之为"纸药"的物质，即明代宋应星《天工开物》中所说的"纸药水汁"。

　　瑶族民间传统"纸药"因地而异，湖南郴州瑶人用猕猴桃藤汁、① 广西巴马瑶族用山中的香滑草、② 广西凌云瑶族用的是木芙蓉和黄桑树的根、③ 而贵州从江瑶族用"嘴就亮"——一种当地的芙蓉花树的树叶，④ 要解决榜文所用纸质和所添加胶剂的成分，目前尚有一定难度。因为民间手工造纸有很大的灵活性和随意性，所用材料往往因人而异、因地制宜。瑶族历史上经历了几次的大迁徙：早在瑶族的形成与发展阶段，经历了从中国黄河、长江流域中下游一带到南部的湖南、广西、广东、云南等地的境内迁徙；明末清初，又经历了从中国南部到越南、老挝、缅甸、泰国的跨国迁徙；20世纪七八十年代，作为越南战争中的难民，再次经历了从东南亚到美国、加拿大、法国等国家的洲际大迁徙。⑤ 不同分支的迁徙路线亦各不相同。要找出瑶族的造纸原料，必须追溯瑶族漫长的迁徙足迹，寻找原产地造纸工艺，或使用更精密的测试仪器方能检测出来，这将是我们下一步攻关的课题。

　　榜文上字迹清晰，文字为汉字杂以瑶用俗字写就，书写用具不明。除文字外，还有绘图和印鉴。文字与图共用了三种色彩：黑、红、蓝，都是手写、手绘而成。从榜文的交界处和绘画的笔触看，文字和绘画是在纸张拼接后才整体抄写绘制上去的。

---

　　① 赵砚球：《郴州瑶山造纸技术简介》，载《中国瑶族地区科技荟萃》，民族出版社2011年版，第154—156页。

　　② 蓝正祥、蒙海清：《纱皮树的培育与纱纸的制造》，载《中国瑶族地区科技荟萃》，民族出版社2011年版，第150—153页。

　　③ 韦丹芳：《广西壮、汉、瑶族民间造纸技术的调查研究》，《广西民族学院学报》（自然科学版）2004年第3期，第25页。

　　④ 余珉琨：《贵州从江瑶族坚持古法造纸：可放数百年不腐》，《贵阳晚报》2014年6月3日（www. gddj. chinanews. com）。

　　⑤ 何红一：《美国瑶族文献与世界瑶族迁徙地之关系》，《中南民族大学学报》（社会科学版）2011年第5期，第58—63页。

3．修复方案

手工修补，分抢救性修复、常规性修复和前瞻性修复三方面。修复目标如下：

（1）修复"过山榜"表面破损部分，尽可能填补破洞、修复开裂之处，使其外观重归完整。这是修复行业中首当其冲的抢救性修复。

（2）修复"过山榜"卷子前端的褶皱和折损部分，加强其稳固性，使其能够舒卷自如。此为常规性修复。

（3）针对其他可预见的安全隐患，对修复后的"过山榜"施行防护性保护，延长其使用寿命。此为前瞻性修复。

图10—4 新加坡国家文物局修复中心资深修复员黄仪敏正在精心修复"过山榜" 黄仪敏提供

4．修复材料准备

选用安全的修复材料，对修复工作至关重要。本次修复所需修复材料主要为修复纸、黏合剂和修复颜料：

（1）中式纸质文物的修复讲究使用"故纸"，即使用老的陈年的修复纸，但是这一点在美国难以实现。于是我们决定使用日制桑纸。日制100%桑纸的纤维长而韧，日久耐用，具有抗酸性，且不含木质素，是"故纸"较好的替代材料。

（2）黏合剂采用高纯度淀粉糊。高纯度淀粉糊一般由天然面粉提炼，不含化学成分，经得起时间考验，不会因老化而变色或酸化，也不会因时间关系而失却其黏附度，是修复界公认并常用的修复用剂。

（3）选用品质优异的Golden（金牌）丙烯颜料。丙烯颜料属于人工合成的聚合颜料，是20世纪四五十年代才被发现的新型绘画材料。丙烯颜料以色泽鲜艳，干燥快，坚固耐磨，抗腐蚀，抗自然老化，附着力强，适应面广，不褪色，不变质脱落，易于保存的优点为美术界所推崇，也被用作文物古籍的修复颜料。

5. 修复过程

首先脱酸去污，用棉签加清水清除榜文表面污垢，清洁修复对象。其次着手处理榜文撕裂部位。由于榜文由双层纸组成，且不对粘，修补时也要逐层修补，以维持原有的纸张间的隔离空间，保证修复工作的"可逆性"，这无疑增加了修复工作的复杂程度。修复员须发扬古人"贯虱之精，灵慧虚和，心细如发"①之精神，耐心细致地处理。先在榜文正面平复裂痕四周的纤维，并以文字或图案的视觉协调为准，把破裂部分粘连起来。再用吸水纸、不粘纸，加重量压平。待干燥后，再把榜文翻至背面，在之前连接处添上沾有粘剂的修补纸补贴加固，重复压平。这样，榜文的表层纸才算修补完成。然后继续修补榜文同个部位的背面，方法一样。本着文物古籍修复"修旧如旧"、"最小干预"和"不容毁损"的原则，我们为修补纸调色，色标接近榜文纸质的主要色系。然后，为修补纸上色。上色时只能小心翼翼地在修补纸上进行，因为这些文献本身具有唯一性和不可再生性，一旦毁坏便很难复原。任何对藏品原件进行的人为染色或添加手段都是对原件的伤害，会被严加禁止的。

另一个有待于解决的问题是修复卷子前端的褶皱和旧损部分。从首段破裂之处塞入一张修补纸，塞入的衬纸增加了这一处纸张的厚度，也令榜文前端变得稳固而容易把握。

当卷子全部修补完毕后，就进入最后的修饰环节。用高品质的Rembrandt（伦勃朗牌）颜色粉笔碾成粉状，调制后再用毛笔轻轻地在修补纸上涂抹做旧，让修复处看起来与原有的颜色协调统一。

文物古籍保存讲究在干预性的修复后，施之以防御性的保护措施，以便修复物的储藏。所以当"过山榜"的受损面修复完成后，还需要做一系列修复的后续处理。为适应卷子收卷自如的需要，确保收藏对象长期保存，修复组以合乎修复标准的 polyester mylar（涤纶聚酯薄膜）和日本桑纸为其制作了活动滚轴，再在卷子及滚轴之间插入棉质的防酸衬纸。卷子由滚轴支撑着，卷毕又有衬纸包裹，再放进一个量身定制的盒

---

① 明·周嘉胄：《装潢志》，上海古籍出版社 2005 年版，第 12 页。

子里"吊"置，送回有恒温及湿度控制的收藏室。之后，又为其他三件"过山榜"配置了防护性的防酸衬纸和配套纸盒，改善其收藏条件。至此，瑶族"过山榜"的修复工作宣告完成。

目前，这份修复好的"过山榜"已经交付亚洲部使用，与其他三件"过山榜"一起存放在位于杰弗逊大楼二层的美国国会图书馆亚洲部善本书库，以较为完好的面貌供来自世界各地的读者观赏和研究（见图10—5）。

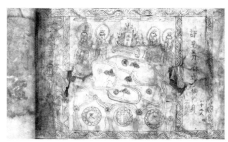

图 10—5　美馆藏"过山榜"修复前后对照图　何红一摄

（三）"过山榜"的修复意义

美馆藏瑶族"过山榜"的修复虽然是一个小小的尝试，但有着重要意义。

1. 首开美国国会图书馆瑶族文献修复之先河，有利于馆藏瑶族文献的保存

中国古籍文献的修复，需要特殊的工具、材料、技术和技巧，少数民族文献更是如此，它与汉籍文献有共性也有区别。在此之前，国会图书馆尚未有过修复瑶族手抄文献的经历，甚至国内和世界范围内均尚未查到这类修复先例。故此次修复，是极有意味的开拓之举。不仅将受损文献恢复到理想程度，使之能够妥善保存，还为今后馆内外其他瑶族文献与藏品的修复，以及海外其他中国少数民族纸质古籍文献的修复与保护，提供了可行的范例。

海外瑶族文献是中华民族瑶族文献一个重要的组成部分，对其抢救性修复，对于保护中国少数民族文化基因、维护中华民族传统文化的完

整性，沟通和联络海内外瑶族民族情感，具有重要的意义。随着时间的推移，这些文献所产生的社会效益和历史价值是难以用金钱衡量的。据笔者调研所知，除美国国会图书馆收藏有瑶族文献外，美国其他大学图书馆、博物馆都有同类收藏。甚至欧美及东亚、东南亚其他国家都有大量收藏。这些藏品深藏于库房内，大多数未经清理，处于自然存放状态。许多文献是在越战背景下收藏的，入库前就严重受损，抢救性修复迫在眉睫。期待这次的修复尝试能首开境外中国瑶族古籍文献修复之先河，吸引更多的人员、机构和社会力量投入到境外中国少数民族古籍的整理与修复之中。

2. 对海外瑶胞保存瑶族文献的指导意义

"过山榜"是瑶族重要文献、世界瑶族的精神财富和精神支柱。瑶族无论走到哪里，都要携带"过山榜"，视其为传家宝和护身符。由于年代久远，保存条件差，美国瑶族手中的"过山榜"及其他瑶族文献多已损坏，不及时修复难以继用。出于对民族文献的珍爱，海外瑶胞常常自行修补或复制这些文献，苦于没有科学的修复常识和条件，这种修补往往适得其反。笔者在调查中，亲眼见到美国瑶族使用现代纸张和粘连剂、透明胶等物来修补破损的祖传古籍，有时甚至抛弃旧书，重立新书，这些做法都对文献保存带来伤害。美馆藏瑶族"过山榜"的修复实践，有可能在美国瑶人社区推广，唤起他们运用科学方法修复和保存祖传文献的意识。

3. 提供国际合作经验，推进文物古籍修复的国际化进程

古籍修复，是一项精细而专业的科学工作。美国国会图书馆修复部门有着世界领先的现代修复技术和修复理念，良好的国际化修复实验环境，这些技术和理念可以更大限度地开发利用，运用于东方的文物古籍修复。同样，中国的文物古籍的多样性和复杂性，也给世界各大博物馆、图书馆和文化机构的古籍修复工作带来机遇和挑战。作为拥有五千年文明的古国，中国在文物修复方面积累了丰富的经验。尤其在古画装裱和古籍修复上有着独特的工艺和特殊方法。由中国国家图书馆牵头申报的"装裱修复技艺·古籍修复技艺"，已被列为国家级非物质文化遗产。这些资源也可以与世界分享，造福于全球。据笔者所知，目前国际上文物古籍修复人才和技术力量奇缺。中国有大量古籍流失在外，抢救

性修复迫在眉睫。海内外抢救力量合力互动，可以汇聚东西方文物古籍修复力量之优势，达到更大的抢救全人类文化遗产之功效。

近年来，中国政府将少数民族古籍修复与保护列入议事日程，提出"加快推进古籍修复工作，提高古籍修复水平。集中资金，有计划地对破损古籍进行修复……要将传统修复技艺与现代技术相结合，充分吸收国外先进技术和经验，提高古籍修复水平"①。由中国、新加坡、美国学者参与的美国国会图书馆馆藏瑶族"过山榜"的修复，无疑是一次跨国研究性实验，希望能对海外中国少数民族古籍修复提供有益借鉴。

4. 有利于瑶族文化的弘扬与传播

民族文献具有存贮知识、传递和交流信息的功能。海外瑶族文献是世界瑶族遗产的重要组成部分。这些文献只有得到妥善安全的保存，才能编目、上架、进入图书馆的流通渠道，才有可能发挥作用。美馆藏瑶族"过山榜"的修复，使这种流通与传播成为可能。

美国瑶人是作为越南战争难民被联合国难民署安置到欧美各国的。之前，他们不断迁徙、游移，居住国度在三个以上。他们祖传的手抄文献，很多都在颠沛流离的迁徙中、在残酷的战争炮火中遗失了。战后，一部分瑶人虽然被安置到美国，但是身处主流社会强势文化的包围中，美国瑶族传统文化的生态环境受到很大的威胁，传统文化处于濒临失传的境地。美国瑶胞听说自己的传家宝"过山榜"和其他文献保存于美国国会图书馆，备受鼓舞，感到非常荣耀，表示有机会一定要带子女后代前来观瞻和查阅。这一消息对美国瑶胞找回民族记忆、提升民族自信，在美国弘扬自己祖先的传统文化，都大有裨益。

5. 有利于国际瑶学和文献修复学研究

海外瑶族手抄文献，为国际瑶学研究提供了真实可信的第一手资料。瑶族重要文献"过山榜"的修复，使"过山榜"研究有了更好的海外参照文本，有利于海内外"过山榜"版本的流通与互动，促进"过山榜"不同版本的比较研究。同时，借助修复前的"体检"，修复过程中对"过山榜"形制结构、材质构成的摸底，积累瑶族用纸传统、

① 转引自中国国务院办公厅发布的《关于进一步加强古籍保护工作的意见》（中办发〔2006〕24号）。

抄写技术、笔墨纸张、颜料工艺，甚至装裱方式的一手资料，有利于从修复技术和修复耗材角度进行拓展研究，推进文献修复学的国际化交流与合作。

图10—6　美籍瑶族歌唱家何玲玲在美国国会图书馆观览
瑶族祖上珍传"过山榜"　何红一摄

修复瑶族"过山榜"，可算是机缘所致。笔者与新加坡的黄仪敏女士在美国国会图书馆萍水相逢。虽之前素不相识，但对中华传统文化的热爱、职业责任感的驱使，使我们的小小心愿得以实现，倍感欣慰！囿于条件，修复中还存在一些不尽如人意之处，这将激励我们继续努力。海内外尚有很多珍贵的瑶族文献需要修复，任重而道远。我们将继续关注与探访瑶族造纸技术，结合收集瑶族迁徙地的文化技术资料，发掘更适合瑶族文献修复的材料和方法，凝聚世界的智慧与力量，从科学技术层面为保存瑶族乃至世界其他少数族裔的精神文化遗产尽绵薄之力。

特别感谢：美国国会图书馆修复部和亚洲部对该藏品修复课题的支持；新加坡资深文物修复员黄仪敏女士在瑶族"过山榜"修复过程以

及修复报告中做了大量工作；美国国会图书馆亚洲部原主任李华伟博士、美国国会图书馆修复部资深修复员 Holly kreuger、美国国会图书馆亚洲部原中国与蒙古组负责人 Lily kecskes、美国国会图书馆修复部 Sylvia Albro 及 Cynthia Karnes 都对该修复课题的完成给予了大力协助。

四　美国及海外瑶族文献的抢救与保护建议[①]

海外中国少数民族文化遗产是当前中国文化遗产保护的一个重要组成部分，对流散在海外的中国少数民族文化遗产的抢救性收集与研究，能为国内外少数民族研究提供新的研究视野与研究课题，也能帮助我们全面地认识和了解中国少数民族的历史文化和现状，了解中国少数民族文化在海外的发展与影响，有助于在世界领域推进中国少数民族研究。

"礼失而求诸于野"，因突发事件或重大的历史变革而逝去的文化和记忆，也许会因为异域的保存和收藏而失而复得。海外中国少数民族文献可以成为境内少数民族文献的一个很好的补充。

（一）设立有效保护机制

中国少数民族文献是我国 55 个少数民族从古到今，世代创造并传承下来一笔宝贵的精神财富，分文字典籍和无文字的口传文献两种。千百年来，少数民族文献与汉民族文献一样，是中华各民族精神文化的载体，也是中华民族凝聚力之所在。正如前文化部副部长周和平 2008 年 5 月 13 日接受中华人民共和国政府网站专访，与网民谈"加强古籍保护"时所指出的，"少数民族的典籍也是中华民族文化的一个重要组成部分，所以对于传承中华文明也发挥着重要的作用"。我国自 20 世纪 80 年代开始，就十分重视抢救、整理、出版少数民族的典籍，因为这些典籍"体现了中华民族的文化是一个多元一体的文化，同时也说明古籍工作是 56 个民族共同的事业，保护古籍是所有民族的事。要抢救每个民族的文化，只有这

---

　　① 本节部分内容作为课题前期成果，以《海外中国少数民族文献的保护与抢救——以美国国会图书馆馆藏瑶族文献等收集为中心》为题，发表于《江西社会科学》2010 年第 12 期，第 168—173 页。收录时有所增删。

样才能整体上来保护中华文明"①。

中国少数民族文献主要保存在中国本土，但也由于种种历史文化的因素流存于海外。与大量中国珍贵文物流失海外的遭遇一样，流失于海外的中国少数民族文献也是难以计数的。这些文献中，只有少数是通过正常的文化传播渠道外流的，如清政府在国际书籍交换法案通过后赠送给外国图书馆的中国图书文献，或一些境外个人与团体收购、交换、捐赠所得；多数是通过不正常渠道流失海外。如非常时期外国探险家的掠夺与收购、因战争灾难带来的文化浩劫、帝国主义列强对中国古代文化珍宝的巧取豪夺以及见利忘义的文物贩子的偷运走私，这部分文献占海外现存中国少数民族文献来源的绝大多数。而且，由非正常渠道流走的全是中国少数民族古文献中的精品。缺失了这部分文献，中国少数民族文献就缺失了其应有的完整性，中华民族文化也缺失了应有的完整性。这不光是中国文化的巨大损失，也是世界文化的巨大损失。

国务院办公厅《关于进一步加强古籍保护工作的意见》（国办发〔2007〕6号）是由中央政府首次发布并统筹实施的古籍保护方案。这一方案指出，由于诸多原因，当前我国古籍保护存在不少突出问题，……尤其是少数民族古籍保护和整理人员极度缺乏，面临失传的危险；大量珍贵古籍流失海外。从国家文化安全、中华民族责任感的高度来认识海外中国少数民族文献保护的迫切性，充分明确跟踪与摸清我们流散在外的少数民族文献的家底，进而保护这些珍贵的文化财富，对于最大限度地寻求民族文化认同、促进中华文明的传承、弘扬民族精神、维护国家统一和社会稳定、促进世界和平都起着非常重要的作用。

相关部门应通力合作，统筹规划，设立统一的海外少数民族文化遗产抢救保护机构，并将其纳入国家文化遗产保护的重要议事日程之中，确保抢救工作的实施。郑振铎先生曾评说的"史在他邦，文归海外，奇耻大辱"的现象不能再延续下去了。

(二) 摸清家底，做好境外瑶族文献信息登记

尽管近年来海内外已出版一些关于中国少数民族文献在国外的分布及

---

① 《文化部副部长周和平谈进一步加强古籍保护工作》，中国网（http://www.china.com.cn/fangtan/2007-06/22/content_8426871.htm）。

研究的成果，为海外少数民族文献保护和抢救，提供了相关依据，但这些多是针对某些知名图书馆中已经编目的少数文献而言。而据笔者所知，大批流落在外的尚未编目的文本文献和口碑文献并不包括在内，包括一些大学东亚图书馆的收藏和一些私人图书馆、博物馆的收藏。事实上，堆放在这些收藏机构中的中国少数民族古籍文献不在少数。故应该像数年前已经开始行动的寻访海外流失文物一样，尽快组建一支海外流失的少数民族文献考察队伍，对海外少数民族文献进行摸底调查。通过摸底评估，了解分布与保存现状，编辑海外中国少数民族文献联合目录，以便在浩如烟海的海外少数民族文献中确定抢救重点、抢救级别，确立分批抢救步骤。

专家考察组应配备少数民族语言文字、文化、宗教、历史、文学、民俗以及民族学、写本学、图书情报、古籍鉴定、计算机、外语等专业人才，以适应海外寻访少数民族古籍及非物质文化遗产的特殊性。对于海外华裔少数民族居住区口承文化的传承人也要像国内一样进行摸底登记，制定抢救方案和保护步骤，使境外的抢救工作得到科学实施。

国内大学与研究院所等科研机构也应尽快与海外各大图书馆、各大学文化研究机构及收藏机构建立密切协作关系。对中国少数民族古文献进行有重点的影印出版、微缩、扫描工作，有步骤地促进和实现这些文献的数字化工程。国家"十一五"重大文化出版工程之一——大型丛书《域外汉籍珍本文库》（第一至三辑）业已问世，希望《域外中华少数民族珍本文库》的出版工作也尽快提到议事日程上来。

（三）加强中美瑶族的联谊与沟通，激发境外瑶族同胞的民族文化保护意识

中外瑶族的联谊，始于新中国成立后的 20 世纪 50 年代。那时候中国瑶族主要与东南亚的瑶族有联系。后来，这种联系因"文革"而中断，改革开放以后得以恢复。

20 世纪 70 年代以后，东南亚瑶族移居欧美，生活安定以后，他们开始寻根问祖，并用瑶族传统信歌与中国瑶族同胞取得联系。1984 年 5 月 6 日，美国瑶人赵富明带领"俄勒冈州瑶族协会代表团"与赵剑高、赵明珠夫妇以及泰国瑶人邓有升、协助创建瑶文的赫伯特·帕内尔教授一行 5 人访问中国广东乳源，架通了美国瑶族与中国瑶族之间的桥梁，打通了长期以来两地瑶族同胞彼此封闭的局面。之后，两地同胞频繁往来，沟通日益加深。近些年来，中美瑶族同胞往来频繁。由中国广西瑶学会和地方政府联合举办的一年一度的"盘王节"，祭祀盘王活动也深深吸引了分散于世界的瑶族同胞。主办方每次都积极主动邀请海外瑶族同胞回来参加每年一度的"盘王节"盛会，盛会期间为海外瑶胞安排丰富的寻根问祖活动。这些举措都促进了海外瑶胞对祖源地的认识、对瑶族历史的理解（见图10—7、10—8）。

图10—7　美国瑶胞回国参加盘王节祭祖活动　何红一摄

　　美国瑶胞生活安定了，也十分渴望国内瑶族历史文化资源的输入，以便修复和重塑"民族记忆"。数百年的分离，特殊的生活环境和境遇都导致他们文化的"失忆"，造成某些记忆链条的断裂，需要通过传统文化的记忆来进行修复。为了在社区修建的"盘王佛光殿"内树立始祖盘王形象，他们还特地回中国求助广西桂林瑶胞，请回大型盘王塑像，开光后敬立于奥克兰的盘王佛光殿中，使全美瑶胞有了一个可以凝聚族群精神力量的场域。由此可见美国瑶族对恢复传统文化的渴望。

在这种氛围下，协助美国瑶人在美国瑶人集中地建立瑶族历史文化博物馆，对于美国乃至世界瑶族来说应该是一件功在当代、利在千秋的伟业。在美国，很多少数族裔都拥有自己的博物馆。美国印第安人在首都华盛顿还拥有国家修建的印第安人博物馆，以此阐释美国印第安人如何通过加入"国家叙事"与"正史象征"，来彰显自我文化和历史的时代转变，同时也从"族群表述"与"人类学写作"的角度阐释了博物馆与人类学的民族志关联。① 美国瑶族如果拥有自己的博物馆，瑶族的传统文献、文物史料、实物和图片就有了安全存放空间，瑶族的文化与历史也能透过博物馆的窗口集中向美国人民和世界人民展示。同时博物馆也可以通过广泛征集展品的方法滚动发展，使美国瑶人历史最终进入国家记忆档案，这应该是保护美国瑶族文化最佳的途径。

图 10—8　美国瑶胞回到中国广东乳源，参加第 11 届世界瑶族盘王节庆典，在盘王画像前合影留念　何红一摄

---

①　徐新建：《博物馆的人类学——华盛顿"国立美洲印第安人博物馆"考察报告》，载《文化遗产研究》第二辑，巴蜀书社 2012 年版，第 79—109 页。

鉴于美国瑶人收藏的"过山榜"已经很破旧，位于东海岸的美国国会图书馆的馆藏又离西海岸很远，大多数美国瑶人不可能前去观瞻。本书课题组与我校计算机科学院师生合作，利用高科技手段，将美国国会图书馆收藏的"过山榜"照片组合拼接，制成"美国国会图书馆馆藏瑶族文献'过山榜'动态展示平台"（Flash 技术）展示。这一制作已于 2012 年夏季由笔者带至美国西海岸，作为赠送给全美瑶人协会的礼物，放置在美国旧金山奥克兰市瑶族社区文化中心，引起美国瑶胞的极大震动。很多师公和老人反复看了一遍又一遍，兴奋地说，这真是我们瑶人的传家宝，要带领全家人前来观瞻。这件事对我们的触动很大，我们期待美国瑶族拥有自己的博物馆后，依托博物馆这一研究实体，国内外学者及研究机构可以联合起来为瑶族文化的传承做更多的事。制作更多的动态文化展品，让瑶族同胞及世界人民分享。

此外，扩大中美瑶胞交流途径，定期邀请全美瑶人协会组团回国参观游览，组织美国瑶族青年来国内民族院校与瑶族学生互动，学习汉语和瑶族历史文化，利用族谱、家谱、信歌征集方式帮助美国瑶胞寻根、寻亲，也是激发美国瑶人的民族文化保护意识、实现自我文化保护的根本措施之一。

（四）吸收和利用国际合作优势，拓宽合作渠道

"学术为天下之公器"。我国在汉文古籍整理方面已有过和正在进行着一些国际合作，其中也涉及我国少数民族古籍整理的课题领域。但这些合作远远不能适应海外少数民族文献亟待抢救和保护的现状，有待于进一步改善和加强，尽快以国家和各级政府名义，设计大的合作项目，加快国际合作步伐，加大赴海外从事瑶族研究力量的投入。

云南丽江市政府正与哈佛大学、中国社科院联手合作，对哈佛大学燕京图书馆馆藏的纳西族东巴经进行整理翻译；同时，还将在近年内对保存在美国、德国、法国、英国、意大利等家的《东巴经》进行抢救性整理。[①] 四川大学派出学者赴美国惠特曼学院图书馆调阅、考察葛维汉收集的中国西南少数民族档案，以便进一步达成合作意向，这些合作

---

① 中国经济网，2009 年 3 月 17 日（http：//www. baoye. net/News. aspx？ ID＝288150）。

经验都非常值得提倡和推广。

　　有重点地召开世界民族文献抢救与保护主题的国际研讨会，也是在国际领域寻求中国少数民族文献合作项目的途径之一。以往，曾由香港中文大学人类学系教授，国际人类学知名学者乔建等人士发起，于 1986 年召开过首次"国际瑶族学术讨论会"，这是一次大型的瑶族问题的国际性盛会。会议邀请了中国瑶族知名人士与瑶族问题专家以及美、日、法、加和东南亚地区国家的瑶族问题专家莅临参加讨论，会后成立了"国际瑶族研究中心"，并确立由各国轮流主持中心的工作，掀起了一股国际合作的瑶学研究好势头。但是，由于种种原因，"国际瑶族研究中心"的工作没能很好地延续下去，只召开了几届会议后就趋于停滞状态，实在可惜。

图 10—9　2014 年夏，全美瑶人协会召开的美中瑶族文化小型研讨会上，
中美学者合影留念　　［美］黄方坪摄

　　其实，国际上关注瑶学研究的学者、研究者很多。由于没有一个统一的研究机构和组织，世界瑶学研究者各自为政，力量分散，信息不通，影响了世界瑶学研究的发展。世界瑶学研究领域亟待得到更多的关注、"国际瑶族研究中心"亟待恢复工作、世界瑶学研究者亟待尽快走

向合作。只有组织各方面人才，形成整体攻关趋势，才便于从更广阔的文化视野中探讨瑶族文化的特质，找出其间的文化认同与差异，促进世界瑶族文化的发展与繁荣。

历史上，瑶族经过一次又一次的迁徙，将瑶文化远播到世界各地，形成了世界瑶文化多元一体的格局。但是中国始终是世界瑶族的祖居地、世界瑶族人公认的民族发源地。中国也有瑶学会，中国的瑶学研究多年来在有识之士的苦心经营和发展建设中，开创了自己的研究风格，捧出了丰硕的研究成果，形成了自身的优势。如果在这方面中国能牵头恢复国际瑶学研究的工作，将是造福于瑶族的一大好事。除中国本土外，泰国、美国与德国都蕴藏着瑶族文献资源的"富矿"。这些"富矿"如能通过国际间合作，纳入联合开发，整合研究计划，建立国外瑶族文献信息共享系统，形成良性互动，将会效益无限。

（五）加大赴海外从事瑶族研究力量的投入

中华民族文化走向世界，学术研究更要面向世界。针对历史上我国少数民族文献大量流存海外的特殊性，特别要提倡和鼓励民族学、文化学、人类学、文献学、民俗学、社会学的学者具备更广阔的研究视野和开阔的世界胸怀，跨出国门做学问。各级政府、各大高等院校、图书馆、出版社和各级研究院所、民间社团以积极主动的姿态，多途径地与海外相应机构建立中国少数民族文献整理与保护的协作关系，形成整体攻关趋势，以加快海外中国少数民族古籍的抢救步伐和抢救的有效性。

海外中国少数民族文献的保护与抢救属于抢救性研究课题，需要多领域、多层次、多学科的通力合作，以及全社会的支持。据笔者所知，近邻日本在此领域的研究力量不见得比我们优越，但是许多政策却大大优于我们，配套设施也非常得力。成立于神奈川大学的日本瑶族研究中心，其许多研究常常借力于中国，利用联合调研，吸收中国的学者和懂瑶语的师公、当事人参加，奔走于世界各地，广泛收集调查世界瑶族古籍文献资料，做了很多国际瑶学研究的实事，加上背后有雄厚的经济实体鼎力协助，近年来异军突起，成绩斐然，不得不令人刮目相看。

中国在此方面有更大的优势，应将包括瑶族在内的境外民族文化遗产的抢救性收集与研究，列为国家级科研攻关重点项目或重大课题，在人力和财力的投入上，也应有大的倾斜。

（六）动员和鼓励海外学人、团体参与海外少数民族文献的保护工作

中国近现代学人海外寻访和搜求中华文物和珍本古籍，有着优良的传统。许多学者身处他乡，心向祖国。在艰难求学的过程中，自觉为寻找流失于海外的古籍文物而四处奔忙，呕心沥血，抢救了大量的文化遗产和史学珍宝，为国宝的回归、民族文化遗产的传承和延续，以及国内历史学、敦煌学、文献学等学科的振兴与发展立下了汗马功劳。著名作家兼学者郑振铎先生就是一位优秀的代表。他在海外敦煌文献的搜访、整理和研究上有着杰出贡献。前人的爱国热情与民族责任感理应得到后人的学习和继承。

改革开放以来，我国派出的学者与留学生的比例更大，投入的经费更多，应该合理利用这股不可低估的人力资源。在出国人员的派送中，应大力培养保护和抢救中华民族文化遗产的高素质人才，为抢救祖国的文化遗产效力。加强对外宣传力度，提高海外华裔、海外学人对祖国文化遗产的保护意识。积极争取国际文化援助、动员海外爱国华人和留学生团体加入这项"功在当代、利在千秋、惠泽于民"的事业，并加强对其的指导和培训，使海外少数民族文献的搜寻和抢救工作落在实处。

（七）充分利用现代高科技手段，使海外少数民族文献资源回归祖国[①]

除了不放弃利用法律途径力争非法流失于海外中国少数民族文献回归祖国外，对这批"海外游子"进行有重点的翻拍、影印、微缩、扫描等数字化处理，是使中国海外少数民族文献虚拟性回归的最好途径。

近些年来，我国十分重视古籍文献的数字化整理工作，从存世古籍中精选出保存较好的善本进行数字化整理，取得了显著的成绩。如1999 年完成的"文渊阁四库全书"、"古今图书集成"，2001 年完成的"四部丛刊"，2002 年完成的"永川二十五史检索系统"，2005 年完成的开放式中华古籍全文检索数据库"国学宝典"，2005 年建成的"中国

---

①　该节部分采用本书前期成果之一《少数民族古籍的数字化传播》，《图书馆建设》2013 年第 3 期，第 23—26 页。

基本古籍库"等，都是这一成果的体现。

此外，我国在少数民族文字的信息处理层面，也获得长足进展。

仅以笔者所在的学校为例，2007年成立的中南民族大学少数民族语言文字信息处理实验室，汇聚了模式识别、人工智能、文字学和民族学等学科的专家学者及研究人员，致力于用信息技术抢救和保护少数民族的文化基因。目前，我校计算机科学院实验室已完成规范手写体汉字脱机OCR、印刷体彝文脱机OCR，在"多字体多字号的基于彝文字符集的印刷体字符识别方法"（国家发明专利专利号：200810047813.0）、"《族语通》彝文版应用软件"（软件著作权登记号：2008SR31270）、"女书①规范化及识别技术研究"方面都取得可喜成就。

世界上许多发达国家虽然拥有高、精、尖的数字化信息技术，但主要优先满足主流社会中强势文化群体的需求，能应用在弱势族群文献保护上的信息技术还十分有限。而且由于文化差异，这种应用也有很大的局限性。目前，欧美发达国家的信息数字化技术主要集中在英文和其他几大拼音文字的处理上，方块汉字等其他中国少数民族文字信息处理的优势还是在中国。特别是瑶族手抄文献，用汉字杂以瑶用俗字抄写，增加了识别难度。欲对其进行数字化整理，传统的OCR工具及自动版面分析工具无法得到有效应用。目前古籍文献中手写文字的识别，仍是一项学术界公认的世界性难题，需要从事模式识别与图像处理研究的学者与从事古籍文献整理研究的学者密切合作，针对某一类古籍文献的图文特点，共同开展复杂背景下文字信息提取与识别技术研究，合力攻关，方能有望在不远的将来，为古籍文献的识别提供一套切实可行的方法和手段。

以美国国会图书馆馆藏手抄瑶族文献为载体，对含大量文字和图案、版面不规范、背景复杂、噪声严重的手抄文献识别技术进行攻关研究，对抢救和保护少数民族文化基因、维护中华民族传统文化的完整性，具有非常重要的意义。研究成果不仅对解决复杂背景下的不规则版面分析及脱机手写文字识别具有重要的意义，也能为流失海外的濒危少数民族古籍文献的数字化保护和利用探索新的途径。

---

① 在我国湖南江永及其他地区流传的一种罕见的女性性别文字。

图 10—10　作者与全美瑶人协会互赠礼品　照片由全美瑶人协会提供

　　有步骤地促进和实现海外中国瑶族文献的数字化，不仅可为中国少数民族文献的抢救和保护服务，而且还可以更好地实现这些资源的国际共享，为保护和发展世界少数族裔的多元文化服务、为推进世界学术进步服务，这应该是人类文化遗产保护的最佳境界。

附 录

一　美国国会图书馆馆藏瑶族
《盘王大歌》版本及校释

（一）瑶族《盘王大歌》简介

《盘王大歌》是长期在瑶族地区广泛流传的一部著名的古代民间歌谣集成，全歌一万余行，是瑶族民族记忆与文化智慧的结晶，以瑶族中勉瑶支系人群传唱居多。在民间，《盘王大歌》的别称、异名众多，主要有《盘王歌》、《盘王大路歌》、《盘王小路歌》、《琉罗歌》、《大路歌》、《流乐书》、《大路书》等数十种之众。

《盘王大歌》的流传从古到今，凝聚了不同地域、不同身份、不同经历的瑶族民众集体记忆和情感体验，其内容涉及瑶族祖先由来、英雄创业、生产生活、历史事件、民族文化与艺术诸方面，集中展示了瑶族人民的道德观念、社会文化、审美情感等多方面。"是瑶族人民的史歌，是瑶族讲'根底'的重要内容，流传广泛，影响深远。"[1]

在祭祀盘王仪式上演唱《盘王大歌》，是瑶族勉瑶支系"还盘王愿"祭祀活动中的重要环节。《盘王大歌》的演唱活动也随着祭祀仪式代代相传，涌现出大批擅长演唱《盘王大歌》的瑶族女歌手，民间称之为歌姆、歌娘，她们的演唱活动及演唱才能，使得《盘王大歌》得到更广泛、更有效的传承。笔者看到美国很多优勉瑶族家庭都保留着《盘王大歌》的手抄本，他们也都知道《盘王大歌》。不难看出，不管瑶族走到哪里，心目中的《盘王大歌》已经不单纯是一种祭祀歌曲，更是他们

---

[1]　王施力、王明生：《永州瑶族》，中国文史出版社 2006 年版，第 141 页。

对祖先家园和业绩的怀念与认同，表达了他们的价值取向和人生态度。

《盘王大歌》的形式与内容：

由于《盘王大歌》演唱场合、时间、功能不一，手抄本形式也不尽相同，有三十六段、三十二段、二十四段、十八段、十二段等多种形式。其中三十六段手抄本较为多见。由《起声唱》、《初入席》、《隔席唱》、《轮娘唱》、《日出早》、《日正中》、《日斜斜》、《日落西》、《日落岗》、《日过岗》、《夜黄昏》、《夜深沉》、《天上星》、《大星上》、《月亮亮》、《天大旱》、《见大怪》、《天地动》、《天暗乌》、《雷落地》、《葫芦晓》、《造天地》、《连州歌》、《游乐歌》、《桃源洞》、《闾山学堂》、《造寺》、《歌字》、《邓古歌》、《何物歌》、《彭祖歌》、《郎老了》、《放猎狗》、《双杯酒》、《亚六歌》、《完合歌》等歌段构成。不同地域的《盘王大歌》手抄本均大同小异。

《盘王大歌》的曲调有"七任曲"，分别为《黄条沙曲》、《三逢闲曲》、《万段曲》、《荷叶杯曲》、《南花子曲》、《飞江南曲》、《梅花曲》。"任"是瑶语中"段"或"层"的意思。"'七任曲'是《盘王大歌》的重要曲调，其前段用衬词'玲罗拉勒'作引句，唱出一首曲的基本腔调，后段用同样的腔调填出多段歌词内容，七任曲是以七个不同的曲调来做艺术的表达，歌词内容叙述历史故事，歌词格律有七言四句，七、七、五、五及五、五、七、七句。七任曲属于瑶族经书音乐，以吟唱为主。"[1]

从民间传承的手抄本来看，这些句式通常押韵合辙，与七段曲牌很好地配合在一起，形成大体一致，又灵活变化的格局。

作为瑶族歌堂文学中最重要的代表作《盘王大歌》，学界一般认为它"产生于晋代之前，成型于唐代，成熟于宋代"[2]。从大歌的风格来看，受粤歌和南方民族民歌，以及唐代古体诗和竹枝词的影响十分明显。到宋代又经由一些具有较高文化水平的瑶族人士所发展、加工，逐渐定型。

《盘王大歌》的歌词内容包括以下几个方面：

一是瑶族的神话和历史。如《天大旱》、《天地动》、《雷落地》、《葫芦晓》、《造天地》等段唱词，详细地叙述了洪荒之下，兄妹再造人类的

---

[1]　黄华丽：《湘南瑶族〈盘王大歌〉仪式及音乐——以礼曲"七任曲"为例》，《中国音乐》2006 年第 1 期，第 171 页。

[2]　奉恒高：《瑶族通史》上卷，民族出版社 2007 年版，第 290 页。

古老神话；《盘王出世》等唱词则对盘王的丰功伟绩做了生动的描述。

二是爱情的内容。这在《盘王大歌》中占有很大的比重。大歌里的情爱表达，其情也炽，其歌也艳。诸如"石山上面跳，今把三庙歌娘撩，大胆来撩三庙妹，撩得歌堂歌声飘"，此类歌词不胜枚举。证明大歌的产生，起初是用以娱神娱己为目的的，正所谓"好茶好酒圣人饮，好双留给圣人连"，带有一种原始的野性。

汉族著名爱情传说"梁山伯与祝英台"，在《盘王大歌》中也有单独的篇章咏唱，其内容和形式都加入瑶族文化特色，更具民族情趣。

三是反映瑶族传统的生产、生活。如《盘王大歌》二十四段本中的《歌春》，全面地描述了从春天犁田播种、扯秧插秧到秋天晒田、禾熟的水稻生产过程；《歌茶》，叙述了收茶、制茶的过程和方法。既有瑶族人民传统生产经验的总结，也包括一些其他民族传入的生产技术。《放猎狗》、《立横枪》等歌段，是瑶族传统赶山狩猎生活的生动画卷。

《盘王大歌》汇集了瑶族不同时期的历史文化内容，同时也吸收了大量的汉族和其他民族的传统文化成果，并将其与瑶族文化融为一体。如"彭祖"、"鲁班"、"石崇"、"梁山伯与祝英台"、"刘三姐"等内容，表现了瑶族对地域文化和他文化的吸收与改造才能，丰富了中华传统文化宝库。

总之，《盘王大歌》堪称瑶族民间的百科全书。无论从形式上还是内容上，都对后世瑶族歌堂文学乃至瑶族歌诗文化的发展奠定了基础。

（二）美馆藏瑶族《盘王大歌》的版本特征

《盘王大歌》版本众多，在过去时代均以手抄本为主。"据专家研究，认为《盘王歌》雏形可能产生于晋代，因为晋代就有瑶族先民'用糁杂鱼肉，叩槽而号，以祭盘瓠'的记载。而唐代诗人刘禹锡的《蛮子歌》中所说的'时节祭盘瓠'，则是记述瑶族'还盘王愿'的祭祀活动。由此推测《盘王大歌》的雏形在晋代形成，完善于宋代。"[1]《瑶族通史》认为，《盘王大歌》最早的手抄本是湖南江华县1265年的手抄本，距今746年。其次是1957年在广西金秀瑶族自治县长垌乡田

---

[1] 农学冠、黄日贵、苏胜兴：《瑶族文学史》，广西民族出版社2001年版，第112页。

头村发现的明宣德年间（1436—1435 年）的手抄本，由广西少数民族社会历史调查组收集。

近现代开始，出现了《盘王大歌》的油印木、机械印刷本和电脑打印本。

众多不同版本构成《盘王大歌》版本的丰富性与多样性，使《盘王大歌》具有较高的瑶族文化价值、艺术价值和比较研究价值。其中手抄本的研究价值更高，是本书关注的重点对象。

美国国会图书馆馆藏的《盘王大歌》手抄本共有三册，计三千行，两万多字。三册皆无封面，且有缺页，亦无书名及题跋，笔者整理时添加书名。部分歌段题目缺失，由笔者校勘时添补，添补的歌名以 * 号标注。内容综合整理如下：

第一部分：第一黄条沙曲*、天大旱歌一段见怪歌*天地暗*天地动*北边暗*雷落地*、葫芦晓歌一段、洪水发*、洪水尽*、为婚了*、第二三逢闲曲子、造天地歌一段、刘王种树*第三无万段曲子诗曲、唐王出世歌一段、盘古出世*（琵琶头*）、盘王起计*石崇富贵（部分）；

第二部分：石崇富贵*、歌一段*、第四荷叶盃曲子、刘王歌一段、大盘州歌*（部分）、梁祝歌*、盘州歌、第五南花子曲、桃源歌一段、间山歌一段、鲁班造寺*、四字歌*、邓古歌*、何物歌一段、第六飞江南曲子、郎老歌一段、彭祖歌一段；

第三部分：围愿歌、四庙王——四季鲜花歌*、盘王歌*、造寺*、付灵庙（福灵庙）、盘王出世一段、石崇富贵*、厨司庙、家先、谢圣。

其中，第一册和第二册虽分册抄写，实际上是同一部的《盘王大歌》内容的上、下部分，第三册则为"小歌"，部分又与祭祀仪式混在一起，较为零散、杂乱。

北美旧金山瑶人社区流传的《盘王大歌》手抄本，主要有《大路书》和大小《琉罗歌》三种，可与美馆藏本互勘互证。

（三）美馆藏《盘王大歌》（C001）、（C002）校释

美馆藏《盘王大歌》的校释包括句读标点、分段、标题补正、错字、误字、脱字订正、俗字辨识、注释等。

校释的参照体系有手抄本与印本两种。前者有美国旧金山瑶人邓富旺收藏的《盘王大歌》手抄本《大路书》、《大琉罗歌》和《小琉罗歌》，引注时简称美国邓本；湖南江华瑶族赵庚妹藏本（清·嘉庆二十四年、光绪三十一年和宣统三年本），引注时简称赵本；后者有郑德宏、李本高编《盘王大歌（上、下）》（岳麓书社 1987 年版），盘才万、房先清主编《盘王歌》（广东人民出版社 1990 年版）和张生震《还盘王愿》（主编广西少数民族古籍整理出版规划办公室 2002 年印三种）。引注时分别简称岳麓版、广东版和广西版，在此一一说明。

本部分所使用的文本校勘符号有以下几种：

"＊"原歌段中无标题，笔者考证后补正，在右上方加＊号表示。

"（　）"为俗字、错字、误字订正。

"［　］"为脱字、缺字补正。

"｛　｝"为衍生字。

"□"为因文本残损、字迹漫漶、潦草、怪异而暂时不辨字。

1.《盘王大歌》（C001）

第一　黄条沙曲＊

……①

不信便看岁寒女，

岁寒男女无衣逢（缝）。

坐落厅前冷愁愁，

人家富贵有衣逢（缝）。

思着无爷姐②，

眼泪落衫胸。

正月花开二月新，

今年不比旧年时。

不信但看岁寒女，

岁寒男女无衣遮。

坐落厅前冷梅梅（霉霉），

---

① 前缺数页，漏"一片乌云四边开"等数十句。

② 爷姐：此处指爹娘，即父母。

人家富贵有衣遮。

思着无爷姐，

眼泪落衫遮。

正月花开二月红，

今年不比旧年冬。

不信但看花卸（谢）子（了），

卸（谢）了看空弓①。

等到今年人还愿，

东厅吹唱旧金言②。

可惜老人老，

老了杀面颜。

正月花开二月时，

今年不比旧年时。

不信但看花卸（谢）了，

落了看空枝。

等到今年人还愿，

东厅思着少年时。

可惜老人老，

老了忆心思③。

廿八后生④会思量，

入山斩竹养爷娘。

养得爷娘老，

老了礼拜敬烧香。

廿八后生会思量，

入山斩木架车梁⑤。

架得车梁了，

---

① 空弓：指空树枝。

② 金言：美言，指歌唱之语言。

③ 忆心思：忆，瑶语，忧。例如"歌忆"为"忧歌"。

④ 廿八后生：广东版又作"廿四后生"，广西版又作"二七八后生"。

⑤ 车梁：水车的横梁支架。参见广东版。

车筒运水浸田秧。

谷种凭坭坭（泥泥）凭土，

田中暗淡豹牙（爆芽）生。

守到官厅底，

吹饭①饭香香。

廿八后生会思良（量），

撑舡（船）过海买藤箱。

买得藤箱了，

留来装载旧歌章。

等到今年人还愿，

开箱牒出旧歌章。

姊妹齐齐唱，

齐齐唱出样歌堂。

廿八后生会思良（量），

撑舡（船）下广买藤箱。

买得藤箱了，

留来装载旧罗衫。

等到今年人还愿，

开箱牒出旧罗衫。

姊妹齐齐着，

齐齐着出样歌堂。

廿八后生会寻思，

撑舡（船）过海②绣罗衣。

绣得罗衣了，

抛入笼里收。

姊妹齐齐着，

着来今夜样神思③。

---

① 吹饭："吹"为"炊"的假借字。炊饭，指做饭。

② 海：指大江、大湖。

③ 样神思：美丽使人羡慕。参见广东版。

廿八后生专①是颠，

深山竹木闹喧天②。

头带金罗帕，

身着都是钱。③

今年又逢人还愿，

东厅唱曲曲连连。

正是嘍啰④了，

个个出来连。

廿八后生专冷糠，

撑舡（船）过海打伏争。⑤

打得伏争了，

安入箱里收。

今夜又逢人还愿，

开箱牒出旧时争。

姊妹齐齐伏（佛），

满身装裹白净净。

廿八后生会过头，

相邀相约起高楼。

起得高楼了，

木子起修修⑥。

手把衫袖伏⑦金龙，

人生一世爱相逢。

---

① 专：赵本作"真"，"真是颠"。

② 深山竹木闹喧天：赵本为"手拈笛子闹喧天"。

③ 头带金罗帕，身着都是钱：赵本为"头插金钗子，罗帕都是钱"，形容对方穿戴奢华。

④ 嘍啰：原为大歌的衬词，此处指代唱歌。

⑤ 此处歌段"廿八后生专冷糠，撑舡（船）过海打伏争"，与后一段"廿八后生专郎糠，撑船过海念人双"大抵相同，可互证。其他版本只有一段：赵本为"廿八后生真郎扛，撑船过海偷人双"、广西版为"廿八后生专郎康，撑船过海念人双"、广东版为"廿八后生会郎扛，单身无偶偷成双"，并解释"郎扛，俗称郎当。此谓聪明而又滑头"；"伏争"，虽未见他本解释，但联系上下语境，可推测为"连情、耍风流"之意。

⑥ 修修：形容高、修长。

⑦ 伏：系、扎。

思作少年好，

老了噫（忆）心愁。

廿八后生专郎糠，

撑舡（船）过海念人双①。

念得人双了，

脚踏上娘床。

睡到五更郎归去，

郎今归去路头忙。

舡（船）又作人念，

潭天潭地②大声吒③。

天大旱歌一段

寅卯二年天大旱，

深山竹木尽蕉（焦）枯。

到处深潭无水路，

到处深河无细鱼④。

寅卯二年天大旱，

深山竹木尽蕉（焦）枯。

到处深潭无水路，

那岸坪田空得无。

寅卯二年天大旱，

深山竹木尽蕉（焦）枯。

到处官仓无粒米，

到处学堂无卷书。

寅卯二年天大旱，

深山竹木尽蕉（焦）枯。

---

① 念人双：谈情说爱。

② 潭天潭地：广西版作"掸天掸地"，盘瑶语，脚用力踏地。

③ "吒"与赵本（嘉庆二十四年，1819 年）同，广西版作"哽"，赵本（宣统三年，1911 年）作"嗡"，象声词，喻思念之苦。

④ 到处深河无细鱼：指因天旱深河见底，连细小的鱼都没有了。

到处深潭无水路。

到处学堂无卷经。

寅卯二年天大旱，

格木①树头出火乌（雾）/烟。

蕉（焦）木将来吹得火，

水底青苔吹火无②/烟。

寅卯二年天大旱，

格木杵（树）头出火烟。

到处官仓无粒米，

一升米粮进二钱。

寅卯二年天大旱，

莳（苎）蔴根底出青烟。

莳（苎）蔴出来钱文大，

一两秤来进二钱。

见大怪[*]

寅卯二年天大旱，

四角龙门③出火烟/梅（媒）。

四角龙门无水路，

旱得黄龙走上天/身奏雷。

寅卯二年天大旱，

雷公把火半天行/游。

雷公把火半天转，

甲子回头禾正生/收。

寅卯二年猪出角④，

速泰二年⑤象出鳞/鸡出牙。

---

① 格木：指坚实的树干、树枝。

② 吹火无："无"应为"雾"，烟雾之意。邓本为"出火烟"、岳麓版作"出烟雾"。

③ 四角龙门：指四方的江河湖海，参见广西版；赵本亦同。美国邓本、岳麓版为"四海龙宫"。

④ 猪出角、象出鳞、鸡出牙：皆言天下怪事。

⑤ 寅卯二年、速泰二年：均为假托和虚拟年号。

莫怪歌词相说报,

惊动阎浮①世上人②/篱根表上出蕉花③。

寅卯二年见大怪,

速泰二年见怪多/贤。

牯牛鹿马全无角,

黄毛鸡子④角钗鹅⑤/朝天。

寅卯二年见大怪,

速泰二年见怪多/贤。

牯牛鹿马全无角,

黄毛鸡子肠三箩/年。

天地动*

寅卯二年天地动,

天子造书归报京/州。

和尚着衫礼拜佛,

黄秆(秆)凿钱进上京/州⑥。

寅卯二年天树倒,

三百人夫立一条/双。

三百人夫立不起,

仙人立起半天廷/堂。

寅卯二年天树倒,

三百人夫立一条/双。

仙人⑦抽砖贴柱脚,

秀才把笔便来撩⑧/装。

---

① 阎浮:地府阴曹,参见广东版、岳麓版。

② 世上人:人世间,即阳间。参见广东版。

③ 广东版言此句意为"无生命的篱笆生出了有生命的蕉花";赵本为"篱根壁上出焦花",似为"篱根因天旱而焦枯生烟"之意。

④ 黄毛鸡子:刚孵出的小鸡。

⑤ 钗鹅:广东版、广西版作"叉峨"。岳麓版作"叉讹"。

⑥ 凿:赵本、广东版"凿"作"串"。全句意为凿纸钱供送天上的神仙,祈保佑众生。

⑦ 仙人:赵本、广东版作"瓦匠",天柱倾斜要倒下,工匠拿砖来垫柱脚。参见广东版。

⑧ 撩:岳麓版、广东版、广西版均作"描"。

天暗乌*

天暗乌，

便是日头相打无①/贤。

日头相打争天国，

夫妻相打为争夫/情。

天暗乌，

便是乌马②吞月（日）头。

乌马吞月（日）争天国，

仙人礼拜入心愁③。

北边暗，

人人说话北边崩/阴。

人说北边不有我④，

应有紫微细眼娘/人。

北边暗，

人人说话北边崩/流。

玉女得闻开口笑，

天子得闻便说崩/流。

雷落地*

天上五雷有五个，

地下江河无万条。

寅卯二年洪水发，

雾云⑤五雷天上声/游。

————————————————

①　便是日头相打无：此句意太阳打架而失去光亮，使天地黑暗，指日蚀现象。参见广东版。

②　乌马：蛤蟆，传说中的金蟾，赵庚妹本同。美国邓本作"虾蟆"、"虾蟆"。岳麓版、广东版作"蛤蟆"。

③　仙人礼拜入心愁：此句赵本、广东版、广西版均作"官人礼拜入心愁"，意思是古代出现日食现象，地方官吏惧怕，便设香案向天礼拜祈祷。参见广东版。

④　不有我：美国邓本为"不有藕"、广东版为"不有偶"。"我"、"偶"、"藕"与"娥"近音，指"娇娥"即女性"情侣"。

⑤　雾云：赵本又作"乌云"。

寅卯二年洪水发，

速泰二年雷发颠/伤。

十五年间发大席①，

七十老婆成嫩②人/娘。

寅卯二年雷落地，

速泰二年雷落江/州。

僧家有盐来收捉，

黄秆造绳伕（缚）出游/一双。

寅卯二年雷落地，

速泰二年雷落江/头。

僧家有盐来收捉，

僧见收捉温③禾仓/头。

寅卯二年雷落地，

速泰二年雷落乡/江。

僧家有盐醃（腌）雷酢（胙）④，

僧见传奏报雷娘/郎⑤。

寅卯二年雷落地，

速泰二年雷落江/田。

天下三朝暗霡⑥雾，

雾霡三朝雷上江/天。

葫芦晓歌一段（段）

一双燕子白济济（齐齐），

---

①　发大席：广东版、广西版、赵本均作"洪水发"。

②　嫩：年轻。意即七十岁的老妪也变成了年轻的姑娘，言世间怪相。

③　温：广东版作"蕴"。广西版作"押"。赵本（宣统三年，1911 年）为"隐"，赵本（嘉庆二十四年，1819 年）作"稳"。岳麓版作"韫"，均为"关闭"之意。

④　僧家有盐醃（腌）雷酢（胙）：指将雷公肉用盐腌制成胙。胙，古时祭祀时的供肉。

⑤　雷娘/郎：雷娘与雷郎，指雷公、雷母。

⑥　霡：瑶用俗字，赵本、岳麓版作"渐"、广西版作"罩"，应为"缠绕"、"笼罩"之意。下文同。

口里含花①放落来/台。

口里唧（衔）花放落地，

放落地中讨地栽/埋。

葫芦瓜勿②（核，下同）大州出，

大歌（哥）行后讨归栽/家。

伕（伏）羲③种瓜有七夜，

未经三夜勿头开/先开牙（芽）。

葫芦瓜勿④大州出，

大歌（哥）行后讨归台/藏。

伕（伏）羲种瓜有七夜，

未经三夜满天开/起双双。

葫芦瓜勿大州出，

大歌（歌）行往讨归藏/居。

伏羲种瓜有七夜，

未经三夜手攀篱⑤/便开枝。

葫芦瓜勿大州出，

大歌⑥行后讨归家。

伏羲种瓜有七夜，

未经三夜先开花。

葫芦瓜勿大州出，

大歌（哥）行后讨归前/藏。

伏羲种瓜有七夜，

里头结子万由千/双。

葫芦瓜勿大州出，

---

① 含花：意口含花果种子。美国广东版为"含核"。

② 瓜勿：赵本作"瓜物"、美国邓本作"瓜核"、广东版作"瓜核"。"勿"应为"核"音转之误。

③ 伏羲：神话传说中造人始祖。

④ 勿：疑为"核"之音转。广西版为"物"、岳麓版为"勺"，并译为"苗"。

⑤ 手攀篱：指葫芦藤像手一样攀上篱笆。

⑥ 大歌：广东版、赵本皆为"大哥"。

大歌（哥）行后得归藏。
葫芦初生金鸡卵①，
未经三夜大禾仓②。
葫芦里头有七角③，
修划④里头有七双/千。
寅卯二年洪水发，
伏羲走入里头藏/眠。
葫芦里头有七角，
修划里头有七分/收。
寅卯二年洪水发，
伏羲浮起到天门/求。
踏上天台望天脚，
望见天脚水坪流/滩。
寅卯二年洪水发，
清水流来入贵州/乡。

洪水尽＊
洪水尽，
七朝七夜淹天堂/门。
仙人解衫来是水⑤，
明日卯时减得双/分。
洪水尽，
七朝七夜浸天门/根。
仙人解衫来是水，
减得一分心便宽/安。

———————

① 金鸡卵：指葫芦开始结出金鸡蛋般大小的葫芦瓜。
② 未经三夜大禾仓：此句讲述葫芦结果后神奇般生长，从"金鸡卵"般大小一下长到"禾仓"之大。
③ 七角：美国邓本作"七格"；广东版作"七格"、"七堂"、"七双"，并解释喻葫芦内部的空间间隔。
④ 修划：广东版为"削铲"，指将葫芦内瓤挖尽之意。
⑤ 是水：赵本为"试水"、广东版为"治水"，这里的"是"应为"试"的同音替代。

洪水尽，

七朝七夜淹天廷/街。

海底龙王来放水，

明日卯时断水声/到底干。

洪水尽，

十二个月（日）头①平上东/山。

十二个月（日）头平平上，

三条赤脚四条红②/班（斑）。

洪水尽，

十二个月（日）头平上愁/蕉（焦）。

十二个月（日）头平平晒，

赌你有贤③晒到头/蕉（焦）。

洪水尽，

十二个月（日）头平晒枯/干。

十二个月（日）头平平晒，

赌你有贤晒到枯/干。

三百贯钱买弹子④，

又添四百买弹弦/头。

龙王扯弓射明月（日），

李广扯弓射上天/月（日）头。

洪水尽，

十二个月（日）头平上山/天。

竜（龙）王/李广扯弓射十个，

重留两个照凡间/人。

洪水尽，

仙人抽棍去巡天。

---

① 十二月头：赵本、广东版均作"十二日头"，传说远古时天上有十二个太阳。此处应为"日头"，书写之误。传说远古时天上有十二个太阳。

② 三条赤脚四条红：三……四……，为修辞句，比喻百分之百以上。烈日炎炎，赤足在外行走，脚都晒成赤红色。

③ 有贤：广东版为"有缘"。

④ 弹子：弓箭的弹丸。

仙人巡天到别国，

得见乌龟欄（拦）路眠。

洪水尽，

仙人抽棍去巡天。

仙人巡天到别国，

乌龟开口说无人①。

洪水尽，

仙人抽棍去巡天。

仙人巡天到别国，

打破乌龟成两边。

洪水尽，

仙人抽棍去巡天。

仙人巡天到别国，

像（相）合乌龟②月样园（圆）。

为婚了*

洪水尽，

淹死天下万由郎③。

隔岸烧香隔岸拜，

火烟相合正成双。

洪水尽，

淹死天下万由人。

隔岸烧香隔岸拜，

火烟相合正成亲。

洪水尽，

仙人抽棍去巡乡/天。

丈二铁棍都抽尽，

---

　　① 说无人：因洪水冲刷而天下无人烟。讲述洪水过后，天下无人，乌龟劝说伏羲姊妹成婚再造人类的起因。

　　② 相合乌龟：乌龟相合。下句亦有"火烟相合"。

　　③ 万由郎：与下文"万由人"均属瑶族方言，意为"无数的人"。

天下全无一个娘/人。

为婚了，

七朝花孕①上娘床/身。

生下血盆②无名姓，

无人分俵（表）③得成郎/人。

会分更会分，

九州玉女把刀分④。

分作三百六十姓，

分下洞（峒）头百姓民/村。

会分更会分，

九州玉女打刀良/分。

发上青山成猺姓，

发下洞（峒）头百姓乡/村。

第二　三逢闲曲子

广州燕子青罗结，

四边人看银锁线。

银锁银线那罗离⑤，

细湾湾，

便是日头初出山。

远看便是初生月，

近前来看山头雪。

相思结子那啰离，

满山济，

---

①　花孕：瑶族将花喻为孩子，花孕即怀孕。此句意为，结婚七朝后便怀孕上身。"孕"，广东版作"朵"。

②　血盆：血色肉团。广东版作"血团"。

③　表：分开造形，参见广东版。

④　把刀分：用刀切分。此处讲述伏羲"姊妹"成婚后生下囫囵血团，九州玉女用刀切分后，播撒各处，遂成人烟。

⑤　那罗离：衬词。包括下文的"那啰离"、"那罗唎"，皆为《盘王大歌》中的衬词（抄书者使用了同音、近音替代）故用词不一，据说这些衬词来源于佛教、道教音乐和民歌、南戏中的"啰哩哇"曲调。参见本书第四章第二节中的"套语"部分。

且唱三逢闲客来。

黄巢①养女当风奇，

手拿银锁那啰离。

细湾湾，

便是月头初出山。

青罗头巾阑（拦）眉过，

金条罗带阑（拦）腰伏（缚）②。

满身装裹那罗离，

是官人③，

不识黄巢养女人。

黄巢养女能④猛舅（勇），

踏上马背使刀剑。

使刀使剑那罗离。

手条枪，

正是黄巢入阵场。

黄巢打破鸭儿寨⑤，

十分入阵也是败。

头断落地那罗离，

面向东，

血水流来满海⑥红。

一双白马真白马，

朝朝骑过娘门外。

一人出看那罗离，

二人看，

---

① 黄巢：广东版作"黄召"、岳麓版作"王朝"；赵本作"黄巢"或"王巢"、美国邓本作"黄巢"，从前后叙事看，应指"黄巢"一类的农民起义英雄。

② 拦眉过、拦腰伏：方言，"拦"，指从中间系上。此处指从额头中间系上、从腰间系上。

③ 官人：指男人。

④ 能：恁，这么的意思。

⑤ 鸭儿寨：赵本、广东版均作"鸭儿寨"。或作鸦鹊寨、猫儿寨，参见广东版。岳麓版作"亚六寨"。

⑥ 海：广东方言，过河过水都称过海。参见广东版。

好作风流把你看。

南庵寺里贼马返（反）①，

无人入阵无人押②。

郎今入阵那罗离，

押相公，

血水流来满海红。

湖南江口逢官女，

新官来看那罗离。

不敢哧（声），

初到厅前不敢哧（声）。

新官又问旧官事，

旧官说句那罗离，

不敢哧（声），

长怕路头立不赢。

湖南江口逢官女，

路逢官女口含笑。

一心作笑那罗离，

二心思，

思作当初年少时。

当初年少少年事，

少年事后那罗离。

更少年，

盘古留传千万年。

当初起屋仙人起，

三层篱外那罗离。

起高楼，

一对金鸡在里头。

前门后门金水渠，

---

① 贼马反：贼马，指强盗；反：反叛。

② 押：岳麓版释为"压"；广东版释为战斗、厮杀。

银匙银筋那罗离。

使金盉（杯），

正是翁爷坟墓催①。

将钱去买金鸡子，

买归家里般般使②。

般般使叫（叫）那罗唎，

五更啼，

啼到娘村成秀才，

娘村秀才骑马白③。

一心作笑二心思，

思作当初年少时。

出世无兄弟，

将钱过路求。

路逢官子且宽游，

且慢宽游在酒埕。

等到三年郎嫂大，

踏上榕杆（树）枝。

踏上榕树半天高，

照见四行六路亲。

出世官多返（反），

手拿摇（鹞）子枪，

踏上马背马便骉④，

走出后门使一枪。

出世翁爷争天地，

更争北斗星。

踏上马背琉璃瓦⑤，

---

① 正是翁爷坟墓催：催，发达。此句指祖坟风水好，利子孙。
② 般般使：好生饲养。参见广东版。
③ 马白：此二字右侧有乙正号，应为"白马"。
④ 骉：方言，马奔跑状。
⑤ 琉璃瓦：岳麓版作"琉璃尾"，银丝马尾。

琉璃瓦厦那罗唎，

相公见，

头带大州罗幅系（丝）。

将钱去买黄莺鹋①，

买归家里般般叫（叫）。

般般叫叫（叫叫）那罗唎，

劳（牢）不劳（牢），

且问红系（丝）劳（牢）不劳（牢）。

红系（丝）不劳（牢）打条断，

远远飞上高松树。

千声万劝那罗唎，

不思归，

白纸写书归报家。

将钱去买藤箱柜，

买归家里装娘嫁②。

装娘去嫁那罗唎，

嫁人乡，

嫁落人乡不望归。

天光③手拿黄捍（杆）④扫人屋，

扫人扫屋那罗唎。

扫人家，

正是深房内里花。

将钱去买沉香杵（树），

买归家里尢沙数⑤。

无沙无数那罗唎，

佛前烧，

---

① 鹋：这里泛指鸟。

② 娘嫁：新娘的嫁妆。

③ 天光：此二字疑似衍字。

④ 黄杆：广东版作"芒杆"，应为当地扎扫帚的植物。

⑤ 无沙数：极言其多，数不清意。

烧起沉香①来路遥。

当初不知等闲事，

世今错落松林里。

一枝生上那罗唎，

二枝枯，

松柏成不久居林②。

将钱去买金盃（杯）盏，

买归家里装娘嫁。

装娘出嫁那罗唎。

白净净，

装嫁出路风流行。

将钱去买光由（油）伞③，

买归家里外人看。

外人出看那罗唎，

尾朵（拖）梭，

个个声传使钱多。

今年又逢人还愿④，

檐来娘屋那罗唎，

捧门楼，

将钱去买求官我（娥），

买归家里那罗唎，

好想（相）思，

二月花开正作时。

交秋七月花卸（谢）了，

风吹花卸（谢）那罗唎，

落四边，

姊妹齐齐在酒筵。

---

① 沉香：木本植物，可做药材。广西版解释："还愿时，将其砍回晒干，放在香炉中燃烧。"

② 此句誊抄时，前后可能错位。岳麓版为"松柏成林望久居"、广西版为"松柏成林望久求"。

③ 此处有乙正号，应为"油光伞"。

④ 还愿：还盘王愿。

将钱去买风流我（娥），

买归家里好花朵（朵）。

好花好朵（朵）那罗唎，

好花弓，

原像柘（石）榴花一弓。

交秋七月人来摘，

人人摘了那罗唎。

守空弓，

姊妹齐齐难得逢。

丹（单）身思着丹（单）身仔，

空身行路那罗唎。

过龙桥，

思你思良（量）即路遥。

娘村桥头有好我（娥），

煮茶来等那罗唎。

噫（忆）郎心，

饮盏青茶当万金。

错落娘村青（清）水别，

一条清水那罗唎。

二条沙，

流落娘村成绣家①。

娘村好住不好住，

十分好住那罗唎。

不思归，

白纸写书归报家。

错落娘村清水别，

郎今错别那罗唎。

离郎乡，

离了郎乡千五年。

---

① 绣家：广西版作"人家"。

离了郎乡清水别，

席中饮酒那罗唎。

看无亲，

起眼便看风过云。

从小不曾离别国，

到了别国心中噫（忆）。

心中噫（忆），

心中休噫（忆）那罗唎。

看无亲，

思你思良（量）愁杀（煞）人。

天光早起郎归去，

又作言语相留住。

大家相伴那罗唎，

过龙桥，

思你思良（量）郎路遥。

鲤鱼协协①随水上，

错来贵州听风浪。

甫（捕）鱼生子②那罗唎，

是捕鱼，

正是深潭黄尾鱼。

交秋七月随龙上，

随龙归去那罗唎。

到龙州，

一对寒风水面游。

鲤鱼协协随水上，

祝（捉）鱼黄獭③那罗唎。

等滩头，

---

① 协协，语气助词，喻鱼一条接一条逆水而上。叠用在于语气强调和押韵。赵本作"立立"。广东版作"力力"。

② 捕鱼生子：捕鱼的后生小伙子，即年轻的渔人。

③ 黄獭：水獭。参见广东版。

鲤鱼入湾那罗唰。

蛋家①抛网滩头等，

鲤鱼着网那罗唰。

不望归，

不望鲤鱼下海归。

上村打刀②投林宿，

心心人话过路宿。

郎来宿夜那罗唰，

着霜寒，

归去声传着霜寒。

开箱牒（叠）出苧（苎）麻被③，

差人送上客林里。

客宿人夜那罗唰，

着霜寒，

归去声传丹（单）薄郎。

上村打刀投林宿，

心心人话过路宿。

郎来宿夜那罗唰，

好嫩房④，

归去声传好嫩房。

开箱牒（叠）出黄凉被⑤，

差人送上客林里。

客人宿夜那罗唰，

好嫩房，

归去声传富贵乡。

一双燕子飞南上，

————————————

① 蛋家：疍家，对岭南一带水上人或渔民的统称。

② 打刀：买刀，参见广东版。

③ 苧麻被：广东版又作"苎麻被"，苎麻做的单薄被子。岳麓版作"苧麻被"，应为"苎麻被"之误。

④ 好嫩房：广东版又作"好暖房"。指居住件好。

⑤ 黄凉被：黄绫（绸子）做被面的被子。

飞来飞入江华县。

江华县里那罗唎,

口含坭（泥）,

远路飞来不敢啼。

燕子结兜①官厅底,

主人饮酒那罗唎,

不闻难。

长怕人多回酒难。

造天地歌一段（段）

第一平王造得地,

第二高王造得天。

第三竹王造得火,

第四铜王造得钱。

第一平王造得地,

第二高王造得天。

第三煖（暖）王造得首②,

第四盘王造得衫。

第一平王造得地,

第二高王造得天。

高王造天盖不过,

龙王盖过月团圆。

七星浪天不浪地③,

田累（螺）浪地不浪天。

七星浪天天心宿,

田累（螺）浪地地中眠。

---

① 结兜：结网筑窝，此处意指燕子衔泥做窝。

② 造得首：首，分析上下文，应为"着"之误。美国邓本、岳麓版皆作"第三暖王造得着"，广东版此段的注释中有相同的表述。

③ 七星浪天不浪地：赵本作"七星良天不良地"，其中"良"为同音替代。同样本书中的"浪"也应为"量"，近音之转，丈量之意。

地下浪浪无万阔,

天上浪浪万丈高。

莫怪歌词相说报,

乌龟背上世无毛。

初造月头①第一宝②,

世出凡人第二名。

天子在高身落小,

七星过天第二名。

初造月(日)头十二个,

出世月(日)头两个贤/阴。

一个打落铜牢国,

两个有贤身带钱/珠。

高王造天更立地,

赤王更地月初生/团园(圆)。

龙王有贤月里坐,

七星无道月边行/园(圆)。

高王造天更立地,

赤王更地月初生/前。

月头在天照下地,

龙王出世傍河生/边。

高王造天更立地,

赤王耕地月初生/园(圆)。

仙人有贤倒榕杵(树),

转面番(返)归杵(树)又生/新。

水底光光鱼吃令(鳞),

水面光光竹叶生/新。

莫怪歌词相说报,

便是金花石上开/新。

---

① 月头:其他版本作"日头",日、月二字在瑶族写本中常常相混。

② 宝:岳麓版作"赛(晒)"。

深潭督禄①是鱼屋，

黄沙细石是鱼補（铺）/厅。

虾公是郎亲大舅，

虾色②是郎亲大兄/姑。

白鹤滩头吃白米③，

鸡公头带柘榴（石榴）花/系（丝）。

高王在天置天地，

龙王帖（錾）石造江心/河。

水底龙王围河县，

刘王④传古到如今。

当初造天高王造，

高王置得月般齐。

龙王造得深潭水，

平王置得万山源。

高王在天置天地，

平王在地置江心/河。

仙人置得天子地，

鲁班置得象牙心/梳。

高王在天置天地，

平王在地立山源/苗。

立得山苗/源无万⑤阔，

又置水源无万源/条。

高王在天置天地，

平王在地立山青。

立得山青向水口，

---

①　深潭督禄：美国邓本、岳麓版"石头督禄"，后者将"督禄"解释为"岩洞"。赵本（宣统三年，1911年）作"毒录"。赵本（嘉庆二十四年，1819年）作"独碌"。广西版作"禄禄"。广东版作"石头窟洞"，并释为"窟窿"。

②　虾色：广西版作"虾母"，广东版作"虾虼"。

③　白鹤滩头吃白米：赵本作"白鸪滩头吃白水"，广东版"白鸪滩头吃白水"。

④　刘王：指歌仙刘三姐。

⑤　无万：数不清。

又置江河无万湾。
高王在天置天地，
平王在地置山名。
立得山名向水口，
又置水源无万湾。
高王在天置天地，
平王置地立江河。
置得江河无万阔，
又置鲤鱼无万多。
高王在天置天地，
平王在地置江心。
置得江心无万阔，
又置鲤鱼无万千。
高王在天置天地，
平王置地置江河/河心。
置得江河/心无万阔，
又置客舡（船）无万多/千。
高王在天置天地，
平王在地立江河。
鲁班置得千歌曲，
刘王置得万条歌。
高王在天置天地，
平王在地置平田/塘。
置得平田/塘无万阔，
又置早禾无万千/仓。
高王在天置天地，
平王在地置平田/田塘。
置得平田凡人种，
又置牯牛无万千/双。
高王在天置天地，

平王在地置罗庚①。

置得罗庚巡官使，

又置州门对县门。

高王在天置天地，

平王在地置盐田/罗。

置得盐田/罗凡人吃，

又置客舡（船）无万千/多。

高王在天置天地，

平王在地置横分/争。

置得横分/争②凡人使，

行路手中心正缘/平③。

高王在天置天地，

平平④在地置州高/廷。

置得州高/廷无万阔，

又置州牢/廷到县牢/廷。

高王在天置天地，

平平⑤置地置州廷/高。

置得州廷/高相公坐，

腰上又缚丝线青/绡（绦）⑥。

高王在天置天地，

平王在地置州廷/长。

置得州廷/长无万阔，

又置路思⑦通到京/乡。

---

① 罗庚：罗盘。岳麓版、广东版作"罗经"，广西版作"罗盘"。
② 横分/争：赵本为横历/称，应指度量衡类工具。广东版为"横称"，同一物件。
③ 行路手中心正缘/平：赵本为"行过手中心正知/良"，广东版为"行过手中心正平"，此句应指秤杆秤砣等度量衡工具能称出物品公平的重量。
④ 此处应为"平王"。
⑤ 此处同上，应为"平王"。
⑥ 绦：丝织深色腰带。
⑦ 路思：广东版为"路丝"，并解释为"丝路"，贸易通商之路。

刘王种树*

修路深坑过曲坳①（坳，下同），

龙王水底作宽生／游。

龙王水底宽生／游坐，

望见月头满地行／流。

深山竹木刘王种，

深潭曲坳是龙开。

南庵②水浊是龙绞（蛟），

水底龙门入后开。

深山竹木刘王种，

井边榕树圣人栽／争。

珍珠糯米凡人宝，

佛前水碗圣人喦（图）／添。

深山竹木刘王种，

亭前榕杵（树）圣人栽／连。

那岸坪田圣人作，

牯牛鹿马圣人才（财）／钱。

深山竹木刘王种，

种把凡人地下连／争。

圣人种得太阴杵（树）③，

抛上太阳千万年／伴月行。

第三　无万叚（段）曲子诗曲④

深更夜阑客来到，

来到主人门下奇⑤。

---

① 曲坳：赵本作"凸凹"，广东版作"曲坳"，弯曲的山坳。

② 南庵：广东版、广西版作"南安"，地名。

③ 太阴树：赵本作"太阴木"；广东版作"大阴木"，并解释为"大厅浓郁的树木"。

④ 赵本作"第三回 落段曲"，广东版作"第三 满段曲"，岳麓版作"万段曲"。

⑤ 门下奇：岳麓版作"门下马"，广东版、赵本作"客下马"。

主人抽橙（凳，下同）下街（阶）迎，

迎得客人入贵厅。

空身坐落龙贵橙（凳），

空口饮娘龙贵酱（浆，下同）①。

龙酱龙贵比龙酱，

龙酱龙贵贵龙酱，

归去声传出远乡。

深更夜阑客来到，

抽橙（凳）下街（阶）客下马。

客人下马震雷声，

四边人看雷发声。

客人来时又逢雨，

立起马头高丈五。

满身装裹是龙鳞②，

贵客出来愁杀（煞）人③。

黄桐好合舡（船）腰板，

合得舡（船）成送官去。

送官归去到连州，

手把金牌月样园（圆）④。

来时不夜官相送，

去时不使白粉粧（妆）。

银匙银筋⑤十三双，

鸦鹩⑥排行送上江。

黄桐⑦好合官腰带，

---

①　龙贵浆：美酒。参见广东版。

②　此句意为客人穿着华贵。

③　此句与赵本、岳麓版同。广东版为"贵客出来愁失迎"，并解释为"担心接待不周"。

④　此句赵本、岳麓版、广东版、广西版皆为"手把金牌双泪流"。广东版解释为"送别的热泪"。

⑤　银匙银筋：赵本同。岳麓版为"银舀银筋"。

⑥　鸦鹩：广西版与之同，作"鸦鹩"。赵本、广东本作"啰哩"。湖南版作"鸦鹦"，释为"喜鹊"。

⑦　黄桐：赵本与之同。广东版作"黄铜"。

撩上官身官人爱。

满身装裹是龙鳞，

贵客出来愁杀（煞）人。

官人会饮长行酒，

四边人看立衙前①。

厅前白马踏蹄声，

鸦鹈排行送上京。

厅前种苑枫木杵（树），

随根生上尾退垂②。

红鹤飞来又飞去，

飞下湖南七里路。

湖南江口插条牌③（簰），

阳鸟催春随路来。

厅前种苑木皮过④，

到处山头人嫌下。

黄桐生子两头垂，

红鹤飞来心里思。

郎是远乡流来客，

流去流回入潭州⑤。

潭州无我（娥）事思良（量），

无我（娥）能⑥回娘本乡？

厅前种苑青坭（泥）竹，

朝朝担粪去壅根。

担粪壅根望笋长，

交秋七月出嫩笋。

---

① 立衙前：赵本为"立牙街"、广东版为"立牙企"、岳麓版为"立衙起"。

② 退垂：下垂。

③ 此句广西版为"湖南江口插条牌"、岳麓版为"湖南江口种条牌"，并解释"牌"为"碑"、广东版为"乌南江口插条簰"，并解释"簰"为"竹簰"。

④ 木皮过：岳麓版为"枫木树"，疑为抄写之误。

⑤ 潭州：岳麓版为"滩州"。

⑥ 能：恁，"怎么"的意思。

铜刀牒断细演演，

有醋无盐淡杀（煞）人。

日头出早东江照，

照见客人远路来。

客人头带广南枪，

脚踏皮鞋庄牒（叠）庄①。

手把银瓶斟老酒，

千劝万劝劝客饮。

郎今饮盏是清茶，

莫说郎今不在家。

郎在湖南挠②舡（船）上，

舡（船）头舡（船）尾浪消消③。

抛下湖南水结交，

舡（船）头点灯光流亮④。

照见远乡好船上，

远乡舡（船）上是龙鳞。

贵客出来愁杀（煞）人。

铜铃兴兴好请圣，

拍板排排好听声。

且唱歌词无万句，

使唱歌词无万条。

歌词唱得好心肠，

大王听闻心里良（量）。

大王听闻心欢喜，

心中欢喜转回乡，

一世不来惊动娘，

---

① 庄牒庄：赵本作"床叠沙"，广东版、广西版作"双叠双"，岳麓版作"双牒沙"。

② 挠：疑为"桡"。"桡"为桨，活用为"划桨"之意。广东版、广西版作"摇"，引申义。

③ 浪消消：叠词的活用，形容波浪层叠翻滚的样子。广东版作"浪消消"，赵本、广西版、岳麓版均作"浪修修"。

④ 光流亮：广西版、岳麓版同，广东版作"光燎亮"。

郎在湖南身为宅，

辞别爷娘去世人。

郎随（虽）十五少年少。

老了着人欺，

着人言语报郎知，

泪落胸前心里思。

郎在湖南身为宅。

辞别郎家宅，

人来客去进青茶①，

莫说郎今不在家，

郎随（虽）十五少年少。

朝朝抽手立胸前，

长怕人多立不元（完）。

郎在远乡远来客，

五更饮酒在高楼。

手挨②梅花来插头，

爷娘门娘③行那路？

那路远高路也深，

水深路遥摘花来。

一百廿丈黄凉缠上身，

高楼望见蕉叶叚（段）。

望见高楼门扇开，

门开得见绣罗官④。

面貌宽宽好做官，

大官爱着⑤大衫缎。

小官爱着系（丝）线绐（绦），

---

① 进青茶：广西版作"煮油茶"。

② 挨：广东版作"拗"。折摘之意。

③ 爷娘门娘：疑为"爷娘囝娘"，前一个"娘"为爹娘的娘，后一个"娘"为"小娘"，年轻姑娘。

④ 绣罗官：湖南版作"秀郎官"，少年。

⑤ 着：穿。

真縚（绦）罗带尾退垂，

正是官人饮酒归。

第一鸡啼正半夜，

第二鸡啼天光了。

一双黄鸟劝愁愁，

思着爷娘在远州。

初出厅前看云雾，

云雾霹山地下乌。

南风细雨湿郎身，

立起马头归去人。

客人会饮长流酒，

郎来饮盏是茶牙（芽）。

莫说郎今不在家，

郎来饮了主人酒。

手拿银盏泪抛沙①（洒），

心谢主人上马茶。

前饮龙酱（浆）后饮茶，

坐落橙（凳）头橙（凳）尾转。

手拿笛子引娘吹，

吹下刘山刘岑（岭）归。

寅卯二年贼马②返，

百姓也忧官也忧。

官忧州府不太平，

日夜抛刀上马行。

衫巾伏③米去投事（师），

投师投法事思良（量）。

无我能回归本乡④，

---

① 泪抛沙：洒下热泪。参见广东版。

② 贼马：强盗。

③ 伏：方言，托、装、盛之意。

④ 无我能回归本乡：赵本、广东版、广西版、岳麓版皆作"不得太平归本乡"。能，恁，怎么。

舡（船）过滩头不使桨，

马过门前不使鞍。

一心作笑二心思，

思作当初年少时。

自少未曾离父母，

世今长大专（转）离乡，

离了爷娘步步难。

白鸽①年生一对卵，

郎姐生郎独一人。

偷连去嫁落人乡②，

磨利沙刀烈（裂）断肠③。

不信便看正二月，

一双黄鸟劝愁愁。

思着爷娘在远州，

诗曲了。

唐王④出世歌一段（段）

月亮光光照下海，

照见唐王书安（案）龙/头。

眼王⑤执起阑（拦）胸照，

照见唐王出世中/愁。

出世唐王先出世，

唐王出世在莲州/林。

僧家烧香莲州庙，

得见唐王坐庙游/心。

---

① 白鸽：赵本作"白鸹"，广西版作"白鹤"，广东版作"斑鸠"。

② 偷连去嫁落人乡：连，连情。此句言姑娘与情人私奔。参见广东版。

③ 磨利沙刀裂断肠：形容离别父母伤心断肠般痛苦。参见广东版。

④ 唐王：一作铜王，瑶族崇拜的神祇。

⑤ 眼王：瑶族崇拜的神祇，来历不详。赵本（嘉庆二十四年，1819 年）作"浪王"。广东版、广西版作"颜王"。岳麓版作"眠王"。

翁爷①出世寅卯年，

命着刘王改换天。

命着刘王改换屋，

世代儿孙习金言/细郎。

盘王出世*

出世盘王先出世，

盘王出世在西天/伏江②。

盘王出世西天/伏江庙，

两个金童在两边/行。

出世盘王先出世，

盘王出世在西天。

盘王头带平天帽③，

帽带消消朝上天。

出世盘王先出世，

盘王出世在西天/伏江。

盘王世西天/伏江庙，

厅前书卷十三篇/双。

出世信王④先出世，

信王出世不遮蚕（惭）⑤/秋。

信王出世无衣着，

路逢金骨挨遮蚕（惭）⑥/羞。

出世盘王先出世，

释迦⑦相刻⑧在江河/边。

---

① 翁爷：祖公。

② 伏江：又作福江；福江庙，瑶族四庙之一。

③ 平天帽：帝王之冕，参见广东版。

④ 信王：广东版为"圣王"，"圣"、"信"一音之转，疑为"圣王"之误，此处仍应指盘王。

⑤ 不遮蚕（惭）：指因无衣穿，而生羞惭之意。

⑥ 路逢金骨挨遮蚕（惭）：赵本、岳麓版作"路逢金骨坳遮蚕（羞）"，岳麓版解释为"摘叶遮身过冬秋"，广东版为"路逢草骨坳遮身"。

⑦ 释迦：赵本同；岳麓版、广东版又作"石伽"、石蛤。

⑧ 相刻：赵本作"相赌"。

盘王在得三年半，

释迦背上出田螺/盘王殿上出青烟。

高台望见紫微镜，

龙见化（花）粉在龙村/州①。

盘王原生一对女，

一年四季出行村/游。

玉女梳头不发乱，

圣女梳头发乱系（丝）/飞。

玉女梳头是佛样②，

随着盘王不了时/借下归。

邀娘买笠娘不买，

邀娘买伞说无钱/油。

郎是丹（单）身不有我（娥），

苧（苎）麻遮头也过年/秋③。

担伞则担伞，

邀娘担伞得遮阴/官。

邀娘担起香油伞，

谁知伞底有秀才/官人。

担伞过桥来照影，

竹篙下影水无真/凉。

解衫搭在桥梁上，

生死爱连桥底人/娘。

担伞出门伞对伞，

挠扇出门风/钱对风/钱。

担伞出门风打破，

重留伞色④捧门风/前。

---

① 龙见化（花）粉在龙村/州：广东版、岳麓版作"龙寻花粉在江州"，赵本作"龙儿画松在红州"。

② 佛样：仙佛之貌。

③ 苎麻遮头也过年/秋：此句大意为穷人无钱买伞，用"苎麻"作遮雨具也能度日。

④ 伞色：伞架。

白凉扇，

番復（翻覆）两边都是金/花。

得娘执起成郎我（娥），

番復（翻覆）两边都是亲/家。

盘王起计*

起计盘王先起计，

盘王起计立春明/烟。

水底鲤鱼偷欢喜，

专望五雷转一声。

五雷又邓①黄龙熟，

守到春间来认亲。

起计盘王先起计，

盘王起计立春哀②/明（名）。

立得春明（名）都定了，

屋底早禾段段（段段）齐/青。

起计盘王先起计，

盘王起计閛③犁更（耕）/琶（耙）。

鼠王过海偷禾种，

龙王含水吩禾生/花。

起计盘王先起计，

盘王起计閛犁更（耕）/耙。

閛得犁耕也未使，

屋背大塘谷豹（爆）生/牙。

起计盘王先起计，

盘王起计重（种）苎（苧）蔴。

种得苎（苧）蔴儿孙绩，

---

① 邓：同。

② 立春哀：哀字不解，应为传抄之讹。赵本作"起计盘王先起计，盘王起计立春袁/明（名）"。立春袁，或应为"缘"。缘由之意，与"立春名"对举。

③ 閛：方言，组装。

儿孙世代绩罗花。

起计盘王先起计，

盘王起计闰高机/柳。

闰得高机/加绩细布，

布面好条①李柳系（丝）/花。

着苎（芒）盘王先着苎（芒），

着罗/蕉盘王先着罗/蕉。

盘王着蕉②是也好，

唐王着罗/蕉更流罗/消撩③。

琵琶头*

鲁班置得千歌曲，

盘王牒（叠）木作阴声/沙。

丹（单）作阴声/沙远不过，

又请外人来听声/唱歌。

鲁班置歌三江口，

凡人执得在江心/头。

出世凡人执得唱，

唱来撩起四行人/愁。

鲁班置歌又置曲，

置把凡人传世间/子孙。

便是喽啰④接得唱，

不是喽啰当作闲/春过春。

喽啰子，

又识喽啰又绣言/声。

喽啰出门不使信，

踏上州门成贵人/郎。

---

① 条：疑为挑，挑绣之意。赵本作"雕"，广东版作"挑"。

② 着蕉：穿用蕉叶类植物织成的衣服。

③ 消撩：洒脱、逍遥。

④ 喽啰：大歌衬词，这里指代唱歌。

喽啰不使大,

郎是真金不使多/沉。

石头枉大不等水,

田螺细少(小)等江江/心。

盘古留传十二面,

初合琵琶十二头/名。

出世凡人使不得,

驼下刘山听水愁/声。

琵琶头,

琵琶弹背又弹头/腰。

三面竹刀削落里,

不过双长声气愁/消。

琵琶头,

琵琶弹背又弹头/胸。

弹头听闻心暗噎(忆),

弹背听闻心里愁/容。

三百贯钱买柄笛,

又添四百头人吹/连。

吹笛僧家会吹笛,

吹下刘山刘岑(岭)归/边。

抄板①原来五郎造,

又着炉中偷过连/追。

抄板原来四行拍,

四行拍了莫还钱/又收归。

石崇富贵 *

石崇帖(牒)乱②金鸡卵,

金鸡踢卵石崇身/边。

---

① 抄板:赵版为"柏板";或为拍板,有"铜铃兴兴好请圣,拍板排排好听声"句可互证。

② 牒乱:踩踏、踢破。

石崇富贵传天下，

独自岁寒奇（乞）路边/可惜手中无本钱。

人生一世莫争强，

死入黄泉供（共）路行。

……①

2.《盘王大歌》（C002）*

石崇富贵登天下，

有钱无路买长生。

人生一世莫争秋，

罗匐（萝卜）能有几个游。

草生一世根还在，

人生一世断风流。

当初富贵真富贵，

三斗②碎金又说穷。

三斗碎金使未了，

富贵变成贫薄③龙。

贫贫薄薄成郎我（娥），

起屋沙州石上中/眠。

起屋沙州水荡过，

富贵也成贫薄龙/人。

当初富贵真富贵，

富贵打银起屋梁/柱。

富贵打银做饭碗，

吃饭听闻银气思/香。

当初富贵真富贵，

富贵打银做饭锅/匙。

富贵打银做饭碗，

---

① 此处缺页，未完接下册。

② 斗：量具，一斗等于十升。

③ 贫薄：贫穷。

吃饭听闻银气香/思。

当初富贵真富贵，

富贵打银汗（焊）橙（凳）头/边。

银桶载水金木匾（扁）担，

银篮洗菜挂金钓/银。

当初富贵真富贵，

富贵打银汗（焊）枕头/边。

有银来汗（焊）又嫌白，

有金来汗（焊）又嫌黄/光。

当初富贵真富贵，

富贵打银做板门/城。

富贵又邓①富贵话，

贫薄邓娘话不同/真。

富贵自连富贵女，

贫薄邓娘话不同/真。

富贵便连富贵女，

贫薄便连贫薄龙/人。

富贵龙，

人家富贵仔家贫/穷。

人家富贵般般有，

仔家贫薄百般穷/难。

小盘州歌 *

天子得知天下事，

老人知得古来情/音。

阴阳知得寒眉过，

玉女得闻偷恨哷/心。

楼上点灯地下暗，

地下点灯楼上光/新。

---

① 邓：瑶语，同之意。

当初得见娘嫌仔,

世间到转仔嫌娘/人。

柑樜(甘蔗)过篱十二节,

不知那(哪)节是真糖?

三个小娘对面坐,

不知那(哪)个是真双?

柑樜过篱十二节,

不知一节是真糖。

楼上连双十二个,

中心一个是真双。

楼上伏门伏七捧①,

伏了依还圣女开/唪(声)。

锁匙又共锁铜熟,

锁匙打得板门唪(声)/开。

女是楼上大婆女,

又是五婆②养出娘/人。

十五年间逢(奉)养大,

台巷③排来唐十娘/人。

女是楼上大婆女,

又是五婆养出娘④/人。

十五年间逢(奉)养大,

留把唐王来对亲/讨双。

色嫁早⑤,

又着大哥色娘高/长。

又色嫁钱千万贯,

---

① 楼上伏门伏七捧:美国邓本为"楼上伏门伏七伏"。

② 五婆、五婆圣帝、帝母:瑶族送子女神,相当于汉族送生娘娘。

③ 台巷:此处美国邓本、赵本、广西版皆同。疑为"排行"之意?参见第435页《邓古歌》中"排巷"的解释。

④ 此处娘为小娘,姑娘之意。

⑤ 色嫁:出嫁意。广东版为"赐嫁早",赐嫁妆出嫁之意。

又色礼羊崩堪高①/长。

色嫁早，

又作大哥色嫁多/不。

又色鲤鱼林门板②，

又色象牙龙角梳/礼银千万千。

女是楼上大婆女，

装嫁黄凉③有七箱/千。

三千随娘出嫁去，

四千在后守爷娘。

修佛秀才爱修佛，

秀才修佛爱修行/桥。

六祖爱行桥底路，

便是金花石上生/收。

着白秀才爱着白，

道士着青身带青/乌。

秀才着白对官坐，

道士着青对佛名/图。

师人出来头带敕④，

道士出来头带青/冠。

师人着衫邓鬼话，

铜铃请得鬼来齐/分明。

师人又邓老君熟，

老君又共释迦亲/行。

老君敕得五雷水，

师人喝得鬼亡生⑤/人。

十二遊（游）师齐出路，

---

① 崩堪高：赵本为"平坑高"，广东版为"半坎高"。喻礼羊之大。

② 又色鲤鱼林门板：赵本为"又色鲤鱼门扇大"。

③ 黄凉：丝绸，黄绫绸缎。

④ 敕：指代师公帽。

⑤ 师人喝得鬼亡生：指巫师用五雷法水，起死回生，参见广东版。

六师得饮六师空。

六师得饮迷迷醉，

六师不得半盃（杯）噇。

十二游师齐学法，

六师得法六师空。

六师得法传天下，

六师无法口中强。

十二游师十二样，

也会弹琶也会争①/吹。

也会吹得歌堂散，

也会吹唱引双行/归。

第四　荷叶盃曲子

荷叶盃中双白武（舞）②，

白上青山榕树。

能归能海又能红，

求官爱念打手龙③。

打得手龙安手里，

等到五更流去。

五更流去入花宫，

巳时落日得相逢。

荷叶盃中叶过岸，

叶归过岸满河流。

黄桑叶落正含/毬（球），

身着衣衫全无领。

满身塞（寒）色扫坭（泥）尘，

荷叶盃中真荷叶。

———————————

① 也会弹琶也会争：争，拟应为筝，与"琶"对举。

② 双白武（舞）：白，白鹭类水鸟。双白舞，意为一对白鹤起舞。参见岳麓版。广东版为"双白鹭"、广西版为"双百雾"。

③ 手龙：手镯。

几般荷叶几般黄，

郎来一夜望天光，

抽手四行众老大，

宽宽坐（座）位我回乡。

回乡转步断肝肠，

荷叶盏中牛牯独①。

无人养畜不成人，

朝朝扫屋作人庄。

养得三年牛牯大，

陀（驮）下广州打事。

广州打事十三双，

官人出看岁寒郎。

荷叶盏中好传话，

陀（托）归家里养爷娘。

路逢果子不曾尝。

大哥教兄兄教嫂，

大家孝顺养爷娘。

怀胎落日断肝肠。

作（昨）夜五更得个梦，

梦见莲塘花发，

莲塘花发白蓬蓬。

朝朝摘上佛神安，

摘得一枝拾世伏（佛），

十分拾世莫嫌蚕（惭）。②

作（昨）夜五更得个梦，

梦见朝廷打事，

---

① 荷叶盏中牛牯独：广西版为"荷叶盏中养孤独"；岳麓版为"荷叶盏，羊牯独"；美国邓本为"荷叶岁中羊牯毒"。联系上下文，"牛牯独"应为"孤独"之意。

② 摘得一枝拾世佛，十分拾世莫嫌蚕（惭）：拾世，施舍，音转之误。广东版作"摘得一枝插佛前，十分施舍不嫌贱"；广西版"摘得一枝多施舍，十分施舍莫嫌羞"；岳麓版"摘得一枝来舍佛，十分舍世莫嫌蚕"。可互见。

州廷打事手条枪，

龙鳞衣甲使金装。

父母本钱千百贯，

随娘心愿讨成双。

铜打刀，铁打钓，

抛下深潭浊钩。

深潭浊（独）吊（钓）鲤鱼腮，

陀（驼）归家裡（里）养爷娘。

三品锄（除）鳞不放去，①

经过龙门水埠裡（里）/头居。

刘王歌*

当当牒牒刘山岸，

渺渺茫茫海中央/心。

柳藤生过刘山岸，

高飘②是法海中央/心。

大是刘山刘岭大，

高是石山石岭高/长。

刘山生上刘王殿，

石山生下海中牢/央。

大是刘山刘岭大，

高/长是石山石岭高/长。

百姓争田刻相刻③，

贵州门外立枪刀/刀枪。

麒麟山高原无石，

罗卜生下水无鱼/沙。

僧家原来不讨嫂，

---

①　三品锄鳞不放去：广东版为"三分鱼鳞莫放去"、赵本为"三分鲤鱼莫放去"、广西版为"三分除鳞放脱去"、岳麓版为"三分鱼鳞不放去"、美国邓本为"三品作鳞莫放去"。

②　高飘：美国邓本作"高飘"。

③　刻相刻：克，相克、反目。赵本作"打相打"。

花姐原来不讨夫/家。

大盘州歌*

日头出早沙州上，
照见莲州莲太盃/平。
丈二罗带拦腰伏①，
铜壶饮酒把双盃/瓶。
日头出早沙州上，
夜落紫微山下行/回。
紫微岭上南风发，
摇作雾云雨便生/飞。
鸟云生，
又滕②横木作横争。
又滕横木向前去，
又滕弓箭向前行。
鸟云生，
又滕刀子帖（贴）身行。
又滕刀子向前去，
蓑衣笠子帖身行。
鸟云生，
又滕灯火向前行。
又滕灯火向前去，
便是火烟天上行。
东海南蛇吞得象，
西海鼠毛七寸长。
南蛇吞象五婆见，
鼠毛七寸圣人量。
大州粟米刀头大，

---

① 伏：系之意。
② 滕：赵本作"定"，岳麓版作"将"，广西版作"担"。

贵州李子二人更/扛。

粟米养大五婆见，

李子样大圣人塘/争。

梁祝歌*

廿四官州大州大，

文章写水①祝英台。

郎今不是喽啰子，

会说龙言金句开/明。

风过树头梁三（山）伯，

船行水面祝英齐/台。

三年读书供学院，

因何不识女人身/齐。

风过树头梁三（山）伯，

船行水面祝英人/台。

三（山）伯二人齐过水，

英台在后托书齐/箱。

风过树头梁三（山）伯，

船行水面祝英黄（台）/天。

英台褶衫齐过水，

不图身湿且图良/郎。

风过树头梁三（山）伯，

船行水面祝英黄/天。

英台着衫千百褶，

解得衫开天又光/月上天。

梁三（山）也为吞药死，

死在大州大路边/长。

秀才过路偷弹指，

人人过路发沙田/壅。

---

① 文章写水：广西版作"文章写说"、广东版作"文章细小祝英台"。

梁三（山）也为吞衣死，

死在大州大路堂/边。

英台出嫁大路上，

梁三（山）叶（也）入里头藏/眠。

担锹挖泥七尺深，

灵神飞上白灵灵/齐齐。

梁三（山）变成蝴蝶子，

飞上半天四散声/开。

生生死死共把扇，

死死生生共合钱/珠。

生时不连死正念，

死入黄泉心正连/图。

生生死死不相放，

死死生生不放归/行。

娘上大州郎也上，

娘下贵州郎也随/争。

斩藤不死藤生远，

斩树不死树生长/枝。

今世连娘不得念，

塞断江河水浸天。

白鸪①树上雀愁愁，

鲤鱼着钓为蔴夫②/情。

鲤鱼也为麻夫死，

因为当初到读书/经。

盘州歌*

二四官州大州大，

三六埠河东海深。

---

① 白鸪：斑鸠。

② 蔴夫：美国邓本作"蔴枯"、"蔴姑"，广西版作"麻捕"，不解其意。

东海水深撑船上，

西海不通郎世银/洗身。

二四官州大州大，

三六埠河东海深。

东海出得西（犀）牛角，

出世几人个个寻。

二四官州大州大，

三六埠河东海深。

东海出得沉香杵（树），

出世师人海岸寻。

二四官州大州大，

大州枉大贵州长/深。

鸦鹈①数得林中竹，

阎浮②数得世间娘/人。

二四官州大州大，

大州枉大③贵州长。

大州枉大落州尾，

贵州细少（小）在中央。

二四官州大州大，

大州枉大贵州长/头。

大州出得生人胆，

贵州盐贵贱人多/贤。

大州姓藤篾仸（伏）屋，④

贵州出得死亡人/头。

大州淡淡吃盐水，

北楼细少（小）吃盐罗/田。⑤

---

① 鸦鹈：乌鸦。

② 阎浮：阎罗。

③ 枉大：不如。参见广东版。

④ 仸：绑、缚之意。赵本、广西版为"缚"，岳麓版为"伏"。

⑤ 北楼细少（小）吃盐罗/田：广东版为"北流细小吃盐螺"，并解释"北流"为地名；
"盐螺"为小介壳类用盐腌制而成。

大州打上七里路，

从院到州七路高/亭。

莫怪歌词相说报，

从县到州七里乡/城。

大州打上七里路，

从县到州七里西/声。

莫怪歌词相说报，

州里便闻县马蹄/声。

横托①州门七尺阔，

奇（直）托县门八尺高/城。

莫怪歌词相说报，

州门挂榜半天高/庭。

大州置凡七千户，

横仓载米万由人②/娘。

州上公名③无万个，

个个出来敬奉人/娘。

大州置凡七千户，

横仓载米万由人/名。

州上公人无万个，

县里草思④无万人/名。

大州置凡七千户，

横仓载米万由人/娘。

大州出得好青（粳）米，

贵州出得好青（婧）人/娘。

大州置凡七千户，

横仓载米万由人/娘。

大州出得好青（粳）米，

---

① 托：庹，丈量单位。成人两臂伸直的长度。

② 万由人：无数个人。参见广东版。

③ 公名：赵本为"功名"。

④ 草思：草尸？广西版作"瘴鬼"。

运下贵州养圣人／娘。

日头相刻（克）海心上／天心里，

七星相（克）月边行／情。

大船相刻（克）海心上，

秀才相刻（克）入州门／庭。

大州里头置学院，

贵州两路置学堂。

莫怪歌词相说报，

大船逢（篷）破见天堂。

东海龙门出石卯（卵），

西海龙门出石珠／螺①。

南庵寺里出金水，

贵州洞口出金鱼／鹅。

大船协协三江口，

石头里累②等江滩／河。

刘藤生过刘山岸，

不知那（哪）路向河滩／流。

第五　南花子曲

前唱南花子，

后唱木兰花。

木兰花发白蓬蓬③，

六字分明在酒尊④。

来时留客住，

去时留客人。

主人留意客留心，

---

① 石珠／螺：喻珍贵的宝石。参见广东版。

② 石头里累：广东版为"石头累磊"。

③ 蓬蓬：茂盛状。

④ 六字分明在酒尊：尊，应为"樽"之音转，"樽"，古代盛酒器；"埕"，方言为酒坛。赵本作"六事纷纷在酒存（埕）"，广西版作"禄字分明坐酒樽"，广东版作"禄字分明坐酒尊"，岳麓版为"禄字分明在酒塝"，并解释此句大意为"歌词就在酒缸里"。

且慢宽游在酒埕。

前唱南花子,

后唱木兰花。

木兰花发白行行,

人家养得歌二郎。

前插金鹅带,

后插龙凤钗。

手拿歌卷绣金鸡,

六字分明在酒埕。

前唱南楼屋,

南楼屋底使金装。

出世黄禾十万仓,

富贵在明月。

喽啰①在本身,

喽啰贵客唱金言②,

习得金言千万年。

前唱南楼饮,

南楼饮酒醉十分。

银瓶载酒锡瓶伦（轮）,

斟劝四行六路亲。

前劝众老大,

后劝郎本身。

抬头执盏不成尝,

酒盏落枴（台）相认亲。

前唱南楼饮,

南楼饮酒醉微微,

马劝三朝人不知。

前插金鹅带,

---

① 喽啰：指代歌唱。

② 金言：指好歌。

后插龙凤衣。

一心作笑二心思，
思作当初年少时。

出世无兄弟，
将钱过路求。

路逢官子且宽游，
且慢宽游在酒埕。

等到三年郎嫂大，
踏上榕杆（树）枝。

踏上榕树半天高，
照见四行六路亲。

出世/官多叛，
手拿摇（鹞）子枪。

踏上马背马便骉①，
走出后门使一枪。

出世翁爷争天地，
更争北斗星。

铜刀落地转兴兴，
一州打破二州庭。

打破事头郎有名，
人话官多返（反）。

手拿摇（鹞）子枪，
踏上马背马便奔。

走出后门使一枪，
出世翁爷争天地，
更争北斗星。

铜刀落地转兴兴，
一州打破二州庭，
打破事头郎有名。

---

① 骉：飞奔状。

桃源歌一段（段）

桃源丹竹蔸/枝，

随根生上尾退垂/头浮。

盘州歌词都唱了，

且唱桃源歌晓词/头。

心心爱入桃源洞，

不知桃源向那边。

郎今且问桃源洞，

仙人抽手白云边。

心心爱入桃源洞，

不知桃源向那边。

十字路头敲（翘）脚坐，

见人过路问桃源。

心心爱入桃源洞，

不知桃源向那边？

人话桃源七里路，

不晓桃源在眼前？

心心爱入桃源洞，

不知桃源向那（哪）边？

担个葫芦共斗米，

去到桃源重有边。

心心爱入桃源洞，

可惜手中无本钱。

大哥有钱借五百，

五百是铜也是钱。

心心爱入桃源洞，

可惜手中无本钱。

大哥有钱借五百，

大家入洞看花开/新。

心心爱入桃源洞，

桃源洞口插梅枝/垂。

二人相伴入桃源，

莫在桃源洞口居/归。

桃源洞头七条路，

三条修刻四条荒①/班。

三条修刻桃源路，

四条荒路上吕（闾）乡/山②。

桃源洞头七条水，

三条龌龊四条红/青。

三条龌龊桃源水，

四条流下广南③东/京。

桃源高机四月织，

四月初八作风图④/飘。

四月初八风飘去，

飘起旗帜万丈高/桥。

桃源木桥四月架，

架起木桥万丈高/桥。

几人空身过不得，

秀才骑马过三曹/朝⑤。

桃源铁桥四月架，

架起铁桥无万高/条。

仙人桥头饮禄酒⑥，

仙娘桥尾饮仙桃/蕉。

---

① 三条修刻四条荒：广东版"三条修铲四条荒"，岳麓版"三条修划四条荒"，广西版"三条修产四条班"，美国邓本"三条修划四条慌（荒）"。修刻，应为"修茸"解。

② 吕（闾）山：华南道教重镇，闾山派为南方道教重要教派，由古代巫术、坐法、巫教发展而来。

③ 广南：今广东。

④ 作风图：赵本作"着风滔"，广东版"风飘起"。

⑤ 过三曹/朝：广西版作"过三遭"；三，约数，言其多。

⑥ 禄酒：赵本、广东版、岳麓版作"老酒"。

桃源金桥四月架，

架起金桥无万千/条。

金线缠桥邀娘过，

过了正知双好连/撩。

爱吃桃子入桃源，

要吃仙茶入巷门。

要吃鲤鱼三江口，

琵琶愁死①入桃源。

心心爱入桃源洞，

脚踏桃源押纳凉/心②。

手把刀子破桃洞，

正是桃源口外/人。

心心爱入桃源洞，

不见桃源灯火光。

不知桃源做好事，

不知和尚散道场。

桃源洞头七个寺，

七个寺门七面会。

不知桃源做好事，

不知和尚散道场。

桃源洞头七个寺，

七个寺门七面悲。

不知桃源做好事，

和尚散灯不了时。

桃源洞头僧家屋，

僧家屋底起门楼/眉（楣）。

僧家门楼/眉（楣）鲁班造，

---

① 愁死：赵本、广东版作"愁怨"。

② 押纳凉/心：美国邓本作"恨纳良/音"，赵本作"押纳良/咽"，广东版作"细和心"，广西版作"细细心"。

石灰批过白修修①/是龙头。

桃源洞头僧家屋，

僧家屋底有犁头/林。

天光早起犁秧地，

三百牯牛犁一头/边。

桃源洞头僧家屋，

僧家屋底有犁更（埂）/唐（塘）。

天光早起犁秧地，

三百牯牛齐出行/ 出半江。

桃源洞头僧家屋，

僧家屋底有犁田。

天光早起犁秧地，

三百牯牛犁一边。

重有②一边犁不到，

山猪马鹿便来眠。

三百牯牛齐上洞，

中心犁破得三年。

桃源洞头七洞（峒）田，

上洞（峒）糯禾下洞（峒）更/粘。

姊妹相邀早早去，

买起桃源上洞（峒）更（埂）/田。

桃源洞头七洞（峒）田，

三洞（峒）生禾四洞（峒）愁/空。

三洞（峒）生禾收不尽，

四洞（峒）不生出草秋/中。

桃源洞头七洞（峒）田，

---

　　①　修修：语词活用。常作为语气词、虚词，置于句尾，押韵用。此类例子还有起庄庄、起双双、劝愁愁、醉微微、转兴兴、叶生生、叶垂垂、乱丝丝、哭愁愁、哭吟吟、哭啾啾、白逢逢、白行行、白灵灵、白齐齐、白修修、白净净、布斑斑、饭香香、细弯弯、细演演、浪消消等。

　　②　重有：赵本作"上有"，广东版、岳麓版作"尚有"。

三洞（峒）生禾四洞（峒）青/荒。

三洞（峒）生禾收不尽，

四洞（峒）不生出草青/荒。

桃源洞头有七屋，

大罗罗来有七千/家。

三家姓桃四姓李，

李家门前四季亲/花。

桃洞源头七家屋，

三家富贵四家贫/穷。

三家耕田吃白饭，

四家富贵使钱多/龙。

桃源洞头有七楳（双）①，

三楳（双）是神四宝烟/香。

三楳（双）是娘吃白饭，

四楳（双）是神鉴宝烟/香。

桃源洞头有七楳（双），

楳（双）底又连鱼子崩②/皮。

鲤鱼也会/跳/着双死③，

花鱼作双又番生。

桃源洞头七团石，

石上又连七朵（朵）花/枝。

三个小娘共凳坐，

小娘共缉（绩）一条花/枝。

桃源洞头无万阔，

石壁细书④无万书/经。

---

① 七楳（双）：七，约数，非实指。七双，赵本、岳麓版作"七所"；广西版作"七狭"；广东版作"七双"，并解释"双：山溪、山坑"。

② 双底又连鱼子崩：赵本"所底又装鱼子曾（罾）"、美国邓本"峡底又连鱼子屠（罾）"，岳麓版"河底又连鱼子橧（罾）"。此句中的"鱼子崩"应为"鱼子罾"之误。罾，一种用竹竿支撑的简易捕鱼工具。"鱼子罾"就是抓鱼的小网。

③ 跳/着双死：为情而死。

④ 细书：广东版释为"摩崖石刻，石壁上不少题词"；岳麓版"石壁上面刻文章"。

莫怪歌词相说报,

太白山头出宝珠/烟。

桃源洞头出白蜡,

贵州洞口/门外/出银砖/坑。

大州出得花巧匠,

撩起钻锤花便元（圆）/生。

桃源洞头出白蜡,

贵州洞口出银柱/台。

大州出得花巧匠,

撩起钻锤花便收/齐①。

桃源木驴②有七面,

三面向东四向西。

三面向东四向后,

圣人骑驴到南西。

桃源洞头着水隔,

里头又隔万重梁/林。

鸦鹩数得林中竹,

阎浮数得世间娘/人。

郎在桃源八百岁,

住在桃源八百秋/冬。

玉女担花入洞卖,

圣女卖花面向流/红。

郎在桃源八百岁,

住在桃源八百秋/长。

桃源歌堂四月发,

一年四季见风流/凉。

桃源官船七尺阔,

从贤（船舷）架桨万重良（浪）/条。

---

① 此句广东版、岳麓版皆解释为银匠举花锤打制银饰。

② 木驴：视前后语境,应指可供圣人坐骑的木雕驴子。赵本亦为"木驴",广西版为"香驴";岳麓版作"木烬（林）",解释为"青山"。

三百两丝做船缆，
圣人摇起过龙乡/桥。
火烧桃源烂巷岭[①]，
烂去烂回江補（埠）中/州。
桃源江補（埠）火烧尽，
烧到江边火正穷/收。
火烧桃源烂巷岭，
烂去烂回江布（埠）前/头。
湖南江布（埠）火烧尽，
烧到水边火正眠/愁。
火烧桃源烂巷岭，
烂去烂回江布[②]（埠）前/头。
湖南江布（埠）火烧尽，
重留白石进江前/头。
火烧桃源江補（埠）岭，
烂去烂回江補（埠）离/才。
手拿七寸黄蜡樜（烛），
桃源洞口拗分离/开。
来时便把桃源入，
去时便把闾山行/归。
来时桃源花发早，
去时花卸叶生生/垂垂。
上路不行行下路，
松柏平平拗（坳）下归/行。
上路蒙蒙（濛濛）不通到，
拗条松柏引路归/行。
白日爱行七里路，
夜里便行七路西/声。

---

① 烂巷岭：赵本、广东版作“阑巷岭”，岳麓版作“拦江岭”。

② 江布、江補：均为“江埠”之音转，“江埠”之“埠”为码头，停船之处，或指临水之地。

二四山头郎行尽，
踏上闻山鸡便啼/声。

闻山歌一段（段）

一更煮饭二更争（蒸）/庄，
相送娇娥出路行/堂。
娘姐问娘去样早，
早上闻山看学生/堂。
细细破篾缉（绩）丹笃①，
绩去绩回成篾丹（箪）。
篾丹（箪）载盐好做信②，
篾丹（箪）载米上闻山。
高机织布布班班（斑斑），
织得布班（斑）袋也班（斑）。
布班（斑）好做手巾段，
袋班（斑）载米上闻山。
踏地巡官会踏地，
不过先生踏地明。
先生踏地未为定，
罗更③定地转兴兴。
巡官踏地未为定，
便是先生踏地真。
踏地巡官会踏地，
便是先生踏地真。
闻山学堂作本向④，
鲜水⑤流来入向厅/怀。

---

① 绩丹笃：绩，织，编织；丹笃，应为箪兜，篾制盛物器皿，又叫篾箪，俗称隔篮。
② 信：传达信息。盐信：由于盐在瑶族生活中的重要，故作为请道公或至亲的大礼，俗称"盐信"，以盐为信之意。凡接到"盐信"者，无论多大的事都得抛开，按"信"赴约。
③ 罗更：罗盘。
④ 本向：正面朝向。
⑤ 鲜水："巽水"之误。巽为八卦之一，代表风水。

亭前七曲专（转）龙水，

背后三条走马城/西。

闱山学堂作本向，

鲜（巽）水流来入向街/归。

亭前七曲巡龙水，

背后三条走马江/西。

仙人做屋门相对，

布（富）人造屋背相归/壁相挨。

造屋原来入地炼①，

背后原来炼石街/江。

造屋仙人会造屋，

三面向东四向东/西。

家里有猫不捉鼠，

笼里有鸡不会啼。

闱山学堂鲁班造，

鲁班造了僧家鲁（量）/起庄庄。

莫怪歌词相说报，

琉璃瓦盖十三层/双。

闱山学堂鲁班造，

鲁班造了起门楼/眉（楣）。

瓦匠盖过是龙迹（脊），

石灰批过是龙头/眉（楣）。

闱山学堂作本向，

鲁班造了匠家声/图。

大州买得长沙纸，

流落学堂写细京（经）/书。

闱山学堂鲁班造，

置把先生过路亭/声。

三百公（功）名共凳坐，

---

① 入地炼：打地基、下屋脚之意。参见岳麓版。

一个先生教到清①/读书。

闾山学堂鲁班造，

又请匠家有七名/人。

莫怪歌词相说报，

当初请匠十三名/人。

闾山学堂鲁班造，

鲁班造了匠家情/良（量）。

莫怪歌词相说报，

一条柳（琉）柱到东厅/梁。

闾山学堂鲁班造，

又请匠家作纸声/收。

匠家鉴纸（凿子）纷纷转，

中心串臟②转兴兴/分分（纷纷）。

闾山学堂鲁班造，

鲁班造了匠家声/图。

楼上又雕木古字，

殿上又雕龙细经/书。

昨夜五更得个梦，

一条江水倒流图（途）/亭。

天子勿（无）男又勿（无）女③，

送上闾山读细书/经。

鲁班造寺*

造寺鲁班会造寺，

又请匠家无万名/人。

莫怪歌词相说报，

当初请匠万由名/人。

---

① 教到清：使人明理，或作"教道经"解。
② 串臟：美国邓本作"川筸"，广东版作"穿斗"。
③ 天子勿（无）男又勿（无）女：美国邓本、广东版作"天子生男又生女"。

造寺鲁班会造寺，

鲁班造了匠家良（量）/撩（描）。

莫怪歌词相说报，

黄榔拗柱①万由良/条。

造寺鲁班会造寺，

鲁班造了匠家装。

莫怪歌词相说报，

琉璃瓦厦万由双。

造寺鲁班会造寺，

鲁班造了起门楼/眉（楣）。

瓦匠盖过是龙迹（脊），

石灰批过是龙头/衣。

三尺红罗扫佛殿，

四尺红罗扫佛前/堂。

佛前佛堂都扫尽，

应有细心缠着仙②/双。

造寺鲁班会造寺，

造了有名载圣香/炉。

僧家托香寺门过，

寺门留下七名香/炉。

南庵寺里十二任③，

六任在高六任底。

在高又着人来问，

在底又作火烟遮。

寺里佛，

六任在高六任底。

在高又作（着）人来问，

在底又作（着）火烟遮。

---

① 黄榔拗柱：美国邓本、赵本作"红樑漆柱"，广东版作"红朱漆柱"。

② 应有细心缠着仙：仙，对年轻女性的尊称。赵本为"应久细心有我（娥）连"。

③ 任：层。

造寺鲁班会造寺，

念经僧家会念经。

僧家念经随佛转，

小相退寺转兴兴。

舍身下海烧龙屋，

金生丽水救无情①/真。

铜佛罗带火烧尽，

不见龙儿现出声/身。

火烧南庵寺里佛，

乌鸦来报火烧人/乡。

连郎本身救不得，

因何救得四行人/娘②。

火烧路边佛子屋，

过路长闻佛叹声/香。

姊妹相邀救伏（佛）屋，

过后人传郎有情/香。

火烧路边佛子屋，

佛男伏（佛）女哭回回/愁愁。

佛男佛女愁愁哭，

一对佛儿嫁别村/乡。

四字歌*

四字文书天字大，

天字在高水字深。

火字不通郎下手③，

水字不通郎洗身④。

———————————

① 金生丽水救无情：赵本为"金生利水救无情"，岳麓版为"金生利水救无真"，广东版为"金山离水救无赢"，意火势太猛，远水难救。

② 四行娘、四行人：指周围的妇女、周围的人们。

③ 火字不通郎下手：指"火"字若去掉两点就变成了"人"字无手。

④ 水字不通郎洗身：指"水"字若去掉两边的横（洗身），就变成"小"字。

四字文书天字大，

天字不通水字深。

瓦字不通串手过，

石字不通郎下针。

四字文书天字大，

水过平田沙石深/流。

塘基种蕉叶自大，

相打不赢败事声/收。

邓古歌*

邓①是已（几）般邓？

箱中载有已（几）般经/书？

李②是已（几）般李？

台头磨墨已（几）般青/乌？

邓是已（几）般邓？

塘中在有已（几）般龙/鱼？

韭菜泡葱供（共）锅煎，

水底骨鱼③共煮锅。

邓古（鼓）无爷共舅在，

也无排巷④也无真/名。

年庚⑤便在金锁里，

说报云边破败星/太白星。

邓古（鼓）出在铜炉国，

出在铜炉国王州/城。

火烧大州寺门断，

邓古（鼓）有贤自造州/城。

---

① 邓：在此为"鼓"，全句为"鼓是什么鼓"？参见岳麓版。

② 李：广东版释为"长鼓"。

③ 骨鱼：广东版释为甲鱼。

④ 排巷：赵本为"台巷"、岳麓版为"枏巷"、广东版为"地巷"，并释为"住址"。

⑤ 年庚：指旧时用干支表示人的出生年、月、日、时辰。

邓古（鼓）无爷共旧（舅）住，

也无排巷也无闻/名。

邓古（鼓）出榜邓三挂，

邓三名字挂州闻/廷。①

邓古（鼓）带书郎也织（识），

小书也织（识）两三篇/行。

大书买得娘田宅，

小书买得妹田塘。

何物歌一段（段）

何物/蕉子烈烈②随坭（泥）出，

何物/蕉叶层层盖过天/头；

何物/蕉叶出来撩人爱，

何物/蕉系（丝）落地无人连/愁；

何物/蕉旗出来是柄扇，

何物/蕉旗出来能卷经/书；

何物/蕉叶出来撩人爱，

何物/蕉系（丝）落地无人⋮经⋮声/图；

何物/得郎变，

变成何样得娘连；

何物/得郎变成何物/娘怕（帕）子，

上娘头上作横眠③；

何物/得郎变，

变成何/娘/样得娘连；

何物/得郎变做耳圈子，

耳圈团圆娘耳边。

---

① 此句赵本为"邓古出榜州朝门挂，邓三名字挂州庭"、广西版为"邓古出榜朝门挂，邓三名字挂州廷"、广东版为"邓古原是邓三位，邓三名字挂州廷"。

② 蕉子烈烈：赵本作"蕉子粒粒"，美国邓本、广西版作"蕉子力力"，广东版作"瓜藤力力"。

③ 横眠：横卧。指头帕子缠头。

何物/得郎变，

变成何/娘/样得娘连；

何物/得郎变做金环子，

何物/金环团圆娘胫（颈）边。

何物/皮鞋出来踏两路，

何物/罗裙出来串两边；

何物/罗裙出来围过外，

何物/罗带出来缠过腰。

何物/煎（剪）刀出来甲（夹）两甲，

何物/针子出来摽又摽①；

何物/行缠②出来缠过脚，

何物/罗带出来缠过腰。

何物/从子③着娘串手过，

何物/从子着娘串手来；

何物/高机邓娘对面坐，

何物/小纱着娘收入怀。

何物/屋角烈烈是龙迹（脊），

何物/牙盖是龙背上衣；

何物/屋角是龙力省骨④，

何物/屋柱是龙肚里人。

何物/屋角烈烈是龙迹，

何物/牙盖是龙背上鳞；

何物/屋柱是龙力省骨，

何物/屋柱是龙肚里儿。

何物/屋柱原来闌四角，⑤

---

①　摽又摽，又文"彪又彪"，细又长。参见广东版。

②　行缠：绑腿。

③　从子：美国邓本作"综子"，赵本作"凇子"，广西版作"重子"，广东版作"梭子"，应为织机上的梭子。

④　力省骨：岳麓版作"勒此骨"，并释为"肋巴骨"。

⑤　闌：顶之意。赵本为"屋梁平平撑四角"，岳麓版为"屋柱平平立四角"，广西版为"屋柱平平顶四角"。

何物/闌手原来闌四边；

何物/甲子①原来爱串鼻，

何物/甲子串鼻两头眠。

何物/台盒会擎四个横，

何物/四个横头四个丁；

何物/大船无脚行千里，

何物/台盘四脚守空厅。

何物/香炉原来三两脚，

何物/香炉两耳爱朝天；

何物/香炉里头载白粉，

何物/香炉里头出火烟。

何物/樟木原来雕得鬼，

何物/樟木原来雕得神；

何物/木孙②巍巍屋里坐，

何物/佛子巍巍不动身。

何物/甑子③出来黑又黑，

何物/甑子出来乌又乌；

何物/甑子出来江仰坐④，

何物/又橙黄秆里头補（铺）⑤。

何物/饭碗朝朝爱洗面，

何物/饭碗朝朝爱洗身；

何物/银盏朝朝爱出客，

何物/银筋朝朝爱出人。

何物/饭碗朝朝爱洗面，

何物/饭碗朝朝上楼眠；

---

① 乡村做屋两托楼的三条横梁称甲子，俗称檩手；穿鼻，造屋俗语，意指横梁穿入墙里。参见广东版。

② 木孙：赵本为"庙神"。

③ 甑子：旧时蒸饭器物。

④ 江仰坐：广东版作"扛仰坐"，释为甑口向上之意。

⑤ 又橙黄秆里头補（铺）：橙，方言，放的意思。岳麓版"又着黄秆里头铺"。

何物/饭碗载饭红沙托①，

何物/吞饭过胫（颈）养人身。

何物/酒瓶伦，

何物/酒瓶载酒载十分；

何物/酒瓶载酒口中入，

何物/酒瓶载酒口中尊。

何物/酒翁（瓮）不声深房坐，

何物/酒瓶无盖气通天；

何物/酒瓶出来白又白，

何物/酒瓶对得六亲人。

何物/高机平平逢四角，

何物/四角横头四角丁；

何物/高机轧上又轧下②，

何物/高机轧下上雷声。

何物/秤干（杆）出来三尺二，

何物/秤钓三寸转湾（弯）上；

何物/秤铊出来金鸡卵，

何物/秤干（杆）背上是鱼班（斑）③。

何物/剪刀有肚真有肚，

何物/长鼓有腰真有腰；

何物/长鼓有腰两头大，

何物/剪刀有肚两头消④。

何物/蛇子出来针样大，

何物/针子出来线样长；⑤

何物/鸡子出来不吃奶，

---

① 红沙托：广东版为"红盆托"。
② 高机轧上又轧下：高机，织机；轧上又轧下，指织布时踏板忽上忽下。
③ 秤干（杆）背上是鱼班（斑）：喻秤杆上的秤星，像鱼身上的斑纹。
④ 消：尖。
⑤ 蛇子出来针样大，针子出来线样长：赵本为"鱼子出来针样大，蛇子出来线样长"。

何物/鸭子出来不识娘①。

何物/门板出来爱则（侧）睡，

何物/门扇出来则（侧）睡眠；

何物/门木②出来相对坐，

何物/门扇出来甲两边。

何物/马子出门案又案，

何物/犬子出来摽又摽；③

何物/担伞出门挑起脚，

挑担出门担起腰。

何物/蕉子出来心里实，

何物/丹竹出来心里空；

何物/六笛④出来七个眼，

何物/猺人吹唱样大王⑤。

羊子不吃田基草⑥，

田螺不吃地中泥；

蟾黎⑦门前闻犬吠，

鹧鸪树上闻鸡啼。

何物/日头朝朝出岭背，

何物/格木⑧年年立岭边；

何物/猺人深山起大屋，

何人/蛋（疍）家水面起高楼。

五雷过天天地动，

---

①　鸭子出来不识娘：母鸭不孵鸭仔，要靠母鸡来孵，故说"鸭子出来不识娘"。

②　门木：赵本、岳麓版作"门斗"。

③　马子出门案又案，犬子出来摽又摽：赵本为"羊子出来跳又跳，马子出来彪又彪"；广西版为"羊子出来跳又跳，马子出来标又标"；美国邓本为"羊子出来跳又跃，马子出来骉又骉"。此处"马子"、"犬子"指马与狗，但加上"子"缀，便附加上了色彩因素，表达对这些事物的昵称。详见第四章。

④　六笛：芦笛，吹奏乐器。

⑤　样大王：酬谢盘王。参见广东版。

⑥　田基草：田埂草。

⑦　蟾黎：青蛙。

⑧　格木：坚实的木材。

牯牛下地地皮川（穿）；

雨落在天倒下地，

火烟在地到天门。

何物/鸭儿论（轮），

何物/鸭儿到处打官舡（船）；

何物/虾公拓作倒论（轮）转，

何物/田螺拓作倒关门。①

何物/田基出来爱油曲，

何物/犁头油曲爱求其；②

何物/犁合出来开口笑，

何物/犁头下地地皮川（穿）。

何物/大蟥爱讨蟥螃女，

何物/蟥宁浪浪来做媒；③

何物/良坑得知大声话，

何物/哥锁细声变作堆。④

何物/瓜水爱讨瓜班⑤女，

何物/尖口葫芦来做媒；

何物/倍达得知皱面笑⑥，

何物/冬瓜擦上片身灰。

何物/盐沙⑦出世海中里，

---

① 虾公拓作倒论（轮）转，田螺拓作倒关门：广东版为"虾公笃着身缩转，田螺夜睡倒关门"。

② 田基出来爱油曲，犁头油曲爱求其：赵本为"田基出来爱跳曲，犁合出来爱跷欺"，美国邓本为"田基出来爱旭曲，田基旭曲爱旭其"；岳麓版为"田基乔曲爱乔曲，田基乔曲爱乔溪"，并解释为"田基弯弯又曲曲，田基弯弯像小溪"。

③ 大蟥爱讨蟥螃女，蟥宁浪浪来做媒：赵本为"大蟥爱讨蟥螃女，蟥青带赖来做媒"；美国邓本为"大虾爱讨虾婆女，虾蛇来来做做媒"；岳麓版为"大埂爱讨青蛙女，虫更蛇迎迎来做媒"；广东版为"大蟥爱讨蟥婆女，蟥辣来来等做媒"，并解释道"大蟥"为蛤蟆、"蟥辣"为小青蛙。"来来"为青蛙的叫声。

④ 良坑得知大声话，哥锁细声变作堆：赵本为"蛉虫得知大声话，哥赞细声正作堆"，岳麓版为"郎层得知大声话，鲠赞得知作一堆"，并解释"郎层"为夜蛙，"鲠赞"为小蛙。

⑤ 瓜水，水瓜；瓜班，丝瓜。参见广东版。

⑥ 倍达：另文为"苦瓜"，皱面笑，喻苦瓜笑皱了脸。

⑦ 盐沙：指细盐。

何人/客人撑船水面来；

何物/信子出来两皮纸，

何人/主人带去请郎来。

何物/冬瓜烂，

何物/冬瓜烂了滥番番①；

何物/冬瓜烂了得堆勿，

何物/水瓜烂了得堆觔。②

何物/朦排烂，

何物/朦排烂了是官才（棺材）③；

何物/朦排烂了是块板④，

何物/草鞋烂了路头栽⑤。

第六　飞江南曲子

入山斩木栏（拦）江倒⑥，

蘭（拦）江倒，

滂滂发发⑦发江江（河）。

发得江河水一条。

求官⑧爱行船中路，

船中路，

船中水路湿罗衣，

① 滥番番：烂得一塌糊涂。

② 冬瓜烂了得堆勿，水瓜烂了得堆觔：赵本作"冬瓜烂了得堆勿，丝瓜烂了得堆丝/斤"；岳麓版作"冬瓜烂了得堆勿，丝瓜烂了得堆丝"；广西版"冬瓜烂了得堆瓤，萝莉烂了得堆茎"；广东版"冬瓜烂了得堆勿，水瓜烂了得堆筋"，并解释"得堆勿"即"得堆核"、"得堆筋"中的"筋"即"丝"。

③ 朦排烂了是官才（棺材）：岳麓版为"田螺死了铁棺材"。

④ 朦排烂了是块板：广西版为"蜂蛮烂了两块合"，岳麓版为"蚌排死了两块板"，"朦排"似为蚌排，即蚌壳。

⑤ 栽：甩、扔。

⑥ 栏江倒：赵本为"拦江倒"，广东版为"拦坑倒"，岳麓版为"阑江倒"，并解释为"横江倒"。

⑦ 滂滂发发：形容江面放木排的气势。

⑧ 求官：赵本、岳麓版、广东版皆为"家官"，"求"应为"家"字抄写之误。"家官"，广东版释为"当家老人"。

湿得罗衣自得知。

枫木合船三尺面，

三尺面，

挠挠远远①能好撑，

手把竹篙船自行。

初合②榾（琵）琶十二面，

十二面，

撑下刘王圣殿，

九女玉女出来看。

东海鲤鱼四海散，

四海散，

滂滂发发③发江何（河），

发得河江水一条。

手把鱼钗钗上岸，

又得无千无万，

陀（托）归家里慢除鳞，

三品鱼鳞不放去。

经过龙门水埠，

里头居，

有醋无盐淡杀（煞）人。

担刀入园割韭菜，

割韭菜，

寒蜂④飞过眼微微，

正是大塘野鸭见。

骑马上塘吃嫩草，

风吹马尾乱系系（丝丝），

---

① 挠挠远远：赵本、广西版为"遥遥远远"，岳麓版为"移移远远"。

② 初合：广东版释为"刚刚制好"，岳麓版释为"古时"制成。

③ 滂滂发发：此处则形容鱼群在水中欢游之态。

④ 寒蜂：联系下句，应指野鸭。广西版为"鹐鹏"；广东版、岳麓版均为"寒鹏"，释为野鸭。

正是大皇（王）上马归。

日头出早东江照，

东江照，

照见细埇①那岸，

水那红红，

原像石榴花一弓。

娘是十七郎十八，

十八拗花来插，

人生一世草生秋，

罗（萝）卜能有几个由②。

日头出早东江照，

照见细捅（埇）那岸，

水那平飘，

原像石榴花一条。

娘是十七郎十八，

正好拗花来插。

手拿笛子引娘吹，

吹下刘山刘岭归。

爷娘出门连声祝，

连声祝，

人来客去但煎茶，

莫说郎今不在家。

出路逢官心协力，

抽手胸前相协力。

人家养女能咛咙③，

姐妹齐齐言语同。

爷娘养女枉养女，

---

① 细埇：赵本为"细冲"。

② 罗（萝）卜能有几个由：赵本为"罗带能有几个有"。

③ 能咛咙：能，恁；咛咙，玲珑的音转；赵本为"能伶俏"、广西版为"能玲珑"，可互证。

养得三男四女，

骂爷娘，

姊妹齐齐骂爷娘。

爷娘世今无命了，

三男四女哭连连（涟涟），

便是火烧青黄纸。

郎老歌一段

冬龍（宠）① 思作半夜斗，

七十老人半夜思/愁。

冬龙思作五更半，

老人思作少年时/愁。

四山岭头排年纪，

排去排回郎老年。

郎老一年高一寸，

头插金钗挠作天。

四山岭头排年纪，

排去排回郎老先。

郎老一年高一寸，

行路把郎行去前。

郎须独（毒）②，

到处不生生口边/怀。

大州买得铜须捏（镊），

捏（镊）了郎须娘正连/来。

人话郎老未为老，

空见发长未有年。

---

① 冬宠：广东版作"蠢龙"，一种鸟名，青色，叫声"阿哇"、"阿哇"，如初出世婴儿啼叫；岳麓版作"冬咙"，释为一种候鸟；广西版为"冬宠"，并释为"像苍蝇的一种吸血昆虫"。

② 毒：厉害，喻胡须生长茂盛。

不信便看黄秆糯①，

含胎肚里便生须。

郎老了，

郎今专老专连眠。

不信点火入房照，

老羊又共嫩羊眠。

郎老了，

郎今专老专连痴②。

不信便看老鸡公，

上村下巷打鸡儿。

郎老了，

郎今专老专撩桥/冷粳。

入山斩得大柴担，

刀鞘又连九捧焦/藤。③

郎老了，

郎今专老专冷更（埂）/痴。

不信便看老牛牯④，

一朝打断九条藤/犁。

郎老了，

郎今专老专冷坑/康。

共村歌堂去不得，

隔壁歌堂把棍行/（仰）。

郎老了，

郎今专老专罗花。

不信但看塘虚树⑤，

_____

① 黄秆糯：一种晚稻。

② 郎今专老专连痴：专连痴，痴迷连情，老当益壮，身体硬朗之意。下文"专撩桥"、"专冷粳"、"专冷更（埂）"、"专冷坑"、"专冷康"、"专落花"皆同义。

③ 刀鞘又连九捧焦/藤：赵本作"刀削又连九峰蕉/藤"、广西版为"刀鞘又连四棒人"、广东版为"刀鞘又连四条藤"，并解释为"用四条藤捆的大柴担"。

④ 老牛牯：老公牛。

⑤ 塘虚树：赵本作"唐梨树"，广东版作"堂梨（棠棣）树"。

林里斩断重开花。

郎老了，

郎今专老专冷粳。

不信便看班（斑）竹样，

空见身班（斑）叶重生。

郎老了

老过深山大蟓公①/婆。

三百人夫捉不得，

深深走入石头笼/遮。②

郎老了，

郎今专老专郎康/冷粳。

坐地膝头高过耳，

胸前骨漏③十三双/层。

郎老了，

郎今专老专来街/连眠。

脱落头巾佛（伏）两膝，

十分女人行尽来④/前。

郎老了，

郎今专老专连眠。

脱落头巾佛（伏）两界，

十分装裹不成人。⑤

郎老了，

头白蓬蓬不出家/门。

铜盆载水翁洗面，

翁在深房教子花⑥/孙。

---

① 大蟓公：大蛤蟆。

② 深深走入石头笼/遮：赵本同、广东版为"深深走入石头笼窿"。

③ 骨漏：骨肋，肋骨。

④ 十分女人行尽来：像女人一样赢弱。

⑤ 赵本为"脱下头巾扶两髻，十分装裹不成人"、广东版为"脱下头巾拍两耳，十分打扮不成人"，并解释为"人衰老了，面容难看"。

⑥ 教子花：教子孙，花喻小孩。

郎老了，

胸前骨漏半天高/长。

今夜歌堂人见嫩①，

入庙烧香保命劳/长。

郎老了，

老过深山白石头/边。

湖南江补（埠）火烧尽，

重留白石进江头/边。

老了难/休，

高山不望水平滩/流。

高山不望平滩水，

老了当年百事难/休。

彭祖歌一段

彭祖身中多有孕②，

身中有孕在婆③门。

造书归报郎爷姐④，

好酒安排三两盆/瓶。

彭祖生，

寅时肚痛卯时生。

四邻来饮三朝酒⑤，

秀才把笔写年庚⑥。

重⑦在肚里人来问，

---

① 人见嫩：见人嫩，歌堂里都是年轻人。

② 多有孕：指在娘胎孕育很久，犹如老子出世般的神奇出身。

③ 婆：指五婆、五婆圣帝、帝母，瑶族送子女神，相当于汉族送子娘娘。

④ 爷姐：指爹娘。

⑤ 三朝酒：孩子出生三天的礼仪，亲友前来庆贺，主人家准备酒食款待，俗称吃"三朝酒"。

⑥ 年庚：生辰八字。

⑦ 重：还（平声），参见农学冠、李肇隆《桂北瑶歌的文化阐释》，民族出版社2008年版，第387页。

落地三朝姐许人①/茶。

重在坐阑②吃白饭，

姐在东厅对六亲③/家。

彭祖生，

落地三朝便閟阑④/会行。

扒⑤出前门能好色⑥，

扒出后门能好看/争。

彭祖生，

落地三朝便閟真/郎。

身着大州禄（绿）纱锦，

头带大州罗佛巾/堂。

彭祖三十未为老，

年当四十正当年。

五十正知家里事，

六十正知双⑦好连。

彭祖三十未为老，

年当四十做后生。

衫破正知双好念，

作饿⑧正知田好耕。

彭祖求妻邝家女，

又请马家做客郎⑨。

---

① 许人：许茶，提亲之意。

② 坐阑：一种幼儿坐的栏凳。

③ 对六亲：结亲家。

④ 落地三朝便閟阑：美国邓本为"便会闌（攔）"，"攔"与"揽"同，抱之意。赵本为"落地三朝差未（来？）揽"，也有"抱"之意。广东版、广西版、岳麓版无"落地三朝便閟阑"句，只有"落地三朝便会行"。联系上下句看"便閟阑"的意思就是"便会有人争着抱"之意。

⑤ 扒：赵本、广东版作"揽"，抱之意。

⑥ 能好色：长相好看。

⑦ 双：指情人，岭南一带谈情说爱叫"连双"。

⑧ 作饿：赵本为"肚饿"。

⑨ 客郎：媒人。

求妻归到三江口，

打杀①马家新客郎。

彭祖原生八百岁，

当年四十做新郎。

厅前水架有七步，

笼里金瓶有七双。②

平祖（彭祖）年生八百岁，

平祖（彭祖）原生八百秋。

彭祖养（样）老不见怪，

江边放钓石头浮。

彭祖病，

衫巾伏③米去投师。

三品定来不上卦④，

抬头执挂（卦)⑤ 泪双连。

彭祖病，

湖南江口起船归/行。

起船归到三江口，

得见摛表⑥满天飞/行。

彭祖病，

过路听闻病自长/（唉）。

造书归报矼板匠⑦，

矼成板匠来安才（材）/丁（钉）。

平祖（彭祖）若死若不死，

---

①　打杀：赵本作"打失"，广东版作"打湿"。

②　厅前水架有七步，笼里金瓶有七双：赵本为"洗面铜盆有七架，搭巷手巾有七双"，美国邓本为"琉璃水碗有七面，搭巷手巾有七双"，广东版为"洗面铜盆有七架，搭卷手巾有七双"，均说明陪嫁的排场。

③　伏：包裹之意，指用衫巾包米去请师公。

④　三品定来不上卦：赵本为"三分定钱不上卦"，指用铜钱算卦，"不上卦"，不是上卦。全句指三次卜卦都得不到好卦，意味着不祥之兆。

⑤　卦：赵本为"筶"。

⑥　摛表：方言，乌鸦。广西版作"篱表"，释为海鸥。

⑦　矼板匠：做棺材的木匠。

又作四邻来把批（杯）/盃。

又着四邻嘱一局（句），

莫放死入黄土泥/堆。

彭祖着病旧嗣①听，

来到羞蚕（羞惭）不入门。

来到羞蚕隔壁问，

问你病人减已（几）分。

病不减，

一日又添三两分。

别处有双别处念，

不望木梅②归样春。

彭祖死，

停丧重在孝男州/村。

妇人煖（暖）水洗尸首，

孝男孝女哭愁愁/吟吟。

停丧重在孝男床。

妇人煖（暖）水洗尸首，

孝男孝女牒（叠）衣装。

彭祖死，

停丧重在孝男州/难。

今世有衣今世着，

莫留后世把③人收/看。

彭祖死，

停丧重在孝男街。

三百贯钱请和尚，

和尚合锣散大斋④/随路来。

彭祖死，

① 旧嗣：赵本为"旧情"，广西版作"旧时"，广东版为"旧情"，指旧情人，相好。

② 木梅：枯梅，朽木之意。

③ 把：给之意，参见广东版。

④ 散大斋：打斋送亡。

停丧重在孝男街/京①。

三百贯钱请和尚，

和尚合锣入炼（殓）来/声。

彭祖死，

停丧重在孝男街。

三百贯钱请和尚，

和尚合锣送大斋。

彭祖死，

停丧重在孝男州/间。

三百贯钱请和尚，

和尚合锣送上岗/山。

彭祖死，

停丧重在孝男前/州。

红罗缠过莲台②脚，

孝男带孝守三年/秋。

彭祖死，

死了三朝天降霜/秋。

天下三朝暗霹雾，

雾霹三朝彭祖寒/休。

骨滥（烂）变成细沙石，

肉滥（烂）变成黄土泥。

血滥（烂）变成细埇水③，

发滥（烂）变成马尾系（丝）。

翁爷④金骨⑤大州去，

送下贵州讨地收/存。

---

① 京：对对方住地的美称。

② 莲台：赵本作"灵台"。

③ 细埇水：赵本、广东版、岳麓版皆作"细冲水"，广西版作"细水中"，美国邓本作"细坑水"。

④ 翁爷：对家族中长者的尊称。公爷、祖公、老公公之意。

⑤ 金骨：指尸骨。古越人有二次葬习俗，人死后三年行二次葬，将尸骨洗净，择骨入瓮，瓮坛也称金缸。

二 美国国会图书馆馆藏瑶族《盘古记》校勘

自从盘古开天地，
三皇五帝置人民。
唐尧舜禹多有道，
一朝天子一朝臣。

多少古人尽忠孝，
贤良忠孝在朝廷。
前人便说孝顺子，
如今便说忤逆儿。

奉劝老人传古语，
男女后生说少年。
老人讲说盘古记，
后生听说敬爷娘。

男儿长大须孝顺，
不得开口骂爷娘。
高声应爷天地黑，
斜眼看娘日月阴。

爷是天来娘是地，
不敬父母敬何人。
父母在生不孝顺，
死后何劳哭鬼神。

两眼哭得肝肠断，
阎王不肯放回乡。
买得四块柏木板，

黄土盖面不回乡。

棺材便是量人计，
金井便是小池塘。
抬送爷娘归山去，
忧愁哀伤转家堂。

千拜万拜拜张纸，
千哭万哭哭炉香。
灵前果子般般有，
不见爷娘把口尝。

便请师人来超度，
三年孝顺不忘恩。
千两黄金万两银，
难买堂前父母恩。

街前上（尚）有百般卖，
无人开铺卖爷娘。
相劝人家养儿女，
男女长成孝爷娘。

女大出嫁人家去，
丢下爷娘守空房。
爷有三年受辛苦，
娘有三年受苦辛。

左边湿了右边睡，
右边湿了娘自当。
若是两边都湿了，
双手抱儿肚上眠。

哭时哭得心中慌，
抱时抱得两手酸。
九十冬月落霜雪，
娘去河边洗衣裳。

脚冷将来无处占（站），
手冷将手插在腰。
十个指头冷到骨，
十指将来口中衔。

须劝后生听古语，
几时长大敬爷娘。
每日吃娘三餐奶，
三日吃娘九肚浆。

点点吃娘身上血，
爷娘年老面皮黄。
男女长大如高下，
血盆斋戒①报双亲。

须要和睦亲兄弟，
兄弟说话莫高强。
大哥年长为父母，
早晨吩咐听言章。

兄弟有事来商议，
都是同胞共母生。
亲胞兄弟不和睦，

---

① 血盆斋戒：指替父母做斋戒。

将钱去认别人亲。

酒肉相亲为兄弟，
三岁孩儿笑杀（煞）人。
千日有钱千日好，
一日无钱不认亲。

世间姻缘为夫妇，
五百年前配完整。
世上结配皆由命，
十指何曾一样齐。

丈夫莫嫌妻貌丑，
妻莫嫌夫运不□①。
劝告人家后生子，
多买衣裳穿在身。

如今世上人眼浅，
只重衣衫不重人。
有钱马上为君子，
无钱马下何为人？

不信但看筵中酒，
杯杯相劝有钱人。
有钱之人高堂坐，
无钱君子不安筵。

也有同年②座（坐）州府，

① 　□，字迹脱漏。另本为"无运时"。
② 　同年：旧指科举考试同榜登科者，此处指年纪相当者。

也有同年去九州/岛。
也有同年马上坐，
也有同年马下行。

也有同年当老板，
也有同年做夫脚①。
也有同年家中坐，
也有同年耍江湖。

也有同年瓦屋住，
也有同年在茅棚。
也有同年大富贵，
也有同年又贫穷。

也有同年会算命，
也有同年做匠役。
也有同年做生意，
也有同年当农夫。

也有同年无儿女，
也有同年又无妻。
也有同年牢中死，
也有同年路上亡。

也有同年当老扒（板），
也有同年做百姓。
也有同年做樵夫，
也有同年做渔人。

---

① 夫脚：脚夫。

也有同年当老总，
也有同年当差人。
六十个轮子流转①，
算来由命不由人。

万般不由人计较，
人生都是命安排。
同时天光同时夜，
有人富贵有人贫。

君子贫来有礼义，
小人乍富便欺人。
东海龙王常在世，
得时（势）休笑失时（势）人。

大家忍耐和气过，
谁知谁是百岁人？
劝君莫睡日头红，
早起三朝当一工。

若是全家都早起，
勉（免）得求人落下风。
好酒只吃两三盏，
抽手堂前劝六亲。

不欠官钱并私债，
任君买卖不求人。
为人莫贪家中坐，

---

① 六十个轮子流转：指六十花甲轮转。

便要耕田去做工。

别人有事莫去官，
会打官司也用钱。
谋人房屋占人田，
富贵荣华有几年？

莫道眼前勿（无）报应，
分明折①在子孙边。
少年莫笑白头翁，
花落庭前作（昨）夜风。

今日不知明日事，
无常②一到尽皆空。
家有黄金带不去，
临死空中见阎君③。

妻儿男女不见面，
除非梦里得相逢。
深劝人家养男女，
专心孝顺敬爹娘。

爹娘少有百年寿，
生离死别泪连连（涟涟）。
在世男女不孝顺，
留传后代改化人。

孝心感动风雨顺，

---

① 折：折寿。
② 无常：无常，阴府鬼吏。此句指死后归入阴曹地府。
③ 阎君：阎王爷。

风调雨顺乐无年。
敬奉爹娘为天地，
天地不亏孝顺人。

孝顺还生孝顺子，
忤逆还养忤逆儿。
不信但看房檐水，
点点滴在旧窠坑。

古人行孝多感应，
至今万代永留传。
知得书中行孝义，
万事莫忧也莫愁。
二十四孝注（驻）书史，
遗留千古永传扬。
盘古圣贤传世语，
各人读熟记在心。
凑成一本盘古记，
留传后代子孙贤。

民国伍拾陆年丁未岁（1967 年）伍月贰拾伍完毕。

三 美国国会图书馆馆藏瑶族《九经书》校勘

初开置天地，置立九经书。
上界置天子，下界置农夫。
一国管天下，人民四海居。
住在黄金土，田地要人耕。
人生莫学懒，肥田教子孙。
良田不须阔，美酒不须多。

勤耕得饱食，大仓足（装）老禾。

勤读得官职，文章达帝都。

仁善人钦敬，行恶得人峥（争）。

但要心中直，何劳念佛经。

心中不正直，念佛不安宁。

愚人不教子，不识九经书。

家中蹻（翘）脚座（坐），无事唱闲歌。

夜来眠不睡，思量债主多。

便向妻儿说，逃难你肯么？

妻子将言答，懒人到处无。

到处人耕种，粮钱一样收。

粮田出白米，田地要人耕。

人若有酒食，未食供家先①。

上至传高祖，下及传子孙。

父母高堂座（坐），提杯劝六亲。

春（椿）萱②堂上座（坐），男女不同筵。

好妇待人客，烧茶奉客宵。

客到厅堂座（坐），行风莫动尘。

光梳头上发，合笑出堂前。

先来参见客，一见动成（诚）心。

奉客茶汤了，接杯便退身。

抄手当前立，问客有何因。

大人不在屋，家娘去六亲。

儿夫去做客，媳妇在家中。

若然有事故，家中无一人。

女不同男说，客人且退身。

有事高声说，无事莫欺人。

---

① 家先：祖先。

② 椿萱：椿庭萱堂，双亲。"椿庭"指父亲，"萱堂"指母亲。

孝经戒曰*
耕田为本分，道路眼前花。
做客行天下，买卖说高强。
人为钱财死，鸟为食伤亡。
财高便说话，说话便高强。
但看筵中酒，相劝有钱人。

论语戒曰*
论道又论文，文章教子孙。
男教能文武，女教织麻线。
利刀不出鞘，好女不出门。
家和生贵子，文武出高官。
一举登科日，门房尽喜欢。
一子坐九州，九族尽平安。
官职由人命，文章可立身。
九经传后代，行善保安宁。

孟子戒曰*
养男须教道，养女须教贤。
男女无教道，出入无礼义（仪）。
说话无来去，如同狗咬绳。
说话无长短，出路被人欺。
且说无用汉，说话没高低。
但看聪明子，说话便随书。

尚书戒曰*
命好天生定，人生与世人。
弄船着水浸，弄酒醉浑身。
贪财害自己，贪色损精神。
水火常恭敬，日月照光明。
米为第一贵，五谷救人饥。

书为第二贵，文章惊动人。
财宝皆由命，由命不由人。
堂前无债主，无事小神仙。
凡事皆由命，何劳用苦心。
勤耕多禾谷，懒惰受饥贫。

周易戒曰 *
勤读五车书，便是好儿郎。
人家有福禄，富贵在高堂。
住在好人乡，朝朝讲文章。
住在恶人乡，朝朝讲官方。
住在贤人乡，日日供水塘。
和睦多人爱，造恶命不长。

毛诗戒曰 *
人前莫骂妇，污辱六情亲。
人前莫教子，阵上莫教军。
人怕高妙手，相逢莫逆情。
且说无用汉，说话不公平。
兄道弟不义，弟道兄不平。
未曾相讲作，喝骂虎狼心。
杀羊请酒食，去认别人亲。
交朋又结友，酒醉不曾停。
上家吃一盏，下家饮一瓶。
故旧都接与，只看有钱人。
无事闲游转，饮酒唱歌声。
有日遭落网，写字又不成。
闲时不叫舅，急时叫舅声。
骨肉亲兄弟，回头作主人。
兄弟相和睦，何须问别人。
书信传兄弟，助钱救我生。

有命回家日，重重谢你恩。

有酒多兄弟，急难无一人。

亲生兄弟好，如鱼供水生。

同心供住屋，田地可供耕。

一娘生九子，九子九条心，

二娘生十子，十子十条心。

一娘生两子，膊骨上肠人。

人生得一世，草生得一秋。

石榴花正发，寒梅雪里开。

今春过去了，明岁又回来。

人生无了日，农夫早安排。

阳鸟飞天叫，莺歌（鹦哥）树上啼。

农夫去撒谷，下秧芒种时。

耙了排人种，插了又来耕。

七制戒曰*

人须用读书，知经识重人。

娘念痛肠子，爷念后来妻。

六十年中客，七十古来稀。

养儿存后代，孝顺接宗枝（支）①。

养儿须代老，积谷又防饥。

子孙慈孝者，茶饭亦随时。

命归西天去，男女着麻衣。

修斋四十九，七七②荐归西。

三年行孝义，酒肉不相食。

头戴孝帽子，痛肠终一悲。

父母生不敬，死后哭鬼神。

粮田千万顷，抛却子孙根（耕）。

---

① 宗支：同宗族的支派。

② 七七：指民间丧俗中"荐七"的习俗。

六亲并九族，兄弟共同耕。
花有重开日，人无在（再）少年。
山前桃李树，年老亦枯枝。

九经戒曰 *
耕田一盏水，还人一杯茶。
得人一盏酒，还人一杯浆。
得人相救急，常念在心头。
人情无会尽，终日江水流。
一日为君子，终朝胜百朝。
一言错出口，覆水也难收。
人生在世忧，富贵不知秋，
男大家门阔，女大绩麻丝，
多子多冤家，一子似莲花。
多子多人爱，造恶命不长。
结拜人情广，园阔早难休。
无事家中座（坐），官事且莫忧。
钱粮早送纳，禾谷早收归。
清明饮美酒，无事好安身。
须用相平论，将钱买好邻。
共村莫做贼，共屋莫相偷。
共住千年好，共门共路行。
养到一十六，男婚女嫁足。
世上无了日，听我分嘱咐。
养得几个儿，架造几间屋。
同住共相连，莫抛亲骨肉。
戒汝莫生疏，兄弟相和睦。
莫信外人言，别人心里毒。
不是谋你田，便是谋你屋。
听此圣人言，家和生百福。

养得读书儿，全家食天禄①。

养得勤俭儿，家中百事足。

养得懒惰儿，贫穷少禾谷。

养得愚蠢儿，开口便相触。

养得忤逆儿，父母生悲哭。

养得做贼儿，父母座（坐）牢狱。

养得饮酒儿，是非便几屋。

养得秀才儿，妻子常守屋。

养得做客儿，心生（身）不在屋。

养得赌钱儿，卖田又卖屋。

养得吹烟儿，天天睡寨（债）屋。

为人行孝顺，长斋戒酒肉。

佛口舌利（舍利）心，害人天有目。

礼福（佛）看经文，勉（免）致入地狱。

穷人总由天，富贵各人福。

莫害良善（善良）人，由命不由人。

闭口深藏舌，安身处处乐。

相斗又相争，相告受刑辱。

苏秦时未遇，妻子被人欺。

后来为相宰（宰相），回乡见故人。

官吏相迎接，推车马上行。

苏秦对妻说，贫贱被人欺。

我是旧苏秦，何须今日亲。

骨肉亲兄弟，犹如陌路人。

四海谁是亲，莲台好安身。

行尽天涯路，难见好心人。

好人难得见，恶人见千万。

黄金千万两，非亲也是亲。

有日黄金尽，是亲不是亲。

---

① 天禄：天赐的福禄，指官饷。

人敬有钱汉，不念君子身。

富贵莫相欺，轮回无定期。

春来懒惰起，秋冬无处收。

耕人莫欢喜，收人在后头。

春来须早起，侧耳听鸡啼。

安排早饭吃，担犁到田中。

到田天未晓，夜回打一更。

不是你田地，莫与别人争。

无了三寸气，金银都是闲①。

醉后归房睡，家中莫骂人。

好人同相讲，恶人莫供（共）言。

水流归大海，月落不离天。

休要争闲气，十善好修身。

莫笑他人老，终须到你边。

有人贫了富，也有富了贫。

世上人养儿，诗书教读周。

后生用勤力，有钱语得真。

劝君休了休，莫语结成仇。

相论争闲气，只是没来由。

雨落当时雨，花开叶下红。

不知明日事，万般忍则休。

东奴西人使，南马北人骑。

欺骗人田地，生死一般同。

人家有金宝，难买命长生。

世上圣人言，金玉古今传。

先做张家嫂，后做李家妻。

一日身无主，自任走东西。

奉劝众诸生，须听圣人言。

请师教子读，世上永流传。

---

① 金银都是闲：闲钱，身外之物。

字遵洪武韵，音通四海明。

是使后生子，不差一路行。

书是人间宝，天下定安邦。

九经书一本，教训小儿郎。

民国伍拾伍年丙午岁仲腊月初九日（公元 1966 年）抄成，师傅谢新华抄赠

四　美、法、中三国瑶族《破理》书版本对照表①

美、法、中三国瑶族《破理》书版本对照表

	美馆藏版《破理》	法国瑶族版《破理书》	云南河口版
1	天下文章破理明，	天下文章破理明，	天下文章破理明，
2	世间传报众详情。	世间传报众详情。	世间传报众详情。
3	黄帝在北京，	皇帝在北京，	皇帝坐北京，
4	道理传天下。	道理通天下。	道理传天下。
5	道理众公用，	道理众公用，	道理众公用，
6	大路众人行。	大路众人行。	大路众人行。
7	人心不平问道理，	人心不平问道理，	做事不平问道理，
8	人心不足问天平。	人心不足问天平。	人心不平问天秤。
9	事不到头问天子，	事不到头问天子，	事不到头问天子，
10	字不到头问圣人。	字不到头问圣人。	字不到头问先生。
11	好丑商量问父母，	好丑商量问父母，	好丑商量问父母，
12	真假商量问众人。	真假商量问众人。	不会做人问贤人。
13	行路不通问本地，	行路不通问本地，	路行不通问乡邻，
14	论古不通问老人。	论古不通问老人。	伦理不通问老人。
15	不知春日听春鸟，	不知春日听春鸟，	不知春日听春鸟，
16	不知子丑听鸡啼。	不知子丑听鸡啼。	不知子丑听鸡啼。
17	不信药灵信酒饼，	不信药灵信酒饼，	不信药灵信酒炳（饼），

---

① 作者制表前已作校勘整理。

续表

	美馆藏版《破理》	法国瑶族版《破理书》	云南河口版
18	不信神佛信雷鸣。	不信神佛信雷鸣。	不信神佛信雷鸣。
19	天上星多不比月，	天上星多不比月，	天上星多不比月，
20	山上鸟多不比凤，	朝里臣多不比君，	朝里臣多不比君。
21	朝里臣多不比君，	山上鸟多不比凤，	山上鸟多不比凤，
22	水底鱼多不比龙。	水底鱼多不比龙。	水里鱼多不比龙。
23	日月在天照光明，	日月在天照光明，	日月在天照光明，
24	君王在朝管万民。	君王坐朝管万民。	君王坐朝管万民。
25	凤凰开起飞禽道，	凤凰开翅飞禽到，	凤凰开翅飞禽动
26	龙虎显身惊动人。	龙虎现身惊动人。	龙虎显身惊兽群。
27	宝多不比米，	宝多不比米，	宝多不比米，
28	财多不比衣。	财多不比衣。	财多不比衣。
29	亲多不比父，	亲多不比父，	亲多不比父，
30	娇多不比妻。	娇多不比妻。	娇多不比妻。
31	有财无衣身也冷，	有财无衣身也冷，	有财无衣身也冷，
32	有宝无米肚也饥。	有宝无米肚也饥。	有宝无米肚也饥。
33	父子上阵莫丢命，	父子上阵莫丢命，	父子上阵莫丢命，
34	夫妻着病莫丢心。	夫妻作病莫丢心。	夫妻着病莫丢心。
35	君子谋道，	君子谋道，	君子谋道，
36	小人谋财。	小人谋财。	小人谋财。
37	闲人谋睡，	闲人谋睡，	闲人谋睡，
38	懒人谋闲。	懒人谋闲。	懒人谋闲。
39	饿人谋食，	饿人谋吃，	饿人谋食，
40	浪子谋穿。	浪子谋穿。	浪子谋穿。
41	君子酒醉话不乱，	君子酒醉话不乱，	君子酒醉话不乱，
42	小人酒醉乱伤人。	小人酒醉乱伤人。	小人酒醉乱伤人。
43	聪明人睡心不睡，	聪明人睡心不睡，	聪明人睡心不睡，
44	勤俭人闲心不闲。	勤俭人闲心不闲。	勤俭人闲心不闲。
45	有理莫骂父，	有理莫骂父，	有理莫骂父，
46	有钱莫欺官。	有钱莫欺官。	有钱莫欺人。

	美馆藏版《破理》	法国瑶族版《破理书》	云南河口版
47	有工莫赛艺，	有功莫赛艺，	有功莫赛艺，
48	有文莫慢师。	有文莫慢师。	有文莫慢师。
49	骂父必定寿命短，	骂父必定寿命短，	骂父必定寿命短，
50	欺官必定是非多。	欺官必定是非多。	欺人必定是非多。
51	赛艺必定劳工力，	赛艺必定劳工力，	赛艺必定遭强惩，
52	慢师必定损法门。	慢师必定损法门。	慢师必定损法门。
53	有钱莫使尽，	有钱莫使尽，	有钱莫使尽，
54	有福莫享尽。	有福莫享尽。	有福莫享尽。
55	有事莫当尽，	有事莫当尽，	有事莫当尽，
56	有话莫说尽。	有话莫说尽。	有话莫说尽。
57	使尽无本利不起，	使尽无本利不起，	使尽无本利不起，
58	享尽无粮多费米。	享尽无根多费米。	享尽清福遭亦贫。
59	当尽无理事落你，	当尽无理事落你，	当尽无理事落你，
60	说尽无真人怨你。	说尽无真人怨你。	说尽又变无理人。
61	富贵莫嫌米，	富贵莫嫌米，	富贵莫嫌米，
62	肥田莫嫌屎。	肥田莫嫌屎。	肥田莫嫌屎。
63	有奴莫嫌马，	有奴莫嫌马，	有奴莫嫌马，
64	有妾莫嫌妻。	有妾莫嫌妻。	有妾莫嫌妻。
65	富贵嫌米天不容，	富贵嫌米天不容，	有奴嫌马奴隶苦，
66	肥田嫌屎有日穷。	肥田嫌屎有日穷。	有妾嫌妻理不容。
67	有奴嫌马奴家苦，	有奴嫌马奴家苦，	——
68	有妾嫌妻斩首刑。	有妾嫌妻斩首刑。	——
69	又作挑夫又耕田，	又作挑夫又耕田，	——
70	有金万两也吃米，	有金万两也吃米，	有金万两也吃米，
71	满堂儿孙也用妻。	满堂儿孙也用妻。	满堂儿孙也要妻。
72	莫把钱财做脸面，	莫把钱财做脸面，	莫把人情当脸面，
73	莫把符（佛）法做人情。	莫把菩萨做人情。	莫把菩萨当人情。
74	钱做脸面家穷苦，	钱做脸面家穷苦，	钱做脸面家贫苦，
75	符（佛）法做情慢师神。	菩萨做情慢师神。	佛做人情慢师神。

续表

	美馆藏版《破理》	法国瑶族版《破理书》	云南河口版
76	人爱神不爱，	人爱神不爱，	人爱神不爱，
77	神爱各坛在。	神爱各坛在。	神要各坛在。
78	人亲财不亲，	人亲财不亲，	人亲财不清（亲），
79	财上要分明。	财上要分明。	财帛要分明。
80	男人不漏财，	男人不漏财，	男人不漏财，
81	女人不漏体。	女人不漏体。	女人不漏体。
82	奸情只为漏体女，	奸情只为漏体女，	奸情只为漏体女，
83	贼盗只为漏财人。	贼盗只为漏财人。	贼盗只为漏财人。
84	真君不漏脚，	真君不漏脚，	真君不漏脚，
85	财人不漏手。	财人不漏手。	富人究衣着。
86	有麝自然香，	有事（麝）自然香，	有麝自然香，
87	何必当风浪。	何必当风浪。	何必当风浪。
88	有那个肚自然吃得那碗醋，	有肚自然吃得醋，	有肚自然吃得醋，
89	有腿｛服｝自然穿得那条裤。	有腿自然穿得裤。	有腿自然穿得裤。
90	有能干自然吃得那碗饭，	有能干自然吃得那碗饭，	有能干，当然吃得那碗饭，
91	有虫骨自然吃得那条木。	有虫骨自然吃得那条木。	有虫骨，自然吃得那条木。
92	有心开饭铺，	有心开饭铺，	有心开饭铺，
93	不怕人大肚。	不怕人大肚。	不怕人大肚。
94	有心开酒行，	有心开酒行，	有心开酒行，
95	不怕吃酒王。	不怕吃酒王。	不怕贫酒王。
96	有心过海不怕龙，	有心过海不怕龙，	有心过海不怕龙，
97	有心请客不怕穷。	有心请酒不怕穷。	有意追盗不怕红。
98	有意爱做（着）人，	有意爱著（着）人，	有意爱着人，
99	立（有）心娶妇不怕贫。	立（有）心娶嫂不怕贫。	有心娶妇不怕贫。
100	不请一抬酒，	不请一抬酒，	不请一抬酒，
101	怎留不见有。	怎留不见有。	留着不会有。
102	头发会长不怕剃，	头发会长不怕剃，	头发会长不怕剃，
103	眉毛不长不怕留。	眉毛不长不怕留。	眉毛不长不怕留。

	美馆藏版《破理》	法国瑶族版《破理书》	云南河口版
104	不唱闲歌也是老,	不唱闲歌也是老,	不唱闲歌也会老,
105	不使闲钱也是穷。	不使闲钱也是穷。	不使闲钱也会穷。
106	有钱不使白发疯,	有钱不使比发疯,	有钱不使彼发疯,
107	有衣不穷光卵龙。	有衣不穷光冷（卵）龙。	有衣不穷光卯（卵）龙。
108	挣钱留子孙,	赚钱留子孙,	积钱留子孙,
109	分庄不平打闹争。	分赃不平打闹争。	分财不平打闹争。
110	算数不明怨父母,	算数不明怨父母,	算数不明,
111	又怪弟兄谋得吞。	又怪弟兄谋得吞。	你争我打闹沉沉。
112	有钱不如无钱好,	有钱不如无钱好,	有钱不如无钱好,
113	免得儿孙怪父母。	免得儿孙怪父恩。	免得儿孙怪老人。
114	只见分粮人,	只见分粮人,	只见分粮人,
115	不见分庄平。	不见分赃平。	不见分财平。
116	分庄要心平,	分赃（庄）要心平,	——
117	分路要分明。	分路要分明。	——
118	心歪分庄有架闹,	心歪分庄有架闹,	歪心分财有架吵,
119	路蒙分路有错人。	岔蒙分路有错人。	蒙路分岔有错人。
120	人有失错,	人有时（失）错,	人有失错,
121	马有漏蹄。	马有漏蹄。	马有漏蹄。
122	人不错为仙,	人不错为仙,	人不错为仙,
123	马不错为龙。	马不错为龙。	马不错为龙。
124	检（捡）得不为偷,	检（捡）得不为偷,	捡得不为偷,
125	算错不为谋。	算错不为谋。	算错不为谋。
126	不看人情看主面,	不看人情看主面,	不看人情看主面,
127	不看和尚看庙门。	不看和尚看庙门。	不看和尚看庙门。
128	打鼓留声,	打鼓留声,	打鼓留声
129	说话留情。	说话留情。	说话留情。
130	有理不用强蛮话,	有理不用强蛮话,	有理不用蛮话,
131	软话骂人也痛心。	软话骂人有（也）痛心。	无理要做悔心人。
132	话要真，鼓要钉，	话要真，鼓要叮（钉），	话要轻，鼓要钉。

续表

	美馆藏版《破理》	法国瑶族版《破理书》	云南河口版
133	人怕对，鼓怕擂。	人怕对，鼓怕擂。	人怕对，鼓怕擂。
134	打一捶（槌）留一捶（槌），	打一槌，留一槌，	打一捶（槌）留一捶（槌），
135	响得三声慢慢擂。	响得三声慢慢擂。	响得三声慢慢擂。
136	讲一句，留一句。	讲一句，留一句。	讲一句留一句，
137	十字路头教武艺；	十字路头教武艺；	十字路口教武艺。
138	教一步，留一步，	教一步，留一步，	教一步留一步，
139	教乖徒弟拜（败）师傅。	教乖徒弟打师傅。	教成徒弟打师傅。
140	天有久雨，	天有久雨，	天有久雨，
141	山有长流雾。	山有长流雾。	山有长流［雾］。
142	人有气（计）谋，	人有志（智）谋，	——
143	要会用心做事。	会用心做事。	——
144	天无久雨，	——	——
145	山无长流雾。	——	——
146	人无气（计）谋，	——	——
147	不会用心做事。	——	——
148	好话说出口，	好话说出口，	恶人辨（辩）理非好语，
149	恶人办理守。	恶人办理守。	善人辨（辩）理说分明。
150	好话说出来，	好话说出来，	闲话莫乱讲，
151	恶人办理排。	恶人办理排。	有理莫乱狂。
152	相争莫动手，	相争莫动手，	相争莫动手，
153	闲话莫动口。	闲话莫动口。	闲话莫动口。
154	动手打人有错理，	动手打人有错理，	动手打人有错理，
155	闲话骂人有错语。	闲话骂人有错语。	闲话说人有错语。
156	凡事莫蛮理，	凡事莫蛮理，	——
157	君恩莫反情。	君恩莫反情。	——
158	蛮不过道理，	蛮不过道理，	——
159	反不过朝廷。	反不过朝庭。	——
160	子能不可欺父，	子能不可欺父，	子能不可欺父，

续表

	美馆藏版《破理》	法国瑶族版《破理书》	云南河口版
161	臣能不可欺君。	臣能不可欺君。	臣能不可欺君。
162	弟乖不可欺兄，	女巧不可欺夫，	妻巧不可欺夫，
163	女巧不可欺夫。	弟乖不可欺兄。	弟乖不可欺兄。
164	儿欺父母天地黑，	儿欺父母天地黑，	儿欺父母天地黑，
165	臣欺君王反乱朝。	臣欺君王反乱朝。	臣欺君王反乱朝。
166	乖弟欺兄非君子，	乖弟欺兄非君子，	乖弟欺兄非好汉，
167	巧女欺夫野丫头。	巧女欺夫野丫头。	巧妻欺夫不到头。
168	家有长子，	家有长子，	家有长子，
169	国有道臣。	国有道臣。	国有道臣。
170	道臣无功国里乱，	道臣无功国里乱，	大臣无能国里乱，
171	长子不能家里贫。	长子无能家里贫。	长子不成家里贫。
172	家富靠长子，	家富靠长子，	——
173	国政靠道臣。	国正靠道臣。	——
174	在家靠父母，	——	在家靠父母，
175	出路靠主人。	——	出路靠自主。
176	结配靠媒人，	结配靠媒人，	下雨靠雷神，
177	下雨靠雷神。	下雨靠雷神。	结配靠师人。
178	有病靠医生，	伤病靠医生，	——
179	鬼害靠师人，	鬼病靠师人，	——
180	马靠料力，	马靠料力，	养马靠料力，
181	船靠风吹，	船靠风吹，	撑船靠风吹。
182	养子靠母，	养子靠母，	养子靠父母，
183	栽种靠土。	栽种靠土。	栽种靠泥土。
184	栽种不成田地瘦，	栽种不成田地瘦，	——
185	养子不成母命虚。	养子不成母命希（稀）。	——
186	打铁靠炉，	打铁靠炉，	打铁靠炉，
187	抄书靠古。	抄书靠古。	抄字靠书。
188	火炉无风打不起，	火炉无风打不起，	火炉无风打不起，
189	古字不真抄不成。	古书不真抄不成。	不识文书抄不成。

续表

	美馆藏版《破理》	法国瑶族版《破理书》	云南河口版
190	三代外家不可欺，	三代外家不可欺，	三代外家不可欺，
191	九代坟山不可移。	久（九）代坟山不可移。	九代坟山不可移。
192	聪明官职坟山出，	聪明官职坟山出，	聪明人家坟山出，
193	子孙出在外家门。	子孙出在外家门。	子孙貌相外家祜。
194	钱财富贵命中代，	钱财富贵命中代，	——
195	牛马六畜宅龙生。	牛马六畜宅龙生。	——
196	状元宰相阴功德，	状元宰相阴功得（德），	——
197	天子君王天地分。	天子君王天地分。	——
198	母修功果女娇态，	母修功果女娇态，	母修功果出娇女，
199	父有阴功子得官。	父有阴功子得官。	父修殷（阴）功子得臣。
200	青山广阔藏猛虎，	青山广阔藏猛虎，	青山宽阔藏猛虎，
201	官心广阔救民。	官心广阔救良民。	官心清明救良民。
202	人心广阔救亲戚，	人心广阔救亲戚，	——
203	心广常时救顾人。	心广常时顾救（救顾）人。	——
204	顾人顾到头，	顾人顾到头，	雇人雇到头，
205	杀鸡杀断喉。	杀鸡杀断喉。	杀鸡杀断喉。
206	杀鸡不断半生死，	杀鸡不断半生死，	鸡喉不断半生死，
207	顾人不到半心人。	顾人不到半心人。	雇不到头白费心。
208	房屋广阔当客多，	房屋广阔当客多，	——
209	田地广阔收成多。	田地广阔收成多。	——
210	不信但看尘物碎，	不信但看尘物碎，	——
211	屋广扫来得大堆。	屋广扫来得大堆。	——
212	走路莫逼马，	走路莫逼马，	走路莫逼马，
213	放账莫逼人。	放账莫逼人。	放账莫逼人。
214	逼马必定有伤病，	逼马必定有伤病，	逼马必定有伤病，
215	逼人必定有伤心。	逼人必定有伤心。	逼人必定有伤心。
216	借到穷人手，	借到穷人手，	借到穷人手，
217	等到穷人有。	等到穷人有。	等到穷人有。
218	上到那条坡，	上到那条坡，	上到哪（那）条坡，

续表

	美馆藏版《破理》	法国瑶族版《破理书》	云南河口版
219	慢唱那条歌。	慢唱那条歌。	慢唱哪（那）条歌。
220	走到那埠水，	走到一步（埠）水，	走到哪（那）条渠，
221	慢脱一回鞋。	慢脱一回鞋。	慢穿哪（那）双鞋。
222	走到那遍（片）山，	走到一遍（片）山，	走到哪（那）片山，
223	慢砍一夯柴。	慢砍一夯柴。	再砍哪（那）山柴。
224	便宜莫买，	便宜莫买，	便宜莫买，
225	浪荡莫收。	浪荡莫收。	浪荡莫收。
226	便宜必定是假货，	便宜必定是假货，	便宜必定是贱货，
227	浪荡必定是懒人。	浪荡必定是懒人。	浪荡必定是懒人。
228	出门不带货，	出门要带货，	——
229	——	在家要挑柴。	
230	如同家中坐。	出门不带货，	
231	——	如同家中坐。	
232	在家不挑柴，	在家不挑柴，	
233	如同在外来。	如同在外来。	
234	柴货不挑会做匠，	柴货不挑会做匠，	
235	也是一条养命工。	也是一条养命工。	
236	一召（雕）二補（补）三打铁，	一劭（雕）二铺（补）三打铁，	一雕二补三打铁，
237	四当银匠五教书。	四当银匠五教书。	四当匠，五教书。
238	六武七画八木匠，	六武七画八木匠，	六跳舞七画八木匠，
239	九烧瓦砖十砌墙。	九烧瓦砖十石匠。	九烧砖瓦十砌墙。
240	谁人学得十手艺，	谁人学得十手艺，	谁人学得十样艺，
241	全不耕田也不饥。	全不耕田也不饥。	不用耕田不饥荒。
242	无本莫做江湖客，	无本莫做江湖客，	无本莫做江湖客，
243	无艺之人莫出门。	无艺之人莫出门。	无艺之人莫出门。
244	出门无货成浪子，	出门无货成浪子，	——
245	在家无工是懒人。	在家无功（工）是懒人。	——
246	为人莫想闲倒坐，	为人莫想闲倒坐，	为防肚饥空，

续表

	美馆藏版《破理》	法国瑶族版《破理书》	云南河口版
247	便要耕田去做工。	便要耕田去做工。	便要耕田去做工。
248	下雨且慢，	下雨且慢，	——
249	天晴赶早。	天晴忙赶。	——
250	赶早莫赶夜，	赶早莫赶夜，	赶早莫赶夜，
251	赶晴莫赶雨。	赶晴莫赶雨。	赶晴莫赶雨。
252	赶夜不当时，	赶夜不当时，	——
253	赶雨受辛苦。	赶雨爱（受）辛苦。	——
254	赶雨要戴帽，	赶雨要戴帽，	赶雨要戴帽，
255	赶夜要火照。	赶夜要火照。	赶夜要火照。
256	夜晚当睡，	夜晚当睡，	——
257	早晨当起。	早晨当起。	——
258	夜晚不睡成贼盗，	夜晚不睡成贼盗，	夜晚不睡成贼盗，
259	早晨不起是懒人。	早晨不起是懒人。	早晨不起是懒人。
260	说话顺善心明白，	说话顺善心明白，	——
261	说话强蛮不通方。	说话强蛮不通方。	——
262	好汉心能不毒嘴，	好汉心能不毒嘴，	——
263	平常毒嘴心不能。	平常毒嘴心不能。	——
264	虎班（斑）在皮，	虎斑在皮，	——
265	人班（斑）在心。	人斑在心。	——
266	为人莫做必（逼）气事，	为人莫做逼气事，	——
267	若然有事慢商量。	若然有事慢商量。	——
268	不慌不忙且慢想，	不慌不忙且慢想，	——
269	不要告状哄衙门。	不要告状哄衙门。	——
270	善理告得状，	善理告得状，	有理告得状，
271	善水浸死人。	善水浸死人。	无理莫闹城。
272	有心告状不怕打，	有心告状不怕打，	有心告状不怕打，
273	生死横直也不丢。	生死横直也不丢。	打死也要告到头。
274	打也来，骂也来，	打也来，骂也来，	打也来，骂也来，
275	落本我不来。	赊本我不来。	失了本钱我不来。

续表

	美馆藏版《破理》	法国瑶族版《破理书》	云南河口版
276	理真告得状，	理真告得状，	——
277	货真卖得钱。	货真卖得钱。	——
278	人有几等，	人有几等，	人分等级，
279	货有高低。	货有高低。	货有好歹。
280	卖货卖得真，	卖货卖得真，	买货买得真，
281	落本落得轻。	赊本赊得轻。	失本失得轻。
282	好马不吃回头草，	好马不吃回头草，	好马不吃回头草，
283	好人不要做嫖妓。	好人莫要做嫖妓。	好女不肯去做嫖。
284	马吃回头草，	马吃回草好不久，	——
285	必定不长久。		
286	人做嫖妓贱成牛。	人做嫖妓贱成牛	
287	嫩做嫖妓必定贱，	老做风流必定贱，	
288	老做风流必定羞。	嫩做风流定害羞。	
289	他人生意你莫破，	他人生意你莫破，	——
290	他人做贼你莫做。	他人做贼你莫做。	——
291	做贼如同不要命，	做贼如同不算（要）命，	——
292	破人生意，	破人生意，	——
293	如同杀人夫妻。	如同杀人妻。	——
294	他人田头你莫占，	他人田头你莫占，	他人田头你莫占，
295	他人田尾你莫争。	他人田尾你莫争。	他人田尾你莫争。
296	占人田头，	争人田头，	占人田头是恶霸，
297	如同割人胫（颈）喉。	如同杀人胫（颈）喉，	——
298	争人田尾，	佔（占）人田尾，	争人田尾谋人财。
299	如同谋人风水。	如同谋人风水。	——
300	好子莫逆母，	好子莫逆母，	好儿不逆母，
301	聪明莫顺妻。	聪明莫顺妻。	好夫不虐妻。
302	天下律条萧何置，	天下律条萧何置，	天下律条萧何置，
303	逆母顺妻斩首刑。	逆母顺妻斩萧何。	虐妻逆母折肃（斩萧）何。
304	真的不可容，	真的不可容，	

续表

	美馆藏版《破理》	法国瑶族版《破理书》	云南河口版
305	假的不可害。	假的不可害。	——
306	真事莫容情，	真的莫容情，	假事莫害人，
307	假事莫害人。	假事莫害人。	真事莫容情。
308	真事容情颂（讼）不正，	真的容情讼不正，	真事容情诉不正，
309	假事害人理不清。	假事害人理不真。	假事害人终害己。
310	天上打落刀，	天上打落刀，	天上打落刀，
311	地下要人来改交①。	地下要人来改交。	地下人解交。
312	大事化为小事，	大事化为小事，	大事化小事，
313	小事化为无事。	小事化为无事。	小事化无事。
314	有事不如无事好，	有事不如无事好，	无事小神仙，
315	无事小神仙。	无事好神仙。	小事闹大必翻天。
316	好本莫把绝，	好本莫把失，	——
317	走路莫把跌。	走路莫把跌。	——
318	单跌一交（跤）痛不久，	单跌一交（跤）痛不久，	——
319	只怕跌春②一岁饥。	只怕跌春一岁饥。	——
320	一年跌到底，	一年跌到底，	一年跌到底，
321	三年爬不起。	三年爬不起。	三年爬不起。
322	高山跌好汉，	高山跌好汉，	——
323	坪（平）地跌浓（脓）包。	坪（平）地跌浓（脓）包。	——
324	浓（脓）包硬如铁，	浓（脓）包硬如铁，	——
325	光棍软如棉。	光棍软如棉。	——
326	初一要换水，	初一要换水，	初一要换水，
327	十五要烧香。	十五要烧香。	十五要烧香。
328	早晨要梳头，	早晨要梳头，	早晨要梳头，
329	夜晚要洗脚。	夜晚要洗澡。	夜晚要洗澡。
330	棹（桌）要揩，地要扫。	抬（台）要抹，地要扫。	台要抹，地要扫，

① 改交：解交，劝架之意。
② 跌春：春跌，指春耕农忙时若跌倒，则耽误农时，一年受饥荒。

续表

	美馆藏版《破理》	法国瑶族版《破理书》	云南河口版
331	养鸡莫养鸟，	养鸡莫养鸟，	养鸡莫养鸟。
332	桥要修，路要補（补），	桥要修，路要补，	桥要修，路要补，
333	养猪莫养虎。	养猪莫养虎。	养猪莫养虎。
334	鸟为飞禽，	鸟是飞禽，	虎为走兽，
335	虎为走兽。	虎为走兽。	鸟为飞禽。
336	走兽君王财，	走兽君王财，	走兽君王才（财），
337	飞禽天子鸟。	飞禽天子鸟。	飞禽天子鸟。
338	走兽惹祸患，	兽惹祸患，	兽惹祸患，
339	祸禽招是非。	禽招是非。	禽招是非。
340	君王受得千般宝，	君王受得千般宝，	君王受得千般宝，
341	农家┆耕种┆莫养禽兽财。	农家莫养禽兽财。	农家莫想禽兽财。
342	衙门铺店可以养，	衙门铺店可以养，	衙门铺店可以养，
343	当家耕种莫闲（嫌）苦。	当家耕种莫用想。	农家耕种莫用想。
344	勤俭招得财，	勤俭招财，	勤俭招财，
345	命好招得宝。	命好招宝。	懒惰丢宝。
346	嫁女莫谋①钱，	嫁女莫谋钱，	嫁女莫谋钱，
347	煮菜莫谋盐。	煮菜莫谋盐。	煮菜莫谋盐。
348	丰熟由年，	丰熟由年，	丰熟由年，
349	富贵由天。	富贵由天。	富贵由天。
350	大富由命，	大富由命，	大富由命，
351	小富由勤。	小富由勤。	小富靠勤。
352	耕种要工多，	耕种要工多，	耕种要工多，
353	读书要磨多（多磨）。	读书要苦磨。	读书要磨多（多磨）。
354	七耕八苦得成富，	七耕八苦得成富，	七耕八苦得成富，
355	九磨十练得成师。	九磨十练得成师。	九磨十练得成师。
356	耕种莫嫌苦，	耕种莫嫌苦，	耕种莫嫌苦，

---

①　谋：贪，指非分索取。

续表

	美馆藏版《破理》	法国瑶族版《破理书》	云南河口版
357	纺线莫嫌棉。	纺线莫嫌棉。	纺线莫嫌棉。
358	寒来不冷勤纺女，	寒来不冷勤纺女，	寒来不冷勤纺女，
359	饥来不饿苦耕人。	饥来不饿苦耕人。	饥来不饿苦耕人。
360	工夫虚，身无衣，	工夫虚，身无衣，	工夫不深无衣冷，
361	手上闲，家无钱。	手上闲，家无钱。	手上闲来家无钱。
362	肥水莫过外人田，	肥水莫过外人田，	肥水莫过外人田，
363	好事莫把外人言。	好事莫把外人言。	好事莫对外人言。
364	肥水过了别人田，	肥水过了别人田，	——
365	家有牯牛不值钱。	家有牯牛不值钱。	
366	好事又把外人言，	好事又把外人言，	——
367	家有秀才不算贤。	家有秀才不算贤。	家有秀才不算贤，
368	——	——	族有武士莫狂言。
369	江边水淼莫开田，	江边水淼莫开田，	江边水浪莫开田，
370	高嶺（岭）当风莫种棉。	高嶺（岭）当风莫种棉。	高岭当风莫种棉。
371	高岑（岭）种棉防风吹，	高嶺（岭）种棉防风吹，	高岭种棉防风吹，
372	江边开田防水推。	江边开田防水推。	江边开田被水推。
373	有弓莫射高嶺（岭），	有弓莫射高嶺（岭），	有弓莫乱射，
374	有债莫放外家门。	有账莫放外家边。	有钱莫訾①事。
375	射上高山少一箭，	弓射高山少一箭，	——
376	放在外家少利钱。	账放外家少利钱。	——
377	亲戚还本不还利，	亲戚还本不还利，	——
378	别人还情又还义。	别人还情又还义。	——
379	放账求本又求利，	放账求本又求利，	放账求本不求利，
380	出门求财莫求气。	出门求财莫求气。	出门求财不求气。
381	求财有庆善，	求财有庆善，	求财有庆善，
382	求气有遭殃。	求气有遭殃。	求气遭人脾。
383	入门看脸色，	入门看脸，	入门看脸，

---

① 訾：放纵，古同恣，恣纵。

续表

	美馆藏版《破理》	法国瑶族版《破理书》	云南河口版
384	出门看天色。	出门看天。	出门看天。
385	脸光是好人，	脸光是好人，	脸不光生①是忌你，
386	天光必定晴。	天光必定晴。	天不光生要下雨。
387	天黄有雨，	天黄有雨，	天黄有雨，
388	人黄有病。	人黄有病。	人黄有病。
389	朝彐（朝）有雨是热状，	朝朝有雨是熟收，	朝朝有雨是热瘴，
390	日彐（日）有病是懒人。	日日有病是残人。	日日不雨是愁人。
391	一年交春是寅月，	年年交春是月寅，	一年交春是寅月，
392	一日天光是寅时。	日日天光是寅时。	一日天光是寅时。
393	社日不离春分戊，	社日不离春分戊，	社日不离春分戊，
394	分龙不离夏至边。	分龙不离夏至边。	分龙不离夏至更。
395	去年为客岁，	去年为容（客）岁，	去年为旧岁，
396	新年为今春。	新年是王（正）春。	新年为正春。
397	正月为新春，	正月为正春，	一月为正月，
398	二月是中和，	二月是仲和（中禾），	二月中禾节，
399	三月是清明。	三月是巳晨②（辰）。	三月上巳辰，
400	四月是立夏，	四月为麦秋，	四月为变（麦）秋，
401	五月初五是端阳。	五月初五是端阳。	五月初五端阳节，
402	六月初六天晒衣，	六月初六脱明，	六月初六明天光，
403	七月初七牛女相渡河。	七月初七牛女下渡河。	七月初七牛郎织女会。
404	八月十五是中秋，	八月十五是中秋，	八月十五中秋节，
405	九月初九重阳日。	九月初九重阳日。	九月初九入重阳。
406	十月立冬是寒来，	十月立冬是寒来，	十月立冬是寒天，
407	十一月为冬月。	十一月为冬至。	十一月为冬月。
408	十二月为腊月之名。	十二月为腊寒之名。	十二月为腊月。
409	奉劝后生念记心，	奉劝后人，念记聪明，	

① 光生：光滑、光溜。
② 巳辰：上巳的时辰。

续表

	美馆藏版《破理》	法国瑶族版《破理书》	云南河口版
410	聪明读熟不差行。	读熟记取，不差鱼鲁之形①也	
	师付（傅）谢新华抄赠，民国伍拾陆年丁未岁陆月初五日完笔（1967 年）（D006）	观念再现李承保；修编者赵富胜；印刷者李富冠，法国 1997 年 6 月第一次印行。	云南河口自治县人民政府《〈瑶族通史〉河口瑶族自治县资料汇编》（2001年内部资料本），第54 页。

① 鱼鲁之形：指"鱼"、"鲁"二字，容易混淆。

主要参考文献

一　著作类

(一) 瑶族研究

1. 赵元任：《广西瑶歌记音》（"中央"研究院历史语言研究所单刊甲种之一），"国立中央"研究院历史语言研究所，民国十九年（1930 年）。

2. 奉恒高：《瑶族通史》上、中、下卷，民族出版社 2007 年版。

3. 吴永章：《瑶族史》，四川民族出版社 1993 年版。

4. 吴永章、田敏：《苗族瑶族与长江文化》，湖北教育出版社 2007 年版。

5. 黄钰、黄方平：《国际瑶族概述》，广西民族出版社 1993 年版。

6. 广西民族学院赴泰国考察组：《泰国瑶族考察》，广西人民出版社 1992 年版。

7. 张有隽：《人类学与瑶族》，广西民族出版社 2002 年版。

8. 张有隽：《瑶族历史与文化》，广西人民出版社 2001 年版。

9. 张有隽：《瑶族传统文化变迁论》，广西民族出版社 1992 年版。

10. 刘保元：《瑶族文化概论》，广西民族出版社 199 年版。

11. 玉时阶：《瑶族文化变迁》，民族出版社 2005 年版。

12. 徐祖祥：《瑶族文化史》，云南民族出版社 2001 年版。

13. 徐祖祥：《瑶族的宗教与社会》，云南人民出版社 2006 年版。

14. 李本高：《瑶族评皇券牒研究》，岳麓书社 1995 年版。

15. 胡起望、范宏贵：《盘村瑶族》，民族出版社 1983 年版。

16. 农学冠、黄日贵、苏胜兴：《瑶族文学史》，广西民族出版社 2001 年版。

17. 广西壮族自治区民族事务委员会：《瑶族服饰》，民族出版社

1985 年版。

18.《过山榜》编辑组:《瑶族〈过山榜〉选编》,湖南人民出版社 1984 年版。

19. 黄钰:《评皇券牒集编》,广西人民出版社 1990 年版。

20.《湖南瑶族》编写组:《湖南瑶族》,民族出版社 2011 年版。

21. 赵廷光:《论瑶族传统文化》,云南民族出版社 1990 年版。

22. 容观夐:《容观夐人类学民族学文集》,民族出版社 2003 年版。

23. 湖南省江华瑶族自治县志编纂委员会:《江华瑶族自治县县志》,民族出版社 2005 年版。

24. 中国少数民族古籍总目提要·瑶族卷编委会、广西壮族自治区民族古籍办公室:《中国少数民族古籍总目提要·瑶族卷》,中国大百科全书出版社 2013 年版。

25. 黄海、邢淑芳:《盘王大歌——瑶族图腾信仰与祭祀经典研究》,贵州人民出版社 2006 年版。

26. 郑德宏、李本高:《盘王大歌》上、下,岳麓书社 1987 年版。

27. 盘才万、房先清:《盘王歌》,广东人民出版社 1990 年版。

28. 张声震:《还盘王愿》,广西少数民族古籍整理出版规划办公室,2002 年。

29. 盘承乾:《盘王大歌》,天津古籍出版社 1993 年版。

30. 李筱文:《盘王歌》,广东人民出版社 2006 年版。

31. [日] 白鸟芳郎:《傜人文书》,株式会社讲谈社,昭和 50 年 8 月 15 日发行。

32. [日] 竹村卓二:《瑶族的历史和文化 华南、东南亚山地民族的社会人类学研究》,金少萍、朱桂昌译,民族出版社 2003 年版。

33. [泰] 差博·卡差·阿南达:《泰国瑶人的过去现在和未来》,谢兆崇、罗宗志译,民族出版社 2006 年版。

34. [美] 艾·乔伊·萨利、杜格·谢尔曼、迈克·斯威尼:《移动的山岭——美国优勉瑶人的迁徙故事》,李筱文、盘小梅译,民族出版社 2006 年版。

35. [法] 雅克·勒穆瓦纳:《瑶族神画像》,曼谷:白莲花出版公司 1982 年版。

36. Lucia Obi, Shing Müller, Xaver Götzfried, *Botschaften an die Götter*：*Religiöse Handschriften der Yao. Südchina*，*Vietnam*，*Lao*，*Thailand*，*Myanmar. Herausgegeben von Thomas O*，Höllmann uad Michael Friedrich. Otto Harrassowitz，Wiesbaden 1999.

37. *Handschriften der Yao / herausgegeben von Thomas Höllmann*；*mit Beiträgen von Lucia Obi*，*Shing Müller*，*Xaver Götzfried. Teil 1. Bestände der Bayerischen Staatsbibliothek München*，Cod. Sin. 147 bis Cod. Sin. 1045. Stuttgart：F. Steiner，2004.

38. Jess G. Pourret, *The Yao*：*The Mien and Mun Yao in China*，*Vietnam*，*Laos and Thailand*，2002。杰西·波尔特：《勉和门——中国、越南、老挝和泰国的瑶族》，美国芝加哥，2002 年。

39. 郭大烈、黄贵权、李清毅：《瑶文化研究》，云南人民出版社 1994 年版。

40. 毛宋武、蒙朝吉、郑宗泽：《瑶族语言简志》，民族出版社 1982 年版。

41. 黄贵权：《瑶族志：香碗——云南瑶族文化与民族认同》，云南大学出版社 2009 年版。

42. 黄贵权：《瑶族——河口瑶族乡水槽村（云南民族村寨调查）》，云南大学出版社 2001 年版。

43. 胡起望：《瑶族研究五十年》，中央民族大学出版社 2009 年版。

44. 农学冠、李肇隆：《桂北瑶歌的文化阐释》，民族出版社 2008 年版。

45. 王明生、王施力：《瑶族历史览要》，民族出版社 2005 年版。

46. 黄书光、刘保元、农学、盘承乾、袁广达、吴盛枝：《瑶族文学史》，广西人民出版社 1998 年版。

47. 栗卫宏：《红瑶历史与文化》，民族出版社 2008 年版。

48. 邓群、盘福东：《瑶族文明发展历程》，广西人民出版社 2008 年版。

49. 李少梅：《中国广东乳源瑶族与瑶语》，民族出版社 2008 年版。

50. 莫金山：《金秀大瑶山——瑶族文化的中心》，广西民族出版社 2007 年版。

51. 秦红增、韦茂繁：《瑶族村寨的生计转型与文化变迁》，民族出版社 2008 年版。

52. 张劲松等：《蓝山县瑶族传统文化田野调查》，岳麓书社 2003 年版。

53. 郑慧：《瑶族文书档案研究》，民族出版社 2011 年版。

54. 兰怀昌：《瑶族歌堂诗述论》，广西人民出版社 1988 年版。

55. 刘保元：《茶山瑶文化》，广西人民出版社 2002 年版。

56. 练铭志：《广东北江瑶族情况调查》（校注版），广西人民出版社 2012 年版。

57. 覃迅云、李彤：《中国瑶医学》，民族出版社 2001 年版。

58. 云南省河口瑶族自治县志编纂委员会编：《河口瑶族自治县志》，生活·读书·新知三联书店 1994 年版。

59. 刘明原：《金秀瑶族自治县县志》，中央民族大学出版社 1992 年版。

（二）相关学科研究

1. 王文锦：《礼记译解》，中华书局 2001 年版。

2. 宋·朱熹：《孟子集注》，齐鲁书社 1992 年版。

3. 宋·孟元老：《东京梦华录》，中国商业出版社 1982 年版。

4. 宋·范成大：《桂海虞衡志辑佚校注》，胡起望、覃光广校注，四川人民出版社 1986 年版。

5. 刘昫：《旧唐书》，中华书局 1975 年版。

6. 屈大均：《广东新语》，中华书局 1985 年版。

7. 朱士嘉：《美国国会图书馆藏中国方志目录》，中华书局 1989 年版。

8. 范邦瑾：《美国国会图书馆藏中文善本书续录》，古籍出版社 2011 年版。

9. 费孝通：《乡土中国》，生活·读书·新知三联书店 1985 年版。

10. 中国民族民间文化保护工程国家中心编：《中国民族民间文化保护工程普查工作手册》，文化艺术出版社 2005 年版。

11. 王文章：《非物质文化遗产概论》，文化艺术出版社 2006 年版。

12. 王文章：《非物质文化遗产保护与田野工作方法》，文化艺术出版社 2008 年版。

13. 刘锡诚：《非物质文化遗产：理论与实践》，学苑出版社 2009 年版。

14. 钟敬文：《民俗学概论》，上海文艺出版社 1998 年版。

15. 丁世良、赵放：《中国地方志民俗资料汇编》（全套），书目文献出版社 1990 年版。

16. 杨堃：《民族学调查方法》，中国社会科学出版社 1992 年版。

17. 汪宁生：《文化人类学调查》，文物出版社 1996 年版。

18. 庄孔韶：《人类学概论》，中国人民大学出版社 2006 年版。

19. 刘守华、陈建宪主编：《民间文学教程》，华中师范大学出版社 2007 年版。

20. 张有隽：《人类学、民族学文存》，浙江人民出版社 2011 年版。

21. 王明珂：《华夏边缘——历史记忆与族群认同》（增订本），香港展望出版社 2013 年版。

22. 乔建：《漂泊的永恒——人类学田野调查笔记》，山东画报出版社 1999 年版。

23. 马曼丽、张树青：《跨国民族理论问题综论》，民族出版社 2005 年版。

24. 赵廷光：《云南跨境民族研究》，云南民族出版社 1998 年版。

25. 杨学政：《中国原始宗教百科全书》，四川辞书出版社 2003 年版。

26. 刘复、李家瑞：《宋元以来俗字谱》，文字改革出版社 1957 年版。

27. 荣新江：《敦煌学十八讲》，北京大学出版社 2001 年版。

28. 黄征：《敦煌俗字典》，上海教育出版社 2005 年版。

29. 广西壮族自治区少数民族古籍整理出版规划领导小组：《古壮字字典》，广西民族出版社 1989 年版。

30. 张涌泉：《汉语俗字研究》，商务印书馆 2010 年版。

31. 张涌泉：《汉语俗字丛考》，中华书局 2000 年版。

32. 张涌泉：《敦煌俗字研究》，上海教育出版社 1996 年年版。

33. 张涌泉：《敦煌写本重文号研究》，载《文史》第 1 辑，中华书局 2010 年版。

34. 曾良：《俗字及古籍文字通例研究》，百花洲文艺出版社 2006 年版。

35. 孔仲温：《玉篇俗字研究》，（台北）学生书局出版社 2000 年版。

36. 裘锡圭：《文字学概要》（第一版），商务印书馆 1988 年版。

37. 唐兰：《中国文字学》，中国书店 1991 年版。

38. 苏培成：《二十世纪的现代汉字研究》，书海出版社 2001 年版。

39. 孔仲温：《玉篇俗字研究》，（台北）学生书局出版社 2000 年版。

40. 刘中富：《干禄字书字类研究》，齐鲁书社出版 2004 年版。

41. 苏培成：《二十世纪的现代汉字研究》，书海出版社 2001 年版。

42. 周志锋：《明清小说俗字俗语研究》，中国社会科学出版社 2006 年版。

43. 赵学敏：《本草纲目拾遗》（影印本），人民卫生出版社 1957 年版。

44. 潘吉星：《中国造纸技术史稿》，文物出版社 1979 年版。

45. 潘鲁生：《中国民间美术全集·祭祀篇·供品卷》，中华书局 1994 年版。

46. 潘鲁生：《山东曹县戏曲纸扎艺术》，重庆出版社 1993 年版。

47. ［美］约翰·迈尔斯·弗里：《口头诗学：帕里-洛德理论》，朝戈金译，社会科学文献出版社 2000 年版。

48. ［美］王靖献：《钟鼓集——〈诗经〉的套语及创作形式》，四川人民出版社 1990 年版。

49. ［澳大利亚］谭达先：《论中华民间文学》，黑龙江人民出版社 2009 年版。

50. ［美］吉尔兹：《地方性知识：阐释人类学论文集》，王海龙、张家瑄译，中央编译出版社 2000 年版。

51. 陈益源：《中越汉文小说研究》，（香港）东亚文化出版社 2007 年版。

二 期刊类

(一) 瑶族研究

1. ［德］Lucia Obi、Shing Müller：《概述巴伐利亚州立图书馆之馆藏瑶族手本》，《民俗曲艺》2005 年第 9 期。

2. Lucia Obi M. A.：《瑶族之宗教——概述巴伐利亚州立图书馆之馆藏瑶族手本》，詹春媚译，台湾：《民俗曲艺》2005 年第 12 期。

3. 李华伟：《美国国会图书馆中文馆藏与汉学研究资源》，《新世纪图书馆》2008 年第 1 期。

4. 梁庭望：《岭表之风——粤风》，《广西民族研究》2003 年第 2 期。

5. 玉时阶：《美国瑶族社会文化变迁》，《中央民族大学学报》（哲学社会科学版）2005 年第 5 期。

6. 张有隽：《瑶族研究国际化述论》，《广西民族学院学报》1997 年第 1 期。

7. 李筱文：《美国社会的"勉"瑶》，《广西民族研究》2000 年第 4 期。

8. 吴宁华：《还盘王愿仪式中的啰哩嗹》，《中国音乐学》2012 年第 3 期。

9. 张泽洪：《道教传入瑶族地区的时代新考》，《思想战线》2002 年第 4 期。

10. 刘保元、杨仁里：《瑶族〈盘王歌〉的最早抄本》，《中央民族学院学报》1989 年第 6 期。

11. 佑美墨脱：《瑶族仪式卷轴：从圣像到文物》，《亚细亚》1981 年第 6 期。

12. 张有隽：《中国瑶人文书及其研究》，《广西民族学院学报》（哲学社会科学版）1990 年第 3 期。

13. 宋恩常：《汉字在瑶族社会中的传播及其演变》，《云南民族学院学报》1991 年第 3 期。

14. 黄华丽：《湘南瑶族〈盘王大歌〉仪式及音乐——以礼曲"七

任曲"为例》，《中国音乐》（季刊）2006 年第 1 期。

15. 卢敏飞：《广西瑶族的丧葬习俗》，《广西民族研究》1998 年第 4 期。

16. 杨煊：《广西风俗概述》，《广西政府公报》1934 年第 8 期。

17. 任涛：《浅谈平地瑶与过山瑶之异同》，《贵州民族研究》1988 年第 4 期。

18. 李增贵：《瑶族的名称》，《广西民族学院学报》（哲学社会科学版）1981 年第 4 期。

19. 黄方平：《过山瑶宗谱及其学术价值初探》，《民族论坛》1991 年第 2 期。

20. 龚佩华：《广西贺县土瑶的社会和文化》，《广西民族研究》1990 年第 3 期。

21. 赵明、姜永兴：《试论连阳地区过山瑶生活方式的变革》，《广东技术师范学院学报》1988 年第 2 期。

22. 徐祖祥：《论过山瑶道教的科仪来源和教义特点》，《贵州民族研究》2003 年第 2 期。

23. 黄方平：《过山瑶棉支系还愿祭祖礼仪析异》，《广西民族研究》1993 年第 1 期。

24. 黄晓梅：《析广东瑶族民歌》，《黄钟—武汉音乐学院学报》2004 年第 4 期。

25. 李默：《广东瑶族历史若干问题再探索》，《广东社会科学》1988 年第 3 期。

26. 李默：《宋、元时期广东瑶族分布考略》，《民族研究》1985 年第 2 期。

27. 李默：《明代广东瑶族的分布》，《民族研究》1983 年第 4 期。

28. 李默：《粤北瑶族历史的一些资料》，《学术研究》1979 年第 3 期。

29. 李默：《隋唐广东瑶族分布考略》，《广东社会科学》1984 年第 2 期。

30. 黄朝中：《广东省的瑶族社会调查工作》，《学术研究》1958 年第 2 期。

31. 张介文：《关于粤北瑶族的来源问题——对李默同志〈粤北瑶族历史的一些资料〉的一些看法》，《学术研究》1980 年第 4 期。

32. 杨德鋆：《瑶族盘王节及其乐舞探说》，《民族艺术》1987 年第 1 期。

33. 农学冠：《拓宽〈评皇券牒〉研究的领域》，《广西民族学院学报》（哲学社会科学版）2002 年第 5 期。

34. 张泽洪：《道教传入瑶族地区的时代新考》，《思想战线》2002 年第 4 期。

35. 覃彩銮：《盘古国文化遗迹的实证考察——盘古神话来源问题研究之四》，《广西民族研究》2007 年第 1 期。

36. 覃乃昌：《壮侗语民族创世神话是盘古神话的主要来源——盘古神话来源问题研究之六》，《广西民族研究》2007 年第 3 期。

37. 万建中：《传说记忆与族群认同——以盘瓠传说为考察对象》，《广西民族学院学报》2004 年第 1 期。

38. 钟年：《社会记忆与族群认同—— 从〈评皇券牒〉看瑶族的族群意识》，《广西民族学院学报》2000 年第 4 期。

39. 郭武：《牛津大学图书馆藏瑶族道经考述》，《文献》2012 年第 4 期。

40. 黄建福：《神像画研究——以广西金秀县道江村古堡屯盘瑶神像画为例》，硕士学位论文，广西民族大学，2008 年。

（二）相关研究

1. 王嫚茹：《中国古籍在美国的流散与分布》，《图书情报工作》2009 年第 4 期。

2. 李华伟：《美国国会图书馆中文馆藏与汉学研究资源》，《新世纪图书馆》2008 年第 1 期。

3. 周大鸣：《族群与文化论——都市人类学研究》（上），《广西民族学院学报》1997 年第 2 期。

4. 李吉和：《中国古代少数民族迁徙原因探讨》，《中南民族大学学报》2004 年第 1 期。

5. 陆锡兴：《古代的纸扎》，《中国典籍与文化》2007 年第 4 期。

6. 路春娇、张磊：《河北磁县闫氏纸扎制作工艺及艺术特征解析》，《石家庄职业技术学院学报》2013年第8期。

7. 窦兆娜：《汉族丧葬礼俗中纸扎文化的考察与研究——以山东沂水县许家湖镇为例》，硕士学位论文，广西民族大学，2009年。

8. 荣新：《鲁西南丧葬纸扎研究》，博士学位论文，山东大学，2014年。

9. 刘仲宇：《道符溯源》，《世界宗教研究》1994年第1期。

10. 徐平：《方言与民歌刍议》，《民俗研究》2004年第2期。

11. 陈建裕：《五十年来的汉语俗字研究》，《平顶山师专学报》1999年第8期。

12. 谢五八：《梅山文化中的俗字》，2009年11月29日，梅山网（http：//www. mei-shan. com/web3wz/index. asp）。

13. ［日］藤枝晃：《敦煌写本概述》，徐庆全、李树清译，《敦煌研究》1996年第2期。

14. 马建东：《敦煌俗字举隅——以写本相书为中心》，《天水师范学院学报》2008年第28卷第1期。

15. 韦茂繁、雷晓臻：《仫佬族土俗字探源及其文化阐释》，《广西大学学报》（哲学社会学版）2005年第27卷第4期。

16. 韦达：《壮族古壮字的文化色彩》，《广西师范大学学报》（哲学社会科学版）2002年第38卷第4期。

17. 张涌泉：《汉语俗字新考》，《浙江大学》（人文社会科学版）2005年第35卷第1期。

18. 张涌泉：《大力加强近代汉字的研究》，《浙江教育学院学报》2003年第6期。

19. 张涌泉：《试论汉语俗字研究的意义》，《中国社会科学》1996年第2期。

20. 张涌泉：《研究敦煌俗字应注意的几个问题》，《杭州师范学院学报》1995年第4期。

21. 张涌泉：《敦煌文献习见词句省书例释》，《浙江师范大学学报》（社会科学版）2011年第1期。

22. 王锋：《方块白文与汉字俗字》，《大理学院学报》2009年第8

卷第 9 期。

23. 郑阿财：《论敦煌俗字与写本学之关系》，《敦煌研究》2006 年第 6 期。

24. 于淑健：《中国古文字俗体探源——以敦煌佛经书法写本为例》，《艺术百家》2009 年第 3 期。

25. 张公瑾：《汉字的文化属性》，《民族语文》1989 年第 5 期。

26. 赵丽明：《汉字变异的人类学背景》，《广西民族学院学报》2001 年第 5 期。

27. 邓文宽：《敦煌吐鲁番文献重文符号释读举隅》，《文献》1994 年第 1 期。

28. 史金波：《为丰富多彩的少数民族文字提供展示空间》，《郑州大学学报》2005 年第 5 卷第 13 期。

29. 陈清华：《民族医药中"神药两解"现象的思考》，《中国民族医药杂志》2010 年第 10 期。

30. 中国人民大学清史研究所：《美国国会图书馆满文资料收集概况》（2012 年 12 月 1 日），2013 年 4 月 5 日（http：//www. iqh. net. cn/info. asp？column_ id = 7386）。

31. 陈建裕：《五十年来的汉语俗字研究》，《平顶山师专学报》1999 年第 8 期。

32. 吴军兰：《敦煌写本繁化俗字例析》，《丽水学院学报》1997 年第 1 期。

33. 郝茂：《论唐代敦煌写本中的俗字》，《新疆师范大学学报》（哲学社会科学版）1996 年第 1 期。

34. 顾之川：《俗字与〈说文〉"俗体"》，《青海师范大学学报》（哲学社会科学版）1990 年第 4 期。

35. 吉仕梅：《〈说文解字〉俗字疏证》，《乐山师范学院学报》1992 年第 2 期。

36. 关静芬：《书写符号之演进》，《辽宁大学学报》（哲学社会科学版）1995 年第 1 期。

三　析出文献

1. 广西壮族自治区编辑组：《一九三三年龙胜、龙脊、庙坪、白水等地瑶民起义情况》，载《广西瑶族社会历史调查》第四册，广西民族出版社 1986 年版。

2. 黄贵权：《瑶族对汉字和道教的吸收与改造》，载《云南省社会科学院国际及港、澳、台地区学术交流文集》，云南省社会科学院，1999 年。

3. 宋恩常：《云南瑶族道教的概况》，载《云南少数民族研究文集》，云南人民出版社 1986 年版。

4. 黄贵权：《本土民族学视野中的靛村瑶族——那洪村蓝靛瑶文化的调查与研究》，载《云南民族村寨调查·瑶族——河口瑶山乡水槽村》，云南大学出版社 2001 年版。

5. 黄贵权：《瑶族》，载郭净等编《云南少数民族概览》，云南人民出版社 1999 年版。

6. 黄贵权：《云南蓝靛瑶婚姻制度的演变》，载张有隽主编《瑶学研究》第 4 辑，广西民族出版社 1997 年版。

7. 黄贵权：《本土民族学视野中的靛村瑶族——那洪村蓝靛瑶文化的调查与研究》，云南民族出版社 2003 年版。

8. 晏红兴：《金平蓝靛瑶婚俗》，载郭大烈、黄贵权、李清毅《瑶文化研究》，云南人民出版社 1994 年版。

9. 胡光曙：《梅山地区的纸马文化》，载《中国第四届梅山文化学术讲座会文集》（内部资料）。

10. 张涌泉：《敦煌写本重文号研究》，载《文史》（第 1 辑），中华书局 2010 年版。

11. ［美］列维-斯特劳斯：《象征的效应》，于锦绣译，载史宗编《20 世纪西方宗教人类学文选》，上海三联书店 1995 年版。

12. 李霖灿：《美国国会图书馆所藏的东巴经典》，载郭大烈、杨世光编《东巴文化论》，云南人民出版社 1991 年版。

四　论文集、资料集（汇编）及其他

1. 乔健、谢剑、胡起望：《瑶族研究论文集》（1986 年瑶族研究国际研讨会），民族出版社 1988 年版。

2. 玉时阶：《跨境瑶族研究——中越跨境瑶族经济与文化交流国际学术研讨会》，民族出版社 2011 年版。

3. 李少梅：《过山瑶的乡源——世界勉瑶（过山瑶）文化学术研讨会文集》，民族出版社 2010 年版。

4. 李筱文、赵卫东：《过山瑶研究文集》，民族出版社 2008 年版。

5. 中国西南民族研究学会：《西南民族研究、苗、瑶族研究专集》，贵州民族出版社 1988 年版。

6. 西南民族研究会：《西南民族研究——苗族研究专集》，贵州民族出版社 1988 年版。

7. 广西民族研究所：《瑶族研究论文集》，广西人民出版社 1992 年版。

8. 杨成志等：《瑶族调查报告文集》，民族出版社 2007 年版。

9. 盘才万、房先清收集：《乳源瑶族古籍汇编》上、下，李默编注，广东人民出版社 1997 年版。

10. 李默、房先清：《八排瑶古籍汇编》，广东人民出版社 1995 年版。

11. 冯成善、冯春金：《田林盘瑶民歌》，广西民族出版社 2001 年版。

12. 苏胜兴等：《瑶族民歌选》，上海文艺出版社 1982 年版。

13. 蒲朝军、过竹：《中国瑶族风土志》，北京大学出版社 1992 年版。

14. 李肇隆、过竹：《中国瑶族婚恋风俗》，漓江出版社 1991 年版。

15. 蒙冠雄等：《瑶族风情歌》，广西人民出版社 1983 年版。

16. 奉大春、任涛、奉恒陞：《平地瑶歌选》，岳麓书社 1989 年版。

17. 彭式昆：《江华民族民间歌谣集》，大众文艺出版社 2009 年版。

18. 中国科学院民族研究所、广西少数民族社会历史调查组编：

《瑶族过山牒文汇编》，载《交趾曲》（三），内部资料，1964年。

19. 广西壮族自治区编辑组：《广西瑶族社会历史调查》第五册，广西民族出版社1986年版。

20. 广西壮族自治区编辑组：《广西瑶族社会历史调查》（七）（八），广西民族出版社1986年版。

21. 广西瑶学会编：《瑶学研究》第2辑，广西民族出版社1992年版。

22. 广西瑶学会编：《瑶学研究》第3辑，广西民族出版社1993年版。

23. 张有隽：《瑶学研究》第4辑，广西民族出版社1997年版。

24. 张有隽：《瑶学研究》第5辑，广西民族出版社1998年版。

25. 张有隽、玉时阶：《瑶学研究》第6辑，香港：展望出版社2008年版。

26. 张有隽、盘承新等：《瑶学研究》第7辑，香港：展望出版社2009年版。

27. 胡启望、华祖根：《瑶族研究》，中南民族学院民族研究所，1985年。

28. 《盘古大王瑶孙歌书牒》（依古传抄，自印本），美国旧金山奥克兰市美国瑶人文化活动中心收藏。

29. Chaylium Saechao From Broken Jar Mountain Laos to San Francisco—A Iu Mien Woman's Journey.（美国瑶人自印本）

30. Velazquez, E., *Moving mountains*：*The story of the Yiu Mien*, New York, NY：Filmakers Library, 1989.

31. 美国加州沙克拉门多瑶族赵召山：《访问中国瑶族的歌》，2005年8月15日送给笔者的自印本。

32. 美国奥克兰瑶族赵富贵老人：《（寻亲）信歌》，2009年6月10日送给笔者的手抄本。

33. 广西少数民族社会历史调查组：《瑶族过山牒文汇编》，中国科学院民族研究所，1964年。

34. 刘耀全、李默：《乳源瑶族调查资料》，广东省社会科学院资料本，1986年。

35. 广西壮族自治区民族事务委员会：《瑶族》，人民出版社 1990 年版。

36. 日本神奈川大学瑶族文化研究所：《瑶族文化通讯第一——四号》，日本株式会社，2009—2014 年。

37. 美国国会图书馆馆藏瑶族文献 241 件（编号 AH001—F039）。

38. *Bodschaften an die Götter：religiöse Handschriften der Yao：Südchina，Vietnam，Laos，Thailand，Myanmar / herausgegeben von Thomas O. Höllmann und Michael Friedrich*，Wiesbaden：Harrassowitz，1999. DS523. 4. Y36B68 1999.

39. *A history of Daoism and The Yao people of South China / Eli Alberts*，Youngstown，NY：Cambria Press，c2006 DS731. Y3A53 2008.

40. Ralph，A.，Litzinger，Durham，*Other Chinas：The Yao and The Politics of National Belonging*，NC：Duke University Press，2000. DS731. Y3L57 2000.

41. "Chaylium Saechao：From Broken Jar Mountain Laos to San Francisco" —A Iu Mien Woman's Journey，Catherine Nomura Crystal（《从破罐山到旧金山—— 一个美国优勉瑶人妇女的经历》，赵采莲口述，丈夫 Kouichoy Saechao、赵贵财记录），2012 年，美国加利福尼亚、奥克兰自印本。

42. Ann Yarwood Goldman，"Muey Sio：From Mong Nang，Laos to San Pablo，California"（选自美国瑶人 Muey Sio 的口述史，美国加利福尼亚大学伯克利分校人类学者 Ann Yarwood Goldman 录印本）。

43. *Ceremonial Paintings−North Ethnic Minorities Vietnam*，Published by Dong Son Today Foundation and Vietnam Museum of Ethnology，2006，Hanoi，Vietnam.

后 记

这本论著由已发表的十余篇代表性论文成果整合、延展而成。

本书得以完成，与课题组为数不多的成员的支持分不开。年过八旬的张雄老教授，身体欠佳，视力减退，仍然为美馆藏"过山榜"精心初校，为课题研究出谋划策；另一位瑶族出身的李庆福处长，虽然行政事务繁忙，也在课题的调研和资料的收集上做出积极贡献。我的文学与新闻传播学院的领导和不少同事们，都给了我很大的支持和帮助。我的几批研究生与学生，都或多或少参与了本书的资料整理工作，付出了他们的一份辛劳。

本书得到学界前辈，尊敬的容观夐先生的亲切关怀，他赠送给我人类学专著和宝贵的瑶族调研资料，给晚生后辈以鼓励。校计算机科学学院师生友情援助，用我拍摄的美国国会图书馆馆藏"过山榜"长卷图片，制成"过山榜"全图音声画动画技术（Flash）展示，作为送给美国全美瑶人协会的礼物。我的老朋友，深圳大学图书馆原馆长伍宪在编目上给予了悉心指导，使我少走弯路。我校图书馆黄平莉博士、陈朋副研究员，给了我图书情报专业上的大力协助，并参加了部分研究工作，我们之间的合作非常愉快。新加坡文物修复员黄仪敏女士，在美馆藏瑶族"过山榜"修复中做了大量具体工作，没有她的努力与奉献，那件破损的"过山榜"藏品没法完成修复。参与她的修复实践，也使我这个修复专业的门外汉介入修复领域，开始境外中国少数民族文献抢救性修复的探索与思考。

课题研究过程中，我还结识了不少热心于瑶族研究的同道与朋友。美国北加州伯克利大学人类学者 Ann Yarwood Goldman 为我的调研提供住处，美国社会学家玛霞·史密斯博士亲自开车并陪我去旧金山等地瑶人家庭走访，使我在北加州的调研进展顺利。

对瑶族文化的共同关注，使我与马学良先生的关门弟子、韩国学者金仁喜博士在一个炎热的夏季走到一起，我们一同在大瑶山采访瑶族师公与道公，见证了茶山瑶火葬习俗。在南丹里湖白裤瑶山寨调研时，我俩一个水土不服，浑身起满红包；一个感冒上火，嗓子说不出话来，是瑶家小姐妹，为我们送来瑶族土药，为我们缓解了病痛。在湖南蓝山，我与前郴州民宗局主任、学者、情同姐妹的瑶姐赵砚球为见证"还盘王愿"习俗，在瑶族同胞盘荣富家度过难忘的五天五夜……

最令我感动的是全美瑶人协会会长赵贵财全家及亲友、赵承仙全家及亲友，还有众多美国瑶族同胞的热情接待。在北美调研的过程中，我们轮流被安排居住在瑶族同胞家中，做直接观察采访。美国瑶族黄方坪先生，事务繁忙之中忘不了他那与生俱来的瑶族文化情结。利用他擅长英语、汉语和瑶语，谙熟瑶族文化的特长，为我的调查做了大量沟通工作。移居美国的那些可爱的瑶族老人家，视我们"大朝"①（中国）来人为亲人，拉着我的手不放，用说不完的西南官话絮叨家常……期间，我还有幸参加过一次有700人出席的瑶族盛大婚礼、一次瑶族师公为主家消灾的祈福仪式、吃过瑶家长桌饭、听过"优勉"《漂洋过海》歌、在瑶族同胞开垦的农庄里体验收获的乐趣……在与美国瑶族近距离交往中，了解到很多局外人了解不到的细节。

本书调研期间，得到美国国会图书馆亚洲部的大力协助，尤其是得到德高望重的亚洲部原主任李华伟博士的支持，他为我书写邀请函，介绍调研线索，体现了一位极其专业的管理者的远见卓识和学者胸怀。美国国会图书馆亚洲部华裔、韩裔、日裔、越南裔工作人员的大力协助，使我在异乡倍感温暖。美国国会图书馆亚洲部原中国与蒙古组组长 Lily Kecskes 女士，与我合作的时间最长，甚至退休后仍常来亚洲部为我的研究提供帮助。我俩为了有效利用时间，经常加班工作，每当阅览室关门时间一到，我们就转到其他办公地点，继续加班。她还帮我翻译和查找外文资料，为我的英文目录作校对，给了我极大的支持！可以说没有她的支持与协助，我的研究会举步维艰。美国国会图书馆版权部孙文影女士，是一位热心于大华府地区华人公益事业的热心人。我经常"蹭"

---

① 美国瑶族老人习惯将中国称作"大朝"、泰国为"泰朝"、美国为"美朝"。

她的车来往于马里兰和国会图书馆之间。记得有一次下班时刻，我经常乘坐的华盛顿地铁红线发生重大的撞车事故，导致 11 人死亡，地铁停开。家人朋友均为我着急、担忧，而我，则搭乘朋友的自驾车回家，压根儿没去地铁站，躲过了一场虚惊……

在民族文化研究领域硕果累累的中央民族大学邢莉教授，是我敬重的学长加朋友。她时时关注我的研究，在我最艰难的时刻给我暖心的鼓励。在美访学期间，她还特地去美国国会图书馆查看这批珍贵的瑶族文献，以学者的专业敏感告诫我一定要早点把课题做好。由她提笔为我的拙著作序，使我感到格外的幸运。中国社会科学出版社资深编辑黄燕生老师，一向关注本书的出版，并为之提出了很多宝贵建议。本书责任编辑王琪女士，为此书付出了艰辛而细致的劳动，在此，一并深表谢忱！

最后要说说在我的身后给了我无尽的支持和帮助的我的家人们。先生和女儿为我的美国瑶族调研做了大量细致而琐碎的工作：我工作中随时随地产生的过于专业的英文翻译问题和临时的翻译任务，常常将他们吓得"抱头逃窜"，但回过头来还是不得不帮助我翻译。我与美国瑶族社区领袖、瑶族同胞、学者以及课题调研的相关人员联系，也常常靠他们及时、深入地沟通，保证了工作的顺利开展。在美国打拼、生活都不容易，但是在百忙中，他们都挤出时间尽可能地帮助我拍摄资料，采集数据（顺便说一下，为收集资料，我共拍坏了两部相机）。女儿还陪我飞往外地，并充当驾驶员，使我这个车盲在美国境内的调研通行无阻。我的婆母和母亲，年事已高，本应享受晚辈的反哺，安度晚年，但是多年来，我不仅不能为她们做些许晚辈应尽的小事，还让她们为我的工作和身体操心操劳。老母亲与我生活在一起，但我却经常将她一人孤独地丢在家中，甚至让耄耋老人反过来为我烧火做饭，料理家务……真是愧对高堂！至于众多的亲友们，对于我多年来的怠慢，我无言辩说，只能在此说一声"对不起"！真的很对不起！

本书的研究，涉及大量瑶用俗字。这些俗字很多都无法用电脑输入法输入，全靠作者尝试着用图像造字的土办法一个个拼接组合并插入，最终造字（包括字符）四百余。这一费时又费事的工作，亦成为本书完成过程中一大"艰巨工程"。

六年来为完成本书走过的路程并不都是阳光灿烂，也有风雨交加、电闪雷鸣，也有委屈误解、苦辣酸辛，一言难以述尽……在论著辍笔之际，我将忘掉不快，记住感激，向所有用"不同方式帮助"我的人都说一声"感谢"！

作者丙申岁大暑日完稿于江城南湖畔；丁酉岁小暑日三改完毕